KB249552

교과교육학 & 미술교육학

교과교육학 & 미술교육학

전 성 수 지음

KSI 한국학술정보[주]

나의 영원한 반려자인 아내에게 이 책을 바칩니다.

책머리에

이 책은 교과교육학의 학문적 체계와 교과교육학으로서의 미술교육학에 대한 연구이다. 이 책은 교과교육학의 개념과 학문적 체계는 무엇이고, 교과교육학과 관련된 논쟁점들은 무엇인지를 살펴본 다음, 그것을 구체적으로 미술교육학에 적용하여 교과교육학으로서 미술교육학의 학문적 체계를 탐색하였다. 미술교육학의 학문적 체계를 살펴보기 위해 미술교육학을 하나의 교과교육학으로 보고 지금까지 교과교육학을 논의하면서 부분적으로 제기되었던 여러 개념과 논쟁점들에 대해 먼저 분석하였고, 또한 그동안에 교과교육학에 대해 논의 될 때마다 제기되는 내용이냐 방법이냐, 교과냐 교육이냐 등의 논쟁에 대해 어떤 관점을 취해야 하는지 살펴보았다. 이러한 논의를 각과교육학 중의 하나인 미술교육학에 적용하여 미술교육학의 학문적 체계를 밝히는 데 초점을 두었다.

이 연구는 교과교육학으로서 미술교육학의 체계를 탐색하기 위해 다음과 같은 내용을 연구하였다.

첫째, 교과의 개념은 무엇이고 교과에 대한 어떤 관점이 있는지 살펴보았다.

둘째, 교과교육학의 학문적 성격과 체계를 분석하였다. 교과교육학은 여러 점에서 복합성과 애매성을 가지고 있으므로 그 학문적 성격을 밝히는 일은 중요한 일이다. 그래서 학문으로서 교과교육학의 성격을 살펴보고, 교과교육학의 학문적 체계를 모색하였다.

셋째, 현재 교과교육학과 관련하여 논의되고 있는 논쟁점들을 분석하였다.

넷째, 교과교육학에 대한 논의를 미술교육학에 적용하여 미술교육학의 개념과 체계를 살펴보았다.

다섯째, 교과의 개념, 교과교육학의 개념과 체계, 교과교육학으로서의 미술교육학의 체계와 관련된 쟁점들을 논의하여 종합하고 대안을 모색하였다.

교과는 역사적으로 그 개념이 변해왔고, 여러 교육과정이 등장하면서 학교의 교과는 학교에서 지도되어왔던 기존 학문 범주의 제한을 벗어나 학교의 공식적인 교육과정에 포함된 활동 내용을 일차적으로 구분하는 단위로 인식되고 있다. 교과는 일반적으로 교육목적 달성에 필요한 지식과 기능 등이 논리적으로 체계화 된 것을 일컫는다. 그동안 교과에 대한 개념은 경험과 대립되는 용어로 받아들여 소모적인 논의가 많았으며, 교과를 가르치는 입장을 주로 고려하였고, 교과지식의 객관성이나 절대성에 기초하여 논의를 전개해왔다. 교과에 대해 경험과 상보적 개념으로, 가르치는 입장뿐만 아니라 배우는 입장을 고려한 개념으로, 지식의 상대성 개념과 변화 가능성을 포괄한 개념으로의 이해가 필요하다.

이러한 교과를 가르치는 문제를 체계적으로 연구하는 교과교육학은 '왜'라는 질문과 '무엇을'이란 질문, '어떻게'라는 질문, '언제'라는 질문, '어떤 방향으로' 등에 대한 대답을 추구한다. 그래서 교과교육학은 왜, 무엇을, 언제, 어떻게 교육할 것이며, 어떤 방향을 추구할 것인가를 체계적으로 설명하는 학문이라고 할 수 있다. 여기서 "왜"는 교육목적을 말하며, "무엇"은 교과의 지식, 또는 내용을 말하고, "어떻게"는 교육하는 방법을 말하며, '언제'는 교육할 시기와 대상을, '어느 방향으로'는 교과교육의 평가와 방향 설정을 말한다. 이렇게 볼 때 교과교육학은 교사교육에서 핵심적인 학문일 뿐만 아니라 학교교육의 핵심이라고 할 수 있다.

미술교육학은 '미술'과 '교육'이 만나 통합된 것이므로, 미술교육학 안에 미술과교육이 따로 존재하는 것처럼 생각해서는 안 된다. 미술과 교육이 단순히 결합되어 있는 것으로 생각하거나, 내용인 미술만 알면 미술교육은 할 수 있는 것으로 생각하거나, 반대로 미술은 이미 있는 것이므로 방법인 교육만 알면 미술교육은 할 수 있는 것으로 생각하는 것 모두 잘못된 접근이라 할 수 있다. 미술교육학 역시 미술과교육이 각기 독립적으로 존재하는 것이 아니라 완전히 융합되어 하나를 이루고 있는 독자적인 것이다. 이것은 미술과교육이 만나서 새로운 세계를 이루고 그 자체의 질서와 구조를 가지고 존재하는 것이므로 완전히 독자적으로 존재하는 것이며, 이러한 독자성을 깊이 있게 연구하여 드러내는 것이 미술교육학의 임무이다.

미술교육학은 교과교육학으로서 미술학이나 교육학과 유기적 관련성을 맺으면서도 독자적으로 정립되어야 한다. 그러기 위해서는 왜 미술교육이 필요하고, 무엇을 위해 가르칠 것이며, 어떤 내용을 어떻게 가르칠 것인가 등에 대한 심도 있는 연구가 필요하다. 미술교육에 학이 붙는다는 것은 어떤 조건의 문제라기보다는 그 당위성의 문제이며 그 이름에 맞는 진지성과 체계성의 문제이다. 즉 미술교육학이 성립되기 위해서 어떤 조건이 필요하느냐의 문제가 중요한 것이 아니라, 미술교육학이 발전하기 위해서 미술교육에 대해 학문의 성격을 부여하고 진지하고 체계적으로 그에 대해 연구하는 것이 훨씬 중요하다.

미술교육학을 하나의 학문으로 보다 체계적으로 정립시키기 위해 우리에게 필요한 것은 최근에 외국에서 유행하고 있는 미술교육 사조를 그대로 받아들이고, 외국 미술교육의 기준으로 우리 미술교육의 이론이나 실제를 판단하는 것이 아니다. 우리에게 필요한 자세는 외국의 미술교육에 대한 사상과 이론을 명확하고 신속하게 파악하되, 그것의 장점과 단점을 정확하게 분석하는 것이며, 장점은 살리고 단점은 보완하여 한국의 실정에 맞는, 그리고 한국의 학생들에게 맞는 '한국미술교육학'을 체계화시키는 일이다. 이 책이 한국적인 미술교육학의 정립에 하나의 초석이 되기를 기대한다.

이 책은 박사학위논문을 기초로 한 것이다. 아마 박사학위논문만큼 그 사람의 정성과 노력이 들어간 연구물도 드물 것이다. 학위를 받고 6년이 지나 이 책을 내는 이유는 논문을 쓰고 나서 더 다듬어 좋은 책을 내야겠다는 초기의 결심이 좀처럼 지켜질 기미를 보이지 않아 조금 다듬는 선에서 마무리 짓기 위함이다. 후학들에게 조금이나마 힘이 되는 책이 되었으면 하는 바람뿐이다.

이 책을 나의 영원한 반려자인 아내에게 바친다. 아내가 있었기에 지금의 내가 있다. 가진 것이 아무 것도 없이 어려운 학문의 길을 가는 사람보다 더 힘든 사람은 그것을 말없이 뒷받침하는 사람이다. 그 뒷받침을 아내는 너무나도 잘 해주었다. 평생을 기도로 살아오신 어머니와 그리고 나의 사랑하는 두 아들 이루와 한슬에게 속 깊은 사랑을 전한다. 더불어 이 책의 출간을 위해 애쓴 학술정보 출판사 여러분에게도 감사를 전한다.

복사골에서 또 하나의 봄을 맞이하며 **전 성 수**

목 차

제Ⅰ부 교과교육학

제Ⅱ부 미술교육학

제 I 부

교과교육학

제1장 교과의 개념

1. 교과교육 연구의 필요성

최근에 교과교육학에 대한 관심이 높아지고 있다. 이는 무엇보다도 이제 교육에서도 실제적이고 본질적인 문제에 관심을 갖게 되었다는 사실을 의미할 것이다. 이것은 당연하면서도 때늦은 감이 있다. 왜 교과교육이 실제적이면서도 본질적인 문제인가? 교육은 실제적으로 교사와 학생 사이에서, 교육내용을 가지고, 대부분 교실이라는 상황에서 이루어진다. 따라서 교육에 관련된 교육심리, 교육과정, 교육행정, 교수학습이론 등의 모든 것들은 교사와 학생 사이에서 바른 교육내용으로 바람직하고 효율적인 교육활동이 일어나도록 도와주는 입장에 서야 한다. 교육의 실제적인 문제는 바로 구체적인 교육이 이루어지고 있는 현장에 있는 것이며, 그것은 학생의 문제이고 교사의 문제임과 동시에 교과의 문제이기 때문이다.

교과교육은 교육과정에서 특별활동이나 학교 재량시간을 제외하고는 거의 전부를 차지하고 있으며 학생이나 교사 모두에게 직결되는 것이다. 교육환경이 아무리 잘 조성되어 있고 교육관련 이론이 아무리 발달되어 있더라도, 그것이 교육현장에서 실질적으로 실천되지 않으면 아무 소용이 없다. 오래 전부터 교육이론이나 교육과정 이론이 교육의 실제적이고 실천적인 문제에 집중되어야 한다고 Schwab(1969)를 비롯한 많은 교육학자들이 주장해왔다. 이제 교과교육학의 연구도 결국은 교육현장에 바탕을 두고 교육 실제를 개선하고, 바른 교사를 길러내는 데 도움이 되는 방향으로 전개되어야 할 것이다. 교육의 의미를 학교교육에 국한하여 생각하면, 교육은 교과교육을 중심으로 전개된다고 해도 과언은 아니기 때문이다.

학교교육에서는 90%가 넘는 시간이 교과교육에 배당되고 있다. 학교의 교육목표는 대부분 교과교육을 통하여 달성된다. 교과교육은 학교교육의 핵심이므로 올바른 교과교육이 이루어져야만 학교교육의 정상화를 이룰 수 있고 교육목적도 달성할 수 있다. 그럼에도 불구하고 각 교과교육학에 대한 연구와 관심이 그동안 학계에서 미비했음이 사실이다.

교과교육이 학교교육의 본질적 중핵 속에 위치하면서도, 실제 교과교육에 관한 체계적이고 이론적인 탐색은 그간 망각지대에 머물러 있었음을 부인하기 어렵다. 1980년대 후반에 이르면서 우리나라의 교육계에는 교과교육 연구의 가치와 중요성에 대한 새로운 인식의 전환이 싹트기 시작했고 이에 발맞추어 교과교육 연구를 위한 행정적, 재정적 지원이 확대되는 등 긍정적인 변화가 일고 있다(손병노 외, 1994, 145). 그러나 아직 교과교육학에 대해 심도 있는 논의가 이루어지고 있다고 보기 어려우며 보다 폭넓고 실질적인 연구가 절실하다. 더구나 교과교육학 자체의 학문적 체계를 잡고 그 성격을 규명하는 노력은 거의 이루어지지 않고 있다. 교과교육학 자체에 대한 심도 있는 연구와 그 체계에 대한 연구는 모든 교과교육의 기본을 이루며, 각 교과교육학이 체계를 잡는 데 근간을 이루는 일이다. 이에 대한 연구가 이루어지지 않으면 각 교과교육학에 대한 구체적인 연구 역시 겉돌 수밖에 없다. 교과교육학 자체에 대한 연구를 하기 위해서는 먼저 그것의 개념과 학문적 체계를 밝혀야 한다.

교육학 전공자나 교과에 해당하는 학문 분야의 전공자들은 교과교육학이 학문다워 보이지 않는다는 이유에서 외면하거나 기피하는 경우가 많았다. 그러나 일반교육학이 일반적인 이론만을 내세우는 것은 알맹이 없는 이론에 불과하다. 왜냐하면 실제로 교육은 교과 중심으로 이루어지기 때문이다.

그러면 왜 교과교육학을 학문적으로 연구하는 경우가 드물었는가? 무엇보다도 먼저 교과교육에 대한 구체적이고 실제적인 연구를 연구로 생각하지 않는 그동안의 학문 풍토에서 기인한 점을 들 수 있다. 교육학자들은 교육현장의 실제에 대해 실질적인 관심과 연구를 하지 않았고, 교과전문가나 교사들은 교육이론에 깊이 있는 관심을 기울이지 않았다.

다른 하나는 교과교육학이 무엇을 연구해야 하는지를 분명히 인식하지 못하였다는 점을 들 수 있고, 또 교과내용에 더하여 교육학을 연구해야 하는 학문적 부담으로 어느 한쪽에도 깊이 있게 연구하지 못한 면이 있었다는 점을 들 수 있다. 교과교육학의 연구가 어려운 까닭은 이론적 체계의 확립에 노력하지 않는 데 있기도 하지만, 내용과 방법 등을 함께 연구해야 한다는 부담에서도 기인한다. 그리고 또 다른 이유로 내용을 깊이 알면 방법은 적절히 해도 된다는 생각을 들 수 있다. 교과와 교육학은 별개의 영역이므로 교육학의 기초가 없이도 교과를 잘 지도할 수 있다고 보는 상식적인 교육관으로 교과교육학에 대한 연구가 미흡했다고 할 수 있다.

이러한 여러 이유로 교과교육학에 대한 학문적이고 체계적인 연구가 부족했지만, 교과교육이 학교교육의 거의 대부분을 차지한다면 교과교육학에 대한 연구는 교육에서 핵심을 차지해야 할 과제이다. 교과교육학이 학문적이고 체계적으로 연구되기 위해서는 교과교육과 관련된 여러 개념들을 먼저 분석하는 것이 필요하다. 그리고 교과교육학에 대한 바람직한 관점과 체계가 무엇인지 분명하게 정리가 되어야 한다.

그래서 제1부에서는 교과의 개념, 교과교육학의 개념과 체계, 교과교육학과 관련한 논쟁점의 분석을 통하여 교과교육학이 무엇인지, 그 학문적 체계는 무엇인지 살펴볼 것이다. 먼저 교과의 개념은 무엇이고 교과를 보는 관점에는 어떤 것이 있는지, 각 학자들의 교과에 대한 정의를 살펴서 종합적으로 교과교육학에 대한 개념을 정리하려고 한다. 그리고 교과교육학의 학문적 성격과 체계를 분석할 것이다. 교과교육학은 여러 점에서 복합성과 애매성을 가지고 있으므로 그 학문적 성격을 밝히는 일은 중요한 일이다. 학문으로서 교과교육학의 성격을 살펴보고, 교과교육학의 학문적 체계를 모색하여 교과교육학의 내용과 구조는 무엇이며 그 구성체계를 어떻게 세워야 하는지 살펴보고, 교과교육학과 관련하여 논의되고 있는 논쟁점들을 분석하게 될 것이다.

2. 교과의 개념

교과교육학의 개념을 파악하기 위해서는 교과의 개념, 교과에 대한 그동안의 관점 등에 대해 먼저 살펴보는 것이 필요하다. 교과란 말은 많이 쓰이면서도 그 개념을 정의하기란 어려운 용어 중의 하나이다. 또 교과라는 말은 교과 중심 교육과정으로 많이 알려져 있으면서도 일상적이고 고리타분한 용어로 여겨지는 경우도 있다. 그러나 교과교육학의 개념이나 체계를 모색하기 위해서는 먼저 교과의 개념에 대해 살펴보지 않으면 안 된다.

교육의 세 가지 요소로 흔히 교사와 학습자, 교육내용을 든다. 교사는 학교 수업을 통해 학생들과 함께 교과의 내용을 교육한다. 그러므로 교사가 학생들과 함께 교과를 교육하는 교과교육은 결국 학교교육을 성립시키는 중요한 관건이다. 이러한 점에서 교과가 무엇인가를 이해하는 일은 학교교육에 관련된 일을 하는 사람들에게 중요한 개념이다. 즉 교과에 대한 인식이 교육과정 개발 및 학교의 수업에 큰 영향을 미치기 때문이다.

예를 들어 교과란 무엇인가 하는 문제에 진지한 관심을 갖게 될 때, 그 대답에 따라 교사는 자신의 수업방식을 바꾸게 된다. 즉 교과를 보는 시각은 매우 다양할 수 있으며, 교과를 무엇으로 보느냐 하는 것은 수업방식에 영향을 미치게 된다. 따라서 교과교육에 관한 교육과정의 원리는 교과교육에서 왜, 무엇을, 어떻게 가르칠 것인가 하는 문제를 통합적으로 다루어야 하는 것이며, 이는 곧 교육목적, 교육내용, 교육방법에 관련되는 것이다. 그러나 그동안 교과의 본질에 대한 연구는 그렇게 많이 이루어지고 있지 않은 편이다. 교육과정의 경우 1918년 Bobbitt와 1949년 Tyler 이후 많은 연구가 활발히 진행되고 있지만, 교과교육 이론은 중세기 이래 1500년이 넘는 역사를 가지면서도 미미한 발전을 하고 있다(김춘일, 1995, 371).

교육의 원초적인 형태는 살아가기 위해 필요한 갖가지 정보나 지식, 사고방법, 그리고 그에 관련하여 가져야 할 습관이나 태도, 의지, 관심, 도덕, 가치, 기능 등을 가르치고 배우는 과정이었다. 교육이 형식화되고 제도화된다는 것은 곧 가르쳐야 할 생활 영역의 폭이 넓어지고 양이 많아지며, 복잡해지고 다양해졌기 때문에 오는 필연적인 발전단계이다. 이렇게 다양하고 복잡하며 양적으로 많아진 생활의 영역을 제도화된 형식교육에서 가르치기 위해서는 서로 유사하거나 동질적이며 같은 류에 속하는 것끼리 묶어서 가르칠 필요가 생겼으니 이것이 곧 교과의 발생이었다(박형규, 1995, 152). 교과의 발생은 생활에서 시작되었으며 그 경험을 분화하고 체계화하여 분야별로 사실, 정보, 개념, 원리, 아이디어 등을 그 탐구방식에 따라 정리해 놓은 것을 교과라고 할 수 있다. 그리고 이것은 지식의 발달과 더불어 점점 세분화되어 온 것이다.

상식적인 수준에서 교과란 "일정한 교육 목적을 염두에 두고 학교에서 가르칠 내용을 그 내용의 성격에 따라 구분하여 조직해 놓은 주요 내용 영역"이라 정의할 수 있다(서울대교육연구소, 1981, 63). 그러나 교과의 문제를 좀 더 자세히 검토해보면 이러한 정의만으로는 교육 또는 교육과정에 관한 사고와 활동에 별로 유용하지 않음을 알 수 있다. 즉 이러한 정의는 '교과란 무엇인가'란 질문을 '교육목적은 무엇인가',

'교과의 성립조건 또는 선정기준은 무엇인가' 등의 질문으로 바꾸어 놓았을 뿐 그 방향이나 내용, 또는 방법에 어떤 시사를 주지 못한다.

'교과란 무엇인가'라는 질문은 '교과교육의 목표는 무엇인가', 즉 '어떤 내용이 교과로 될 수 있는가 없는가'를 판단하는 기준이 무엇인가를 묻는 질문이며, '학교에서 교과로 선정되는 내용이 어떤 점에서 알 가치가 있는가', 또는 '교과란 무엇 때문에 가르치는가'하는 것에 비추어 해답되어야 한다(이홍우 외, 1975, 58).

교과는 인간의 가치를 드높이는 데 직결되어 사회적으로 지지를 받고 있으며 일정한 준거를 가지고 그 생성을 되풀이하고 있는 문화 요소 중 학교에서 가르칠 수 있는 대상으로 설정되어 들어온 학문이나 경험의 분야를 가리킨다. 즉, 교과는 다음과 같은 네 가지 특성(곽병선, 1987, 162-163)을 가지고 있다.

첫째, 교과란 문화에서 선정된 문화 요소라는 점이다. 문화란 인류학적, 사회학적 의미에서 우리 사회에서 인간이 만든 모든 것을 가리킨다. 문화요소라는 말은 여러 가지 문화 가운데 인간의 조건을 우리 사회가 누리는 수준만큼 발전시키는 데 확실하게 기여해왔다고 생각되는 지식, 사고의 양식, 경험과 같은 것을 지칭하는 말이다. 그러므로 교과의 모체는 문화인 것이다.

둘째, 교과란 막연히 성립되는 것이 아니라 논리적으로 구분이 가능한 독특한 준거나 근거를 가지고 성립한다는 점이다. 각각의 교과는 결코 다른 교과와 동일시되거나 유사하게 되는 쪽으로 성립의 근거를 마련하지 않는다. 각 분야는 사물을 설명하는 독특한 개념 체계를 가지고 있으며, 그것은 그렇게 사물을 보는 방식이나 경험의 양식에 의해서 나타난 결과로써 이해될 수 있다.

셋째, 교과는 그 가치를 인정해 온 사회적 지지와 그 교과의 지위 향상을 위해 노력하는 학문 공동체 또는 권익 집단에 의해서 유지, 존속된다. 특정한 영역의 지식이나 경험이 교과로 선정되어 학교교육 내용으로 편입되는 데에는 그것의 교육적 가치를 옹호하는 사회적 세력의 인정이 필요하다. 그래서 교과는 학문성을 강화하는 쪽으로 움직임으로써 그 지위 향상에 노력한다.

넷째, 교과는 다양한 문화 요소 중에서 선택된다는 점과 이 선택의 과정에는 그 권한을 행사할 수 있는 사회적 권위가 개재한다는 점에서 하나의 중요한 의사 결정의 산물로 성립한다는 점이다.

지금까지 정리하여 본 네 가지 특성이 시사하는 바와 같이 교과는 단순하게 이해될 수 있는 대상이 아니다. 교과는 학교교육 안에서 보았을 때 교육내용 그 자체를 보여 주는 필수 불가결한 대상이지만 그것이 어떻게 성립하고 어떤 동기와 특성을 가지고 움직이고 있는가를 조감해 보면 문화내용 요소, 사회적 영향에 대한 관계, 의사 결정의 역할 관계 등 여러 관련 변수들이 복합적으로 얽혀 있음을 알게 된다(곽병선, 1988, 43-48). 이처럼 교과는 어느 단일한 시각으로 이해될 수 있는 대상이 아니다. 교과는 지식 습득이라는 학문적 필요에 의해서 뿐만 아니라 실용적, 정치적, 역사적, 사회적 요인의 작용에 의해 선정되거나 생성된다(곽병선, 1987, 173). 그리고 한 번 교과로 자리를 잡으면 후진을 양성하는 새로운 진로구조를 형성하고 그 교과를 매개로 하는 공동체나 학회는 그 교과의 지위를 강화하고 유지하려고 한다.

교과는 역사적으로 그 개념이 변해왔으며 여러 교육과정이 등장하면서 학교의 교과는 학교에서 지도되어 왔던 기존 학문의 범주의 제한을 벗어나, 학교의 공식적인 정규의 교육과정에 포함된 활동 내용을 일차적으로 구분하는 단위로 인식되고 있으며, 일반적으로 교육목적 달성에 필요한 지식과 기능이 논리적으로 체계화 된 것을 의미한다.

예전에는 교과가 교과를 이루는 기존 학문과 거의 다를 바 없었으나 현대에 들어 교육이 기존 지식을 그대로 전달하는 것을 의미하지 않기 때문에 '왜'라는 질문에 의해 교육내용을 선택하게 된다. 즉 학문의 모든 내용이 교과가 되는 것이 아니라, 그것을 왜 학생들에게 가르쳐야 하는가의 문제가 정당화되어야만 교과가 될 수 있다는 것이다. 교육에 필요한 내용을 교육적 논리로 선택하는 것은 기존 학문과 교과를 구분지워 주는 역할을 한다고 볼 수 있다.

3. 교과에 대한 관점

교과는 7 자유교과 이후에 1500여 년을 이어온 말이지만 그렇게 심도 있는 연구가 이루어졌다고 보기 어렵다. 20세기에 들어 학교에서 무엇을 가르쳐야 할 것인가의 문제로 여러 학자들이 이론을 제시하였다. 여기에서는 교과에 대한 대표적인 다섯 가지 관점을 살펴보기로 한다.

1) 경험의 재구성

Dewey(1916, 182-183)에 의하면 교과는 인류의 긴 역사를 통하여 누적시켜 온 경험 또는 문화의 유산들 중에 다음 세대의 성장 발달을 위하여 그들에게 꼭 전수할 가치가 있는 내용들을 선택하여 조직한 것이다. 즉 Dewey에게 있어서 교과의 내용은 곧 경험의 성장인 것이다. 그러므로 교과를 가르친다는 것은 단순히 문화유산이나 지식을 전달하는 것이 아닌, 학교교육 활동의 핵심을 이루는 과정이라고 할 수 있다.

경험 교육과정, 즉 교육내용을 경험으로 보는 관점에 의하면, 교과는 학생에 의하여 경험되지 않는 한, 또는 학생의 경험과 관련을 맺지 않는 한 아무 의미도 가질 수 없다(이홍우, 1980, 39-43). 따라서 경험 교육과정은 교육에서 아동 중심 또는 학습자 중심 사상과 밀접한 관련을 갖게 된다.

Dewey는 교과조직의 원리로서 교과의 출발점이 아동의 일상생활 경험이어야 한다고 생각하였다. 그러나 학습의 내용을 경험 안에서 찾는다는 것은 단지 그 첫 단계에 지나지 않으며, 그 다음 단계는 아동들이 이미 경험한 바를 보다 풍부하고 의미 있으며 보다 조직적인 형식에 따라 진보적으로 발전시키는 것이다. 즉 교과란 숙련된 성인에게 제시하는 형식에로 아동을 점차 접근시키는 것이다(Dewey, 1938, 73-74).

그는 교과를 교사와 학습자의 입장에서 각각 구분하였다. 학교에서 가르치는 교과내용은 현재 사회생활의 의미 중에서 전수할 가치가 있는 의미를 구체적으로 자세하게 표현한 것이다. 교과내용은 다음 세대에 계속 전해주어야 할 문화의 본질적 요소를 교사가 분명히 알 수 있도록, 조직된 형태로 제시해 준다. 교육하는 사람의 입장에서 볼 때, 여러 교과는 활동을 위한 자원이요 자본이라고 할 수 있지만, 교과가 아동의 경험에서 멀리 떨어져 있는 것이 사실이다. 학습자가 배우는 교과는 성인의 정련되고 체계화된 교과, 즉 책이나 예술작품에 나타나 있는 상태로서의 교과와 동일하지 않으며, 동일한 것이어서도 안 된다(이홍우 역, 1987, 288-290). Dewey는 교사와 학생의 입장에서 볼 때 교과에 차이가 있음을 올바르게 존중하지 않았다는 사실이, 이제까지 교과서나 그 밖에 기존의 지식을 표현한 다른 자료들을 올바르게 사용하지 못한 중요한 요인이 되었다고 지적하였다.

교과를 가르치는 활동을 하는 동안, 교사는 교과를 자유자재로 구사하면서도 교과 그 자체가 아닌, 현재 이 교과가 학생의 필요와 능력에 어떻게 상호작용 하는가에 신경을 써야 하며, 학생의 반응이 교과와 어떤 관계가 있는지를 이해하는 것이 교사의 임무이다. 가르친다는 것은 학생의 경험을 전문가가 이미 알고 있는 것과 동일한 방향으로 계속 나아가도록 해주는 일이므로, 교사는 자기가 가르치고 있는 교과뿐만 아니라 학생의 독특한 필요와 능력도 알아야만 하는 것이다.

여기서 학생의 욕구가 반영되는 경험 중심 교육과정에서의 '교과'의 성격을 알 수 있다. Dewey에 의하면 교육내용 선정의 기준은 사회적 가치이다. 학습 자료를 추출할 수 있는 원천은 매우 넓은 범위에 걸쳐 있으므로, 교육은 사회적 가치라는 기준에 의해 자료를 선정해야 하고, 교육과정은 우리가 공동으로 살고 있는 삶을 개선하여 미래가 과거보다 더 나아지도록 하려는 의도 하에서 선택된 내용으로 구성되어야 하며, 본질적인 것을 우선적으로 하고 장식적인 것을 부차적으로 해야 한다. 사회적으로 근본적인 것, 즉 사회의 여러 집단이 널리 공유하고 있는 경험과 관련된 내용이 본질적인 것이며, 전문적인 집단과 기술적인 추구의 필요를 반영하는 내용은 부차적인 것이다(이홍우 역, 1987, 303-304).

따라서 Dewey는 사회적 가치에 따라 선정된 본질적인 교육내용을 '교과'라고 본 것이다(김정미, 1995, 16). 교과의 가치에 대하여 Dewey는 어떤 교과든지 경험 안에서 독특한, 대치 불가능한 기능을 가지고 있는 한, 그리고 학생들의 삶을 풍부하게 하는 한, 그 가치는 내재적인 것이므로 서로 비교할 수 없고, 따라서 여러 교과 간에 가치의 위계를 정할 수 없다는 것이다. 교육은 삶의 수단이 아니고, 보람있고 내재적으로 의의 있는 삶을 사는 것과 동일하기 때문에 교육과정을 계획하는 사람이나 교과를 가르치는 사람은, 그들이 계획하고 가르치는 교과나 주제가 학생들의 삶을 더욱 풍부하게 할 뿐만 아니라, 그 밖의 직접적인 관심사에 실질적으로 사용할 자료를 제공해 줄 수 있도록 배려를 해야 하는 것이다.

이처럼 Dewey에게 있어 교과는 적어도 두 가지 조건을 갖춘 내용이어야 한다. 첫째, 인간의 삶에 의미 있는, 그리고 다음 세대에 전수할 가치가 있는 인간의 경험, 또는 문화의 본질적 요소이어야 한다. 둘째, 아동들의 경험 속에 내면화되어 그들의 지적, 정서적, 도덕적 성장에 기여할 수 있는 것이어야 한다.

2) 지식의 구조

Bruner는 교육내용을 '지식의 구조'로 보았다. Bruner(1960)는 지식의 구조를 '기본 개념과 원리', '핵심적 아이디어' 등과 동의어로 쓰고 있다. 그에 의하면 구조를 학습하는 것은 사물이나 현상이 어떻게 관련되어 있는가를 학습하는 것이다. 학습에서 얻은 지식을 서로 얽어매는 구조가 없을 때 그 지식은 쉽게 잊어버린다. 원리나 개념을 중심으로 특수한 사실을 추리해 내는 것이 중요하다는 것이다. '지식의 구조를 가르친다'는 것은 '교과답게 가르친다'는 의미를 일반적으로 규정하는 말이기 때문에 그 구체적 의미는 각 교과의 성격에 비추어 이해하는 것이 필요하다. Bruner(1960, 7)는 구조의 중요성을 이해, 기억, 전이, 새로운 지식의 생산의 네 가지로 보고, 교과답게 가르친다는 말의 의미를 학생들로 하여금 해당 분야의 학자가 하는 일과 비록 수준은 다르지만 종류에 있어서 동일한 일을 하도록 하는 것으로 규정하고 있다. 여기서 해당 분야의 학자들과 동일한 일을 한다는 것은 학자들이 하듯이 각각 관련된 현상을 탐구함을 뜻한다.

이홍우(1980, 47-58)에 따르면, 교육내용을 나타내는 말로서의 지식의 구조는 '학생의 경험과 의미 있게 관련될 수 있는 교과'를 가리키며, 그것을 하나의 교육원리로 표현하여, '교과를 가르치되 학생의 경험과 의미 있게 관련되도록 가르쳐야 한다'고 보았다. 지식의 구조라는 교육내용관에서 교과란 학생들이 '배워야 할 주제'가 아니라 '해야 할 활동'이다. 즉 교과라는 것은 해당 학문 분야에서 지식을 발견하는 동안에 학자들이 하는 일, 또는 각 학문의 '기본 개념과 원리'를 써서 해당 분야의 현상을 탐구하거나 이해하는 일을 가리킨다. 교육과정 원리로서 '지식의 구조'는 각 교과에 각각 특유한 개념과 탐구방법이 있다는 것을 전제로 하여, 교과교육의 조직과 운영은 그 개념과 탐구방법을 잘 반영할 수 있다는 것을 강조하고 있다. 그러므로 지식의 구조라는 말이 대두됨과 동시에 탐구학습이나 발견학습이 강조된 것은 당연한 현상이며, 여기서 교사의 역할은 해당 학문 분야에서 학자가 하는 탐구활동과 동일한 방법으로 학생의 학습이 이루어지도록 학생들을 안내하는 일이다.

여기서 구조는 곧 사고의 과정에 나타나는데 교육은 사고를 중심으로 전개되므로, 교육에서 구조는 교과에 관하여 교사와 학생이 상호작용하는 장면에서 교사가 학습내용을 조직하고 제시하는 모양에, 또는 교과서의 서술방식이나 수업에서 교사와 학생이 주고받는 말에서 나타난다는 것이다.

Bruner는 교과를 학문의 바탕을 이루고 있는 기본적 아이디어나 개념 및 원리로 교과를 구성함으로써 학생들의 이해와 기억을 돕고, 학자가 학문을 탐구하는 것과 같은 방법으로 학문하는 방법을 배우게 하는 것이 교과라고 생각하였다. 그러나 Bruner의 이론은 주로 교과의 인지적 요인의 교육을 중심으로 전개되고 있으므로 이러한 지적인 학습이 여러 가지 바람직한 태도와 정적 경험을 수반한다고 Bruner 자신이 말하고 있음에도 불구하고 이러한 학습모형은 정의적인 교육을 위한 모형으로 충분하지 않다고 할 수 있다(김정미, 1995, 18).

Bruner에게 있어 학문의 구조, 지식의 구조는 곧 교과의 구조라 할 수 있다. 이 교과의 구조는 Bruner의 관점 전체를 함축하는 기본 개념으로 그의 제반 개념, 수월, 준비성, 나선형 교육과정, 탐구 또는 발견, 직관과 분석 등 모두를 연결시켜 주는 구심점이다(김수천, 2003, 120).

Bruner는 지식의 구조를 인식의 과정에서 경제성을 고도로 발휘할 수 있는 일반적 아이디어이며, 이 일반적 아이디어를 인식한 결과로 말미암아 학습하는 방법을 아는 상태가 되며, 동시에 어떤 발달단계의 아동에게도 가르칠 수 있는 표현양식을 갖되, 가르치는 과정에서 교과 내용의 성격이 반영되어야 한다고 보았다. 즉 교과는 해당 학문의 지식을 이루는 전체적 구조이며, 교과를 학습한다는 것은 그 전체적인 지식의 구조를 내면화하여 그 구조의 안목으로 현상을 볼 수 있게 된다는 것이다. Bruner에게 있어 지식의 구조를 파악한다는 것은 한 가지 현상을 여러 가지 현상과의 관련에서 이해할 수 있게 된다는 것으로써 일반적 전이 또는 원리의 전이를 가능하게 하는 것이라고 할 수 있다(강신웅, 1991, 717).

Bruner는 학문의 구조학습을 통해 인격형성보다는 내용 자체의 획득을 강조한다. 그에게 교과는 지식의 결과를 전달하는 중간언어로서의 교과가 아니라, 기본 지식에 대한 탐구와 전이의 과정을 포함한다. 지식을 규칙성 있는 현상에 구조와 의미를 부여하기 위해 인간이 만든 하나의 모델로 볼 때, 지식은 관련성과 상호성을 가지며, 지식의 본질인 지식 자체의 순수한 상호관련성에 의해 서로 관련되어 있는 지식의 구조를 교육내용으로 선정한다. 그는 신뢰할만한 권위 있는 지식을 학문 안에서의 탐구의 산물로 보며 그와 함께 지식을 행동적인 면보다 내용적인 면으로 인식하면서 개념의 구조적 탐구를 강조하는 것이다. 특히 지식의 구조는 다양한 사실적 지식을 파생시키는 근원이 되므로 구조에 의해 단편적 개념에 질서가 부여되고 학습에 의미가 주어지며 새로운 경험에 대한 도전도 가능케 한다. 즉 구조에 의해 지식이 단순화되고 새로운 구조가 생산될 수 있다는 것이다.

Bruner에 있어서 교과는 가치 추구의 목표 측면을 내포한다. 여기서 교과는 수단이 아닌 도달해야 할 목표가 되며, 교과형 교육과정에서의 중간언어로서의 교과와 달리 학생들의 탐구활동을 위해 기본 개념이나 원리학습은 전문적인 학자들이 하는 탐구활동과 동일한 방식으로 조직된다. 교과는 각 학문 분야의 기본 원리를 써서 해당 학문 분야의 현상을 탐구 내지는 이해하는 일이므로 기본 원리가 학생들의 지적 탐구활동에 적용될 때 그 유용성을 지니게 된다.

교과의 구조는 학습자의 능력, 가정환경 등에 적합할 때 최적의 구조가 될 수 있기 때문에 구조는 학습의 요소에 따라 그 적절성에 상대적 가치를 갖는다. 한편 Bruner는 피아제 인지발달론의 영향을 받아 구조의 적절한 번역에 의한 발달의 촉진을 강조하지만 사고법칙의 상이성을 주장하는 피아제와는 달리, 고정적 발달단계에 융통성을 부여한다. 이것은 고등 지식도 발달의 초기에 가르칠 수 있음을 의미한다.

Bruner에 의하면 교과를 학습한다는 것은 그 전체적인 지식의 구조를 내면화하여 그 구조의 안목으로 현상을 볼 수 있게 된다는 것이다. 물론 그 구체적인 지식의 구조는 한꺼번에 학습될 수 있는 것은 아니라, 지식의 항목들을 따라 하나씩 학습될 수밖에 없다. 그러나 이 항목들을 서로 유리된 것으로 취급하는 것이 아니라 전체적인 지식의 구조와의 관련 속에서 취급함으로써 하나하나의 항목들의 학습은 그만큼 전체적인 구조의 학습에 보탬이 될 수 있도록 할 수 있을 것이다. 이것은 곧 한 특정한 시점에서 학습되는 특정한 지식의 항목이 전체적인 지식의 구조의 한 부분으로서 그것을 표현하고 있다는 것을 말해준다. 그와 동시에 일련의 발달계열을 두고 볼 때, 한 시점에서 학습되는 내용은 동일한 지식의 구조를 상이한 수준에서 표현하는 것이다. 그러므로 발견학습이라는 말로 표현되는 학습에 있어서 학습자의 능동적 참여의 강조는 지식의 구조학습에 필연적으로 따라오는 방법상의 요구조건이며, 나선형 교육과정이라는 말로 표현되는 발달계열상 교과내용의 동일성은 지식의 구조를 계열화할 때 중요한 고려사항을 제시하는 것이다(박재문, 1998, 115-116). 결국 Bruner에게 있어서 교과는 해당 학문의 지식을 이루는 전체적인 구조이다.

3) 인지적 지식

Henderson(1961)은 '교과'와 '교과의 이름' 사이의 차이를 구분하였다. 보통 교수요목에는 '교과' 그 자체가 아니라 공부해야 할 '교과의 이름'이 실려 있다. 즉 주제, 문제, 아이디어 등의 이름이 그것이다. 예를 들어 수학의 단원을 계획할 때는 '가감승제, 분수, 삼각함수 등 주제에 관하여 무엇을 가르칠까'를 결정할 때에도 교사는 다시 몇 가지 주제를 든다. 이것도 교과가 아니다. 실제로 교과를 선정하여 가르치고 학생들의 학습 여부를 평가할 단계에 와서 비로소 교사는 교과의 이름에서 그 이름에서 그 이름의 지시 대상, 즉 그 이름이 나타내는 지식으로 넘어가게 된다는 것이다.

Henderson은 교과라는 용어가 수학에서 '0', '유한정수' 등과 같이 정의 없이 사용할 수 있는 기초적 술어가 될 수 있는 지부터 검토하고 그것은 교육학의 응용과학적 성격에 비추어 받아들이기 어렵다고 지적한다. 그는 교과의 개념이 갖추어야 할 조건으로 다음 세 가지를 들고 있다.

교과의 개념이 유용하게 사용되기 위해서는 교사가 교과와 관련하여 첫째, 그의 학생들을 배려하면서 교과 또는 교육내용을 선정하는 일, 둘째, 교과를 그 구성요소들과 관련하여 조직하는 일, 셋째, 학생들의 학습 결과를 평가하는 일 등을 수행하는 데에 도움을 줄 수 있어야 한다(Henderson, 1961, 43-44)는 것이다.

이러한 관점에서 그는 흔히 교과로 생각해 온 구체적 사물, 전통적 교과의 내용이나 그 대안으로 제시된 경험 또는 활동 등을 검토하고 이들 모두가 적합하지 않다고 주장하고 있다. 말하자면 교과를 구체적 사물, 예를 들어 생물학에서의 동물과 식물, 문학에서의 소설, 연극, 시, 수필 등으로 정의할 경우, ① 그것이 교과 선정에는 어느 정도 도움을 주겠지만 수업을 위해 교과를 조직하는 데에는 유용하지 않고, ② 구문론적으로 보아 '교과'와 '구체물'은 상호 대체 가능한 용어가 아니며, ③ 구체물이 없는 수학, 논리학, 문법 등에는 적용될 수 없다는 것이다. 특히 그는 흔히 '00을 가르친다'고 말하지만 '000에 관한 지식을 가르친다'는 말로 해석할 때에만 내용이나 경험 또는 활동으로 정의하는 경우도 양자가 모두 교과를 너무 좁고 배타적인 용어로 사용하고 있다고 말하고 있다.

Henderson에 의하면 교과는 지식으로 정의할 수 있다. Ryle(1949)에 의하면 지식은 명제적 지식(knowing that)과 방법적 지식(knowing how)으로 대별될 수 있는데 Henderson에게 있어 이것은 성격상 별개이며, 그는 교과를 그중 명제적 지식 또는 인지적 지식(cognitive knowledge)으로 정의하고 있다(김수천, 2003, 128). 물론 명제적 지식과 방법적 지식 사이에 공통점이 있지만, 양자는 '6의 제곱이 36임을 안다'와 '배드민턴 치는 방법을 안다'에서 알 수 있듯이 구문론적 의미에 있어서나 교육적 의미에 있어서나 같은 범주로 묶을 수 없다. 그 둘은 다음과 같은 면에서 차이가 나는 것이다.

첫째, 후자의 경우 배드민턴 치는 방법을 더 잘 알고 있다고 서로 비교할 수 있는 데 비해, 전자는 알면 알고 모르면 모를 뿐 서로 비교할 수 없다.

둘째, 전자의 경우 '안다(지식)'는 말이 '믿는다(신념)'는 말을 함축하고 있음에 비해 후자는 그렇지 않다.

셋째, 특정인이 아는지 모르는지를 판단하는 방법에 있어서도 전자는 주로 언어에 의존함에 비해, 후자는 관찰이 더 타당하다.

넷째, 각각을 학습하는 방법에 있어서도 전자는 언어적 설명과 이해가 필수적인 데 비해 후자는 그보다 시범·관찰·모방과 연습이 더 긴요하다.

그는 명제적 지식을 인지적 지식이라고 말하는 것은 주로 그 언어적 성격을 부각시키기 위함이라고 할 수 있다. 그는 교과로서의 인지적 지식을 다음과 같이 구분하고 있다(Henderson, 1961, 50).

1. 명제(statements)
   1.1 분석적(analytic)
      1.11 단칭적(singular)
      1.12 일반적(general)
   1.2 종합적(contingent)
      1.21 단칭적(singular)
      1.22 일반적(general)
2. 규범(prescriptions)
   2.1 단칭적(singular)
   2.2 일반적(general)
3. 가치명제(value statements)
   3.1 단칭적(singular)
   3.2 일반적(general)

이러한 Henderson의 관점은 교과를 지식, 그것도 인지적 지식에 한정하고 있다는 점에서 오늘날 일반적으로 받아들이고 있는 전인교육의 이상에 비추어 지나치게 협소한 것 같은 느낌이 들 수도 있다. 그러나 그것은 전인교육의 개념, 전인교육과 지식교육 간의 관계 등이 면밀히 검토, 분석되고 난 후에 판단될 수 있는 문제이다(김수천, 2003, 129).

Henderson 자신은 첫째, 지식이 인간의 삶에 있어서 현명한 선택에 중요한 가치를 가진다는 점, 둘째, 인지적 지식으로서의 교과가 교육내용의 선정과 조직, 교수방법 구안 등을 실질적으로 돕고 교육이론 형성·발달에도 기여할 수 있다는 점 등을 들어 그의 관점을 정당화하고 있다.

4) 의미의 영역

금세기에 와서 확실하게 하나의 종합적 교육과정 모형을 제시하고 각 교과 영역의 내용을 체계적으로 분석한 학자로서 Phenix(1964)를 들 수 있다. 그는 인간은 본질적으로 의미를 창조하고 표현하는 동물이며, 교육은 몇 가지 근본적인 의미를 개발하는 과정이라고 전제한 후, 그 근본적인 의미를 여섯 가지 영역, 즉 상징적 의미, 경험적 의미, 심미적 의미, 관념적 의미, 윤리적 의미, 총괄적 의미의 영역으로 보았다.

그는 「*Realms of Meaning*(1964)」에서 교육과정에 관한 총체적·종합적 관점을 강조하고 인간의 본성과 지식의 성격, 교육과정 구성원리 등에 기초하여 '의미' 중심의 일반교육 교육과정 모형을 제시하고 있다. 그는 그의 모형을 하나의 교육과정 철학이라고 말하고 있다. 그가 인간의 의미 있는 삶과 관련하여 학문의 성격을 규명하고 종합적이고 일관성 있는 교육과정 안을 제시하겠다는 의지의 표현이라고 할 수 있다.

그가 인간의 삶에 있어서의 학문적 탐구의 중요성을 강조하면서도 그것을 '이성' '지식' 등이 아니라 '의미'라고 표현하고 있는 것은 인간의 삶의 총체성·종합성과 그에 적합한 일반교육 과정을 염두에 둔 용어 선택이라고 할 수 있다. 말하자면 '의미'는 이때까지 인간의 본성 또는 교육목적을 나타내는 말로 사용하여 온 합리성, 이성, 마음 등이 흔히 논리적 사고과정으로 좁게 해석되어 온 기존 철학의 편협성에서 탈피하여 감정, 양심, 상상, 기타의 과정들을 모두 포함하고 인간의 유기적 활동, 사회적 조직, 예술작품의 창조, 도덕적 판단, 자아 인식, 유목적적 결정, 종교적 예배 등 모든 측면을 아우르는 포괄적인 개념으로 상정된 것이다(Phenix, 1964, 21).

이처럼 그는 이성이나 마음의 개념을 확장하여 삶의 전체 측면을 이

끄는 통합적인 개념으로 의미라는 술어를 활용하고 있다. 그는 일반교육의 목적도 청소년들로 하여금 '삶에 대한 안목을 확장하고 사물의 관련성에 대한 통찰력을 심화시키며, 통합적인 관점을 형성·발전시키는 것(Phenix, 1964, 3-4)'으로 보고 있다.

Phenix에 있어 인간은 의미를 발견하고 창조하며 표현하는 존재이다. 인간은 그 본질에 있어 의미를 경험할 능력을 가지고 태어나며 평생을 통해 이를 계속 확장·심화하면서 살아간다. 인간은 본능 또는 충동에 의해서만 지배되는 존재가 아니다. 그는 그 자신으로부터 떨어져 나와 자신을 돌아볼 줄 아는 존재이다. 그러므로 인간의 경험은 다른 동물들의 그것과 구별된다. 인간 사회에서 경험은 반성을 함의하며 그는 그러한 경험으로부터 획득한 의미를 스스로 또는 다른 사람들의 그것과 서로 교환하면서 계속 재구성하고 세련시켜 나간다. 이와 같이 인간은 의미를 추구하는 존재이며 교육의 목적도 의미의 성장이라고 말할 수 있다. 그러나 사람들은 각기 그 나름으로 의미를 추구하는 과정에서 회의와 좌절을 경험하기도 하며, 그것은 특히 오늘날과 같은 산업화된 문명에서 더욱 심하다.

Phenix는 무의미의 요인으로 네 가지를 들고 있다.

① 과학의 비판정신과 회의주의

② 극단적인 전문화에서 초래되는 비인간화와 단편화

③ 문화적 산물의 대량화와 지식의 폭발

④ 급속한 변화속도와 비영속성·불안정성

의미의 종류는 다양하며 교육과정은 그 의미를 중심으로 구성되는 것이다. Phenix에 있어 교육과정이 어떤 의미들로 구성되어야 하는가 하는 문제는 그의 교육과정 철학의 핵심과제이며 그것에 대한 그의 해답은 '학문(disciplines)'(Phenix, 1964, 5-10, 311-321)이라 할 수 있다. 그가 보기에는 오늘날 문명화된 사회에서 다음 세대들이 인간과 세계를 종합적으로 이해하고 그에 비추어 그들의 삶을 영위하며 회의주의에 빠지지 않고 그들의 의미를 계속 성장·발달시키려면 인류사를 통해 공적, 체계적으로 정련되어 온 학문적 지식에 기대할 수밖에 없다는 것이다. 다만 여기서 학문이란 논리적 사고 또는 명제적 지식에 한정되는 것이 아니라 인간의 삶 전체와 관련하여 각 분야의 전문가 집단들에 의해 역사를 통하여 끊임없이 추구되고 세련되어 온 의미 모두를 망라하는 통합적 개념이며 또 그것을 중심으로 하는 교육과정(학문 중심 교육과정)이라고 해서 반드시 분과주의를 함축하는 것도 아니다.

Phenix 자신도 오히려 일반교육의 성격상 통합적·총체적 관점을 크게 강조하고 있다. 그러면 일반교육의 주요내용으로서의 학문 또는 의미의 영역들은 어떻게 분류되고 구조화될 수 있는가? Phenix(1964, 6-8)는 의미들을 각 학문의 논리적 구조에 따라 우선 '양'과 '질'로 분류하고 양을 다시 '단일', '일반', '종합'으로, 그리고 질을 '사실', '형식', '규범'으로 분류하여 각 의미 영역들의 전형적인 탐구방법, 주도적 아이디어, 독특한 구조 등에 따라 다음과 같이 여섯 가지의 기본적인 의미영역으로 구조화하고 있다.

1. 상징적 의미(symbolics; 일반형식): 일상 언어, 수학, 다양한 비언어적 상징형식들(몸짓, 의식, 율동 형식 등)로 구성된다. 이들은 사회적으로 받아들여진 형성·변형 규칙과 함께 임의적인 상징 구조 속에 포함되어 있으며 의미의 표현과 전달의 도구로 창조된 것이다. 이는 다른 모든 영역의 의미를 표현하는 데에 사용된다는 점에서 기본적인 의미의 영역이다.

2. 경험적 의미(empirics; 일반사실): 물질계, 생물계 및 인간에 관한 과학들이 포함된다. 이들 과학들은 물질·생명·마음과 사회에 관한 관찰과 실험에 기초한 사실에 관하여 기술, 일반화, 이론형성, 설명 등을 제공한다. 이들은 증거와 검증의 규칙, 전문적인 분석적 추상체계의 활용 등으로 구성된 개연적인 경험적 진리로서 의미를 표현한다.

3. 심미적 의미(esthetics; 단일형식): 음악, 미술, 동작예술, 문학 등 다양한 예술들을 포함한다. 이 영역의 의미들은 주관적인 느낌을 창의적으로 표현한 것으로서 특정의 의미 있는 사물들에 대한 관조적 지각과 관련된다.

4. 실존적 의미(synnoetics; 단일 사실): Polanyi의 '인격적 지식', Buber의 '나−너' 관계 등을 포함한다. 실존적 의미는 명상적 사유를 의미하는 희랍어 'synnoesis'에서 나왔으며, '직접적 자각', '관계적 통찰' 등을 의미한다. 이러한 인격적, 관계적 지식은 구체적이고 직접적이며 실존적이다. 인간 실존의 여러 측면을 다루는 철학, 심리학, 문학, 종교 등이 이 영역과 관련된다.

5. 윤리적 의미(ethics; 단일·일반규범): 사실, 지각형식, 관계의 자각 등이 아니라 당위를 표현하는 도덕적 의미를 포함한다. 도덕성은 자유롭고 책임 있는 그리고 신중한 결정에 기초하고 있는 개인적 행위와 관련된다. 이 영역은 윤리학, 사회도덕 등을 포함한다.

6. 총괄적 의미(synoptics; 종합적 사실·규범·형식): 경험적, 심미적, 실존적 의미들을 통일성 있는 전체로 결합시키는 포괄적, 통합적 의미들로 역사, 종교, 철학 등을 포함한다. 역사적 해석은 인간이 일정한 환경적 조건과 관련하여 어떤 선택을 해 왔는지를 드러내기 위해 사실적 증거에 기초해서 과거를 재창조하고 종교는 인간의 궁극적 의미를 초월적 존재에게서 구하며, 철학은 모든 다른 의미들의 독특성과 상호관련성을 반성적, 개념적 해석을 통해 명료화하고 평가하고 조정한다.

이 여섯 가지 의미의 영역은 일반교육에서 발달시켜야 할 기본적인 능력이다. 그러므로 일반교육 과정에는 이 여섯 가지가 모두 포함되어야 하며 모든 학생들이 그 각각을 빠짐없이 학습할 수 있도록 기회를 제공해야 한다. 하나라도 빠지면 총합적인 전인을 기르는 것이 어렵게 된다. 즉 이러한 기본적인 여섯 가지 의미의 영역은 일반교육의 과정을 통해 모든 학생들이 공통적으로 경험해야 할 필수교과들이다. Phenix는 교과의 내용을 일반적인 논리적 특성, 독특한 탐구문제, 대표적인 아이디어, 탐구방법 등을 중심으로 분석하고 있다.

그는 또한 교육내용의 선정·조직과 관련하여 다음과 같은 네 가지 원리를 제시하고 있다.

첫째, 교육내용은 전적으로 학문 탐구분야로부터 도출되어야 한다. 둘째, 각 교과의 내용은 해당 학문의 대표적 아이디어들을 중심으로 선정·조직되어야 한다. 셋째, 각 교과의 내용은 해당 학문의 탐구방법과 이해방식이 예증될 수 있도록 선택·조직되어야 한다. 넷째, 교육내용은 학생들의 상상력을 불러일으킬 수 있도록 선정·조직되어야 한다.

5) 지식의 형식

Hirst(1974)는 교과를 지식의 형식에 따라서 수학, 자연과학, 인문과학, 역사, 종교, 문학, 예술, 철학 등으로 구분하였다. 그에 의하면 교육내용 즉 교과는 지식의 형식이며 여기서 지식의 형식은 단순한 정보의 집적이 아니라 인간이 자신과 세계를 보는 상징체계 또는 개념적 도식을 포함하는 것이다. Hirst는 지식을 '인간이 경험을 이해하는 독특한 방식'으로 규정하고 그 지식이 인간의 마음, 특히 이성적 정신을 구성하는 기본 요소라고 보았다.

Hirst는 선험적 논의(transcendental argument)라는 독특한 형식으로 주요 교과의 가치와 자유, 평등, 인간존중 등 방법상의 원리들을 정당화하고 있다. 여기서 선험적 논의란 지식 또는 윤리적 규범의 가치를 그것과 실재와의 일치 또는 그것을 따랐을 때 초래되는 외적 결과에 비추어 판단하는 종래의 방식과는 달리, 정당화의 실제적 논의

사태에 내재하는 논리적 가정을 드러냄으로써 정당화하는 형식이다. 즉, '왜 이것을 가르치지 않고 저것을 가르치는가', '왜 이렇게 하지 않고 저렇게 해야 하는가'라는 질문을 하는 것은 이미 어떤 행위를 하는 이유에 대한 공적 논증의 중요성과 합리적 사고의 가치를 인정하는 것이며, 그러한 합리성이 지식의 추구, 도덕적 원리들의 기본 요소라는 것이다. 이론적 지식 또는 윤리학의 근본원리들은 그 자체 속에 이미 그에 대한 정당화를 포함하고 있는 셈이다(Hirst, 1974, 30-53).

Hirst에게 있어 교육은 '사람들을 문명화된 삶의 형식에 입문시키는 일'이며, '문명화된 삶의 형식'이란 우리 인류의 공적 전통이라 할 수 있는 합리성이 지배하는 삶을 의미한다. 어떤 사람이든 텅 빈 공간에 혼자 태어나는 것이 아니라 특수한 사회 문화적 전통 속에서 태어나며, 우리 인류의 전통 중 특징적인 것인 합리성 추구이다. 진리를 탐구하고 이를 소중히 여기는 태도, 인간과 자연에 관한 안목, 또는 개념적 도식을 발전시키고 그에 비추어 사물을 파악하려는 태도, 일을 하는데 옳은 방법과 그릇된 방법이 있고 그 올바른 방법에 따라 일을 처리하려는 생각 등 이성적 사고 관점과 태도는 문명사회의 전통이며 우리 인간만이 누릴 수 있는 독특한 삶의 형식이다. 따라서 교육은 어린이나 청소년들을 합리성의 원리가 내재하는 공적 전통으로 입문시키는 일이며, 그 구체적 표현으로 각종 지식과 탐구방식, 도덕적 원리들을 전수하고 이를 소중히 여기도록 가르치는 것이다. 그들이 교육의 개념적 기준으로 제시한 ① 가치 있는 내용의 전달, ② 지식의 이해와 지적 안목, ③ 교육받은 사람의 의식과 자발성 등은 모두 이러한 합리성의 원리와 관련된다(이홍우 역, 1981, 42).

Hirst는 교육의 내재적 목적을 강조한다. 교육이 그 자체와는 별개의 외재적 가치, 즉 생활유지, 특정 지위 획득 또는 국가발전 등의 수단으로 생각되는 것이 아니라 지적 안목, 개념적 도식, 도덕적 원리의 내면화 등 교육 그 자체의 개념에서 당연히 따라 나오는 내재적 목적을 중심으로 추구되어야 한다는 것이다.

Hirst에게 있어 교육내용, 즉 교과는 지식의 형식(form of knowledge)이다. 여기서 지식은 단순한 정보의 집적이 아니다. 그것은 인간이 그들 자신과 세계를 보는 상징체계 또는 개념적 도식을 포함한다. 따라서 그들은 지식을 우리 인간이 경험을 이해하는 독특한 방식으로 규정하고 그 지식이 인간의 마음, 특히 이성적 정신을 구성하는 기본적 요소라고 생각하는 것이다. 이러한 지식은 인간의 공적 전통에 따라 몇 가지 개념 체계 또는 분화된 학문의 형식으로 구분되어 있다. 지식의 형식은 경험이 공인된 상징체계를 중심으로 구조화된 것을 의미한다.

이러한 지식의 형식들은 수학, 자연과학, 인문과학, 예술 등으로 나눌 수 있으며 이것들은 별개의 것이 아니다. 그들에게 지식은 진명제들의 체계라고 할 수 있지만 그것이 반드시 실재와 일치하는 것도, 고정 불변적인 것도 아니다(Hirst, 1973, 30-53). 그것은 우리 인간의 이성적 마음의 산물이자 동시에 마음을 형성하는 기본 요소이다. 즉 지식은 합리적인 인간의 공적 문화유산이라 할 수 있다. 지식의 형식도 어떤 절대적인 구분이 아니다. 교육내용 또는 교과로서의 지식의 형식은 그것이 인간들의 공적 유산이자 동시에 이성적 마음의 본질적 요소라는 그 자체의 성질에 따라 내재적으로 정당화된다.

그에 따르면 지식의 형식은 다음과 같은 특징이 있다.

첫째, 각각의 지식의 형식은 그 형식에 꼭 맞는 독특한 중심개념이 있다. 지식의 형식들은 각각 그 형식의 성격에 따라 몇 가지 중심개념들을 갖고 있는데 예를 들면 과학의 경우 중력, 가속도, 광합성 등의 개념과 수학에서 수, 적분, 행렬 등과 같은 개념이다.

둘째, 각각의 형식은 그 자신의 특유한 논리적 구조가 있다. 이들 개념들은 일정한 형식에서 경험이 이해될 수 있는 가능한 관계망을 형성하며, 그 결과 지식의 형식들은 각각 독특한 논리적 구조를 갖는다.

셋째, 각각의 형식은 그들 특유의 준거가 있고, 그 형식을 구성하고 있는 주장을 확인하는 방법이 있다. 특정한 지식의 형식은 경험을 그 형식에 특수한 어떤 준거에 따라 검증할 수 있는 독특한 표현방식들, 즉 과학적 지식, 도덕적 지식, 예술적 표현방식이나 진술방법 등의 표현방식을 갖고 있다.

넷째, 각각의 형식은 그들 특유의 방법론이 있다. 특정한 지식의 형식은 경험을 탐색하고 검증하는 특수한 기법과 기능을 발달시켰는데, 예를 들어 과학적 기법, 다양한 문학적 기법 등이 그것이다. 그 결과 오늘날과 같은 축적된 지식을 갖게 된 것이다. 여기서 분화된 지식의 형식 사이에도 각각의 개념이나 추리형식에 있어서 중복이 있음을 인정하고 있다.

Hirst에 의하면 수학, 과학, 예술 등 주요 지식의 형식들이 교육내용 또는 교과로 강조되고 있다면, 평등과 자유, 인간존중, 타인의 이익 고려 등 윤리학적 원리들은 방법상의 지침으로 제시되고 있는 것이라고 할 수 있다. 다만 이 경우 교육의 내용과 방법이 서로 별개의 것이라고 규정하는 것은 아니다. 그 역시 내용과 방법 간의 긴밀한 관련성을 부인하는 것은 아니지만, 그에 관한 일반적인 통념에 비추어 지식의 형식들을 분류할 수 있다는 것이다. 교육의 제도나 방법에서 정당한 근거에 의하지 않고는 개인의 자유를 제한하거나 차별대우하지 않아야 한다든지 학교는 개인 학생들의 흥미, 이익과 동시에 공공복리도 고려해야 한다든지 모든 학습자는 주체적인 인간으로 가치를 인정받아야 하고 선택 결정의 구심점으로 존중되어야 한다는 것이다. 이러한 원리들은 또한 합리성을 추구하는 인간의 삶의 형식에 내재해 있는 것으로써 선험적으로 정당화되고 있다.

이러한 Hirst의 논의는 다음(곽병선, 1987, 161)과 같이 요약할 수 있다. 교육은 정신을 발달시키는 것이고, 그 정신은 지식에 의해 논리적으로 결정되며, 지식을 습득하는 것이야말로 올바른 의미에서 정신을 갖도록 하는 것이다. 지식은 개념과 그것을 뒷받침하는 객관성의 준거에 의해 감추어진 경험을 구조화하는 데 있으며, 논리적으로 다른 종류의 개념이 있고, 객관성에 대한 다른 준거들이 있으며, 경험을 구조화하는 독특한 방법이 있으면 지식은 근본적으로 서로 상이한 일곱 가지 형식으로 구분된다. 논리적으로 종류가 다른 지식들은 그 형식이 갖추고 있는 특성이 교육과정 목표의 조절에 있어서 존중되어야 하며, 그 교육내용의 체계는 기본적으로 지식의 여러 형식 간의 상이성에 따라야 한다. 즉 지식은 단순히 검증된 상징적 표현의 거대한 실체로 생각해서는 안 되며, 논리적으로 구분이 가능한 각 지식 영역의 특성에 맞게 지식을 조직하고 가르쳐야 한다는 것이다.

4. 교과의 개념에 대한 논의

그동안 교과는 학문에서 주로 도출되었다. 그러나 교과가 일단 성립되고부터는 학문과 별개로 자체 발달을 하기 시작하였고, 학문에 전적으로 의존하지 않고 새롭게 교과가 형성되는 경우도 있게 되었다. 여러 학문을 통합시킨 형태의 교과가 나오게 되고 학문과 별로 관련을 갖지 않고 교육의 필요성에 의해 교과가 생기기도 하였다.

예를 들어 초등학교 저학년의 '즐거운 생활'은 예전의 음악과 미술, 체육이 통합되어 교과가 되었으며, 즐거운 생활이라는 교과는 기존의 어떤 특정 학문과 관련을 갖기보다는 즐거운 생활이 교과로 만들어지면서 독자적인 연구가 진행되어 즐거운 생활에 대한 교과교육학이 성립되어 있는 것이다. 즉 모든 교과가 학문에서 도출되고 그것의 통제를 받기보다는 교과는 그 자체적으로 독자적인 발전성을 가지고 연구되고 실천되는 영역이라는 것이다.

그동안 교과에 대한 논의들이 실재하는 교과의 모습을 설명하지 못한 원인으로 크게 세 가지(곽병선, 1987, 162)를 들 수 있을 것이다. 첫째는 교과 자체를 탐구의 대상으로 보지 못했다는 것이다. 즉 교과에 대한 기존의 설명의 틀들은 "교육과정"이나 지식의 성격을 탐구하는 과정의 부산물 정도로 나타난 것이라는 점이다.

둘째는 교과를 단일한 시각으로 파악했다는 점이다. 기존의 이론 모형들은 교과를 둘러싸고 작용하는 요인을 주로 지식으로만 파악했고, 지식을 이해하는 시각도 합리적 정신의 소산으로만 보는 고전적 인문주의 입장에 머물렀다고 할 수 있다.

셋째는 교과의 생성과 그 존립의 과정을 둘러싸고 벌어지는 학문 공동체 및 관련 권익 집단의 작용에 대한 관찰과 분석을 빠뜨렸다는 점이다. 즉 교과는 시공을 초월하여 존재하기보다는 구체적인 역사와 문화적 상황에서 생성되고 변천된다는 시각이 부족하였다.

Kneller(1971, 259)는 교과, 즉 성문화된 지식은 그 자체가 목적으로 다루어져서도 안 되고, 직업에 대해 학생들을 준비시키는 수단으로 여겨서도 안 된다고 했다. 그것은 오히려 자기계발과 자기완성의 방법으로 여겨야 한다는 것이다.

Goodson(1987)은 ① 시간이 경과함에 따라 이 세 분야의 각각이 학교 교과가 되었던 과정, ② 이 교과들을 승격시키는 과정에서 생겼던 쟁점, 갈등, 타협, ③ 교육과정 연구에의 사회－역사적 접근의 중요성을 중심으로 연구하면서 다음과 같은 주장을 하고 있다.

첫째, 학교 교과가 튼튼한 구조를 가진 실체는 아니지만 교과의 하위집단이 전통과 결합함으로써 변화되는 융합체이다.

둘째, 학교 교과를 확립하는 과정에서 교과 집단은 교육학적이고 공리주의적인 전통을 촉진시키는 것에서 학문적 전통으로 나아간다.

셋째, 학교 교과에 대해 야기되는 이제까지의 많은 교육과정 논쟁은 지위, 자원, 그리고 영토에 대한 교과들 간의 갈등으로 해석될 수 있다.

우리나라 교육학자로 정범모(1994, 210-214)는 교육내용을 문화와 관련지어 파악한다. 즉 교육의 내용이 될 수 있는 것은 인간이 이룩하는 폭넓은 경험의 긴 역사의 전부라고 할 수 있으며, 이 폭넓고 긴 역사의 경험을 문화라고 한다면, 그 문화 속에서 어떤 것을 골라서 어떻게 조직해서 교육내용을 삼느냐에 중요한 교육문제가 있다고 하였다. 학문의 분류 영역에 따라 교과를 분류할 때 다음과 같은 문제가 있을 수 있다는 것이다.

첫째, 학문만이 교과의 한 영역이 되는 것은 아니다.

둘째, 교과의 영역은 학문의 영역과 무관하게 구성되기도 한다. 예를 들어 학생의 주요한 흥미 영역에 따라서 '구경하기, 놀기, 이야기하기, 만들기' 등으로 나눌 수 있는데 교육과정 중에서 경험형이 여기에 속한다.

셋째, 학문의 영역을 따라 교과 영역을 설정한다고 해도 그 영역은 넓거나 좁거나 또는 융합적인 것일 수도 있다. 그러나 교과의 영역을 어떤 것으로 어떻게 정하느냐보다는 그 각 영역, 즉 한 가지 교과 속에서 무엇을 확인하고 무엇을 담느냐가 더 중요한 문제가 된다.

이홍우(1975, 84-92)는 교과에 대한 여러 관점들을 검토한 다음 Henderson의 분류체계를 발전시켜 인지역동 모형을 제시하였다. 그는 교과를 지식이며, 각각의 지식들은 그 성격과 논의 양식에 따라 실증적 지식, 논리적 지식, 규범적 지식으로 분류하고 있다. 이들 각각은 각기 독특한 방식으로 일반화와 특수화의 역동을 수행하며 그 근거 제시 방법도 검증·증명·정당화 등으로 구분하였다. 그에 있어 교과의 성격과 구조는 특히 각각의 방법적 원리 또는 사고과정에서 두드러지게 드러나며, 교육의 방법도 각 교과의 성격과 구조에 충실하게 학습 자료를 조직·제시하는 방법이다.

교과는 교육과정과 서로 교환할 수 있는 용어로 쓰이기도 한다. 만일 교육과정을 단순히 학습내용의 집합체라고 본다면, 그것은 교과와 거의 같은 의미가 된다(Tanner & Tanner, 1980, 33). 교육과정에 대한 여러 가지 정의를 표로 정리하면 다음과 같다.

〈표-1〉 교육과정에 대한 여러 가지 정의

범 주	정의의 예
누적되어온 조직적 지식의 전통	• 교사가 학생들에게 가르치는 교과들의 체계 • 문법, 읽기, 논리학, 수사학, 수학 등과 항존적인 교과들(항존주의) • 언어와 문학, 수학, 과학, 역사, 외국어 등 도야적 교과(본질주의) • 학문의 개념적, 구문론적 구조(Schwab, Phenix 등)
사유 방식	• 인간의 경험에 관한 점차 광범해져가는 가능한 사고방식(Belth 등) • 반성적 사고를 중심으로 통합되는 경험의 조직(Dewey 등)
종족의 경험	• 한 사회의 총체적 문화: 한 사회를 통합시키는 공통요인(Smith 등)
경험	• 학교의 지도 아래 학생이 가지는 모든 학습 경험(Bosner 등) • 학교가 젊은이들의 교육에 활용하는 모든 경험(Giles 등) • 학교가 그 교육목적 달성을 위해 계획하고 지도하는 학생들의 모든 학습(Tyler) • 학교가 학생들을 위해 제공하는 모든 활동(Albely 등) • 학교의 생활과 프로그램, 지도된 삶 속에서의 활동(Rugg) • 자유롭게 움직이는 상황 속에서 일어나는 사람들과 사물들의 생생한 상호작용 • 교사•학생•교과•환경 등의 요소들을 드러낼 수 있는 방법의 범위를 탐색하는 방법론적 탐구
계획	• 학습계획(Taba 등) • 수업계획의 출발점으로 설계된 문서(Beauchamp) • 수업 이전에 이뤄지는 계획
성과 또는 결과 생산 체제	• 학교가 책임지는 모든 계획된 학습 결과(Popham 등) • 의도된 학습 결과의 구조화된 목록(Johnson) • 성인 생활을 구성하는 일들을 성공적으로 수행할 수 있도록 능력을 발전시키는 방법에 의해 학생들이 행하고 경험해야 할 사물들의 배열 • 도착점 행동이라는 측정 가능한 성과로 이끄는 생산과정 • 수량화할 수 있는 또한 행동적인 목표로 제시되는 계획된 학습 결과

이런 교육과정과 교과의 관계에 대해 김수천(1999; 2003)은 다음과 같이 정리하고 있다.

첫째, 교육내용 또는 교과는 '인간의 삶과 관련하여 여러 가지 문화내용 중 다음 세대에 전수할 가치가 있고 또 전수하기 쉽게 조직된 지식·기술·가치와 그 탐구과정'이라고 정의할 수 있다.

둘째, 교육내용은 교육목적을 전제하고 방법을 함의한다. 그것은 그 배경을 이루고 있는 학문 또는 문화내용의 성격에 따라 다양하게 분류할 수 있으며, 각 교과 영역별로 중심적인 방법이 제시될 수 있다.

셋째, 교육에도 여러 교과, 여러 가지 내용에 광범위하게 적용될 수 있는 일반적 방법이 있으며, 역사상의 주요 방법적 아이디어들이나 최근까지 우리들이 자주 논의해온 여러 교수방법들도 대부분 일반적 방법에 해당한다고 할 수 있다. 한편 1960년대 이후 교과별 방법도 활발하게 제시되고 있다.

넷째, 교육에서 일반적 방법과 교과별 방법은 상호보완적 관계에 있다.

그동안 우리 교육과정 이론이 '교과'와 '경험'을 대립시켜 교과연구에 소홀해 왔다고 할 수 있다(김수천, 1986, 13-30). 그동안의 1960년, 70년대의 교과교육, 또는 교육과정에 대한 논쟁들은 듀이 등의 경험주의에 대한 비판을 중요한 발판으로 대두되었지만, '경험주의'와 '경험의 중시'와 혼동했다는 비판을 면하기 어렵다. 교과교육에 있어서 경험주의는 확실히 비판되고 극복되어야 하지만, 교육에 있어서 경험의 중시를 간과하면 결국 주입식 교육에 빠지기 쉬운 것이다. 이론적 개념의 형성과 경험적 개념의 발달과의 상호관련을 보다 심도 있게 살펴볼 필요가 있다.

교육과정이라는 말은 흔히 우리들로 하여금 학교에서 가르치는 교과들의 배열을 연상하게 한다. 말하자면 교육과정은 특정 학교에서 가르치는 교과, 또는 교과내용들과 각각의 비중, 범위, 그리고 그것을 가르치는 순서 등을 포함하는 술어라 할 수 있다. 전통적으로 학교는 교과를 가르치는 일에 주력해 왔고 그것은 지금도 마찬가지이며 앞으로도 크게 달라지지 않을 것이다. 교육이 '무엇인가를 의도적으로 가르치는 행위'이고, 그 무엇 곧 교육내용이 교과로 편성·제시되는 것이라면 학교교육이 교과를 중심으로 영위되는 것은 매우 자연스러운 현상이기 때문이다. 그러나 흔히 교과와 경험을 대립시켜 그중 어느 하나의 선택을 강요함으로써 교과의 중요성을 퇴색시키거나 적어도 학교교육의 초점을 흐리게 하고 있는지도 모른다. 역사적으로 보아 교과 대 경험의 대립은 진보주의 교육사조의 유산이라 할 수 있다. 그들은 교육과정의 핵심적인 요소를 교과에서 경험으로 대체하려 시도했으며, "우리는 교과를 가르치는 것이 아니라 아동을 가르친다."는 그들의 표어가 이를 상징적으로 보여준다.

교과를 경험으로 정의된다는 말은 적어도 다음 세 가지 의미를 포함하고 있다고 보아야 한다. 첫째로 교과는 1차적인 것이든, 2차적, 반성적인 것이든 우리 인간의 경험의 소산이고, 둘째로 이러한 경험의 소산, 곧 지식, 기술, 가치들이 아동 학생들의 경험 속에 내면화되어 그들의 삶의 질, 경험의 질을 높이고 지적, 정서적, 도덕적 성장으로 이어져야 하며, 셋째로 그러한 성장은 학생들의 경험을 통하여 달성된다는 것이다.

지식이 경험의 산물이고 잠정적, 가설적, 도구적이라면 교과 또한 그럴 수밖에 없다. 교과는 기나긴 인류의 역사를 통하여 누적시켜 온 경험 또는 문화의 유산들 중 다음 세대의 성장 발달을 위하여 그들에게 꼭 전수할 가치가 있는 내용들을 선택, 조직하는 것이다.

교과는 학생들의 경험을 통하여 학습되어야 한다. 교과가 아무리 가치 있다고 해도 학생들에게 가르쳐지지 않으면 그 목적은 실현될 수 없으며, 교과 그 자체가 선인들의 경험의 산물이기 때문에 그 학습 또한 경험을 통해 추구될 수밖에 없다.

교육과정이 교과로 정의되든, 경험으로 정의되든 교과는 명백히 교육과정 이론의 핵심적 연구주제이다(김수천, 1999, 177). 교육과정은 목표-내용-방법-평가로 이어지는 기계적이고 순차적인 활동으로만 보기보다는 교사+학생+내용+환경의 네 요소가 함께 어우러지는 역동적인 모습으로 이해될 필요가 있다. 각 교과교육은 위의 네 가지 요소가 교육 속에서 관여하는 모습을 개념화 할 수 있어야 한다.

또 교과를 생각할 때 가르치는 입장에서 교과를 바라보는 경우가 대부분이다. 교과는 가르치는 문제뿐 아니라 배우는 문제와도 직결되는 문제이다. '가르치다'의 문제도 그 행위동사의 목적어를 무엇으로 보는가에 대해 생각할 수 있는데 그동안 '사람'과 '지식'만을 그 대상으로 했다. '가르치다'라는 타동사의 목적어는 사람만도, 지식만도 아니다. 그동안 사람을 가르치지 않고 지식을 가르쳐왔기 때문에 여러 교육 문제들이 발생했다(오경종, 1999, 8)는 지적이 나올 수 있다.

교육이 삶의 사회적 연속성을 유지하는 수단이고 사회적 의사소통 속에서 그 구성원인 개인의 성장 발달과 사회자체의 문화적 발전을 추구하는 것이라면 그러한 교육을 통하여 가르쳐지는 교과는 필연적으로 사회문화적 성격을 띠게 된다. 곧 학교 교과의 원천이 되는 각종 문화유산들은 모두 우리 인류의 경험의 집적이며 각기 그 나름의 사회적, 문화적 조건하에서 형성 발전되어 온 것이다.

교과가 어떻게 생성되어 왔는가를 생각하면 경험과의 관련성을 파악할 수 있다. 교과라는 것이 어느 날 갑자기 체계를 잡아 형성된 것이 아니라 인류가 경험을 통해 습득한 것들이 역사 속에서 점차 체계를 잡아온 것이라 할 수 있는 것이다.

교육은 인간의 삶의 한 과정이며, 그 삶 속에서 삶 자체를 위해 영위되는 활동 중의 하나이다. 인간의 제반 행위가 그렇듯이 교육도 그들의 삶을 전제하지 않고서는 존재할 필요가 없다. 교육의 목적, 내용, 방법 등은 인간의 삶의 유지 존속과 삶의 질의 개선에 기여하지 못한다면 정당화되기 어려울 것이다.

교육과 관련하여 '지식 자체를 위한 지식' 등 교육과 생활 간의 관계를 무시하는 듯이 보이는 주장이 있지만, 그 역시 편협한 생활적응교육의 결합을 지적하는 것일 뿐, 보다 폭넓고 장기적인 안목에 있어서의 양자 간의 관련성을 부정하는 것은 아닐 것이다.

Dewey가 말한 것처럼 인간은 생물학적 존재임과 동시에 사회적·문화적 존재이다(Dewey, 1938, 42-44). 교육도 인간에게만 독특한 삶의 한 양식이라고 할 수 있다. 따라서 우리들의 삶에 관한 논의도 단순한 동물적 생존에 국한되는 것으로 파악되기보다는 인간적인 삶, 사회적·문화적 삶에 초점을 두어야 한다. 그렇다면 Henderson, Phenix, Hirst 등의 교과모형에서 제시된 '지식' 또는 '학문'은 인간의 삶과 관련하여 어떤 의미가 있는가? 교육이 삶의 한 형식이자 동시에 삶의 질을 높이려는 활동이며, 그럼에도 불구하고 학교태가 생활태는 아니라는 학교교육 자체의 성격으로 보아 학교에서 가르치는 교과 또는 교육과정의 유용성, 실용성 문제가 진지하게 제기되어야 한다.

Whitehead(1929, 14)는 "현학적인 사람들은 유용한 교육을 조소한다. 그러나 교육이 유용하지 않으면 무엇이란 말인가? 쓰지 않고 그냥 썩히자는 재능인가? 물론 교육은 어떤 생활 목적이든 간에 유용해야 한다. 그것은 성 어거스틴에게도 유용했고, 나폴레옹에게도 유용했다. 그것은 이해가 유용하기 때문에 쓸모 있는 것이다"라고 하였다. 진보주의의 생활적응교육에 대한 대안으로 지적 수월과 지식의 구조를 제시하고 있는 Bruner(1960, 17-18)도 지식의 구조가 일반적인 전이를 가능하게 한다는 관점에서 구조의 유용성을 뒷받침하고 있으며, 교과를 의미 또는 학문으로 보고 있는 Phenix(1964)도 인간의 본성에 비추어 학문이 그의 삶과 성장에 필수적인 요인이라고 주장하고 있다. Bantock(1980)도 귀족적인 문자문화의 배경을 가진 아동들과 대중적인 활동문화에 젖은 아동들은 동시에 만족시킬 수 있는 교육과정은 없다는 관점에서 이중적인 교육과정의 불가피론을 말하고 있다.

이러한 관점에서 보면 사실상 삶과 교과의 관계는 이미 유관–무관, 또는 유용–무용의 문제가 아니라 어떤 사람의 삶, 또는 삶의 어떤 측면에서 어떻게 유용하거나 또는 관련되어야 하는지를 밝히는 것이어야 한다(김수천, 1999, 148-149). 교과의 발생은 생활에서 시작되었고, 그 생활 영역의 경험을 분화하여 가르칠 제도적 필요성이 발생(황정규, 1981, 71)하면서, 교과목의 분화도 함께 일어났다고 할 수 있다. 어느 시대, 어느 사회, 어떤 교육을 막론하고 인간의 삶과 무관한 교육, 삶의 질을 높이는 데 기여하지 못하는 교육은 정당화되기 어렵다. 문제는 개인적 차원에서든 집단적 차원에서든 어떤 삶이 보다 바람직한 삶이며, '삶의 질을 높인다'는 말이 무엇을 의미하는 것인지, 인간의 삶은 어떤 기준에서 어떤 측면으로 분석될 수 있으며, 교육 또는 교과는 그중 어떤 측면과 어떻게 관련되어야 하는지 등이다.

교과의 개념과 관련하여 제기되는 또 하나의 문제는 지식의 절대성 문제이다. 그동안의 대표적인 교육관으로서 공학적 개념, 성년식 개념, 사회화 개념 등이 제시된 바(이홍우, 1998) 있다. 이들은 상당한 입장의 차이에도 불구하고 교육을 학교에서 하는 일과 거의 동일시하고 있다는 점, 교육의 목표가 교육을 시키는 사람에 의해 결정된다고 보는 점, 교육의 내용을 해석이나 비판의 대상이 아니라 있는 그대로 내면화하고 전수해야 할 것으로 보고 있다는 점, 학습자를 다분히 수동적인 존재로 간주한다는 점 등에서 크게 차이가 없다(양미경, 1997, 112-113). 이러한 입장의 일치는 그들의 인식론적인 전제가 모두 같은 뿌리에 기초하고 있기 때문이라고 할 수 있다. 그 기초는 지식이 인식 주체의 앎의 과정이나 의미 해석과 관계없이 외부에 객체로서 존재하며, 지식을 판단하기 위한 어떤 보편적이고 항구적인 기준이나 준거가 있다는 것이다. 이러한 관점에서 교과는 최정상의 학자들에 의해 발견되는 축적된 가치로운 일단의 지식체를 비교적 기초적이고 쉽다고 판단되는 것부터 복잡하고 어려운 것의 순서로 계열화 한 것으로서 대부분 학문의 구분방식에 의거하여 구성되는 것이 당연한 것으로 생각해왔다. 아울러 그러한 교과의 내용은 객관적이고 보편적이며 배타적인 가치를 지닌 것으로 이해했던 것이다.

그러나 이러한 인식론적인 전제와 그것에 기초한 많은 방법적 원리들은 앞의 '교과에 대한 객관주의와 상대주의'에서 살펴본 것처럼 많은 도전을 받고 있다. 인식의 과정에서 인식 주체자의 역할을 중시하면서 대두된 입장에서 보면, 진리나 실재 등은 그것을 탐구하는 인간의 활동과 무관하게 독립적으로 존재하는 것이 아니라, 그것을 바라보는 인간 인식의 틀, 예를 들어 개념 체계, 이론적 준거, 삶의 양식 등에 따라 서로 다르게 포착된다는 것이다. 진리는 우리가 공유하고 세계관에 따라 다르게 포착된다는 것으로서, 인식 주체자의 역사적, 문화적 상황을 떠난 절재적인 관점은 존재하지 않는다고 본다. 이러한 맥락에서 본다면 지식의 성장과정은 입증된 지식의 축적이나 참인 것의 증가라기보다는 끊임없는 주체적 재해석의 과정이다(Kuhn, 1970).

이러한 관점에서 교과의 개념이나 성격은 크게 달라지게 되며, 현재 학교에서 가르쳐지고 있는 교과의 내용은 객관적인 진리를 담고 있는 것이라기보다는 누군가에 의해 해석된 당대의 최선의 산물로서 후대의 다른 입장에 의해 얼마든지 재해석될 수 있는, 오류가능성이 있고 잠정적인 것으로 간주된다. 따라서 특정 교과가 지니고 있는 진리성이나 내재적인 가치 때문에 그것을 가르치고 배운다기보다는 가르치고 배우는 경험 자체가 지닌 가치, 즉 교육의 내재적 가치를 실현하기 위해 각 교과가 활용되는 것이라고 할 수 있다. 다시 말해 교과는 있는 그대로 내면화해야 하는 내용이라기보다는 하나의 '소재'의 역할을 하는 것으로 재개념화 된다.

그동안 교과교육이나 교육과정 이론이 '교과'와 '경험'을 대립시켜 그 문제에 집착함으로써 교과연구에 소홀해 왔다고 할 수 있다. 그러나 엄격히 말해 교과와 경험은 반드시 대립되는 개념이 아니다. 말하자면 양자의 대립은 어떤 논리적 필연이라기보다는 하나의 사조라 할 수 있다. 우리는 역사 이래 수천 년 동안 학생들에게 교과를 가르쳐 왔고 또 학생들은 학교에서 교과를 통하여 자신의 삶에 유익한 경험을 쌓아왔다고 할 수 있기 때문이다. 이때까지의 교과 대 경험의 대립도 '교과'와 '교과가 아닌 어떤 것'의 대립이 아니라 교과를 보는 방식의 차이로 해석될 수 있으며, 또 이러한 교과관의 차이는 교과와 지식, 교과와 생활, 교과와 학생의 관계를 어떻게 설정하느냐에 따라 다양하게 전개된다고 말할 수 있다. 이처럼 교과와 경험은 엄격히 서로 분리되는 개념이 아니라 많은 부분 서로 중첩되고, 밀접한 관련을 가진 상호 연관된 개념이다. 교과를 버리고 다른 어떤 것을 가르치겠다는 야망보다는 오히려 교과 또는 경험의 개념을 재정립하고 그 선정기준, 조직방식, 교수방법을 재검토하는 것이 우리들의 학교교육 개선을 위해 보다 확실한 접근방법이라 하겠다.

이처럼 그동안 교과에 대한 개념은 경험과 대립되는 용어로 받아들여 소모적인 논의가 많았으며, 교과를 가르치는 입장을 주로 고려하였고, 교과지식의 객관성이나 절대성에 기초하여 논의를 전개해왔다. 그러나 이제 교과에 대해 경험과 상보적 개념으로, 가르치는 입장뿐만 아니라 배우는 입장을 고려한 개념으로, 지식의 상대성 개념과 변화가능성을 포괄한 개념으로의 이해가 필요하다. 이 두 입장은 교과교육을 서로 다른 측면에서 조명해 줌으로써 교과교육의 전체 맥락을 보다 풍부하게 해준다고 할 수 있다. 이는 양자가 그 나름의 자율적 경계를 유지하기 위한 상호 배타적인 관심에 기초하여 특유의 문제의식을 날카롭게 할 때에만 가능하다. 그리고 그러한 논의는 결국 교과교육의 실제 안에서 하나의 전체가 되어야 한다.

교과교육은 그 자체로, 실제로 일어나고 있는 현상 자체로 바라보아야 한다. 교과교육과 관련된 개념들이나 현상들을 분리시켜 논하게 되면, 더더구나 거기에 연구자가 처한 현실적 이해관계가 개입되면 전혀 비본질적인 논의가 되어버리게 된다. 즉 교과와 경험을 분리하고, 교과에 대한 객관적 진리와 상대적 진리를 분리하고, 교과의 각각의 기능을 분리하고, 교과의 내재적 가치와 외재적 가치를 분리하고, 교과들을 횡적으로 차등화 시켜 분리하는 것은 교과교육학을 정립하는 데 도움이 되지 않는다. 물론 교과교육학에 대한 논의를 풍부하게 하고 명료화하게 하기 위해 개념들을 구분하여 분석하고 의미를 조명하는 것은 필요한 일이다. 그러나 분리와 구분은 다른 것이다. 분리는 물에서 수소와 산소를 분리해내는 것처럼 완전히 나누는 것이다. 구분은 실제적으로 나누어지지 않는 것을 머릿속에서 관념적으로 나누어보는 것을 의미한다.

교과는 기나긴 인류의 역사를 통하여 누적시켜 온 경험 또는 문화의 유산들 중 다음 세대의 성장 발달을 위하여 그들에게 꼭 전수할 가치가 있는 내용들을 선택, 조직하는 것이다. 즉 교과는 인간의 삶과 관련하여 여러 가지 문화내용 중 다음 세대에 전수할 가치가 있고 또 전수하기 쉽게 조직된 지식·기술·가치와 그 탐구과정이라고 말할 수 있다. 이러한 교과는 왜, 무엇을, 어떻게, 언제, 어떤 방향으로 가르칠 것인가의 문제와 연결된다. 그리고 그러한 교과의 개념은 역사적 배경과 사회적 환경 등에 의해 변화를 겪게 된다.

제2장 교과교육학의 개념

1. 교과교육의 기본 논리

학교교육에서 다루어지는 모든 교과는 그들 나름의 독자적인 지식 체계를 갖고 있다. 교과의 지식 체계는 교과의 학문 체계라고 말할 수 있다. 그런데 이처럼 교과가 아무리 그들 나름의 지식 체계를 가지고 있다 할지라도 그 내용을 어떻게 학생들에게 전달할 것인가를 학교교육에서 고려하지 않을 수 없다. 학교의 교사가 교과내용을 학생들에게 전달하는 행위를 교육이라고 할 수 있지만, 교사가 교과내용을 어떻게 전달하는가에 따라 교육이 될 수도 있고 훈련이 될 수도 있으며, 암기식의 주입식이 될 수 있는가 하면 창의적인 사고력이나 탐구학습이 될 수 있고, 거기에서 전달되는 내용이 가치 있는 지식이 될 수 있는가 하면 쓸모없는 지식이 될 수도 있다.

다시 말해 어떤 지식을 전달하는 것만으로 교육이 되는 것은 아니다. 교사가 가르친다고 할 때 무엇을 가르칠 것인가 하는 점도 중요하지만, 이에 못지않게 어떻게 가르칠 것인가도 대단히 중요하기 때문이다(정태범, 1985, 5-6). 교육은 교육할 내용만 가지고 성취될 수 없다. 교육할 내용을 개인적으로 의미 있게 학습시킴으로써 개인의 자아실현은 물론 사회의 발전에 기여할 수 있도록 하여야 하는 것이다.

교과교육의 논리는 교육목적에 따른 교과와 교육방법의 합치이며, 하나의 그릇을 만들게 되는 필수적인 구성요소라고 보아야 한다. 교과교육이 가지고 있는 이러한 본질적 성격 때문에 교과교육은 다음과 같은 논쟁을 불러일으키고 있다(강신웅, 1993, 3-5).

첫째는 교과교육이 학문적 차원의 '독립적 분야'로 성립될 수 있다고 보느냐의 문제이다. 이것은 그 자체가 한 영역의 지식을 가르치는 데 그치는 교수단위에 지나지 않는 것이냐, 아니면 '정체성'을 확고히 갖춘 교과교육학으로서 성립할 수 있느냐의 문제이다. 교과교육의 필요성이나 당위성은 인정하면서도 이 문제에 대한 논란이 제기되는 것은 교육학의 일반 원리가, 영역마다 성격이 다른 각각의 교과에 접합되었을 때에 생겨나는 이질감이나 갈등이 서로가 받아들여지지 않는 경직성과 함께 완전한 합치에로의 길을 가로막고 있기 때문이다. 그러나 각자의 현실적 입장을 떠나 교과교육학이라는 큰 전제를 우선하여 학문적 연구에 노력한다면 교과교육학을 하나의 독립된 학문적 체계로 얼마든지 발전시킬 수 있을 것이며, 그 과정 가운데 들어있는 마찰을 제거하면서 교육의 효과를 올릴 수 있을 것이다.

둘째는 교과교육이 사회가 추구하는 공통의 교육목적에 어떻게 공헌할 수 있는가 하는 문제이다. 이것은 교육목적 논의 주장 근거에 따라 상이한 입장을 취할 수 있을 것이며 각 교과마다 나름의 목표가 있을 것이기 때문에 각각의 입장에 따라 강조점의 차이가 생길 수 있다. 그러나 궁극적 목적을 어디에다 두느냐의 차이로 인한 문제를 넘어서서 적어도 조화적이며 유능한 인간을 육성한다는 대전제를 기본으로 삼고 있는 한, 이러한 포괄적인 목표달성에 각 교과가 공헌해야 한다는 관점에 이의가 있을 수 없음을 분명히 하는 것이 필요하다. 적어도 교육의 범주에 들어있는 모든 교육활동은 교육의 대전제인 의도적인 인간발달에 기여할 수 있는 프로그램과 방법론에 관심을 가져야 하기 때문이다.

셋째로는 교과교육의 방법론은 각 교과에 따라 모두 달라야 하느냐, 아니면 적어도 서너 개의 큰 영역으로 대별하여 적용시킬 수 있는가 하는 문제이다. 각 교과 영역은 각각 특수성을 지니고 있으므로 내용상의 편성은 상이하지만, 방법상으로는 몇 가지의 일치를 예견할 수도 있을 것이다. 그렇기 때문에 내용과 방법의 완전한 합치를 주장하는 학문 중심 교육과정의 입장이 설 수도 있다.

넷째로는 교과교육에로 향한 시각의 차이를 어떻게 조정할 것인가의 문제이다. 인식수준의 차이라고도 볼 수 있는 이 문제는 심각하다고 할 수 있다. 교과교육의 당위성을 인정하면서도 마음속으로는 잘 받아들이지 않는 태도나, 교육학을 전공하는 집단이 교과 자체를 잘 파악하지 못한 상태에서 교과교육의 필요성만을 강조하는 것은 모두 바람직하지 못하다. 성실하고 책임 있는 교과 교수방법과 교수기법을 위하여 교과전문가와 교육학자가 다같이 긴밀한 협조체제를 만들어 가야 한다.

2. 교과교육의 정당화

교과교육은 기존의 학문을 그대로 전달하는 것이 아니기 때문에 교육적 관점에서 내용의 선택이 이루어진다. 이것은 교육의 관점에서 내용을 선별하는 것으로 왜 그것을 가르쳐야 하는가의 정당화의 문제와 관련된다. 교과를 정당화하는 것은 정립된 교육목적과 가치 기준에 비추어 교과의 가치와 의미를 교육 행위 속에서 분석하고 평가하는 것이다(이돈희 · 박순경 · 박소영, 1997, 98). 이러한 정당화는 교육내용학으로써의 학문과 교과교육학을 구분시켜주는 역할을 수행하기도 한다.

교과와 교육내용은 차이가 있다. 교과는 교육내용을 일정한 방식에 따라 선정하여 조직해 놓은 것이다. '교과'는 이름을 가지고 있고, '교육내용'은 수업에서 가르치는 내용을 말한다. 이러한 구분은 정당화 방식에 따른 것이다. 교육내용은 배울만한 가치가 있다는 것만으로 충분히 정당화가 된다. 그러나 교과는 적어도 특정한 기준에 의해 교육내용을 분류하여 조직해 놓았으므로 그 내용의 정당화와 함께 조직한 이유도 정당화되어야 한다. 학문의 존재이유는 해결되어야 할 문제에 의해 정당화되지만, 특정의 학문이 교과가 되기 위해서는 교과로서의 가치가 별도로 정당화되어야 한다.

각 교과는 내용이 정당화되어야 할 뿐 아니라 그렇게 조직한 이유도 정당화되어야 하므로 학문의 본질에 맞는 논리성과 학습자의 특성에 맞는 심리성이 함께 갖추어 조직되어야 한다. 학습과 관련하여 교육과정의 조직은 논리적 조직과 심리적 조직이 있다. 논리적 조직은 각각의 교육내용들이 서로 논리적으로 관련을 맺도록 조직하는 것이고 심리적 조직은 각각의 내용들이 학습자의 심리적 과정과 관계되도록 조직하는 것이다. Dewey(1933, 19)도 교육내용에 논리적 측면과 심리적 측면이 있다고 주장했다. 논리적 측면은 완성된 단계에 도달해 있는 교과 자체로 전문가 또는 교사에게 이해된 상태로서의 교과이며, 심리적 측면은 교과가 아동의 마음속에서 학습되어 가는 과정이라는 것이다. 아동이 교과를 학습하는 과정은 심리적 측면이 논리적 측면에 접근하여 일치하는 과정이라고 보았다. 초등의 교과교육이 전문성을 갖기 위해서는 논리적 조직도 중요하지만 어린이의 심리에 맞게 조직하는 심리적 조직이 훨씬 중요하다는 것이다. 논리적 조직을 갖춘 다음에 이러한 심리적 조직에 초점이 맞추어져야 교과의 전문성이 고양될 수 있을 것이다. 각 교과는 왜 그것이 학교교육에서 학생들에게 교육되어야 하는 지에 대해 심도 있는 정당화가 필요하다고 볼 수 있는 것이다.

교과의 형성 배경은 흔히 두 가지 측면에서 도출되고 있다. 하나는 '생활에서의 필요'를 중심으로 내용을 선정하는 것이고, 다른 하나는 인간의 '사고양식'을 논리적으로 조직한 학문이 가지고 있는 '지식'을 중심으로 내용을 선정하는 것이다. 전자는 사회 또는 개인의 '생활의 필요'에 비추어 내용이 어떤 기능을 가질 수 있는가와 관련되고 후자는 '사고의 양식'에서 그것을 평가하는 기준에 합당한가와 관련된다.

이와 관련하여 교과의 가치와 의미를 밝히는 정당화는 두 가지 방식으로 이루어진다. 하나는 '본질론적 정당화'이고, 다른 하나는 '도구론적 정당화'이다(이돈희 · 박순경 · 박소영, 1997, 98). 전자는 교과의 교육적 가치와 의미를 교육의 규범적 의미와 이에 일관된 교육의 목적에 따라서 정당화하는 방식을 말하고, 후자는 교과의 수단적 가치에 비추어 정당화하는 방식을 말한다. 교과가 본질적으로만 정당화되면, 교육을 삶의 전체적 맥락에서 분리시키고, 다른 제도적 부문으로부터 고립시키는 결과를 가져올 수 있다. 반면에 교과가 도구론적으로만 정당화되면, 교육이 그 본연의 가치에 관계없이 수단적으로만 고려되기 때문에, 교과의 운영이 교육 외적 목적에 따라 계획이 조정되어 그 일관성을 잃어버릴 수가 있다. 이런 측면에서 보면 도구론적 정당화는 그것이 본질적인 정당화와 모순되지 않는 범위 안에서 허용되는 것이 바람직하다고 할 수 있다.

그 정당성을 확보하는 근거는 무엇인가? 그것은 먼저 철학적·학문적 측면에서 확보된다고 할 수 있다. 그 교과가 인간에게 본질적으로 필요하고 가치를 가진다면 그 정당성을 확보하는 것이다. 이것은 그 교과의 본질, 그 학문이 가지고 있는 본질적 가치에 의해 정당성을 확보하는 것이다.

두 번째는 사회의 요구에 의해 정당성이 확보되는 것이다. 그 교과가 현재의 사회에 필요하고 중요하기 때문에 그 정당성을 확보하는 것이다. 사회의 발전을 위해서, 공동체의 공동 이익을 위해 그 교과가 필요하다는 관점에서 학교교육에서 가르쳐야 한다고 보는 것이다.

세 번째는 학습자의 심리에 의해 그 정당성이 확보된다. 그 교과가 학습자에게 중요하기 때문에 정당성이 확보되는 것이다. 그러나 이 세 측면은 서로 분리되는 것이 아니다. 서로 밀접한 관련을 가지고 있으며 이 세 측면에서 모두 정당성이 확보되고 그 중요성이 부각될 때 학교교육에서 의미 있는 것이라고 할 수 있다. 초·중등의 필수교과가 많은 편에 속하는 나라가 우리나라이고, 새로운 여러 교과의 학교교육

도입이 주장되고 있는 현시점에서 각 교과교육의 정당성을 연구하는 것은 매우 필요하면서도 시급한 문제이다. 각 교과교육학은 왜 그 교과가 교육되어야 하는지 정당화가 선결되어야 하며, 또 교육내용에 대한 정당화가 이루어져야만 각 교과교육학의 성립이 가능해진다.

3. 교과교육학의 개념

1) 외국에서의 교과교육학 개념

우리나라와 학문적 풍토가 유사하다고 할 수 있는 일본의 경우 교과교육학의 개념에 대해 크게 두 가지 관점(김종건 · 김병기 · 이상혁, 1993, 568-573)에서 접근하고 있다. 하나는 각 교과교육학과는 별도로 교과교육학을 구축하려는 입장이고 다른 하나는 각 교과교육학의 총칭으로 교과교육학을 보려는 입장이다.

전자는 교과교육학을 좁게 해석하려는 입장으로, 교과교육학을 각 교과교육학과는 별도로 그것의 상위 개념에 두고 그것을 통괄하는 것으로서 구축하려는 것이다. 즉 각 교과교육학에 공통 교과교육학을 대치시키려는 것으로, 이는 각 교과교육학에 공통적인 측면이나 과제를 고유의 영역으로 하는 학문을 상정하려는 관점이다. 그 실질적인 내용은 '교과교육학개론'이나 '교과교육학 연구법' 등에 한정된다. 원래 공통 교과교육학은 각 교과에 공통되는 교육원리, 교수 원칙 등의 교과교육에 대한 기초적 연구를 행하는 것을 상정하는 것도 가능하지만, 이 경우 기존의 교육철학, 교육방법 등 일반교육학 모두를 포괄하는 것이 되어 새로운 학문으로 구축하는 것의 의미가 없다. 이처럼 교과교육학을 협의로 규정할 경우 학문적 연구는 논리적으로는 가능하지만 실제적이지 못하다고 할 수 있다.

다음으로 광의의 의미로 교과교육학을 바라보는 입장으로, 협의의 교과교육학뿐만 아니라 이와 관련되는 전문과학, 예술을 포함한 각 교과교육학의 총칭으로 보는 것이다. 즉 교과내용학도 교과교육학에 포함시켜 보는 견해이다. 이는 교과내용학이 내용적으로 교과교육학에 흡수되어 체계화, 구조화되어야 한다고 주장한다. 특히 교원양성대학의 교육과정 내용은 다른 대학의 학과목, 수업과목과는 달리 교과교육학의 관점을 지니지 않으면 안 된다고 보는 입장이다.

그래서 일본의 경우 교과교육학에 대한 이러한 두 가지 관점의 총칭으로 교과교육학을 사용하여, 일반적으로 협의의 교과교육학과 각 교과교육학을 포괄하는 개념으로 사용하고 있다.

독일에서는 교과교육학에 해당하는 것이 '각과교수학(Fach Didaktik)'으로 불린다. 이 각과교수학은 예를 들어 역사교수의 교수학이나 지리과의 교수학이라는 각 교과 또는 과목 교수학의 총칭으로 사용되고 있다. 교수학이라는 것은 교과의 목표와 내용을 중심으로 하고, 방법, 즉 교수법을 연구하는 것으로, 일본에서의 교과교육학보다는 좁은 개념으로 사용하고 있다. 따라서 각과교수학은 대학의 조직 내에서는 전문과학에 속하며, 이는 전통적인 교과, 과목의 교수가 오랫동안 이루어진 독일의 교과교육의 현상을 반영한 것이라고 볼 수 있다. 이러한 상황에 대해서 교과교육 내용의 현대화의 움직임에 대응하고 각과교수학을 넓은 의미의 교과교육학으로 발전시키려는 움직임도 전개되고 있다.

교과교육학에 대한 연구가 발달해 있는 미국에서의 교과교육학이라는 개념은 일본과는 차이가 있다. 교사가 교육과정 편성에 있어서의 자율성이 대폭적으로 인정되고 있기 때문에 교사나 학교가 직면하는 제 문제에 대해 과학적인 연구가 요청되고 있다. 이러한 사회적 필요에 따라서 각 교과교육 실천이 갖는 제반 문제를 대학 수준에서 활발하게 연구하고 있으며, 대학의 학과목, 수업 과목도 필요에 따라 조직되고 있다. 각 교과교육에 대한 학과목, 수업 과목은 크게 '교육과정과 교수법(Curriculum and Instruction)'이라는 명칭으로 사용되고 있다. 이러한 교육과정과 교수법은 교육과정 일반과 교수법 일반에 대한 연구로서 일본의 교육방법학을 포괄하고 있다. 따라서 미국에서의 교과교육학에 대한 개념이 일본보다도 넓은 영역을 포괄하고 있다고 볼 수 있다.

2) 교과교육학의 의미

교과교육학에 대해 다양한 정의들이 내려지고 있다. 정태범(1985, 5-6)은 교과교육학을 교과교육을 설명하는 체계적인 지식이라고 말하고 있다. 즉 교과교육학은 왜, 무엇을, 어떻게 가르칠 것인가를 체계적으로 설명하는 학문이라는 것이다. 그런데 문제가 되는 것은 교과의 지식을 많이 그리고 깊게 알면, 학생들이 이해하기 쉽게 잘 가르칠 수 있는가에 있다. 그러나 많이 알고는 있지만 잘 가르치지 못하는 사람이 있는가 하면, 가르치는 방법은 좋으나 많이 알지 못하는 사람도 있다. 그러므로 교과교육학은 많이 알아서 잘 가르치는 데 필요한 체계적인 지식을 구성하는 학문이라는 관점이다.

한편으로 김병성 등(1994, 11-15)은 교과를 지식과 경험을 상호 보완하는 입장에서 학습자에게 유용한 지식을 내용으로 하여 학습자로 하여금 지적인 과정을 경험하게 하는 것, 다시 말해 학문의 기본 지식과 그것을 탐구하는 방법을 포함하고 있는 것이라고 보고, 교과교육학에 대해 정태범의 정의를 따르고 있다.

이들의 입장에서 보면 교과교육학은 '왜'라는 질문과 '무엇을'이란 질문, '어떻게'라는 질문에 대한 대답을 추구한다고 할 수 있다. 그래서 교과교육학은 왜, 무엇을, 어떻게 가르칠 것인가를 체계적으로 설명하는 학문이라는 것이다. 여기서 "왜"는 교육목적을 말하며, "무엇"은 교과의 지식, 또는 내용을 말하고, "어떻게"는 가르치는 방법을 말한다. 이처럼 교과교육학이 무엇을 어떻게 가르칠 것인가를 포함하는 학문이라고 볼 때, "무엇"에 따라 "어떻게" 가르칠 것인가 하는 방법이 결정된다는 것인데 이 말은 교과교육학의 특성은 상당한 정도로 각 교과의 특성에 의해 영향 받음을 의미한다. 그리고 학교교육 속에 있는 학생들의 지적 수준에 따라 교과내용을 조직하는 방법도 다를 수 있으며, 그것을 가르치는 방법도 다를 수 있으므로 교과교육학은 학교교육이 처하고 있는 현장을 떠날 수 없다는 것이다.

교과란 어떤 의미에서 정당화된 교육내용을 의미한다. 그렇지만 교육은 이와 같은 교과, 즉 교육할 내용만 가지고 성취될 수 있는 것이 아니다. 교육할 내용을 개인적으로 의미 있게 학습함으로써 개인의 자아실현은 물론, 사회의 발전에 기여할 수 있도록 해야 하는 것이다. 따라서 교과교육학은 교육내용으로서의 지식과 그것을 유용한 지식이 되도록 가르치는 방법으로서의 교육학을 통합한 실천적 교육학이라고 할 수 있다.

이돈희 등(1994, 21)에 따르면 교과교육학은 교육내용으로서의 지식과 그것이 유용한 지식이 되도록 가르치는 방법으로서의 교육학을 통합한 실천적 교육학이라고 말한다. 다시 말하면 고도의 이론을 그 속에 포함하고 있으나, 결과적으로 구체적인 교육활동이라는 실천적·실용적 상황에 연결되는 것을 상정하므로 실천원리의 학문이다. 또한, 기초학문이라기보다는 응용학문이라 할 수 있으며 개별학문이라기보다는 교과의 내용과 구성에 관한 이해, 그리고 그 내용의 탐구와 학습에 관련된 교육의 원리 등으로 여러 관련학문들로부터 도출하고 종합한다는 점에서 종합학문이다. 모든 학문 분야에 있어서 다학문적·학제적·종합적인 접근의 필요성이 강조되고 있는 현대에 있어서 교과교육학은 교육적 요구로서 인간형성과 학문적 요구로서의 고유 영역에 대한 가치가 교차하는 지점에 존재하는 중간 영역의 학문으로서 교육과학과 기초과학이 교차하는 지점에 존재하게 된다.

이러한 정의에서 먼저 문제되는 것은 교과교육학에 가르치는 문제만 포함되느냐 하는 것이다. 교과교육학은 특정 교과를 가르치는 문제에만 국한되는 것은 아니기 때문에 교과를 배우는 입장이 포함되어야 하며, 그러한 측면에서 교과교육학은 교과를 가르치고 배우는 것과 관련된 제반 영역을 체계적으로 연구하는 학문이라고 할 수 있다. 그리고 교과교육과 관련된 탐구문제가 '왜, 무엇을, 어떻게'만이 포함되는가란 의문을 가질 수 있다. 가르치는 입장만 고려한다면 '왜, 무엇을 어떻게'의 문제가 핵심적인 문제이겠지만 배우는 입장까지를 고려한다면 그 외에 어떤 대상에게 언제 교육하며, 어떻게 평가하여 어떤 방향을 지향할 것인가의 문제도 핵심적인 것이 된다. 그래서 교과교육학은 왜, 무엇을, 어떻게, 언제(어떤 대상에게), 어떤 방향으로 교육할 것인가와 관련된 문제를 과학적으로 연구하는 학문이라 할 수 있다. 관련된 문제를 연구한다는 것은 그 교과의 역사, 교과와 관련된 행정적인 문제, 교과서의 문제 등도 포함된다는 의미이다.

그러므로 교과교육학은 교과지식과 교육방법이 서로 유리되어 겉돌고 있는 교육현상을 잡고, 교육의 질을 높이는 데 공헌할 수 있는 교육학의 중요한 영역이다(김병성 외, 1994, 13). 또한 교과교육학은 교과마다 관련 학문 영역의 기본 개념들로 구성되어 있는 지식의 구조가 어떠하고, 왜 그것을 가르쳐야 하며, 그것이 학습자에게 잘 학습될 수 있는 구조인가, 어떤 방향으로 그 교과를 교육할 것인가 등을 밝혀야 한다. 이렇게 볼 때 교과교육학은 교사교육에서 핵심적인 학문일 뿐만 아니라 학교교육의 핵심이라고 할 수 있다.

4. 교과교육학의 개념에 대한 논의

교과교육과 관련하여 교육의 잘못을 비판하고 그것을 시정하자는 제안들은 배경이 서로 다른 세 가지 방향에서 제기되고 있다.

하나는 교육의 제일 큰 문제점인 인간교육 부재의 원인을 올바른 교과교육을 하지 못한 데서 찾는 것이다. 이런 문제 제기의 대표적인 학자는 이홍우(1980, 1996)이다. 그는 일반적으로 제안되고 있는 지식교육을 덜하고 그 대신에 인간교육과 관련된 내용의 교육을 첨가적으로 실시하자는 주장에 대해, 인간교육은 지금 하고 있는 교육 외에 다른 내용을 교육함으로써 이루어지는 것이 아니라 지금 하고 있는 교과교육을 교과가 가지고 있는 성격에 맞게, 즉 교과를 교과답게, 교과교육을 인간교육이 이루어지도록 하면 가능하다는 주장이다.

둘째는 교사교육에 대한 반성의 결과 교과교육학의 학문적 성립과 독자성을 주장하는 맥락이다. 이는 교원양성대학의 교육이 진정한 교사를 육성하는 데 도움을 주지 못하고 있으며 그것의 큰 원인으로 교과교육의 부재에서 찾는 입장이다. 교사양성 교육과정이 일선 교육현장과의 연계가 부족하므로 교과교육학이 포함해야 할 요소나 내용은 일선 교육현장의 교과교육 현상에 바탕을 두어야 한다는 주장이다(길양숙, 1996, 126-140).

셋째는 교과교육에 있어서 교사의 전문성이 확립되기 위해서는 교과내용학과 교과교육학이 학문적으로 분리 독립되어야 한다는 것이다. 예를 들어 수학은 수학교육학과 구분되어야 하며, 수학은 수학자의 전문지식임에 비추어, 수학교육학은 수학교육자의 전문지식이 그것의 중핵을 이루어야 한다(오경종, 1995, 7-31)는 입장이다. 교과교육학의 탐구대상은 '교과를 가르치는 현상에 대한 연구'가 아니라 '교과를 가르치고 배우는 현상에 대한 연구'라는 것이다.

우리가 오늘날 학문이라고 부르는 것들은 하루아침에 탄생한 것들이 아니다. 이들은 긴 역사 속에서 수많은 논쟁을 거쳐 학문을 세련되게 하였고 그들의 관심 영역을 개척, 확보하였으며, 이러한 가운데 많은 이론들을 성립, 축적한 데서 오늘날의 발전을 한 것이다. 이들 학문이 발달하는 과정에서 제기되는 문제들도 어떤 것을 관심 대상으로, 어떤 방법을 동원하여 보다 잘 이해하고, 보다 정확히 예언하며, 보다 완벽하게 통제할 수 있는 이론형성에 관한 것이다. 이들 학문의 발달과정은 관심 영역(연구 영역) 확보 및 개척과 연구 방법의 세련화를 위한 노력의 과정이었다고 볼 수 있다. 교과교육학 역시 관심 영역의 확보 및 개척과 더불어 관심 영역에서의 이론형성을 위한 탐구방법의 세련화를 위해 힘써야 할 것이다. 학문이 현실의 추상이자 실제 혹은 행위의 성찰이라는 포괄적인 말을 적용한다면 세상사 어디에나 현상과 행위가 있게 마련이고, 따라서 그에 대한 추상이나 성찰로서의 이론 역시 있게 마련이다(이학주, 1994, 13). 일상적인 용법으로서의 이론이나 학문은 그러한 추상과 성찰이 어느 정도 질적인 체계성과 양적인 축적을 갖춘 경우에 붙일 수 있는 것으로 보고 체계화에 노력해야 한다. 교과교육학에 대해 그것이 학문이냐, 아니냐를 되짚어 묻는 것보다 앞서, 각 교과별로 지금까지의 논의들을 정리하는 일, 그리고 앞으로 교과교육의 목표, 내용 및 방법에 관한 다양한 생각과 관점들을 축적해 가는 일이 더 중요하다.

교과교육학을 생각할 때 그 출발점을 어디에 두어야 하느냐고 했을 때 두 개의 출발점을 생각할 수 있을 것이다. 하나는 현재 교육이 이루어지고 있는 현실에서 출발점을 찾는 것이고, 다른 하나는 교육이 이루어졌던 역사 속에서 출발점을 찾는 것이다(김용식, 1994, 3). 교육의 역사를 살펴보면 교육의 변화에 영향을 준 것들은 아동관, 사회의 변화와 요구, 새로운 지식의 발달 등이었다. 여기서 한 가지 간과할 수 없는 사실은 한 시대에 영향력을 있는 학자, 즉 사상적 거인의 이론적 영향이

켰다는 것이다. 또 교육의 역사에서 교과교육에 대한 시사점은 학교에서 무엇을 가르칠 것인가, 왜 그 무엇을 가르쳐야 하는가, 어떻게 그 무엇을 가르쳐야 하는가의 관점이었다. 각 교과는 그들 나름의 흥망성쇠의 역사를 가지고 있다. 또 흥망성쇠의 역사 속에서 각 교과는 독자적으로 생성하고 개발하고 발전시킨 이론들을 가지고 있다. 각 교과 나름의 관점에서 각 교과의 역사를 철저히 종합, 분석, 평가해본다면 교과교육학의 연구에 더 많은 교훈을 줄 수 있을 것이다.

어느 덧 상당한 지적 축적을 이루고 있다고 볼 수 있는 교육학 일반의 각 영역들, 예를 들어 교육사회학, 교육심리학 등의 내용과 방법이 교과교육의 연구에 적용되기도 하고, 또는 그것이 교과교육의 현장에서 검증받기도 하는 그러한 상호작용 관계의 정립이 필요하다는 것이다. 다시 말해 각 교과교육과정 이론은 물론, 각 교과교육사, 각 교과교육철학, 각 교과교육심리학 등이 가능하고 또 필요하다(이학주, 1994, 14)고 할 수 있다.

교과교육학이 충분히 제자리를 잡지 못한 이유는 교과교육 자체의 문제에서도 기인한다. 즉, 교과교육학의 학문적 성격을 보면, 두 개의 요구인 교육학적 요구(인간형성)와 학문적 요구(고유가치)의 교차점에 존재하는 중간 영역의 학문으로서 교육과학과 기존과학의 접점에 위치하며 학문적인 애매성과 연구상의 곤란성을 지니고 있는 것이다(김용숙, 1986, 624). 그러나 교과교육학은 교육학과 밀접한 관련성을 갖는다. 교과교육학이란 결국 교과를 가르치는 교육활동에 관한 탐구 학문이기 때문이다. 그러나 두 학문의 관련성은 상호간에 괴리나 고립이 있어서도 안 되는 것이지만, 동시에 단순한 중복이 되어서는 안 된다. 교육학과 교과교육학은 상호보완과 협력의 관계가 필요하다.

교육학과 교과교육학은 이론과 실제의 관계를 갖는다. 그러나 여기서 말하는 이론과 실제는 단순히 원리와 적용의 관계로만 이해해서는 안 된다. 일부의 관점에 따르면 이론은 실제 사태로부터 분리되어 추상화, 개념화될수록 보다 보편적인 힘을 얻어 많은 현상을 설명할 수 있다고 주장해왔지만, 그것은 잘못된 논리라고 할 수 있다. 예를 들어 우리가 비행기를 타고 공항을 이륙할 때, 비행기가 땅 위에서 점점 하늘로 올라 갈수록 보다 넓은 시야를 가질 수 있지만, 구체적인 사람의 모습을 구분하기 어려워지고 급기야 비행기가 구름 위로 올라가 버리면 땅 위에 있는 아무 것도 볼 수 없게 된다. 이처럼 이론과 실제는 분리된 두 가지 행위가 아니라, 한 가지 행위의 두 가지 측면일 뿐이다. 예를 들어 교육이론은 교육의 실제와 분리된 것이 아니라, 교육활동 그 자체에 대한 설명이며 이해인 것이다. 이러한 이론을 실제적 이론(practical theory)이라고 부른다.

여기서 중요한 것은 우리가 이론을 먼저 알고, 그것을 실제에 적용하여 옮기는 것이 아니라는 점이다. 이론은 실제로부터 형성되며, 동시에 실제는 이론에 의해 개선되는 것이다. 이것이 실천(praxis)이라는 말로 표현되는 행위와 성찰(action and reflection)의 복합적인 과정이다.

교과교육과 교육일반, 또는 교과교육이론과 교육이론의 관계에 관한 잦은 논쟁을 마치 세력 다툼으로 해석하는 경향이 없지 않으나, 반드시 그렇게 부정적으로 볼 것만은 아니다. 양자는 때로는 서로 의존하며, 때로는 대립하고 견제하며, 때로는 서로를 지향하여 다시 화합하는 일종의 변증법적(dialectic) 관계라고 볼 수 있다. 교과교육학이 일차적인 언어라면 교육학은 그 추상으로서의 이차적 언어인 셈이다. 따라서 교과교육 없는 교육이론은 공허하며, 교육이론 없는 교과교육은 위험하다. 결국 둘은 성패와 영욕을 함께 나누어야 할 공동운명체이다.

결국 교육학과 교과교육학의 어느 한쪽이 다른 쪽에 일방적으로 원리나 이론을 제공하는 관계가 아니라, 서로가 서로의 이론과 실제를 수정, 보완하는 관계로 이해되어야 한다. 교육학이 교육의 일반 이론이라면 교과별 교육이론은 특수한 내용과 상황 조건을 다루는 특수이론이어야 한다. 특수이론으로서의 교과교육 이론은 교육의 일반 이론과 같이 보편적인 원리를 추구하기보다 구체적 교육내용이 갖는 특성, 그것을 교육을 위한 조건과 방안 등을 논의하는 교육이론이어야 한다. 그것은 해당 교과의 학문적 내용에다 교육학의 원리를 덧붙인다고 되는 것은 아니다. 오히려 교육의 일반 이론과 관련을 갖되 교과의 특성에 따른 실천적 관점에서 접근되어야 하며, 해당 교과의 학문적 이론이나 특성과 관련을 갖되 어디까지나 교육적 관점에서 보는 것이어야 한다. 예를 들어 교과교육학은 '과학이나 미술을 하는 일'에 관한 학문이 아니라, '과학이나 미술을 가르치는 일'과 관련된 이론이어야 한다는 것이다(허숙, 1994, 12-13). 교과교육학은 교육의 논리 속에서 교육내용을 재구성하는 일이어야 한다. 즉 교과내용 학문의 논리상 필요하다 하더라도 교육의 논리상 적합하지 않은 내용은 교과교육학에 포함될 수 없다.

최성욱(1995)은 그동안의 교육과정 모형이 '목표 중심의 모형'이나 '내용 중심의 모형'이었다고 보고 그 대안으로 '활동 중심의 모형'을 제안하고 있다. 목표 중심의 모형은 Tyler 이후에 많은 교육학자들이 주장했듯이 내용과 행동의 두 가지 차원으로 구성된 목표를 중시하고 그에 준하여 교육의 전 과정을 체계화하고자 한 모형을 말한다. 이 모형은 크게 다음의 세 가지 측면에서 난점을 가지고 있다는 지적을 받는다. 첫째는 학습과정에서 일어나는 모든 결과를 객관적인 행동적 용어로 기술하기 어렵다는 것이고, 둘째는 교육목표를 상세화 하여 제시하는 이면에는 교육에 참여하는 사람들 간에 의사소통의 혼란을 제거하여 일사분란 한 교육적 노력을 촉진한다는 목적이 내재되어 있다는 것이다. 또한 세 번째는 교육목표 중심의 모형은 교사와 학생의 실제 수업활동을 구체적으로 지시해 주기에는 미흡하다는 점이다.

이러한 난점에도 불구하고 이 접근이 아직도 선호되고 있는 이유는 그 큰 특징이 평가중심의 모형이라는 점이다. 목표 중심 모형에서는 평가의 문제가 여타의 다른 요소에 비하여 현저히 우위를 점하며, 교육과정 체계화 문제도 평가를 위한 처방이라는 성격을 띤다. 이는 또한 교육에 관한 한, 학교가 그 중심을 차지해야 한다는 통념과 학교교육에 관한 한 항상 객관적인 평가가 이루어져야 한다는 생각이 우리의 사고를 지배하고 있기 때문이다.

반면 내용중심 모형은 Bruner의 제안에 바탕을 둔 것으로 목표 중심 모형에서는 충분히 취급되지 않은 '내용'의 문제를 상세화 하는 데보다 관심을 집중시킨다. Bruner가 보기에 교육에서 우선적으로 생각해야 할 문제는 '무엇을 가르칠 것인가'하는 질문이며, 그 해답으로서 교과내용의 성격을 규명하는 데 심혈을 기울이는 것은 지극히 당연한 일이기 때문이다.

그러나 이 내용 중심 모형은 지식의 성격을 규정하는 인식론적 입장에 있어서 다소의 문제를 지니고 있다. 내용 중심의 모형에서는 지식을 그 배경이 되는 학문과 관련하여 설명하고 있다. 이는 지식을 학문적 탐구활동의 소산으로 보는 것을 의미한다. 따라서 지식을 가르치고 배울 때 학생들과 교사는 학자가 탐구활동을 하듯이 동일한 방식으로 그것을 습득해야 한다고 주장한다. 지식 공부의 생명은 탐구에 있기 때문에 여기까지는 문제가 없지만, 문제는 그러한 지식을 교육과정의 형태로 편성하는 과정에서 일어난다. Bruner는 '발달단계' 여하를 막론하고 동일한 것, 즉 공통된 교육내용이 있다는 것으로 가정한다. 그리하여 수준과는 무관하게 공통된 지식, 즉 핵심적 아이디어를 찾는 일이 중요하다고 보고, 각 학문 분야가 지닌 그러한 공통된 사고방식을 확인하여 학습자의 이해수준에 맞도록 번역해주는 것을 핵심 원리로 삼는 교육과정의 아이디어를 제안한다. 이것은 마치 각 학문마다 그 근간을 이루는 전형적인 사고의 형태가 객관적으로 존재하는 것처럼 상정하는 것이며, 또한 그것을 어느 수준에서나 올바른 것으로 받아들여야 할 일종의 진리기준과 같은 것으로 파악하는 것이다. 그러나 이는 이른바 객관주의적 진리관에 기초한 소박한 가정이며 학문의 실상과 부합하지 않는 그릇된 발상이다.

각 학문의 사고방식을 대표하는 지식의 최첨단 수준을 전제하고 그것을 모든 수준의 학생들에게 가르쳐야 한다고 주장한 Bruner의 생각은 학문이 지속적으로 변화하고 있다고 본다면 재고할 필요가 있는 관점이다. 아울러 어느 학문이든지 그 분야의 일반적인 아이디어는 각 발달단계의 아동의 수준에 맞게 표현 또는 번역할 수 있다고 보는 견해도 수정될 필요가 있다. 학문은 그 발전도상에서 매번 전 단계의 지식 체계를 부정하고 그것을 대치할 새로운 체계를 구성하는 과정에서 쇄신되어왔다. 학문적으로 높은 수준의 단계는 그보다 낮은 이전의 수준을 극복하고 나온 것이므로, 낮은 수준의 단계로 이해되거나 파악하기 어렵다. 학문의 수준이 서로 다르면 비록 동일한 대상을 논하더라도 각자 전혀 다른 방식으로 이해하기 때문에 그들 간에는 의미 있는 소통이 어렵다. 이 점은 인식의 발생적 순서를 고찰하면서 수준이 다른 인지구조 간에는 논리적인 연결이 불가능하다고 밝힌 Piajet(1950, 1954)에 의하여도 입증된 바 있다.

Bruner의 지식의 구조론은 하나의 교과에 대한 구조와 체계를 말하는 것이지 교과의 전체적인 구조를 어떻게 전개할 것인가에 대하서는 언급하지 않고 있다. 그리고 그의 구조론에 따르면 교과내용과 그 체계가 추상적 사고 이론에 기초를 두고 있으므로, 극히 추상화·형식화의 경향을 띠고 있다고 볼 수 있다(김원희, 1986, 5). 그러므로 그의 지식의 구조론의 최대 과제라 할 수 있는 것은 교과내용의 현실화와 생활화에 대한 실천적 측면에서의 연구이며, 전체 교과를 포괄하는 체계에 대한 연구이다.

이러한 목표 중심 모형과 내용 중심 모형과 달리 활동중심 모형은 교육을 그 최종단계에서의 행동적 결과를 내기 위한 수단으로서가 아니라, 그러한 행동적 결과를 파생시키면서 단계적으로 거쳐나가는 가운데 성장하는 자유목적 과정으로 보는 관점의 모형이다. 그래서 그러한 변화를 매개하는 활동 처방적 성격을 지닌 교육과정을 구성해야 한다고 보는 것이다. 이는 활동을 내용에 종속시키는 것이 아니라, 도리어 내용을 활동에 종속시키는 관점으로서의 특징이 드러난다. 교육은 특정 교과내용을 전달하기 위한 수단적인 과정으로서만 아니라, 교육을 통하여 전달되는 내용보다는 그러한 내용을 전달하는 활동 자체에 초점을 두고서 교육을 바라보는 입장이다. 이러한 시각에 알맞은 교육과정은 거기에 포함될 내용의 가치를 우선으로 하는 것이 아니라 그러한 내용이 가르치고 배우는 교육적 활동을 얼마나 활성화시킬 수 있느냐 하는 측면에서 그 형태가 결정되는 것이다. 그래서 활동 중심 모형에 의하면 교과는 본질상 가르침과 배움을 통한 교육적 과정에 의해 창출되는 것이다. 그리고 그것은 다시 교육적 과정을 활성화시키는 가운데 부단히 수정, 보완, 공유되는 것으로 규정된다.

교과교육학에 대해 논의하면서 다음에 대해 생각해 볼 수 있다.

그 첫 번째로 논의될 수 있는 것이 교과의 역사적 배경과 관련된 것이다. 교과, 또는 교과교육학은 역사적 배경이나 사회적 환경에 따라 그 개념에 변화가 있다는 점이다. 교과는 역사적·사회적 조건 밑에서 언제나 성립되어 왔다고 할 수 있다. 이런 의미에서 볼 때 인류의 문화도 역사적·사회적 산물인 것과 같이 교과도 또한 역사적·사회적 산물로서 성립되어 온 것이라고 할 수 있다(김원희, 1986:3).

박형규(1995:161) 역시 교과의 역사적 배경을 강조한다. 그는 교과교육학과 관련된 영역으로 세 가지를 꼽는다. 첫째는 어떤 교과를 성립시키는 그 교과(학문) 자체의 내용, 또는 지식의 체계이다. 둘째는 그 교과가 성장해 온 역사, 그 교과의 문화적·사회적 배경 등이다. 셋째는 그 교과(학문)를 가르치는 행위에 논리적으로 직결되는 교육적인 면이다. 그의 관점에서는 교과교육학을 연구하는 데 있어서 교과의 역사를 중요한 요소로 꼽고 있는 것이다.

교과교육학에 대한 논의 중에서 많이 거론되면서도 심각한 문제는 교과와 교육, 또는 내용과 방법을 분리시켜 논의하는 것이다. 교과교육의 전체 맥락 안에서 교과와 교육은 상대적인 자율성을 지니며 상호 대등한 입장에서 영향을 주고받는 가운데 교과교육을 성립시키는 것이다.

교과를 가르치는 문제를 체계적으로 연구하는 교과교육학은 '왜'라는 질문과 '무엇을'이란 질문, '어떻게'라는 질문, '언제'라는 질문, '어떤 방향으로'에 대한 대답을 추구한다. 그래서 교과교육학은 왜, 무엇을, 언제, 어떻게 가르칠 것이며, 어떤 방향을 추구할 것인가를 체계적으로 설명하는 학문이라고 할 수 있다. 여기서 "왜"는 교육목적을 말하며, "무엇"은 교과의 지식, 또는 내용을 말하고, "어떻게"는 가르치는 방법을 말하며, '언제'는 가르칠 시기를, '어느 방향으로'는 교과교육의 평가와 방향 설정을 말한다. 이런 면에서 교과교육학은 교사교육에서 핵심적인 학문일 뿐만 아니라 학교교육의 핵심이라고 할 수 있다.

교과교육학은 신생학문으로서 연구하는 데 많은 난점을 가지고 있지만, 그것은 교과교육학이 체계화되고 심화되기 위해 거쳐야 하는 과정이라는 점이다. 교과교육학은 학문과 학문 사이에서 새롭게 생성된 개척의 학문 분야이기 때문에 기존 학문이 새롭게 탄생될 때 이상의 진통과 시련을 겪어야 할 것은 물론이다. 그래서 교과교육학이 발전하기 위한 선행 조건이 구비되어야 할 것이고, 앞으로의 발전에도 많은 개척자적인 노력이 필요하다. 교과교육학은 성격상으로만 본다면, 교과교육학 연구는 분명 어렵고 험난한 과정임에 틀림이 없다. 그러나 교과교육학이야말로 주입식, 주먹구구식, 교과서식 교육을 개선하여 현재 학습자에게 맞는 우리 식의 최적의 교육으로 해보자는 교육의 과학화 내지는 현대화의 시도로서 당연히 연구해야 할 분야인 것이다. 교과교육학이 교육이론과 내용, 방법에 대한 연구를 심화해야 한다는 점에서 이중, 삼중의 부담은 있으나, 이는 교육의 목표를 제대로 달성하기 위해서는 피해서는 안 되는 부담이며 과정이다. 또한 문제는 교과교육학이 교과내용으로부터 어느 날 갑자기 형성된 학문이 아니라 기존의 기초과학들과 일반교육학들의 학문적인 성과를 기초로 발전해 나가야 하기 때문에 오히려 기존 학문들과의 끊임없는 교류과정이 필요하다.

제3장 교과교육학의 학문적 성격

1. 학문으로서의 교과교육학

1) 학문의 성격

학문의 사전적 의미는 '체계가 선 지식'이다. 학문(학問)은 한자 뜻 그대로 배우고(학) 묻는다(問)는 의미이다. 배우고 묻는다는 것은 학습(learning)과 연구(research)를 함께 지칭하고 있다. 즉 스승이 이미 지니고 있는 지식을 배우고 묻는다는 뜻이기도 하고, 아직 알려지지 않은 사물의 이치를 물어 밝혀낸다는 뜻이기도 하다(조동일, 1993). 학문의 행위는 무엇이든지 의심스럽게 보고 이치를 따져 재검토하는 데서 시작된다. 학문하는 행위는 상식, 편견, 신비, 권위에 도전하여 진실(진리)을 탐구하는 것이다. 학문 행위를 하는 것은 현상을 이해하고 예언하며 통제하기 위해서이다. 따라서 학문을 하는 데 항상 제기되는 것은 진실(진리)이란 무엇인가와 탐구방법의 문제이다.

학문, 또는 이론이란 근원적으로 현실의 언어화, 추상화 작업이자 실제에 대한 성찰이다(이학주, 1994, 9). 즉 그것은 일회적이고 불안정한 사태를 언어를 통해 보편의 세계에 정박시키는 일이자, 실제적인 행위나 현상을 되돌아보는 일이다. 이론의 어원인 'theoria'가 관조(seeing)를 뜻하는 말이라는 사실이 이를 뒷받침한다. 이러한 의미의 학문이란 어쩌면 인간, 좀 더 정확하게 말하면 인간의 언어와 그 역사를 같이 한다고 보아야 할 것이다. 또 학문은 과학과 통찰을 아울러야 제대로 할 수 있다(조동일, 2000, 156). 학문을 혁신하는 과업은 과학에 대한 통찰을 요구한다. 통찰이 그 자체로 분리되지 않고, 과학을 대상으로 하고 과학으로 구체화되는 통찰을 갖추어야 한다는 점에서 과학과 통찰을 함께 해야 학문을 할 수 있는 것이다.

학문의 성장과 발전은 어떤 의미에서 방법론의 정련과정이었다고 볼 수 있다. 그만큼 학문하는 사람들은 연구방법의 타당성과 합리성에 관해 끊임없이 회의하고 성찰해왔다. 그러나 모든 학문이 미리 방법론을 확고히 한 뒤에 시작된 것이 아니다. 적어도 근대 이전까지 그것은 오히려 연구자의 상상력과 창의성에 의해 연구내용과 함께 동시적으로 창조되어 왔다고 볼 수 있으며, 그것은 매우 자연스러운 일이었다.

학문의 성격은 이중적이다. 그것은 특정영역에 관한 지식 체계임과 동시에 그러한 지식을 창출해내는 방법이기도 하다. 예를 들어 생물학은 생명현상과 관련되는 생물체의 구조와 기능, 생태와 그에 영향을 주는 제반 유전적·환경적 요인들에 관한 기본 관점, 주요 질문과 그것을 탐구하는 객관적 관찰·실험 방법, 그리고 그에 기초해서 형성된 사실·개념·법칙들의 체계라고 말할 수 있다. 따라서 교과의 구조도 정적인 결과로서의 지식만 아니라 동적(動的)인 탐구과정도 포함된다고 말할 수 있다.

학문에 대한 단순한 규정은 학문들을 지식들의 분류체계로 보는 것이다. 수학이라는 학문은 수학적 지식들로 구성되며, 물리학이라는 학문은 물리학적 지식들의 체계로 간주된다. 학문을 구성하는 지식체를 분석하면 여러 수준의 지식이 있다는 것을 알 수 있다. 초보적인 수준의 지식은 사실적 정보이며, 이들이 모여 개념을 이루고, 개념들이 모여 원리나 법칙을 만들며, 이들이 결합하여 이론을 구성한다.

학문은 사실적 정보와 개념, 원리(법칙), 이론들의 결합물이다. 그러나 학문에 대한 폭넓은 규정은 이러한 지식 체계를 탐구하는 기능(방법론)과 동일한 학문 활동에 종사하면서 공유하게 되는 가치(정서적 유대감 등)를 포함시킨다.

한편으로 학문의 개념을 말함에 있어 빼놓을 수 없는 부분은 이른바 과학의 개념이다. 그것은 오늘날 대부분의 학문들이 과학화, 과학성, 과학적 연구를 표방하고 있기 때문이다. 어찌 보면 과학은 금세기 학문의 기둥을 받치고 있는 핵심 개념이라고 할 수 있다. 일반적으로 사용하고 있는 학문(science)이라는 말은 과학과 동일한 말로, 오늘날 과학의 개념은 학문을 지칭하는 말이 되었고 학문연구에 있어서 광범위하게 쓰이고 있다. 그러나 현재 많은 학자들도 공감하듯이 이러한 과학적인 방법론에 입각하여 얻어진 결과만이 학문의 영역에서 다루어져야 하는 것은 아니다. 특히 사회, 문화적 토대와 긴밀히 연결되어 있는 사회과학의 영역을 생각해볼 때, 이러한 주장은 보다 분명해진다. 학문이라는 개념도 지극히 역사성을 띤 개념으로 시대와 문화적인 배경에 따라 매우 다른 양상을 나타내고 있다. 즉 학문이라는 개념 자체가 단순히 정의되어 머물러 있는 것이 아니라 역사와 문화의 흐름을 타고 대단히 역동적으로 변화해 왔고 또 변화해 간다는 점이다.

지금까지 일반적으로 학문을 규정짓는 기본 요소로는 세 가지를 꼽아왔으며, 그것은 독자적인 연구 영역, 독자적인 연구 방법론, 전문학자의 모임인 학회의 구성과 활동(김주후, 1995, 245-246)이었다.

우선 학문은 그 나름의 독자적인 연구영역을 가진다는 것이다. 즉 하나의 학문이 다른 학문이나 일반적인 상식수준의 주장들과 구별될 수 있는 첫 번째 요건은 독자적인 연구의 영역을 가진다는 것이다. 과거에는 학문의 발달이 세분화되지 않았고 발전 속도 또한 빠르지 않았기 때문에 몇몇 전통적인 연구 분야가 주류를 이루었으나, 근대 이후 자연과학, 사회과학, 인문과학의 여러 분야에서 새로운 학문의 연구영역을 개척하여 그 독자성을 주장하고 있고, 새로운 학문으로서의 자리를 점하게 되었다. 때로는 영역 간의 중복과 경계구분의 어려움 등으로 학문분류 및 체계화에 고충이 따르기도 하지만 각 학문 분야들은 자체의 고유한 연구 영역을 가지고 있다는 것이다.

두 번째로 학문은 그 나름의 연구방법론이 있다는 것이다. 각 학문 분야들은 그것이 경험적인 사실들만을 다루며 접근하는 방법이든, 개념 및 언어적인 분석을 주된 방법으로 삼든, 또는 구체적인 조작을 통해 하나의 현상을 알아내는 실험적인 방법이든 그 나름의 연구방법론을 채택하고 있다. 그리고 그러한 방법론상의 분화와 체계화를 통해 학문의 전통을 구축하고 다른 영역과의 차별성을 주장하고 있다. 그러나 현재 대부분의 학문 분야들이 이른바 다학문적 접근방법이나 학문간 협동적 접근방법의 적용을 주장하기에 이러한 주장은 설득력이 다소 떨어지고 있다.

세 번째로 학문의 성립을 가능케 하는 것은 학회의 결성을 통한 학문 활동이라는 것이다. 하나의 학문적 전통이 수립되기 위해서는 연구영역과 방법론의 확보는 물론 그 분야의 전문적인 연구 활동을 하는 사람들이 모여 학회를 조직하고 이를 통하여 서로에 대한 비판기능을 활성화하여 그 결과를 학회지의 발간 등을 통해 표출시키는 것이다.

한편으로 이돈희(1994, 16-19)는 하나의 체계적 학문이 ① 그것이 탐구하는 대상, ② 그 대상을 탐구하는 도구로서의 독자적 언어, ③ 그 대상에 관해서 서술하거나 설명하는 명제들을 조직하는 논리적 형식, ④ 그 대상을 탐구하는 방법적 원리와 규칙을 가지고 있다고 본다. 또 이영석·권대도·최민수(1989)의 경우는 학문과 연관되어 흔히 통용되는 네 가지 준거로 ① 가르칠 수 있음, ② 추상적 이론적 특징을 가진 분야, ③ 고유하고 조직화된 지식의 개방 체제, ④ 그 나름의 독특한 탐구방법의 소유 여부를 들고 있다.

이처럼 학문의 조건으로 제시되는 것들이 다를 뿐 아니라, 서너 가지의 기본 요소를 바탕으로 하나의 학문이 구성된다는 논리는 현재에 이르러 그다지 설득력 있게 다가오지 못한다. 그 이유는 세 가지 요소가 학문구성의 핵심요소라고 말하는 것 자체가 지나친 주장이고 실제로 이 기준에 들어맞지 않는 수많은 학문 분야가 탄생하고 발전해 가고 있기 때문이다. 즉 과거에는 하나의 학문 분야에서 다루었던 연구

영역이 이제는 여러 학문 분야에서 그 관심의 밀도와 접근각도를 달리하며 다루어지고 있고, 특히 연구방법론상에 있어서 이른바 다학문적 접근이나 학문 간 협동적 접근이 보편화되면서 학문에 대한 이해가 이 세 가지 요소에 의거하여 이루어진다는 점에 대한 부정적인 생각이 대두되고 있는 것이다.

Soltis는 하나의 학문이 형성된다는 것은 우연성 내지는 역사적 산물이라고 하였다(이성규, 1994). 학문과 연관되어 흔히 통용되고 있는 서너 가지 준거들은 학문을 정의하는 하나의 객관적인 척도라고 보기는 어렵다. 사실상 흔히 학이라고 붙여 부르는 것에 익숙한 분야들도 그렇게 된 것이 불과 얼마 되지 않은 경우가 많다. 예를 들어 교육학의 경우도 금세기 초까지도 서구에서는 응용철학의 한 분야로 간주되었던 것이다.

지식은 학문을 구성하는 요소이며, 교과를 구성하는 바탕이 된다. 지식은 크게 명제적 지식과 방법적 지식으로 나뉜다. 이러한 구분은 Ryle(1949)에 의해 이루어졌으며, 명제적 지식은 사람들이 갖는 경험을 이해하는 방식들이며, 사실, 개념, 원리 등을 들 수 있다. 방법적 지식은 수행능력을 말하며, 기능으로 불릴 수 있다. 자전거를 타고, 바느질을 하며, 2차 방정식을 해결하는 방법을 아는 것은 방법적 지식이다. 학문과 교과를 구성하는 데는 명제적 지식과 방법적 지식이 모두 사용되는데, 이는 명제적 지식과 방법적 지식이 인간과 세계를 이해하고 변혁하고자 하는 교육목적에 부합되기 때문이다.

교과는 각급 학교의 교육과정에서 수업과 학습을 위하여 구분하는 기본 단위를 가리킨다. 대개 교과의 내용은 학문들로 채워진다. 예를 들어 중학교에서 가르치는 수학 교과는 수학이라는 하나의 학문으로 구성되며, 고등학교에서 가르치는 과학은 물리학, 생물학, 화학, 지구과학을 기초로 하고, 대학의 지구과학 교과는 천문학, 지질학, 해양학 등의 학문을 구성요소로 한다.

물론 교과들 중에는 초등학교의 실과나 중학교의 가정과 기술, 산업과 같이 학문과는 다소 거리가 먼 이름의 교과도 있다. 이들 교과들이 학문들 속에 있는 지식들을 사용하지 않는 것은 아니지만, 어떤 학문들이 어떻게 반영되었는지 명칭만 봐서는 알기 어렵다.

하나의 학문이 하나의 교과를 구성하는 바탕이 되기도 하며, 여러 학문이 모여 하나의 교과를 구성하기도 한다. 이러한 경우 학문은 교과 속에 포함되는 대주제나 대단원의 성격을 띤다. 그러나 학교 교과는 지적 사고를 모아놓은 것, 그 이상이다. 교과는 또한 사회적 체제들이다. 교육내용은 지식, 기능, 가치로 구성되며, 이들이 모여서 과목, 단원, 교과, 전체 교육과정을 이룬다.

학문은 일반적으로 지식의 조직체를 뜻하는 말로 개개의 지식이 필연적 연관으로 결합되어 하나의 전체를 형성한 체계적인 지식을 말한다. 학문은 단순한 앎과 구별되는 개념으로 한 사회가 연구, 교육, 학습할만한 가치가 있다고 설정한 지식의 체계적인 집합이며, 이것은 보다 효과적인 접근을 위해 그 내용과 성격, 또는 수준에 따라 세분, 조직되어 수요자의 요구와 능력에 상응해 공급되는 것이 보통이다. 따라서 학문의 구체적인 범위와 내용 및 체계는 그 사회의 문화적 수준뿐 아니라 그 사회가 지향하는 이념의 목표와 성격, 그리고 지식인의 존재 형태와 성격에 따라 크게 규정되기 마련이며, 이에 부합되지 않은 지식은 비록 체계적이고 합리적일지라도 비정통 또는 주변적인 것으로 분류되어 그 효용성도 부정된다. 또한 학문은 지식 체계로서의 학문과 활동으로서의 학문이라는 두 가지 차원에서 규정될 수 있다. 즉 학자들의 연구가 축적된 결과물로서의 학문과 그 결과를 낳기까지의 과정이나 활동으로서의 학문 두 가지 개념이 함께 공존하고 있다.

교과교육은 학문 자체가 교과로 그대로 통용되는 경우가 대부분이었기 때문에 교과교육학의 정립의 필요성을 느끼지 않았다. 근래에 들어 유아와 초등, 중등교육이 기존의 학문을 그대로 전달하는 수준으로 해결되기 어려움에 따라 교과교육학의 문제가 전면에 등장했다고 볼 수 있다. 교과교육학은 학교교육의 대부분을 차지하는 교과교육을 연구대상으로 하기 때문에 그 영역이 넓으면서도 확고한 기반 위에서 있다고 할 수 있다. 문제는 교과교육학이 존재하느냐 하지 않느냐가 아니라, 엄연히 존재하는 교과교육을 어떻게 체계화시키고 학문적으로 정립시켜 가느냐가 문제인 것이다.

오늘날 학문이라고 부르는 것들은 하루아침에 탄생한 것들이 아니다. 이들은 긴 역사 속에서 수많은 논쟁을 거쳐 학문을 세련되게 하였고 그들의 관심 영역을 개척, 확보하였으며, 이러한 가운데 많은 이론들을 성립, 축적한 데서 오늘날의 발전을 한 것이다. 이들 학문이 발달하는 과정에서 제기되는 문제들도 어떤 것을 관심 대상으로, 어떤 방법을 동원하여 보다 잘 이해하고, 보다 정확히 예언하며, 보다 완벽하게 통제할 수 있는 이론형성에 관한 것이다. 학문의 발달과정은 연구 영역 확보와 연구 방법의 세련화를 위한 노력의 과정이며, 교과교육학 역시 연구 영역과 이론형성을 위한 탐구방법의 세련화를 위해 노력해야 한다.

2) 교육학의 성격에 대한 논쟁

정범모(1968)는 교육의 개념을 '인간행동의 계획적인 변화'로 정의하고 이 정의에 입각하여 교육학의 성격을 규정하고 체계화를 시도하였다. 즉 어떤 활동을 실시하고 그 결과로 인간행동의 변화가 생기면 그 활동은 교육이지만, 그렇지 않으면 교육이 아니라는 입장이다. 교육학이라는 것은 결국 교육 프로그램, 즉 인간행동을 변화시키려는 의도를 가진 프로그램을 마련하는 데 응용된 '이론'으로 성립한다고 보는 것이다.

그러나 이러한 입장에 대해 이규호(1967, 7)는 교육이란 모든 사회적인 관계들과 그 사회의 모든 문화적인 상황의 전체적인 구조 속에 깊이 얽혀 있는 역사적이고 사회적인 삶의 현상으로 보아 해석학적 측면으로 바라본다. 또한 김인회는 교육학이 삶의 전체구조에 근거해야 하며, 삶 전체의 의미구조를 교육적인 측면에서 해석해 내는 것이 교육학(이종각, 1994, 49)이라고 하였다.

한편으로 이홍우(1983, 219-220)는 교육학의 학문적 성격을 학문의 본질에 비추어서 파악하는 것이 타당하다고 보고, '하는 교육학'과 '보는 교육학'으로의 구분을 제안한다. 교육학에 포함된 이론적 발언은 두 가지로 구분할 수 있으며, 하는 교육학은 교육에 관한 실제적인 질문에 해답하는 데 도움이 되는 것이고, 보는 교육학은 실제에 도움이 되지는 않는다 하더라도 교육현상을 이해하는 데에 도움이 되는 것을 말한다. 이처럼 '하는 교육학'과는 달리 '보는 교육학'은 학문의 의미를 보다 강조하는 교육학이라고 볼 수 있으며, 학문이라는 것은 실제적인 가치와는 상관없이 사물과 현상을 이해하는 수단이라는 점에서 가치를 가지고 있다고 본다.

장상호(1983, 391-392)는 교육학이 기초과학의 응용이라는 신화에 사로잡혀 있다고 보고 기초과학의 정체 자체에 의문을 제기한다. 그것은 기초학문이 교육학도가 그것에서 차용할 수 있는 타당한 지식을 얼마나 확보하고 있느냐 하는 문제이고, 또 설사 어느 정도 지식을 확보하고 있다손 치더라도 교육학은 그 기초과학의 발달만을 기다리고 있어야 하느냐 하는 문제이다. 그는 기초학문에서 교육현상 자체를 해명해준 경우는 사실상 별로 없고, 또한 그 해명을 기다릴 필요 없이 교육학도는 그 현상의 이면에 작용하는 규칙성을 스스로 탐구해야 한다는 것이다.

또한 장상호(1986, 37)는 학문이란 상식세계의 허구성을 밝히고 충격을 가하는 지적 노력이라는 견해를 표명하면서 현재의 교육학이 오히려 상식의 세계를 강화하고 있다고 지적으로 분개한다. 그는 현재의 교육학이 비교육학적 요소를 도입하여 교육학을 체계적으로 왜곡하고 있는 시각을 표명한다. 즉 그동안 교육학은 독자적으로 교육의 세계를 분리해 내려는 이론적인 고민이나 그것을 탄생시키려는 전통을 회피하고, 대신 이미 학문적 위치를 굳힌 타학문의 학자들을 교육학과에 불러들임으로써 해결하였다는 것이다. 그의 주장은 교육학은 교육적 현상만을 다루어야 한다는 것이다. 그는 교육 외적, 또는 비교육적 현상을 교육이라는 전제하에 연구한다면 그것은 자가당착이라고 비판하고 있다. 결국 교육학은 우연한 역사적 계기 때문에 타학문을 그 하위 영역으로 포섭하거나 그것을 학교에 응용한다는 식의 안이한 진로를 택함으로써 자체의 본질성을 찾는 데 실패하였으며, 그로 인해서 응당 교육이 자리해야 할 학교와 같은 중요한 생활세계를 교육 이외의 세계로 방치하거나 오히려 그렇게 되도록 돕는 역할을 하였다고 본다. 교과교육학도 이러한 오류를 범할 가능성이 많이 있다.

김신일(1983, 31)은 독일의 푀겔러(F. Pöggeler)의 말을 빌어 교육학자들이 교육의 현실문제에 관심이 없기 때문에 교육학자들보다 사회과학자들이 교육정책을 주도하고 있음을 지적하고 교육학이 앞으로도 실천이론, 즉 교직이론으로만 머물러 있으면서 교육현상에 관한 연구는 다른 사회과학자에게 맡겨두어서는 안 된다고 강력히 주장하고 있다. 그는 교육학이 교육실천을 위한 원리와 방법의 연구에만 매이지 않고 교육자, 학습자, 학부모, 정부, 나아가 사회 전체의 교육에 관련된 행위를 연구하려면, 교육학이 이제까지 의존해온 실천 패러다임에서 탈피해야 한다고 주장한다. 그동안 교육학, 즉 교직학은 교육실시자를 위한 것이었으며, 학습자나 국민의 입장에서 교육현상을 이해하기 위한 것이라기보다 교사, 학교, 그 위에 있는 국가의 입장에서 국민을 가르치는 일에 충실한 것이었다. 이제 교육학은 교육현상에 대한 설명과 이해를 위한 새로운 학문이어야 한다. 실천을 위한 원리가 아니라 현상에 대한 설명과 이해를 중심으로 하는 근대적 사회과학으로서의 교육학의 등장을 의미한다.

이학주(1994, 9-12)는 교육학에서의 연구방법론을 검토하면서 다음의 세 가지 시사점을 제시하고 있다. 첫째, 교육학은 이제 방법론적인 완벽주의에서 벗어날 필요가 있다는 점이다. 실로 완벽한 방법론을 찾아내는 일은 어떤 학문도 성공할 수 없는 무익한 수고일 뿐이다. 교육학은 그동안 '과학적'이어야 한다는 스스로의 강박증 때문에 과학주의에 스스로를 옭매는 우를 범한 셈이다. 자기의 독자적인 방법은 없이 주변학의 방법을 빌려 쓰기만 했다는 자조적인 인식을 극복해야 한다. 이제 방법론적인 개방주의야말로 오히려 시대적 요청이기도 하다.

둘째, 이제 교육학은 이론의 실제적 효용성에 대한 집착에서 벗어날 필요가 있다. 당장 쓸모 있는 것의 쓸모는 오래 가기 어려우며, 오히려 당장 쓸모없는 것의 쓸모가 오래갈 수 있다는 성현의 가르침(無用之用, 老子)은 이론의 경우에도 예외가 아니다. 이론과 실제 간의 괴리가 아닌 적당한 거리와 적당한 긴장관계는 이론과 실제 모두에게 유익하다. 이 점에서 그동안의 교육이론이 수단적 효용성에 집착한 나머지 지나치게 공학적 접근에 치우쳐왔다는 반성과 비판은 정당하다. 이제 교육이론이 다루는 교육은 더 이상 가치중립적인 현상이나 주어진 가치 실현의 수단이 아니라 삶의 질을 높인다고 하는 그 본래적인 의미로 정의되고 이해되어야 할 것이다.

셋째, 교육에 대한 다양하고도 창의적인 접근이 시도되어야 할 것이다. 학문의 발전은 어떤 의미에서 도전적인 실험정신과 창의성을 바탕으로 한다고 할 때, 교육학계의 안이함과 보수성은 결정적인 취약점으로 작용할 수 있다.

박병기(1990, 222)가 지적하듯이 교육학은 여태까지 교육현상에 너무 밀착되어 왔으며 복잡한 현상문제에 관심을 집중하다보니 학문적으로 체계화하려는 작업을 소홀히 해왔다. 교육학의 학문적 토대를 설정하고 연구 영역을 확정하기 위해서도 학문적 체계화 작업이 필요하다는 것이다.

교육학에 대한 논쟁과 교육학과 교과교육학과의 관계에 대한 논의에서 알 수 있듯이 교육학은 잡다한 것이 아니라 다양한 것이며, 이 다양한 것들을 어떻게 통일적으로 배열(체계화)하느냐가 교육학도에게 제기된 도전(이종각, 1994, 94)이라고 할 수 있다. 교육학이 그렇듯이 교과교육학은 종합적이고 다학문적, 학제적 성격을 지니는 것이 필연적이다. 그렇기 때문에 그 속에는 과학적, 인문과학적, 사회과학적 성격이 편재되어 있다. 교과교육학을 탐구하는 경우 이 세 가지 탐구양식에 의한 접근이 서로 긴장된 조화를 이루도록 조절하는 안목이 필요하다(황정규, 1994, 49-50). 교육학에 대한 논쟁들은 교육학에 대한 연구와 논의를 한 차원 높이는 데 기여했듯이 교과교육학에 대한 논쟁들이 활발하게 제기되어야만 교과교육학에 대한 논의를 풍성하게 하고 학문적 위상을 탄탄하게 할 수 있을 것이다.

3) 교육학과 교과교육학

그동안 교육학과 교과교육학은 여러 측면에서 미묘한 관계에 있었다. 정범모(1968, 279-280)는 '각과 교육이론이 갖추어야 할 이론 영역은 일반교육 이론과 같아야 한다. 예컨대, 수학교육 이론은 그 교육목적 이론, 그 교육상황 이론, 그 교육평가 이론을 포함하며, 나아가 수학교육 상황이론은 특히 그 교과교수 행동이론, 수학구조 이론, 학생·학습 이론을 포함하는 수학교수 이론과 학교환경 이론, 그리고 사회환경 이론을 포함하고 있어야 한다.'고 말한다. 이 견해에 의하면 교육학의 이론은 교과교육을 위시한 교육활동에 실제적 지침을 제공하는 것이며, 교과교육학은 교육학에서 발견된 이론을 교과교육에 효과적으로 적용하는 방법을 탐색하고 설명하는 학문이 된다. 이 관점에 의하면, 교과교육학은 크게 두 부분으로 구성된다. 하나는, 학교에서 가르치는 교과의 내용과 범위를 분석하는 부분과, 다른 하나는 주어진 교육목표를 달성하기 위하여 분석된 교육내용을 선정조직하고 이를 학생들에게 가르치고, 그 결과를 평가하는 일련의 교육의 과정을 이론적으로 체계화하는 부분이다.

교육학과 교과교육학의 관계를 이처럼 파악할 경우 교육학 이론은 그 자체로 가치를 지니기보다는 오히려 교과교육에 실제적 지침을 제공할 수 있는 한에서, 또는 그와 같은 실제적 지침을 많이 제공하면 할수록 더욱 가치 있는 것으로 판단된다. 이론과 실제를 하나의 연장선으로 연결할 수 있다고 생각할 때 교육학 이론은 그것이 비록 교육에 대한 실제적 지침을 제공하는 것이기는 하지만, 구체적인 교과교육 활동에서 보면 거기서 멀리 떨어져 있으며 교과교육학은 이론으로서의 교육학과 실제로서의 교과교육의 중간에 자리 잡고 있다고 말할 수 있다.

그러나 교육학과 교과교육학의 관계는 이론에서 실제로 나아가는 방향에서만 파악할 수 있는 것은 아니다. 양자의 관계는 오히려 실제에서 이론으로 나아가는 방향으로도 파악할 수 있다(김안중, 1997). 그리고 그와 같은 관점에서 볼 때 교육학뿐만 아니라 교과교육학이 지니고 있는 이론 또는 학문으로서의 성격이 잘 드러난다. 교과교육학은 교육학에서 발전된 교육에 관한 일반적인 수준의 실제적인 지침을 각 교과의 특수한 사태에 맞게 번역하여 보다 구체적인 처방을 내리는 이론이 아니며, 교과교육은 교과교육학이 마련해준 교과교육의 원리나 처방을 실제 교육사태에 기계적으로 적용해 나가는 과정이 아니다. 교과교육이 생산해 내야 할 교과교육의 지침이나 원리는 교육학 이론으로부터 나오는 것이 아니라 오히려 교과를 가르치는 교과교육 실제의 내부에서 도출되는 것이다(유한구 외, 1997, 145).

그동안 교과교육학의 성격을 교육학에서 발전시킨 일반적인 수준의 실제적 지침이나 원리를 교과교육이라는 특수한 사태에 효과적으로 적용할 수 있는 방법으로 구안하고 처방하는 학문으로서 규정해온 경향이 있다. 그러나 교육학은 이제 더 이상 교육 실제를 이끌어 가는 일반적인 수준의 실제적인 원리나 지침을 만들어내는 것을 핵심적인 관심사로 여기지 않는다. 오히려 교육학이나 교육과정 이론의 일차적인 관심사는 교육을 통하여 어떤 내용을 왜, 어떻게 가르쳐야 하는가를 설명함으로써 교육활동을 일반적인 수준에서 이해하는 데에 있다. 교과교육이나 교과교육학은 교육학의 실제적 지침이 적용되어야 할 대상이 아니라 오히려 교육학이나 교육이론이 교육적 시각에서 이해하고 인간의 마음과 삶의 이상에 비추어 그 가치와 의미를 정당화해야 할 대상이 된다. 인간 활동으로서의 교육을 이해하는 대상으로 삼고 교육을 가능한 한 구체적으로 기술하는 데에 관심을 두고 있다는 점에서 교육학과 교과교육학은 서로 같은 일을 하고 있다. 다른 점이 있다면 교과교육학은 학교에서 가르치는 상이한 지식 체계로서의 교과를 중심으로 각 교과교육을 통해서 가르치는 내용과 그것을 가르치는 과정을 기술하고 교과교육이 학생이나 교사의 삶에 주는 의미가 무엇인지를 설명하는 일에 일차적인 관심을 두지만, 교육학은 각 교과를 통틀어 교과로서의 지식 추구 또는 교육을 통해서 실현되는 가치가 무엇이며 그것이 인간의 삶에서 차지하는 위치가 무엇인가를 보다 일반적인 수준에서 설명하고 정당화하는 데에 관심을 둔다는 점에서 차이가 있는 것이다.

교과교육이나 교과교육학이 직면하고 있는 문제는 그야말로 '실제'의 문제가 아니라 '설명' 또는 '이해'의 문제이며, 보다 심각한 문제는 교과교육에 대한 그릇된 이해나 설명이 부지불식간에 교과교육의 실제를 왜곡하는 힘으로 작용한다는 데에서 찾을 수 있다.

교과교육학이 단순히 교과내용 학문과 교육학적 일반 원리의 결합이라고 여겨질 때 그 학문은 정체성을 갖기 어렵다. 많은 경우에 교과교육학의 구성에서 교과내용학과 교육학의 비중을 어떻게 하느냐에 관심을 두는 경우가 있으나, 이는 잘못된 관점이다. 그보다는 오히려 교과교육학의 독특한 학문 내용과 방법의 모색과 탐구가 이루어져야 한다(허숙, 1994, 10). 지금까지 이루어진 교과교육과 교과교육학이 안고 있는 심각한 문제가 있다면 그것은 교사와 교과교육학 이론가, 그리고 교육학자 모두가 각각 교과교육, 교과교육학, 교육이론을 자기 자신의 존재, 또는 삶과 직접적인 관계가 없는 것을 파악하도록 만들었다는 것이다. 교사는 교과교육에서 가르치는 내용을 그 스스로가 공부하여 그 의미를 보다 구체적으로 이해해야 할 대상으로 간주하기보다는 단지 아동들에게만 필요한 내용으로 간주하는 경향이 있으며, 교과교육학자는 교과교육학이 자기 자신의 삶과 교육을 위해서 필요한 것이 아니라 장차 교사가 될 학생들에게 필요한 것을 제공하는 학문으로 간주한다. 교육학자 또한 이와 비슷한 관점에서 교육학을 교육의 바깥에서 주어진 모종의 목표를 효과적으로 달성하기 위한 수단을 강구하는 학문으로 규정하고 교육을 수단–목적의 관점에서 설명함으로써 교과교육과 교과교육학, 그리고 교육학으로부터 각각 교사와 교과교육학자, 그리고 교육학자를 분리시키는 결과를 초래하였다.

그러나 교과교육과 교과교육학은 결코 교사나 교과교육학자 자신의 삶과 무관한 것일 수 없다. 교과교육은 한 개인이 그를 둘러싸고 있는 세계를 인식하는 과정, 또는 교사가 이해하고 있는 개념이나 아이디어가 아동에게 전달되는 과정이 어떤 경로를 통해서 어떻게 일어나는가가 구체적으로 드러나는 장이다. 교과교육학은 학교에서 가르쳐야 할 교과의 개념적 구조가 무엇이며, 이와 같은 교과의 개념들이 교육사태에서 어떻게 전달되고 아동의 마음속에서 어떻게 발전된 개념을 실재나 마음의 개념과 관련하여 설명함으로써 교사와 교과교육학자들이 교과교육과 교과교육학을 자신의 존재 또는 삶과 관련하여 설명하고 정당화할 수 있는 개념적 틀을 제공하며, 그와 같은 개념을 이해하고 설명하는 일에 헌신함으로써 그 일의 가치를 스스로 드러내고 증거로서 발현한다.

2. 교과교육학의 기본적 성격

학문이 현실의 추상이자 실제 혹은 행위의 성찰이라는 포괄적인 말을 적용한다면 세상사 어디에나 현상과 행위가 있게 마련이고, 따라서 그에 대한 추상이나 성찰로서의 이론 역시 있게 마련이다(이학주, 1994, 13). 일상적인 용법으로서의 이론이나 학문은 그러한 추상과 성찰이 어느 정도 질적인 체계성과 양적인 축적을 갖춘 경우에 붙일 수 있을 것이다.

이런 측면에서 '교과교육에 관한 이론이 과연 학문일 수 있는가'라는 질문은 심각하고 진지한 질문이라기보다는 교과교육학에 대한 다분히 부정적인 시각을 표현하는 것이다. 그리고 이것을 하나의 질문으로 받아들인다고 하더라도 그 질문 자체가 대단히 소모적인 것이다. 왜냐하면 그것은 결국, '이론', '학문'의 의미와 성격을 묻는 지극히 소모적인 과학 철학적 질문으로 되돌아가기 때문이다.

원래 교과교육학은 목표 설정을 비롯하여 교과의 목표가 달성될 수 있도록 최적의 교과내용을 선정·조작하여 가르치고 평가하는 총체적 과정이 연구의 대상이 된다. 따라서 교과교육학은 새로운 학문적인 시도이지만, 교과교육은 교육이 시작되면서 존재해 왔다고 볼 수 있다.

이러한 교과교육학은 기본적으로 다음의 학문적 성격을 가지고 있다(강신웅, 1998, 17-18).

첫째는 종합학문으로서의 성격이다. 교과교육학은 하나의 자족적인 개별학문이라기보다는 교과의 내용과 구성에 관한 이해, 그리고 그 내용의 탐구와 학습에 관련된 교육의 원리 등을 여러 학문으로부터 도출하고 종합한다는 점에서 종합학문이라고 할 수 있다. 종합학문으로서의 교과교육학은 그 구성에 있어서 우선 내용적 명제, 설명적 명제, 교육적 명제 등을 포함하고 있으므로 각각에 상응하는 학문적 탐구의 결과를 또한 종합한다. 이러한 종합성으로 인해 교과교육학은 복합적인 성격을 지닌다. 교과교육학은 해당 교과 또는 학문과 교육학의 접점에서 이루어지기 때문에 형식적인 차원에서 볼 때 복합적 내지는 이중적 성격을 지닌다. 이 같은 교과교육학의 복합적 성격은 교과에 대한 전문적인 지식은 물론 교육학에 대한 전문적인 지식과 연구를 요구한다고 볼 수 있다. 실제 이 같은 이유로 교과교육학 연구가 부진하고 기피하는 요인이 되고 있을 뿐 아니라 학문적 성격조차 제대로 인정받지 못하는 요인이 되기도 한다. 그러나 이러한 복합적이고 종합적인 성격으로 인해 현대의 학문이 다학문·간학문 등으로 협조체계를 구축하고 있는 시점에서는 오히려 큰 장점으로 작용할 수 있다.

둘째는 독창적 성격이다. 교과교육학이 이루어지는 형식적인 측면만을 보면 교과교육학은 복합적인 성격을 띠게 된다. 그러나 교과교육학이 형성되는 내용적인 차원에서 보면 해당 교과나 학문과 교육학이 학문적 교배를 거쳐 많은 진통 가운데서 새롭게 태어나는 학문이라고 볼 수 있으며 이 같은 결과로 생성된 교과교육학은 창조성 내지는 독자성을 갖게 된다고 볼 수 있다. 예를 들어 과학교육학은 과학을 부(父)로 하고 일반교육학을 모(母)로 하여 출산된 새로운 독자적인 학문이라고 볼 수 있으며, 단순히 물리적인 방법으로 과학+교육학이 적절하게 배합 구성되는 것은 과학지도법은 될 수 있을지 몰라도 엄밀한 의미에서 과학교육학은 될 수 없다. 따라서 교과교육학은 끊임없이 발전하는 교과나 학문과 아울러 동시에 발전하고 있는 일반교육학을 모체로 하여 새롭게 계속적으로 탄생되고 있는 학문이다.

이 같은 사실을 잘못 이해하여 이미 만들어진 '교과교육학'만 찾고,

해당 교과는 물론이고 교육학에 대한 연구를 하지 않는다는 것은 오히려 교과교육학을 고정되고 낙후된 것으로 만드는 결과가 될 것이다. 즉, 요즈음 최신 학문인 경영사회학의 경우 경영학과 사회학의 양 학문에 대한 연구 없이 경영사회학 자료만 찾아 연구하려 하면 경영사회학이 새롭게 확립되기가 어려운 것이다.

셋째는 실천적 성격의 학문이다. 교과교육학은 고도의 이론을 그 속에 포함하고 있으나 결과적으로 구체적인 교육활동이라는 실천적 상황에 연결되는 것을 상정함으로 실천원리의 학문이라 할 수 있다. 교육현상이 어떤 진공에서 가공적으로 이루어질 수 없는 것과 같이 교육의 핵심을 이루고 있는 교과교육 역시 가공적으로 이루어지는 것이 아니라고 볼 수 있다. 교과교육의 이론과 원리를 제공해 주는 교과교육학 역시 효율적 차원에서 본다면 교육 실천 속에서 응용되고 활용되는 실천적 성격을 띠고 있다. 교과교육학이야말로 실천을 전제로 한 학문이며, 실천과 응용을 통해 존재하고 발전하는 기본적 속성을 가지고 있다. 따라서 어떤 가설을 세워 이를 실험·실천하고 검증하는 절차를 거쳐 이론화하지 않은 교과교육학은 사변적이며 시행착오가 될 우려가 있다. 앞으로 교과교육학은 검증되지도 않은 채 이렇게 되어야 한다는 규범적 원리로 구성된 강단 교과교육학이 되어서도 안 되며, 현장에서 이루어지고 있는 그대로의 경험적인 원리만으로 구성된 경험적 교과교육학이 되어서도 안 될 것이다.

넷째는 응용적 학문이라는 것이다. 교과교육학은 그 성격상 기초학문이라기보다는 응용학문이다. 응용학문이라고 하더라도 천문학이나 기상학처럼 객관적으로 존재하는 사실의 세계를 설명하는 학문이 있고, 의학이나 공학처럼 가치의 창조나 실현을 특징으로 하는 학문이 있는데 교과교육학은 후자에 속하는 응용학문이다.

3. 교과교육학의 과제

그동안 교과교육학에 대한 심도 있는 연구를 저해하는 접근으로 두 가지를 들 수 있다. 하나는 전문과학주의이고, 다른 하나는 기술주의이다. 전문과학주의는 교과의 기초가 되는 전문과학이나 예술을 깊이 연구하면 교과교육에 대해서는 저절로 명확하게 된다는 생각이다. 즉 교과를 이루는 학문을 깊이 있게 연구하면 그것을 교육하는 문제는 그렇게 어렵지 않다는 입장이다. 교과교육 연구는 전문과학과 예술의 응용학이라는 관점이다. 교과의 내용을 해설하고 해석의 방법 및 교수법을 학자의 입장에서 교육적으로 배려해서 제시한 것으로 교육과정의 지침에 따라 교과를 지도하면 된다는 생각이다.

다른 하나는 기술주의로 교과교육의 연구에서 이루어져야 하는 것은 교수법이나 교수의 기술을 규명하는 것이어야 한다는 입장이다. 교육내용은 교육과정에 따라 전문학자가 제시하고 교수의 일반 원리는 교육학자와 심리학자가 제시하기 때문에 교과교육의 연구는 마지막으로 남아있는 교수 기술을 연구하면 된다는 것이다.

이러한 전문과학주의든, 기술주의든 교과교육학을 체계적으로 연구하는 데 도움이 되지 않는다. 교과교육학은 교과나 내용만을 중시해서도, 교육이나 방법만을 중시해서도 발전할 수 없다. 그것은 교과와 교육, 내용과 방법이 융합하여 하나의 전체로 이루어 새로운 체계로 정립될 때 발전할 수 있다. 또한 학문의 실용성에 관계없이 순수 학문만을 중시하고 실천적인 학문을 경시하는 풍조라든가, 현장이나 실천을 중시하지 않고 오직 이론만 추구하는 학문적 태도는 교육학의 발달을 저해하고 특히, 실천적인 과학으로서 교과교육학의 발전을 저해한다.

교과교육학은 학문과 학문 사이에서 새롭게 생성된 학문 분야이기 때문에 기존 학문이 새롭게 탄생될 때 이상의 진통과 시련을 겪어야 할 것은 물론이다. 우리가 이를 포기한다면 다음 세대들이 물려받아 하지 않으면 안 될 것이며, 그들이 못하면 또 다음 세대로 낙후된 교육 유산과 함께 계속될 것이다.

교과교육학이 학문적으로 그 체계가 확고하게 정립되고, 지속적인 발전을 통해 실질적으로 교육현장에 도움을 주려면 다음과 같은 과제가 선결되어야 할 것이다.

무엇보다도 먼저 교과교육학에 대한 깊이 있고, 체계적이며, 학술적인 연구가 많이 이루어져야 한다. 그동안 교과교육학에 대한 연구나 지원이 미흡했던 것이 사실이며, 학교교육의 대부분이 교과교육이라면 교과전문가, 교사, 교육학자들 사이에 교과교육학에 대한 폭넓은 연구가 실행되어야 한다.

둘째, 교과교육에 대한 관심과 연구 의욕을 증대하기 위해서는 교육과정, 교육방법, 평가 등에 관한 연구자나 교사들의 자율성이 존중될 필요가 있다. 교육과정이 획일화되고 교육방법이나 평가 등에 관하여 상부의 통제가 심할수록 교사들은 자기가 담당하고 있는 교과의 교육에 대하여 수동적이고 소극적인 태도를 갖게 될 것이며, 교과교육에 대한 연구자도 줄어들 수밖에 없다.

셋째, 실제로 교육현장에서 교사들이 활용할 수 있는 연구들이 수행되어야 할 것이다. 일본이나 미국의 경우 각 교과별로 여러 종류의 잡지들이 발행되고 있으며, 이러한 잡지에는 교사들이 교과지도에 활용할 수 있는 내용들이 많이 있다. 학문적이고 이론적인 연구와 더불어 구체적이고 실제적인 연구가 장려될 필요가 있다.

넷째, 교과교육학의 전문가가 양성되는 체제가 마련되어야 한다. 교과교육학의 연구는 결국 훌륭한 연구자의 존재 여부에 의하여 발달 정도가 결정될 수밖에 없다. 대학이나 대학원에서 교과교육 전문가를 양성할 수 있는 교육체제와 지원이 이루어져야 한다.

다섯째, 교과교육의 연구와 교육의 가치를 인정하고 중요시하는 풍토가 조정되어야 한다. 학자들 사이에 교과교육에 대한 연구를 연구로 인정하지 않거나 실천적인 연구에 대해 경시하는 풍토가 있는 한 교과교육학에 대한 연구는 활성화되기 어렵다. 교과교육학을 학문적으로 정립하고 체계화시키는 진지한 노력이 관련 학자들 사이에 있어야 한다.

여섯째, 일반교육학자와 교과교육학자, 교과내용학자, 실천하고 있는 교사들 사이의 골을 줄일 수 있는 협조체계와 공동 연구체계가 마련되어 교과교육학이라는 공동의 이름 아래 통합하는 노력이 필요하다. 각자의 현실적인 입장에서만 교과교육학을 바라보아 그것을 오히려 왜곡시키지 않고, 본질적이고 학문적으로 연구할 수 있는 기회와 체계가 꼭 필요하다.

그러나 교과교육의 질적인 발전을 위해서는 무엇보다도 연구 역량을 극대화하는 일이다. 교과교육은 일반교육학에 비하여 갈래가 많고 구성원도 다양하여 통일성을 기하기가 어렵고 결집된 힘도 발휘하기가 어렵다. 더구나 대학교 차원에서는 교과교육 연구는 기초학문 연구나 일반교육학에 비하여 수준이 저급하다고 이해하거나 중요하다는 인식이 낮다. 이 때문에 교과교육의 연구는 더욱 뒷전으로 밀려나고 후학들도 몰려들지 않아 교과교육학의 연구는커녕 학계의 형성 자체도 어려운 것이 사실이다. 그러나 교육에서 교과교육이 차지하는 비중으로 볼 때 교과교육의 연구는 방치해서는 안 되는 주요한 분야임에 틀림없다.

제4장 교과교육학 관련 개념에 대한 분석

1. 교과와 경험의 관계

일반적으로 교과교육학에 대해 연구하기 위해서 먼저 교과가 무엇인가의 질문이 제기되고, 그 교과는 경험과 어떤 관련이 있는가의 문제로 이어진다. 교육과정의 역사는 전통주의와 진보주의, 교과와 경험 중 어디에 강조점을 두느냐에 따라 변천을 거듭해왔다. 교육과정은 두 개의 큰 흐름, 즉 전통적으로 지속되어 온 교과를 강조하는 입장과 그에 대한 비판으로 제기되어 온 경험을 강조하는 입장에 따라 정의되어 왔다고 볼 수 있다(이귀윤, 1996, 149). 특히 교과 중심 교육과정과 경험 중심 교육과정에 대해 많은 논의가 거듭되면서 교과냐, 경험이냐는 마치 대립하는 개념처럼 여겨지게 되었다. 경험 중심 교육과정이 교과 중심 교육과정에 대한 반발로 제기되면서 그 현상은 더욱 심화되었으며, 그 뒤로 학문 중심 교육과정은 교과 쪽에, 인간 중심 교육과정은 경험 쪽에 보다 무게를 두면서 그러한 대립의 연장선상에 있다고 볼 수 있다.

교과는 일반적으로 경험 중심 교육과정이라는 말이 나오기 전까지 교육내용을 가리키는 일반적 명칭, 즉 학교에서 가르치는 교육내용으로 사용되었음에 비하여, 그 이후에 '교과'라는 말은 그러한 일반적인 명칭으로서 뿐만 아니라 교과 중심 교육과정에서 말하는 교육내용, 즉 주제, 사실, 기능을 특수하게 지칭하는 말로도 사용되었다.

교과가 교육내용을 일반적으로 지칭하는 것과 동시에 학교에서 가르치던 주제나 사실, 기능을 특수하게 지칭하는 말로 사용되어왔다는 것은 적어도 경험 중심 교육과정이 대두되기 전까지는 교육과정이란 '교과서에 적혀 있는 내용'을 의미했다는 말이다.

경험 중심 교육과정은 교과를 기초로 하여 구성되는 것이 아니라, 학생들의 필요, 흥미, 태도 등을 기초로 하여 구성된다고 말하지만, 이러한 것을 기초로 하여 어떤 교육과정이 어떻게 구성되는지는 명확하지 못하기 때문에 교육내용의 의미를 규정하는 말로서의 교과와 경험은 두 가지 상이한 실체를 가리키는 말이라기보다는 동일한 실체를 가리키되, 그것을 상이한 관점에서 가리키는 말이라고 보아야 한다.

교과는 경험의 내용을 가리키며, 학생들은 교육을 받는 동안에 교과 이외의 것을 경험하는 것이 아니라 '교과를 경험' 하는 것이다. 교과 교육과정은 교과에서 시작하여 경험으로 끝나며, 경험 교육과정은 경험에서 시작하여 교과로 끝난다. 교육내용을 교과로 보는 것은 '교과 쪽에서' 학생들이 '경험 할' 내용을 보는 것이며, 교육의 내용을 경험이라고 보는 것은 '경험 쪽에서' 학생들이 '경험하는' 내용을 보는 것이다. 그러므로 '교과'와 '경험'은 동일한 내용을 각각 반대편에서 보는 관점(이홍우, 1980)을 나타내는 것이다.

따라서 교과와 경험이 대립하는 개념이 아니라 동일한 것에 대한 상대적 관점에서 보는 것이라 할 수 있기 때문에 그것을 하나로 보는 통합적 관점이 필요하며, 그러한 관점에서 교과교육학에 대해 접근하는 것이 필요하다.

2. 교과에 대한 객관주의와 상대주의

학교에서 무엇을 가르치느냐 하는 문제는 교과와 직결되는 문제이고 무엇을 가르치느냐와 관련하여 두 입장이 대립한다. 하나는 절대 진리를 인정하고 이와 관련된 내용을 가르쳐야 한다는 입장이고 다른 하나는 진리의 상대성을 인정하는 것이다(최정실, 1998). 모든 학문 분야와 우리의 삶을 구성하는 모든 면에 영향을 미치는 걱정거리가 하나 있는데 그것이 객관주의와 상대주의 대립이며, 이것은 합리성 대 비합리성, 객관성 대 주관성, 절대성 대 상대성 등 다양한 대조에 존재한다. 객관주의란 합리성이나 인식, 진리, 실재, 선, 옳음 등의 본성을 결정하는 데 궁극적으로 호소할 수 있는 영원하고 초역사적인 어떤 기반이나 구조 틀이 존재하며 존재해야 한다는 기본적인 확신을 의미한다. 반면에 상대주의는 합리성이나 진리, 실재 등 철학에서 다루어온 개념들 모두 특수한 개념적 도식이나 이론적인 구조 틀, 패러다임, 삶의 양식, 사회, 문화에 따라 상대적인 것으로 이해되어야 한다고 보는 것이다(Bernstein, 1983).

교과 역시 지식이나 진리를 객관적인 것으로 보느냐 상대적인 것으로 보느냐에 따라 접근방법이 달라진다. 상대주의는 최근 들어 특히 강하게 대두되고 있으며, 한국적인 교육 상황을 타고 열린교육이나 자기 주도적 학습, 구성주의 등의 이름으로 교육현장에 파고들고 있다. 이러한 상대주의에 대한 비판 중에 많은 것은 상대주의가 무질서와 혼돈에 빠지게 한다는 것이다. 모든 사태를 상대적으로 파악하여 대부분의 사람들이 상식적으로 보편적이라고 믿는 것까지도 그 보편성을 거부한다는 것은 옳지 않다는 것이다. 또 상대주의는 보편적인 진리체계와 보편적인 가치체계를 훼손하고 거부하여 사람들로 하여금 무엇이 옳고 그른지, 무엇이 가치 있고 없는지를 알지 못하게 하고 결과적으로 자의적이고 감각적인 취향에 따라 생각하고 행동하게 함으로써 사회적으로는 무정부 상태로, 개인적으로는 허무주의에 빠지게 한다는 것이다.

한편 학문적으로 가해지는 비판은 상대주의가 자기 모순적이라는 점이다. 상대주의가 성립하기 위해서는 '모든 주장이 상대적이라는 주장은 상대적이 아니라 보편적인 참이다'라는 전제가 성립되어야 한다. 그러나 보편적으로 참인 명제가 있을 수 없다는 상대주의적 관점에서 보면 '모든 주장은 상대적이다'라는 주장 또한 상대주의적인 견해에 지나지 않는 것이다.

상대주의가 교육에 적용될 때, 비판을 받는 것 역시 교육이 혼란과 무질서에 빠진다는 것이다. 교육이란 가치 있는 것, 옳은 것과 관계가 있는데, 객관주의의 입장에서 보면 가치의 우열, 진위의 여부를 판단할 수 없다는 상대주의의 견지에서는 교육 자체가 무의미한 것이다.

그러나 현대 사회의 변화는 카오스적이며, 상대주의가 이러한 카오스적인 과도기의 상황을 설명하고 진단하는 데 적절한 안목이 될 수 있기 때문에 그러한 비판에도 불구하고 교육에 많은 시사점을 주며, 특히 극단적인 학력 경쟁풍토, 엄청난 교육열병 등 한국적인 교육 상황에서는 더욱 그러하다. 현대 사회가 상대적인 상황과 상대주의 담론에 적합한 인간을 요구하므로 학교교육은 상대적 상황과 담론에 적합한 인간을 교육적 인간상으로 하지 않을 수 없고, 교육내용 또한 상대주의 담론을 고려하지 않을 수 없게 한다. 현재 교육현장에서 실천되고 있는 자기 주도적 학습이나 개별화 수업 등은 모두 상대주의적 관점이 반영된 것이다. 이것은 객관적 진리관에 의거한 폐쇄적 교수–학습의 지양과 대안적 교육의 가능성 탐색, 종적 수준에 따른 교과내용의 계열화로서의 교과구성이나 조직의 문제, 경험체계의 재구성으로서 성장경험에 대한 이해, 그리고 그러한 변증법적 성장을 가능하게 하는 교사와 학생의 촉진적 활동 등의 방향으로 교육이 나아가야 한다는 점을 강하게 시사한다고 볼 수 있는 것이다.

그동안 객관주의에서 제기하는 상대주의의 난점을 극복하기 위한 많은 접근들이 있었다. 그러한 접근들로는 듀이(Dewey)의 문제 해결식, 실용주의적인 접근, 번스타인(Bernstein)의 공동체 지향의 접근, 사회적 구성주의적 접근, 포퍼(Popper)나 허스트(Hirst) 등에 의한 합리성을 강조하는 접근, 어린이와 성인의 발달 수준이 다름에 따라 인식의 결과가 다르다는 교육발달론 등(육영해, 1998)을 들 수 있다.

그러나 이러한 상대주의 난점을 극복하려는 시도들 역시 한계를 가지고 있으며, 그 한계에는 서구 지성사의 이분법적 사고가 자리하고 있다. 이분법적 사고에서 생성된 객관주의와 상대주의의 대립적 관계는 이러한 이분법적 사고 틀 속에서는 해결하기 어렵다. 이분법적 틀 속에서 어떤 해결책이든 결국에는 두 대립의 역학구도 속에서 어느 한 쪽 측면으로 기울 수밖에 없기 때문이다. 이것은 동양의 하나이면서도 둘이며 둘이면서도 하나(一而二 二而一)라는 이분법적인 사고 틀을 넘어서는 관점에서 해결되어야 한다. 즉 상대주의는 객관주의와 무관한 것이 아니고 둘이면서도 하나인 관계이다.

현재 객관주의에 기초한 우리의 교육이 너무 많은 문제를 안고 있으며, 교육내용의 보편성, 학습결과 평가의 객관성에 대한 집착을 버리지 않으면 어떤 교육개혁도 성공하기 어렵다. 그러므로 상대주의적 관점을 진지하게 생각하고 그것을 교육이론과 실천에 받아들여야 한다. 동양의 음양사상에서처럼 상대주의 입장을 양의 위치에 두어 강조한다고 하여 객관주의의 입장이 완전히 배제되는 것이 아니다. 그때의 객관주의는 음의 위치에서 양의 위치에 있는 상대주의의 입장을 보조하고 보완하는 소극적 위치에 있을 따름이다.

교과교육은 교과의 내용을 절대적 진리로 가르치는 사태를 경계하고 교과내용의 상대성으로 보완하는 쪽으로 나아가야 한다. 교과의 가치는 고정된 것이 아니라 유동적인 것이므로 어떤 특정의 교과내용을 일방적으로 전달하는 것이 교과교육의 목적일 수 없다. 교과교육은 교과가 나타내는 가치를 습득하기 위한 활동에 못지않게 그러한 교과의 가치를 상대적인 것으로 보고 각 수준의 내용에 내포된 오류의 개선을 촉진하는 활동에 관심을 기울여야 하며, 그것은 학생들의 내적 동기에 의한 자기주도 학습과 개별화 수업 등에 의해 실천되는 것이다.

3. 교과의 내재적 가치와 외재적 가치

교과의 가치, 교과의 목적을 이야기하면서 내재적 가치가 많이 거론된다. 내재적(intrinsic) 가치라는 말은 아리스토텔레스가 비내재적(non-intrinsic) 가치와 구분한 이래 끊임없이 논의되고 있는 개념이다. 비내재적 가치, 또는 외재적 가치는 교육이 개인 생활에의 적응이나 사회 발전과 같은, 교육 이외의 다른 목표(즉, 외재적 목표)를 위한 수단으로 정당화된다는 것이다. 외재적 목표를 위한 수단으로 교육을 정당화할 때 일반적으로 '필요'라는 용어가 사용되고 있다. 이것은 교육의 목표가 개인적 및 사회적 필요를 충족시키는 수단이 된다는 데 있으며, 교육의 내용, 즉 교과는 이 목표에 비추어 정당화된다(이홍우, 1993, 157).

내재적이라는 말의 사전적 의미는 '안에 위치한', '사물의 본질적인 속성에 속하는' 등의 의미를 갖는다. 내재적 가치는 결과를 고려하지 않고 그 자체로서 가치 있는(홍은숙, 1991) 것이라고 말할 수 있다. 즉 활동양식에 내재된 가치라는 것이다. 내재적 가치는 문자 그대로 활동 안에 들어 있는 가치, 즉 활동 안에 붙박여 있어서 그 활동을 하지 않고는 얻을 수 없는 가치, 그 활동을 통해서만 경험되고 실현되며 그 활동에 참가하는 사람만이 그 탁월성을 판단할 수 있는 가치를 말한다. 이것은 교육의 가치나 목적을 교육 안에서 찾는 것이다. 즉 교육의 가치나 목적이 교육이나 교육받은 인간의 개념, 교육활동의 의미, 교과내용의 의미 속에 논리적으로 가정되어 있다(이홍우, 1986)고 보는 것이다.

예를 들어 바둑을 두는 경우 바둑에 특유한 가치인 특정한 종류의 분석적 기술, 전략적 상상력, 경쟁적 치밀성 등은 바둑을 둠으로써만 얻을 수 있는 바둑에 내재한 가치인 데 비하여, 우연히 상으로 정해진사탕 같은 것은 바둑을 두지 않고 다른 방법으로도 얻을 수 있는, 바둑 두는 일 바깥에 있는 "외재적" 가치라고 할 수 있다는 것이다. 외재적 가치는 본질적으로 승자와 패자가 존재하는 경쟁의 대상이다. 획득된 외재적 재화는 항상 특정인 소유이기 때문에 한 사람이 많이 가질수록 다른 사람이 가질 수 있는 분량은 줄어들게 된다. 외재적 가치는 사회적 지위나 부, 명예, 권력 등과 같은 것이다.

과학을 가르친다고 할 때, 과학 활동의 원래 목적은 과학의 세계를 보다 잘 이해하고 탐구하는 학문적인 것이겠지만, 과학교육에서의 관심은 과학이라는 교과를 통해 그것을 배우는 학생의 지력의 향상, 인격, 정서 등을 발달시키는 것이다. 따라서 "과학교육에 내재된 가치"는 과학의 비본질적 성격을 반영하는 동시에 배우는 사람의 성장에 도움이 되는 그러한 것이어야 한다. 과학교육에 내재된 가치로서 탁월한 탐구 기술을 습득하고, 관련된 지식 및 원리를 이해하고, 과학적 탐구에 요구되는 판단력을 가지는 등의 지적인, 그리고 실제적인 요소가 포함된다. 또한 과학을 탐구할 때의 재미, 만족도, 성취감과 열의, 사명감, 헌신 등 정서적이 측면도 포함된다고 할 수 있다.

교육을 앎 그 자체에 목적이 있으며 그 앎은 삶에 연결된다는 것이 내재적 가치를 강조한 것이다. 교과로서의 활동양식에 내재된 가치를 가르치는 경우 다음의 가치도 가르치게 된다고 본다. 첫째로 어떤 활동양식에 종사하든지 간에 궁극적으로 그것의 내재적 가치 때문에 그 일을 해야 한다는 것을 가르쳐야 한다. 둘째로 어떤 활동양식에 내재된 가치를 가르치는 일을 통해서, 모든 활동양식에는 각각 다른 종류의 가치가 내재된다는 사실을 깨닫고 다양한 가치와 삶의 방식을 존중하는 태도를 가질 수 있도록 가르쳐야 한다. 셋째로 내재적 가치는 그 활동에 참여하는 성원들에 의해 '공유된 가치'라는 특징을 가진다는 것이다.

Tyler식의 교육과정 모형은 목표모형으로 외적으로 결정된 목표에 따라 교육의 내용이 결정된다고 보는 관점이다. 특히 행동적 용어로 진술되는 목표는 그것을 왜 가르쳐야 하는가 하는 이유를 제시하지 못하게 된다.

그동안 우리의 교육이 지나치게 정치, 경제, 문화 발전의 수단으로만 위치 지워져 교육 자체의 발전에 소홀하게 된 것이 사실이다. 국가나 사회의 발전, 경제 발전에 필요하다고 생각되는 성취동기, 합리적 사고, 창의력, 독립성 등의 인간요인을 육성하는 방법을 찾는 교육이 강조되었던 것이 사실이고 그로 인해 많은 부작용이 있었다.

그러나 교육에서 내재적 가치만을 강조할 수는 없다. 교과를 배우는 이유가 '지식 추구 자체에의 헌신'에 있는 지와 '성찰하는 삶에 도움을 주는 데' 있는지를 구별(오병문·이지헌, 1987)해야 한다. 내재적 가치를 지식 추구 자체에의 헌신에 국한하면 극단적으로 학생 모두 학자를 길러내야 한다는 결론에 도달할 수도 있다. 교육이 학문과 진리의 추구에도 의미가 있는 일이지만, 개인의 계발과 자아의 실현, 사회의 발전도 강조되어야 한다. 물론 내재적 가치라는 말이 교육적 논의에서 너무 단순하고 확정적인 것으로 사용되는 데 주의를 환기해야 하고, 그것이 이론적 지식에 한정되어 쓰일 수 없다는 것을 인식해야 한다. 교과의 내재적 가치는 교과가 하나의 활동으로서 가지는 본질적 가치뿐만 아니라 그 교과를 통해서 학생이 배우게 되는 가치도 포함한다. 교과를 통해서 학생이 배우게 되는 가치는 원리의 이해뿐만 아니라 기술의 습득, 판단력의 제고, 인격의 함양, 정서의 발달, 안목의 형성 등 교육의 다양한 측면을 포함한다.

그렇다고 하더라도 교육은 어린이의 삶 속에서 이루어지며, 학생이 살고 있는 사회 속에서 이루어진다. 교육에서 내적 동기가 중요하지만, 엄연히 존재하는 외적 동기를 무시할 수 없듯이 내재적 가치만으로 교과는 성립하기 어렵다. 교과가 본질적으로만 정당화되면, 교육을 삶의 전체적 맥락에서 분리시키고 다른 제도적 부문으로부터 고립시키는 결과를 가져올 수 있다. 반면에 교과가 도구론적으로만 정당화되면, 교육이 그 본연의 가치에 관계없이 수단적으로만 고려되기 때문에, 교과의 운영이 교육 외적 목적에 따라 계획되고 조정되어 그것의 일관성을 잃어버릴 수가 있다(이돈희, 1994, 27-28).

현재의 초등학교에 영어가 교과로 들어오는 것은 영어의 내재적 가치 때문이라기보다는 오히려 다른 이유가 강했다고 할 수 있다. 교과는 학문적 필요만으로 성립되는 것이 아니라, 역사적, 사회적 상황에 의해서도 크게 영향을 받고 있다. 교과는 학문과 같은 하나만의 요인에 의해서 뿐만 아니라 사회, 문화, 역사와 같은 복합적인 요인에 의해서 성립되는 것이다(곽병선, 1987). 교과를 가르치는 가치 역시 그 안에 가지고 있는 가치만으로 정당화되기 어렵다.

4. 분리된 교과관과 통합된 교과관

학교에서는 대체로 학문의 구분에 따른 '교과목'들을 가르친다. 각각의 교과들은 그것이 다루는 분야가 다른 만큼, 그 분야의 특성에 따라 특정 부분의 인간발달에 더 영향을 미치는 것이 사실이다. 예를 들어 음악이나 미술 등의 예술교과는 과학이나 수학보다 인간의 정서 발달에 더 크게 영향을 미치고, 거꾸로 주지적 능력 발달에는 음악보다는 과학이나 수학이 더 큰 영향을 미친다. 이러한 사실로부터 교과를 선정하여 가르치는 일도 교육의 어느 한 측면에 편중되어서는 안 되고 다양한 측면을 골고루 가르칠 수 있도록 계획되어야 한다는 생각을 한다.

우리는 특히 학문 영역에서 축적된 사실 및 정보를 전달하는 "명제적 지식 교육"을 매우 강조해 왔다. 그러나 과학이라는 것은 단순한 명제적 체계가 아니다. 과학은 하나의 활동으로서 그것에는 정서, 덕, 인격, 기술 등 여러 가지 다양한 요소들이 내재해 있는 것이다. 따라서 과학을 가르치는 일도 단순히 명제를 가르치는 일에 그쳐서는 안 되고 그 이상으로 과학적 탐구활동의 다양한 요소들을 가르치는 일이 되어야 한다. 이러한 과학 교과 내의 다양한 측면들을 인정한다고 하더라도 그 요소들이 별도의 교과에서 가르쳐야 한다고 생각할지도 모른다.

즉 과학적 탐구활동에 필요한 덕목은 도덕교육에서, 과학발전의 역사적 자취 및 의미는 역사교육에서, 과학적 기술은 기술교육에서, 과학적 정열과 헌신은 정서교육에서 각각 교육시킨 후, 그것을 다시 종합해서 하나의 과학교육으로 재통합한다고 생각할 수 있다. 이러한 입장을 홍은숙(1994)은 교육의 다양한 측면들을 한 부분씩 덧붙여 감으로써 교육 전체를 완성하는 입장이라고 하여 '모자이크식 교육관'이라고 부른다.

교육에서 여러 교과를 골고루 가르칠 필요가 있다. 그러나 이것은 각 교과가 인간의 특정한 측면, 즉 지력, 정서, 가치판단, 기술 등의 여러 측면들을 전적으로 분담하여 계발해주기 때문이 아니다. 여러 교과들을 골고루 가르쳐야 한다는 것은 그 교과들이 인간의 다양한 경험과 활동을 반영하고 있기 때문이다. 교육을 통해 인간의 다양한 측면을 계발하기 위해서는 각 교과들을 가르치되 그 교과의 성격에 충실하게, 즉 하나의 사회적 인간 활동으로서 그 활동에 내재한 다양한 측면들을 고려하여 가르쳐야 한다. 교과는 인지, 정서, 가치, 기술 등 교육의 여러 측면들 중에서 다른 측면은 제거된 채 특정 측면들만을 가르치는 "순수화된 것"이 아니며 오히려 다양한 요소를 모두 포함하고 있는 것이다.

교과는 본질적으로 정적인 명제 체계의 집합이 아니라 하나의 "사회적 인간 활동"으로 인식되어야 하며 그와 같이 교과가 하나의 사회적 인간 활동으로 인식될 때 교육의 다양한 측면들이 조화 있게 고려될 수 있다. 사회적 인간 활동이라는 것은 사회적으로 성립된 협동적인 인간 활동을 수행하는 모종의 일관되고 복잡한 양식으로서 그 사회적 인간 활동에 적합한 탁월성의 기준이 있어서 그 활동의 의미를 부분적으로 규정하며, 탁월성의 기준을 성취하려고 시도하는 과정에서 그 활동의 내재적 가치가 실현되며, 그 결과로 탁월성을 추구하는 인간의 능력 및 그 활동의 목적과 가치에 대한 인간의 사고가 체계적으로 확장된다. 예를 들어 벽돌쌓기는 사회적 인간 활동이 아니지만 건축은 사회적 인간 활동의 하나이며, 무를 심는 것은 사회적 인간 활동이 아니지만, 농경은 사회적 인간 활동이다(Maclntyre, 1984).

그러므로 교과에 대해 통합된 시각으로 접근해야 하며 이러한 사회적 인간 활동이라는 준거로 통합될 수 있을 것이다. 교육의 초점이 사회적 인간 활동에 맞춰져야 한다는 것은 그 활동양식의 가치, 즉 유기적 관계를 맺고 있는 활동의 다양한 측면들을 가르쳐야 한다는 말이다. 즉 과학을 가르친다는 말은 단순히 과학적 명제 체계를 가르친다는 말이 아니라 과학이라는 학문적 탐구활동 자체, 그리고 그 활동에 수반되는 다양한 요소들을 균형 있게 관련지으며 가르쳐야 한다는 것이다. 그래서 교육은 명제 체계를 가르치는 것으로부터, 또 '지식교육', '정서교육' 등 논리적으로 구분된 개념으로부터 실제의 활동양식을 가르치는 일로 옮겨져야 한다.

교과는 다양한 요소들이 제거된 후 한 가지 요소만을 가르치는 순수한, 또는 단순한 것으로 간주되어서는 안 되며, 동적인 활동양식을 가르치는 것으로 이해하여 그 동적인 활동을 수행해 나가는 과정에 포함되는 다양한 요소들, 즉 활동에 내재한 가치들을 균형 있게 고려하여 가르치는 것이어야 한다. 결국 어떤 교과를 가르친다는 것은 그 활동이 가지는 독특한 가치를 알 수 있도록 가르친다는 것이며, 또한 그 활동양식이 요구하는 지식, 기술, 정서, 덕목, 판단력, 안목 등을 지닌, 그 활동을 통해서 길러지는 인격을 지닌 그러한 사람을 만들라는 뜻이다.

교과는 학습자에게서, 학습자의 삶 속에서 통합되어야 한다. 각 교과가 교과교육학의 정립을 위해 전문적인 노력과 연구에 힘써야 한다. 그러나 그것이 교과 이기주의로 귀결되거나 학생에게 각 교과를 분리시켜 가르치는 입장을 낳게 해서는 안 된다.

5. 교과의 수평적 구조와 수직적 구조

교과에는 수평적 관계와 수직적 관계가 있다. 교과 간의 수평적 관계에 대해 생각해보자. 일상적으로 쓰이는 말 가운데 '주요 교과'라는 말이 있는데 이것은 특정교과가 다른 교과에 비해 더 필요한 것이라는 의미도 있지만, 아예 가치비교 측면에서 더 우월한 것이라는 뜻을 담고 있기도 하다. 여기서 문제가 되는 것은 후자의 경우로 특정교과에 대한 가치선호는 대개 상황적 요구에 따른 자의적인 판단의 결과일 때가 많다. 누구에게나 가치가 있는 보편적인 교과는 있을 수 없다. 역사적으로나 사회적으로 중요하게 취급된 교과는 대체로 말하여 특정개인이나 집단이 그 가치를 두드러지게 인정하는 것일 뿐 그 중요성을 뒷받침하는 객관적 근거를 가지는 것은 아니기 때문이다(최성욱, 1996). 역사적으로 교과의 가치서열이 사회문화적 상황이나 철학적 배경에 따라 달라져왔다는 점이 이를 잘 보여주며 그것은 교과 간에 수평적인 측면에서의 가치는 평등하다고 할 수 있다.

교과의 수직적 관계는 어떤 교과이든 간에 하나의 교과 안에서 수준면에서 볼 때, 좀 더 상위의 내용과 좀 더 하위의 내용으로 구분할 수 있는 위계가 있다. 예를 들어 물리학의 경우 고전 물리학의 내용은 상대성이론보다는 하위의 것이고, 상대성 이론은 소립자 이론보다 하위의 것이다. 물론 소립자 이론보다 더 발전된 물리학 체계가 나올 가능성도 항상 열려 있다.

이처럼 교과의 내용은 어떤 수준의 것이든지 종적인 측면에서 상대적인 진리성을 갖는다. 교과는 가치 측면에서 횡적으로 평등하고 종적으로 차등하다. 종적으로 차등하다는 것은 진리라는 것이 고정된 어떤 실체이기보다는 경험구조와 수준이 변화하는 과정에서 가치 실현의 방향으로 재구성된다는 의미이다.

제5장 교과와 교육의 관계에 대한 비평적 분석

1. 기존 교과교육학 논의의 기본 가정

교과교육학을 논의하면서 교과와 교육의 만남에 대해 세 가지 오해가 있을 수 있다.

하나는 교과와 교육이 단순히 결합되어 있다고 생각하는 것이다. 교과는 교육과 무관하게 존재하고 교육은 교과와 또한 무관하게 존재해 왔는데 이 두 가지가 만난 것이 교과교육이므로 교과와 교육을 각각 얼마간 공부하면 교과를 충분히 가르칠 수 있다고 생각한 것이다.

다른 하나는 교과교육을 위해서는 내용인 교과를 알면 충분하다고 생각하는 것이다. 영어를 모르는 사람이 영어를 가르칠 수 없고, 영어를 잘 알수록 영어를 잘 가르칠 수 있듯이 교과를 잘 알면 가르치는 일은 별 문제가 없다고 생각한 것이다. 이러한 오해 때문에 한국의 교과교육은 지극히 자연스럽게 교과지식 위주의 교육이 되었고 학생을 각각 각 교과의 작은 학자를 만들려고 하였다.

또 다른 하나는 방법인 교육 쪽이 더 중요하다고 생각해 온 것이다. 교과교육의 내용은 이미 다 정해져 있으므로 중요한 것은 방법이라는 것이다. 가르치는 방법이 연구되고 세련되어야 교과교육이 발전하므로 교육학 이론을 그대로 각 교과교육에 도입하여 부지런히 따라가야 한다고 보는 것이다. 그 결과 각 교과교육은 교육이론을 실천하기 위하여 존재하는 것처럼 되었고 각 교과의 특수성은 간과되었다.

이 같은 오해는 대부분 다음과 같은 교과교육학에 대한 기본 가정

(최성욱, 1996, 118-120)에서 기인한다.

첫째, 교과교육학의 탐구대상인 교과교육은 교과와 교육이 만나서 이루어지는 중간 영역이라는 가정이다. 여기서 교과와 교육의 만남은 물리적 결합이 아니라 화학적 결합에 비유된다. 이것의 의미는 과와 교육이 서로의 고유한 성질을 잃지 않으면서 교과교육이라는 하나의 통합체 안에서 상호보완적으로 긴밀하게 협응한다는 뜻으로 풀이된다.

둘째는 교과가 교과교육의 내용이고, 교육은 교과교육의 방법이라는 가정이다. 이것은 교과교육에서 교과는 지식이나 기술 등 가치로운 경험의 체계를 의미하고 교육은 그러한 내용체계의 의미를 파악하기 위한 일련의 방법적 원리와 활동이라는 것이다. 교과교육학의 학문적 성격을 교과내용을 제외한 교육방법만을 다루는 것이라고 보는 경향은 사실 이러한 가정에 바탕은 둔 것이다. 교과가 내용이고 교육이 방법이라고 보는 것은 교과의 가치가 교육의 가치에 우선한다는 의미이다. 또 교과가 교과교육에서 다루는 내용이라는 말에는 교과가 교육의 과정을 통하여 구현해야 할 목적이 된다는 의미도 담겨져 있다. 이렇게 교과가 교육에 우선한다고 보는 관점에서는 교과교육의 본질을 교육이 아니라 교과의 성격과 가치에서 찾게 된다.

셋째로 교과교육학의 성격을 기초학문과 응용학문의 결합으로 보는 것이다. 교과교육학의 기초학문은 각 교과로 대표되는 교과내용학이고 응용학문은 그러한 교과내용을 가르치는 지식과 기술을 제공하는 교육학을 가리킨다. 여기서 볼 수 있듯이 교과교육학은 하나의 단일한 학문이 아니라 교과교육에 관련된 여러 학문들인 기초학문이나 교육학, 기타 인접학문 등이 함께 관여하는 일종의 종합학문으로 파악되고 있다. 또한 교과교육학은 그것이 산출하는 지식이 결국은 교과교육이라는 실천영역에 도움을 주고자 하기 때문에 실천 지향적 학문으로 규정된다. 이처럼 교과교육학은 기초학문과 응용학문의 결합, 학제적인 접근에 의한 종합학문, 교과교육을 개선하기 위한 실천 지향적 학문이라는 세 가지 특징을 지닌 것으로 바라본다.

이러한 세 가지 가정에 기초한 교과교육학의 학문적 구조는 그 탐구 대상인 교과교육 활동의 절차를 체계화하고, 그를 둘러싼 인접학문들과의 관련 양상을 밝히는 것으로 집약된다. 이것을 뒤집으면 교과교육에 관계된 제반 학문과의 관련을 토대로 그것이 교과교육의 실천에 어떤 식으로 관여하는지를 구체적으로 보여주기 위한 것이다.

이러한 관점에서 교과교육학의 초점은 일차적으로 교과교육의 목표, 내용, 방법은 무엇이며, 그것은 교과교육의 전체 맥락 안에서 서로 어떤 관계를 맺고 있느냐를 설명하는 합리적인 개념체제를 창출하는 데 집중된다. 교과교육학의 주된 과제는 교과를 잘 가르치는 데 필요한 내적·외적 조건을 명료화하고 그 이론적 기반을 마련하는 데 있다는 것이다. 이러한 방식으로 교과교육학의 학문적 구조를 제시하는 것은 교과교육의 실천을 겨냥한 폭넓은 이해에 필요한 논의 영역들을 개념화하는 일과 크게 다르지 않다.

그래서 이러한 관점에서 보면 교과교육학은 교과를 대표하는 학문들과 교육학을 토대로 하여 그들로부터 이론적 지원을 받는 학제 간 연구의 산물로서 성립한다고 할 수 있다. 여기서 교과를 대표하는 학문과 교육학은 각각 기초학문과 응용학문으로서 교과교육학을 성립시키는 기반을 제공하는 것으로 설명된다. 그리고 교과교육의 이해와 실천에 도움을 줄 수 있는 제반 학문들이 관련학문으로 참여한다. 이러한 바탕 위해 교과교육학은 기초학문으로서 교육내용의 바탕을 이루는 학문과 응용학문으로서의 교육학을 기초로 하는 하나의 실천 지향적 응용학문이면서, 동시에 그러한 응용과 관련된 인접학문들의 이론적 지원을 받는 종합학문으로 간주된다(이돈희 외, 1994, 16-21).

이렇게 되면 교과교육의 절차화를 핵심으로 하는 교과교육학의 구조는 이제까지 주로 교육과정 분야에서 주무적으로 해오던 이론적 작업과 중첩된다고 볼 수 있다. 허숙(1995, 237) 역시 교육과정의 개념을 '왜, 무엇을, 어떻게 가르칠 것인가?'란 질문에 대해 해답을 추구하는 학문으로 정의하고 있는 것처럼, 교육과정 분야에서는 대체로 '무엇을 어떻게 가르칠 것인가' 하는 문제를 중심으로 그러한 교육내용을 가르치는 이유에 이르기까지, 교과교육의 교육목표, 교육내용, 교육방법에 관한 체계적인 지식을 수립함으로써 그 실천을 처방하고 개선하려는 데 관심을 두어 왔기 때문이다.

지금까지의 교과교육학에 대한 접근에서 보이는 세 가지 기본 가정에 기초한 논의 전개는 그 자체가 교과교육학을 규정하는 하나의 입장을 나타내고 있지만, 교과교육학의 성격을 개념화하는 유일하고 궁극적인 방식이라고 말하기 어렵다. 교과교육학이 어떤 학문이며 그것이 탐구하는 대상의 속성을 무엇으로 규정하느냐 하는 데에는 다양한 관점과 접근방식이 있을 수 있는 것이다.

2. 교과와 교육에 대한 분리적 접근

그동안의 교과교육학에 대한 논의에서 문제가 되는 것은 교과교육학을 이루는 기본 구조로 '교과'와 '교육'을 분리시켜 그것을 결합하는 개념으로 설명하려고 했다는 점이다. 여기서 교과를 내용으로 보고, 교육을 방법으로 보아 논의를 전개하는 경우가 대부분이다. 교과교육학을 '교과내용론(what)'과 그것을 지도하는 '방법론(how)'이 체계적으로 융합된 영역(지금수 외, 1993)으로 보거나 '교육방법 중심적 교과교육학'과 '교육내용 중심적 교과교육학'을 나누어 설명(이돈희, 1998)하기도 한다.

교과와 교육의 결합, 또는 내용과 방법의 결합이 교과교육학이라는 관점에 대해 생각해보자. 여기서 교과와 교육의 만남이 물리적 결합이 아니라 일종의 화학적 결합을 가리킨다면 교과와 교육을 별개의 실체로 보고 따로 성격이나 구성방식을 다루는 것이다. 교과는 교과교육의 내용이고 교육은 교과교육의 방법이라고 가정함으로써, 마치 교과를 교육과 분리시켜 별도로 논의할 수 있는 것처럼 다루고 있다. 실제로 이제까지 교과교육학 연구에서는 교과내용의 가치에 초점을 맞춤으로써 교과의 가치를 실현하는 방법이 교과와는 따로 존재할 수 있는 것처럼 내용과 방법을 분리하는 접근방식을 견지해왔다.

교과와 교육은 개념적으로 구분할 수 있지만 두 가지가 별개의 독립적인 것으로 분리시켜 다루는 것은 곤란하다. 교과와 교육은 구 둘을 요소로 하여 성립하는 교과교육의 전체적인 맥락 안에서 논의되어야 하며, 그러한 맥락적 바탕을 떠나서는 제대로 그 성격을 파악하기 어려워진다. 그러므로 교과에 관한 논의를 위해서는 적어도 교육의 속성을 함께 고려해야 하며, 교육에 관한 논의 역시 교과의 성격을 동시에 고려하면서 이루어져야 한다. 기존의 교과교육학이 지닌 큰 난점 중의 하나는 이러한 교과와 교육의 관계를 고려하지 않은 채 양자를 별개로 논의했다는 것이다.

이처럼 교과와 교육, 내용과 방법을 분리시켜 논의하는 것은 그동안 교육학계에서 일반교육학과 교과내용학 사이에 있었던 뿌리 깊은 골에서 기인한다고 할 수 있다. 일반교육학자들은 교육 쪽을, 각 학문에서 출발한 교과내용학자들은 교과내용 쪽을 강조하면서 각각의 입장에서 교과교육학을 바라보려고 한다. 그리고 교과교육 전문학자라 하더라도 이 둘을 분리시킨 다음 다시 결합하는 형태로 교과교육학을 논의하려고 하는 것이다.

교과교육은 교육을 통하여 교과를 매개하는 과정이다. 그것은 매개하는 것과 매개되는 것으로 나눌 수 있다. 여기서 교과와 교육은 각각 매개되는 대상과 매개하는 활동에 해당한다. 그리고 교과와 교육은 서로 다른 한쪽의 역할을 대신할 수 없다는 점에서 고유한 개념적 실체로서 파악할 수 있다. 교과교육은 맥락을 떠나서는 교과로 존재하지 못한다. 어떤 경험의 체계를 우리가 교과라고 부르는 것은 적어도 교육적인 상황을 염두에 두든지, 아니면 교육하는 장면에 투입할 수 있는 형태로 변형을 가한 것에 국한된다.

우리는 매개하는 과정인 교육과 매개되는 내용인 교과가 같은 것이 아니라면 적어도 양자를 동일시하거나 혼동해서는 안 된다. 교육과 경험이 서로 다른 구조와 속성을 지닌 것이라는 전제하에 양자 관계를 논의해야 한다. 이러한 관점에서 양자의 관계를 살펴보면 어떤 쪽을 중요하게 보느냐에 따라 수단과 목적의 위치는 전혀 달라진다. 경험 쪽을 중시하면 교육은 수단이 되고, 교육을 중시하면 경험은 그 수단이 된다.

우리는 흔히 교육이 교과를 전달하는 수단이 된다는 관점에 익숙해 있다. 그리하여 교과를 효과적으로 전달하고 습득하는 방법을 개발하는 데 혼신의 관심과 노력을 기울인다. 교육을 교과전달의 수단으로 파악하는 이러한 관점은 우리의 논의에 비추어보면 다소간 일방적이고 편협적이다. 이것은 가르칠 내용은 정해져 있고 그것을 어떻게 효과적으로 전달하느냐에 중점을 두는 것이다. 가르칠 내용이 정해져 있다는 것은 교과를 이루는 학문이 고유한 것으로 존재하고 교육은 그것을 전달해주면 된다는 것이다.

교과교육은 '교과를 목적으로 하는 교육'이라는 뜻으로 받아들여 질 뿐, '교과를 가지고 하는 교육'으로는 해석되지 않는다. 교육이라고 할 때 그것은 항상 방법이라는 굴레를 쓰고 있어 독자적인 교육성에 대해 거의 주목하지 않는다. 교과를 가지고 하는 교육에서는 교과의 다양한 경험을 가르치고 배우는 데 필요한 것으로서 활용한다는 것을 강조한다. 이는 어떤 소재를 가지고 예술을 하느냐하는 문제와 비슷하다. 예술 활동이 목적일 때 음악이나 미술, 무용, 연극 등의 소재는 수단이 된다. 일반적으로 기존의 교과교육학에서는 교과내용과 그것을 전달하는 교육 부분을 엄밀히 구별하여 다룬 것으로 알려져 있다. 그런데 보다 엄격히 말하면 그 논의에서는 교과의 내용 자체를 다루기보다는 내용을 다루는 절차에 치중하였고 또한 행위의 원리로서의 교육을 밝히는 것이 아니라 방법으로서의 교육을 처방하려는 데 더 큰 관심을 기울였다.

교육은 교과에 부속되기 이전에 가르치고 배우는 행위의 원리와 이유를 가지고 그에 맞는 교과의 조건을 제시하는 등 나름의 질서와 원칙에 따라 전개되는 활동 영역이다. 그래서 교육은 그 자체로 교과교육의 성격과 방향을 결정하는 데 있어 교과내용이나 교과의 배경을 이루는 설명적 영역과는 다른 역할과 작용을 한다고 할 수 있다. 발전하는 사회에서 '지식의 조직'은 변해야 하고, 그 변화에 적응하고 공헌할 수 있는 학생들을 육성해야 한다. 교육이 이에 대응하기 위해서는 '융통성'을 갖추어야 하고 발전과 변화에 개방적이어야 하며, 필요한 구조적 변화에 적응해야 한다(강신웅, 1987). 그러기 위해서는 교과교육학에 대한 논의 역시 기존의 각 학자가 처한 입장에서 출발하여 교과와 교육을 분리시켜 논의하는 것을 지양해야 한다.

대부분의 일반교육학자들의 전공의식은 교육과정, 교육사, 교육철학, 교육심리학, 교육사회학, 교육행정학 중의 하나를 언급하는 것이 주된 경향이다. 이것은 교육학이 타학문에 종속되어 있음을 단적으로 나타내주는 것이며, 그것에 따른 구획성은 교육연구의 발전에 큰 장애가 되고 있다(이돈희, 1991). 이는 교육학의 심리학이나 철학, 사회학 등 인접학문이 인접성보다는 종속성이 그 본질적 특성인양 인식하는 경향이 강한 것이다. 학교의 문제를 해결한다는 실제적이고 급박한 상황에 대하여 아무 저항 없이 교육학에 다른 학문이 유입되고 있다(장상호, 1986). 그래서 교육학 자체의 정체성에 대한 논란까지 제기되고 있다. 교육학을 상식적 학문이라거나, 종합학문적 성격이 강한 학문이라거나, '잡동사니' 같다고 하는 것이나 모두 이러한 현상의 다른 표현에 불과하다(황정규, 1991). 그리고 교과내용학을 주로 다루는 학자들은 교과내용을 이루는 기존 학문을 강하게 고수하면서 그것을 어떻게 하면 효과적으로 전달하느냐 하는 것이 교과교육학의 핵심적인 기능인 것으로 바라본다.

'교육학 일반'의 관점과 '교과교육'의 특수한 영역을 고려한다면 양자의 성격이나 운영방법에 있어서 현실적으로 큰 차이가 존재하고 있지만, 양자를 밀접하게 연계시키는 일은 끝없이 계속해가야 할 우리 자신의 갈등이요, 짊어지고 나아가야 할 과제이다(강신웅, 1993). 교과전문가가 교육학의 경지를, 그리고 교육학자와 교육 종사자가 교과의 경지를 이해하지 못한다면 이로 인하여 이질감을 축소하기 어려울 것이며, 교과교육의 발전도 기대할 수 없을 것이다. 그리고 그렇게 분리하여 접근하는 어떤 결론도 결국에는 교과나 교육 어느 하나의 입장을 상대적으로 옹호하는 쪽으로 내려질 수 가능성이 많다.

3. 교과교육학에 대한 대안적 접근

교과와 교육은 많이 안다는 문제와 잘 가르친다는 문제와 관련되어 있다. 이는 어떤 지식을 많이 그리고 깊이 안다는 것과 그것을 이해할 수 있도록 잘 가르친다는 문제이다. 많이 알고 잘 가르칠 수 있다면 좋은 일이겠지만, 문제는 많이 안다고 반드시 잘 가르칠 수 있는가 하는 데 있다(정태범, 1985, 4).

교과는 어떤 고정된 실체의 이름이 아니라 각급 학교의 교육과정에서 수업과 학습을 위한 활동 영역의 단위를 가리키는 말이다. 교육받는 개체적 측면에서 볼 때, 교과는 성장의 영역을 기본적으로 범주화하는 것이다. 성장과 함께 생활반경이 확대됨에 따라서 전체 교과체제의 세계도 확대되며 성장의 수준에 따라서 교과의 조직도 분화되고 또한 심화된다. 그동안의 교과교육학 연구에서는 교육을 통하여 가르치고 배우는 내용 자체에 대한 이해보다는 그것을 지도하는 방법과 절차를 마련하는 데 더 노력을 기울여 왔다. 교과교육에서 다루어지는 내용은 해당 학문이나 경험세계의 고유한 영역에 속한 것이므로 교과교육학에서 다룰 일차적인 과제와는 거리가 먼 것으로 여겼던 것이다. 그래서 교과교육학은 교과를 가르치는 방법으로서의 교수활동에 관한 제반 절차와 프로그램을 처방하는 데 중점을 두어 교과교육학을 교수법을 중심으로 하는 좁은 영역에 국한시켰으며, 그에 따라 교육의 존재의의는 교과의 중요성을 드러내고 전달하는 수단적 활동이라는 점에서 찾아야 한다고 보았다.

그러나 교육을 내용으로서의 교과에 부속된 방법적 수단으로 간주하는 이러한 관점은 교과교육학의 전반적인 특징을 이해하는 방식으로서는 분명 한쪽으로 치우친 접근방식을 보여주고 있다. 왜냐하면 교과교육학의 탐구대상인 교과교육에는 그 성격을 어떤 식으로 규정하든 간에 교육내용으로서의 교과와 함께, 교육내용의 전달, 습득에 관련된 교육이라는 행위가 관여하고 있기 때문이다. 교육은 교사와 학생 사이에서 교과를 매개하는 교량적인 역할을 하는 것으로 당연히 생각하지만, 이것은 어디까지나 교과내용을 우선 시하는 관점에서 비롯된 사고방식이다.

교과교육학에서는 교과도 고려되어야 하고 교육도 고려되어야 한다. 교과교육 상황에서는 어느 경우에나 교과내용의 선정, 조직, 구성, 전개 자체가 늘 교육의 논리에 맞도록 통제와 변형을 거치면서 이루어지기 때문이다. 즉, 교육은 교과의 가치를 전달하는 방법이기 이전에 어떤 것이 교과가 될 수 있으며, 교과가 되기 위해서는 어떤 조건을 갖추어야 하는지를 결정하는 한 가지 중요한 요인인 것이다. 교과교육의 상황에서 교과는 그 자체로서 가치를 지니는 것이 아니라 그것을 대하는 사람과의 관련에 의해서만 비로소 그 가치가 발생한다. 이렇게 볼 때 교육의 맥락을 충분히 고려하지 않은 채 교과내용의 가치에만 치우쳐 교육을 단지 방법적인 것으로 다루는 기존의 교과교육학은 재검토가 필요하다고 할 수 있다.

우리가 여기서 분명히 해야 할 점은 교과와 교육이 사실적인 맥락에서 별개의 실체로 분리될 수 있는 것이 아니라는 점이다. 교과와 교육은 항시 교과교육 안에서 결합된 형태로 존재한다. 교과라는 말 자체는 교육의 맥락 안에서 다루어지는 경험이라는 뜻이고 또한 어떤 형태로든 교육은 항상 어떤 교과내용을 전제로 하고 있다. 때문에 교과와 교육은 개념적인 구분에 의하여 그 고유성을 파악할 수 있을 뿐 원래부터 따로 존재하는 것을 모아놓은 것이 아니라는 의미이다. 이것은 교과교육이 교과와 교육의 만남이라는 말이 의미상 교과교육 상황으로부터 거꾸로 교과와 교육을 각각 개념적으로 분리해 낸 다음, 그 둘을 다시 개념적으로 결합시킨 상태를 표현한 것으로 보아야 한다.

교과교육을 정상화시키기 위해서는 교과나 교육의 어느 하나를 강조하거나 단순한 결합으로 보는 피상적 관점을 떠나서 각 교과교육의 본질 자체를 찾는 노력이 절실하다. 예를 들어 국어교육은 국어와 교육이 각자 자기만을 주장하면서 대립하고 있는 것이 아니라 서로 융합하면서 존재한다. 국어학이나 문학학 등이 무한정으로 국어교육에 들어오지 않는다. 국어교육에서 보아 필요한 것들이 선택적으로 들어오며 들어온 내용들은 국어교육이라는 관점에서 계열화된다. 또 교육이론이 무작정 수용되는 것이 아니라 국어라고 하는 내용의 규율을 받는다. 즉 국어사용학, 국어학, 문학학 등이 방법으로서의 교육학과 어울려 각각의 독자적인 체계들을 버리고 서로 융합되게 된다.

교과교육은 교과와 교육 사이의 상호관계로써 이루어지는 하나의 전체이다. 교과의 교육은 교과교육이라는 전체 맥락 안에서 관계를 이루고 있다. 이것은 교과와 교육이 상호 동등한 위치에서 서로 영향을 주고받는다는 것을 의미한다. 그러므로 교과는 한편으로 보면 교육을 수단으로 삼아 그 가치를 전달시키는 것이기도 하지만, 다른 한편으로는 교육활동을 위해 수단으로 사용되는 것이기도 하다. 그러나 교과와 교육, 또는 내용과 방법이 서로 분리되는 것이 아니다. 우리의 관념 속에서 구분되는 것이며, 이러한 구분도 교과교육학에 대한 체계를 잡고 논의를 보다 풍부하게 하기 위한 목적이 아니면 하지 않는 것이 좋다. 현장에서 이루어지고 있는 교과교육 그 자체를 하나의 전체로 바라보고 그것을 어떻게 체계화시키고 정립시키며, 그 활동을 돕느냐에 모든 연구와 논의 초점이 모아져야 한다. 교과교육학을 하나의 전체로 바라보기 위해서는 현장에서 이루어지고 있는 교과교육의 실재를 규명하는 데서 출발해야 하며, 교과가 따로 있고 교육이나 방법이 따로 있어 그것을 결합하려는 노력으로 교과교육학을 바라보아서는 안 된다.

그동안 논의는 대부분 논의자가 교육학 일반과 주로 관련되어 있느냐, 교과교육학과 주로 관련되어 있느냐에 따라 논지가 결정되었음을 부인하기 어렵다. 교과교육의 당위성을 인정하면서도 실제로는 마음속으로 잘 받아들이지 않는 경우든, 교과 자체의 특성을 잘 파악하지 못한 상태에서 교과교육의 필요성이나 특수성을 주장하는 것 모두 자가당착이다. 그러나 본질적인 통찰을 가미한다면, 교과 영역과 교육학의 비중에 문제가 있는 것이 아니라 양자의 특성이 서로 어떻게 반영되고, 동화되느냐에 달려 있다고 보아야 한다. 교과 영역이 포괄하고 있는 내용과 교육학이 제공하는 방법의 일치야말로 교과교육이 발전할 수 있는 교량 역할을 하는 것이다(강신웅, 1993). 내용과 방법은 분리되어 있는 것이 아니라 하나의 같은 맥락이며, 동일체 속에서 단지 관념적으로 구분할 수 있는 것이다.

교과교육학을 교과와 교육, 내용과 방법으로 분리시켜 논의하는 데 크게 기여한 다른 원인 중의 하나는 '무엇을'과 '어떻게'에는 관심을 기울이면서 '왜'라는 질문은 하지 않는 데에 있다. 교과교육학을 왜, 무엇을, 어떻게 가르칠 것인가를 체계적으로 설명하는 학문이라고 할 때, 여기서 '무엇을(내용 또는 교과)'과 '어떻게(교육 또는 방법)'에 관심을 기울이면서도 '왜'라는 질문은 거의 던지지 않았던 것이다(전성수, 1996a, 56-60). '무엇을'과 '어떻게'는 '왜'라는 질문이 선결된 다음에 던질 수 있는 질문이다. '무엇을'과 '어떻게'는 '왜'라는 질문의 통제를 받아야 하며, 왜라는 질문의 통제가 하나의 전체로 존재할 수 있는 교과교육학의 가능성을 강하게 시사한다고 볼 수 있다.

또 다른 중요한 한 가지는 기존의 교과교육학 연구가 교과의 내용적 구성 측면에서는 비교적 많은 관심을 기울여 온 반면, 그러한 내용의 형성이나 발전과 관련한 역사적, 사회적, 철학적 측면 등에 대해서는 상대적으로 매우 소홀히 취급해 온 것이 사실이다. 그동안 교과교육학에 대한 연구에서 교과를 폭넓게 이해하고자 할 때 수렴해야 할 다양한 이해의 맥락들, 즉 역사적, 철학적, 사회과학적 맥락 등의 측면을 간과해왔다고 할 수 있다. 이러한 교과의 배경에 대한 다양한 이해의 필요성은 교과교육학이 실천 지향적 학문이라는 점을 전제로 하는 것이며, 이것은 교사의 활동에 필요한 조건을 가능한 대로 제시하고 논의하는 것을 교과교육학의 한 가지 역할임을 말하는 것이다. 교과교육학의 논의 영역에 교과의 배경에 관련된 이해의 영역을 포함시킬 필요가 있으며, 교과와 교육의 관련 및 교과의 배경에 대한 이해가 필요하다는 이상의 논의를 받아들일 경우, 교과교육학의 논의 범위는 상당히 확장될 것이다.

교과교육학의 구조를 탐색한다고 할 때 그것은 교과교육의 개별적 양상과 일반적인 특징을 포괄하되, 특별히 개별 교과와 교육, 그리고 교과 일반과 교육 간의 내적 관련을 기술하는 것을 핵심으로 한다. 교과교육학의 구조는 이 점에서 교과교육 현상의 이면에 해당하는 교과와 교육 간의 공립적 관계양상, 즉 상호유기적 관련성을 강조해야 한다. 그러나 가르칠 내용은 선택이 되어야 하며 선택은 교육적 요구에 따라야 한다. 즉 가르칠 내용이 체계화되어 학문으로 존재하는 것을 전달하는 것이 교과교육이 아니라, 교과를 이루는 학문에서 가르칠 내용을 교육적 관점으로 선택하여 체계화시키는 것이다. 그 선택은 '왜' 라는 질문에서 이루어진다. 기존 학문의 지식을 그대로 전달하는 것이 아니라, 왜 그 내용이 교육되어야 하는 질문에 의해 교과내용으로 선택되는 것이며, 그 선택이 교과교육학의 독자성을 가능하게 한다고 볼 수 있다.

현대에 들어 우리를 둘러싸고 있는 모든 것들이 급격하게 변하고 있다. 교육과 교과교육학 역시 지금까지와 다른 새로운 패러다임을 요구하며 그러한 새로운 패러다임은 새로운 시각에 의한 지속적인 연구가 있지 않고서는 불가능하다. 지금까지와 같이 학교에서 주로 지식을 전달하던 기능은 더 이상 의미를 지니기가 어렵게 된다. 지식에 관한 한 학교가 할 일은 지식을 평가하고 선택하고 조직하고 응용하고 새롭게 개발하는 것에 관한 것이어야 한다. 과거에는 학교가 지식의 전달에 많은 시간을 보내야 했지만, 이제는 그러한 일의 많은 부분을 컴퓨터를 비롯한 멀티미디어의 체제에 맡겨도 된다. 그리고 학교와 교사는 오히려 그동안 실천하기 어려웠던 일, 사회성, 도덕성, 예술성 등을 키우는 경험의 장을 제공할 수 있는 여유를 가질 수 있다.

또한 교육학의 종합학문적 성격 역시 오히려 현대의 불확실성의 시대에 교육학의 발전을 자극할 수 있는 긍정적 토양이 될 수 있다. 다른 사회과학도 정도의 차이, 성질의 이질성은 존재하겠지만 이러한 내포의 포괄성, 혼잡성은 존재하기 마련이다. 오히려 교육학의 종합학문적 성격은 현대 학문이 자연과학을 포함하여 거대이론을 정립하려는 방향에로의 패러다임의 혁신을 시도하고 있음에 비추어 긍정적 현상으로 받아들일 수 있는 것이다. 교과교육학은 종합적이고 다학문적인 성격을 지니고 있어서 그 속에는 과학적, 인문과학적, 사회과학적 성격이 편재되어 있다. 따라서 '교과교육학'을 연구할 때는 교과와 교육,

교과내용을 형성하는 학문들과의 긴장된 조화를 추구할 필요가 있다.

교과교육학에 대해 논의할 때는 왜 교과교육학인가에 대한 대답을 분명히 하고, 관련된 개념들에 대해 관점을 정리하는 것이 필요하다. 그러한 관련된 개념들로는 교과와 경험의 관계, 교과의 지식에 대한 객관주의와 상대주의, 내재적 가치와 외재적 가치, 분리된 교과관과 통합된 교과관, 교과의 수직·수평적 구조 등을 들 수 있다. 그동안 교과와 경험, 객관주의와 상대주의, 내재적 가치와 외재적 가치를 분리시켜 논의하는 경우가 많았으나, 그것은 교육현장에서 이루어지는 교과교육의 실제 안에서 통합될 수 있을 것이다.

교과교육학에 대한 논의를 하면서 교과와 교육, 또는 내용과 방법을 분리시켜 논의할 수 있는 성질이 아니다. 교과교육학이 교육학에서 연구된 것을 참고할 수 있고, 교과내용학에서 연구되고 발전된 것을 받아들일 수 있다. 그러나 그것은 교과교육학의 전체적 맥락 속에서 정당화되고, 그 필요성과 타당성이 입증되는 절차를 거치게 된다. 연구를 통해 검토를 거치면서 그런 내용이나 방법은 교과교육학 안에서 새롭게 태어나는 것이라 할 수 있다. 교과교육의 전체 맥락 안에서 교과와 교육은 상대적인 자율성을 지니며 상호 대등한 입장에서 영향을 주고받는 가운데 교과교육을 성립시키는 것이다. 교과교육에서는 교과의 가치와 교육의 가치가 공립하며 단지 그 가운데 어느 쪽을 중심으로 삼느냐에 따라 교과교육의 양상이 달라질 수 있다. 교과교육을 통해 추구해야 할 가치는 교과내용에 담겨 있고, 또한 그것이 유일한 가치인 것처럼 여겨왔지만, 교육의 경우도 응분의 가치주장이 가능하다.

교육을 중시하는 입장에서 교과는 교육을 위한 도구이자 수단이다. 교과의 가치를 앞세우는 것이 아니라 교육의 가치를 앞세워 교육의 가치 실현에 적합한 교과의 기능과 구성은 어떤 것인지를 밝히는 것이다. 반면 교과를 중시하는 입장에서 교과의 중요성을 위해 교육의 힘을 어떻게 사용하느냐 하는 것이 논의의 주된 목적이 된다. 이 경우에 교육의 생리와 속성을 잘 이해하여 그 기능을 잘 활용하는 것이 필요하다. 이러한 관점에서 교과를 중시하느냐, 교육을 중시하느냐는 모두 교육과 교과에 대한 기본적인 이해의 바탕 위에 성립하는 것이며 다만 그 가운데 어떤 것을 본위로 삼느냐의 차이일 뿐이다. 이 두 입장은 교과교육을 서로 다른 측면에서 조명해 줌으로써 교과교육의 전체 맥락을 보다 풍부하게 해준다고 할 수 있다. 이것은 서로가 그 나름의 자율적인 경계를 유지하기 위한 상호 배타적인 관심에 기초하여 특유의 문제의식을 날카롭게 할 때에만 가능하다. 그리고 그러한 논의는 결국 교과교육의 실제 안에서 하나의 전체가 되어야 한다(최성욱, 1996, 141-144). 교과의 내용적인 측면이든 교육의 방법적인 측면이든 모두 교육의 실제를 위해 존재하기 때문이다.

지금까지 살펴본 교과교육학에서의 논쟁점들에 대한 분석에서 먼저 시사 받아야 할 점은 교과교육을 그 자체로, 실제로 일어나고 있는 현상 자체로 바라보아야 한다는 점이다. 교과교육과 관련된 개념들이나 현상들을 분리시켜 논하게 되면, 더더구나 거기에 연구자가 처한 현실적 이해관계가 개입되면 전혀 비본질적인 논의가 되어버리게 된다. 즉 교과와 경험을 분리하고, 교과에 대한 객관적 진리와 상대적 진리를 분리하고, 교과의 각각의 기능을 분리하고, 교과의 내재적 가치와 외재적 가치를 분리하고, 교과들을 횡적으로 차등화 시켜 분리하는 것은 교과교육학을 정립하는 데 도움이 되지 않는다(강신웅·전성수, 1998b, 286). 물론 교과교육학에 대한 논의를 풍부하게 하고 명료화하게 하기 위해 개념들을 구분하여 분석하고 의미를 조명하는 것은 필요한 일이다. 그러나 분리와 구분은 다른 것이다. 분리는 물에서 수소와 산소를 분리해내는 것처럼 완전히 나누는 것이다. 구분은 실제적으로 나누어지지 않는 것을 머릿속에서 관념적으로 나누어보는 것을 의미한다.

특히 교과교육학에서 교과와 교육을 분리하여 내용이 중요한가, 방법이 중요한가, 교육학이 우선인가, 교과내용학이 우선인가 등의 논의를 전개하는 것은 실제적인 교육에 도움이 되지 않는다. 교사나 학생에게 교과와 교육, 또는 교육내용과 방법은 이미 분리할 수 없는 하나이다. 교과교육이 이루어지는 현장 속에서는 통합된 하나의 현상으로 교과교육 활동이 이루어지고 있다. 교과교육학은 그 통합된 실제적 현상을 어떻게 체계화하느냐에 초점을 맞추어야 한다.

제6장 교과교육학의 체계

1. 교과교육학의 체계에 대한 여러 견해

교과교육학의 구성이나 체계에 대해 논의는 그동안 그렇게 많이 이루어지지 않았다. 정태범(1985, 3-15)은 교과교육학이 포함해야 할 구성 내용으로 다섯 가지를 들고 있다. 그것은 교과목표론, 교과의 내용구조, 교과교수론, 교과교재론, 교과평가론이다.

교과목표론은 교육을 왜 받아야 하느냐에 대한 해답을 추구하는 것으로, 이를 교과 면에서 본다면 교과를 왜 배워야 하느냐와 관련된 것이다. 다시 말해 교육목표론은 왜 어떤 목적으로 교과의 지식을 학습해야 하는가에 대한 내용을 포함한다.

교과의 내용구조는 교과의 내용을 선정하고 선정된 교과의 지식이 구조화되도록 교과내용을 조직하는 것을 말한다. 설정된 교과목표를 통하여 교과의 내용을 선정하고, 이때에 학습자의 지적 수준, 사회문화적 요청 및 현존하는 교과지식 등을 기반으로 교과의 수준과 양을 적절히 선정하게 된다.

교과교수론은 가르칠 내용이 선정된 다음 이 내용을 어떻게 가르칠 것인가 하는 방법을 찾는 것이다. 가르치는 방법은 교과내용에 따라 달라지며, 교과내용과 연결되는 교수이론의 요체는 학습자의 동기를 높이고, 학습자의 능력 수준에 맞게 교과의 지식을 잘 전달하여 교수-학습의 결과가 잘 나타나도록 하는 것이다.

교과교재론은 교과내용에 따라 가르칠 방법이 결정된 다음 그것을 가르칠 교재를 구성하는 것이다. 교재론의 중심적 과제는 선정된 교과내용을 잘 가르칠 수 있도록 어떻게 체계적으로 조직하느냐의 문제이다.

교과평가론은 교과목표에 따라 그 내용을 선정·조직하여 그것을 교재화하고, 그 교재에 의하여 가르친 결과 소기의 목표에 도달했는지를 확인하는 평가의 과정이다. 즉 교과평가론은 교과교육에서 바라는 바의 목표가 성취되었는가를 확인하는 것이다.

김병성 등(1994)도 정태범이 제시한 교과교육 체계를 그대로 따르고 있다.

각과교육학의 경우 윤희원(이돈희 외, 1994, 58-62)은 정태범의 견해를 그대로 국어교육학에 수용하여 '국어과목표론, 국어과 내용구조론, 국어과교수론, 국어과교재론, 국어과평가론'으로 나누고 있다. 또 권오랑(이돈희 외, 1994, 121)은 영어교육학의 영역을 '영어학습론, 영어교수론, 영어교재론, 영어교육평가론, 영어교육 연구방법론, 영어교육행정론'으로 구분하고 있다. 백석윤(1994, 62-65)은 수학교육학의 체제로 '수학교육의 목적적 측면, 수학교육의 내용적 측면, 수학교육의 방법적 측면, 수학교육의 평가적 측면'으로 나누고 있다.

이러한 구분들은 대부분 Tyler(1949)의 목표－내용선정－내용조직－평가의 순차적인 모형에 그 기초를 두고 있다고 할 수 있다.

이러한 Tyler의 접근에서 가장 문제되는 것은 가르치는 입장을 주로 고려한 과점이라는 것이다. 이미 존재한 내용 중에서 가르치고자 하는 목적에 부합한 것을 선정하여 조직하고, 그것을 평가하는 순차적 과정으로 교육을 보는 것이다. 앞에서 교과교육학의 개념에서 살펴본 것처럼 교과교육학은 가르치는 문제뿐 아니라 배우는 학습자도 중요한 문제이며, 교과교육학의 체계 역시 가르치는 입장뿐 아니라 배우는 입장이 고려되어야 하며, 교과를 교육하는 것과 관련된 제반 연구 활동이 포함되어야 한다. 그러한 제반 연구 활동 속에는 교과에 대한 역사적, 철학적, 사회문화적 연구, 그리고 교과학습과 관련된 인간의 심리적·기능적 발달에 대한 연구와 교과의 생활 관련적 이해를 위한 연구, 그리고 개별 교과와 타 교과와의 관계에 관한 연구 등이 포함된다

(이돈희, 박순경, 박소영, 1997, 70-71). 그러나 그렇다고 해서 모든 연구 영역을 교과교육학의 체계 속에 포함시키기는 어려움이 있다. 그러므로 교과교육학의 핵심적인 체계가 필요하며, 그 핵심적이고 기본적인 체계부터 진지한 연구가 필요하다고 할 수 있다.

그러한 측면에서 지금까지 교과교육학의 체계로 논의되었던, '왜', '무엇을', '어떻게'의 문제 외에, '언제 교육내용과 학습자가 만나게 할 것인가?', '누구에게 교육할 것인가?'의 문제와 교과교육과 관련된 제반 문제를 검토하여 그 방향을 설정하는 문제가 기본적으로 포함되는 것이 필요하다. 그러므로 교과교육학이 학문으로서 체계를 잡기 위해서는 기본적으로 최소한 다섯 가지의 조건이 충족되어야 한다. 그 다섯 가지란 '왜, 무엇을, 언제, 어떻게, 어떤 방향으로'에 대해 답을 하는 것을 말한다. 그 다섯 가지의 기본적인 질문은 다음과 같다.

① 왜 그 교과를 교육해야 하는가?

② 그 교과에서 무엇을 교육해야 하는가?

③ 그 교과의 내용을 어떤 대상에게 언제 교육할 것인가?

④ 그 교과를 어떻게 교육할 것인가?

⑤ 그 교과를 어떻게 평가하고 어떤 방향을 지향할 것인가?

2. 교과교육 목적론

첫째, 교과교육학은 '왜'란 질문에 대해 답을 시도하는 학문이다. 즉 그 교과의 정당성, 필요성, 목적에 대해 이론적으로 체계화하고 합리적인 답을 제시하는 것이다.

왜 그 교과는 필요한가?

왜 그 교과는 학교에서 교육해야 하는가?

그 교과는 무엇을 위해 교육해야 하는가?

등에 대한 체계적이고 합리적인 답변을 시도하는 것이다.

왜 그 교과가 필요한가에 대한 답변은 그 교과의 필요성과 중요성에 대한 체계화를 말한다.

왜 그 교과는 현 사회에 필요한가?

왜 그 교과는 학생들에게 필요한가?

왜 그 교과는 학문적으로 중요하고 필요한가?

왜 그 교과는 학교에서 가르쳐야 하는가에 대한 답변은 세상의 많은 학문 중에서 왜 그 학문이 학교에서 가르쳐지는 교과이어야 하는가에 대한 답변을 체계화하는 것이다. 세상에는 수많은 학문이 있다. 그 모든 학문을 학교에서 모두 가르칠 수는 없다. 시간은 제한되어 있고 학생들의 수용 능력에도 한계가 있기 때문에 여러 학문 중에서 선택하여 교과로 삼을 수밖에 없다. 선택하여 교과로 삼는다는 것은 일정한 기준을 필요로 하는 일이다. 그 기준은 세 가지의 준거에 따른다.

즉 그 교과가 사회에 얼마나 필요하고 중요한 것인가?

그 교과는 학생들에게 얼마나 필요하고 중요한 것인가?

그 교과는 학문적 본질로 보아 얼마나 가치 있는 것인가?

그 교과는 무엇을 위해 가르쳐야 하는가는 그 교과교육의 목적을 말한다. 학교에서 그 교과가 교육되기 위한 목적이다. 이 목적은 교과의 내용과 방법, 평가 등에 모두 영향을 미치며 내용을 결정하고 방법을 통제하며, 평가의 준거가 되는 것이다.

왜라는 질문은 그동안 교과교육에서 너무나 무시되어 왔다. 전통적으로 교과가 존재해 왔기 때문에 학교에서 그냥 가르친다는 생각이 팽배해 있어서 그 존재를 당연시하고 그 다음 문제인 무엇을 가르치고, 어떻게 가르칠 것인가에 대해 매달렸던 것이다.

그러나 왜라는 질문은 교과교육학을 연구하기 위해 먼저 던져야 할 중요한 질문이다. 왜냐하면 '왜'라는 질문은 다음의 모든 것을 결정하고 제어하는 준거가 되기 때문이다.

우선 왜라는 질문은 그 교과의 존재 자체를 결정하는 기준으로 작용한다. 세상의 모든 학문이 교과가 되지 못한다면 그 정당성이 확보되고, 그 필요성과 중요성이 많은 사람들이 수긍할 정도로 입증되어야만 교과가 될 수 있기 때문이다. 정당성이 확보되지 못하면 교과로서의 존립 자체가 불가능해진다. 정당성 확보가 미흡하다면 다른 학문에게 교과의 자리를 내주어야 하며, 그러기에 교과교육학을 연구할 때에 먼저 확보되고 체계적이고 합리적인 연구가 필요한 것이 그 교과에 대한 정당성에 대한 연구이다. 즉 왜 그 교과가 사회와 학생들에게 필요하고 중요한 것인지에 대한 입증이 필요하다.

왜라는 질문은 내용을 결정하는 준거가 된다. 어떤 학문이 교과가 되기 위해서 그 학문의 모든 것이 들어오지 않는다. 유치원생들에게 과학자들이 연구하는 모든 것들을 가르칠 필요가 없으며, 초등학생들이 수학자들이 연구하는 모든 것을 배울 필요는 없다. 학문이 교과가 되기 위해서는 선택되어야 하며 그 선택하는 데는 준거가 필요하다. 그 준거가 목적이 되는 것이며, 언제의 통제를 받는다. 언제의 통제를 받는다는 것은 학습자의 수준에 따라 가르칠 내용이 달라져야 하기 때문이다.

그 교과교육의 목적은 교과교육의 내용을 선정하고 조직하는데, 그 교과교육의 교육방법을 결정하는데, 그 교과교육에 대해 평가하고 방향을 설정하는 준거가 됨으로 중요하며, 그 교과에 대한 정당성이 확보된 다음에 우선적으로 연구되어야 할 문제이다.

3. 교과교육 내용론

둘째, 교과교육학은 '무엇을 교육할 것인가'에 대한 답변을 시도하는 학문이다. 그 교과의 교육내용을 선정하고 조직하며 결정하는 것에 대해 체계적이고 과학적이며 합리적으로 연구하고자 하는 학문이다. 학문의 내용 중에서 교과교육에서 필요한 것들을 선택하고, 조직하는 일을 말한다. 그 선택은 '왜'라는 질문의 통제를 받는다. 모든 학문의 내용들이 그대로 교과의 내용이 되는 것이 아니라 학생들에게 필요하고, 사회에 필요하며, 교과교육의 목적 달성에 효율적인 내용들이 선정되는 것이다.

그 내용은 또다시 '언제'라는 질문의 통제를 받는다. 초등학교 1학년에서 가르쳐야 할 내용과 중학교 1학년에게 가르쳐야 할 내용이 다를 것이기 때문이다. 즉 교과의 내용은 '언제 가르칠 것인가'의 학습자 수준에 따라 내용이 선정되고 계열성 있게 조직되는 것이다.

그래서 '무엇을'이란 영역에서는 다음과 같은 질문에 대해 답변을 연구하게 된다.

그 교과의 내용 중에서 사회에 필요한 것은 무엇인가?

그 교과의 내용 중에서 학습자에게 필요한 것은 무엇인가?

그 교과내용 중에서 학문의 본질로 보아 기본적이고 가치 있는 것은 무엇인가?

그 교과내용 중에서 학습자의 각 나이에 필요하고 적합한 내용은 무엇인가?

그 교과내용 중에서 선택된 것들을 어떻게 조직할 것인가?

4. 교과교육 방법론

셋째, 교과교육학은 '어떻게 교육할 것인가'에 대해 체계적이고 과학적으로 연구하는 학문이다. 그 교과교육의 목적에 맞는 내용을 선정하고 조직한 것을 어떻게 가르칠 것인가에 대해 연구하는 것이다. '어떻게'는 '왜'와 '무엇을', 그리고 '언제'의 문제와 주로 관련된다. 가르치는 방법은 목적을 효율적으로 달성할 수 있어야 하며, 가르치고자 하는 내용을 의미 있게 학습할 수 있어야 하기 때문이다. 또 학습자에 따라 가르치는 방법은 많이 달라지게 된다. 교육방법은 그 자체로 독자적인 의미를 갖기는 어렵다. 교육방법은 가르치는 목적과 내용과 밀접한 관련을 맺으며, 학습자에 따라 달라져야 한다.

5. 교과교육과 학습자의 발달

넷째, 교과교육학은 '언제 어떤 대상에게 교육할 것인가'에 대해 체계적이고 과학적으로 연구하는 학문이다. 교과교육학은 학문과는 달리 학습자에 따라 많은 것들이 달라지게 된다. 학습자의 나이와 수준에 따라 교육하는 목적, 교육하는 내용, 교육하는 방법이 모두 약간씩 달라지는 것이다. 기본적이고 본질적인 측면까지 달라지는 것은 아니지만 학습자의 수준에 따라 목적과 내용, 방법 등이 영향을 받게 된다.

언제의 개념은 먼저 각 학교 급별로 구분되게 된다. 유아 교과교육학, 초등 교과교육학, 중등 교과교육학 등 각 학교 급별로 구분되어 연구되게 된다. 어떤 교과가 유아의 수준에는 왜 필요하고, 어떤 목적으로, 어떤 내용을, 어떤 방법으로 교육할 것인가에 대해 연구하게 되며, 초등은 초등 수준에서, 중등은 중등 수준에서 연구가 이루어지게 된다.

이것은 더욱 세부적으로 각 나이별로, 또는 각 학년별로 구분되어 연구되게 된다. 각 나이나 학년에 따라 그 교과교육이 왜 필요하고, 어떤 목적을 가지고 교육할 것이며, 어떤 내용을, 어떤 방법으로 교육할 것인가에 대해 체계화시키게 된다. 이것은 교육내용의 계열성과 밀접한 관련을 가지며, 학습자의 발달과정과 특징에 따라 그 목적과 내용과 방법을 연구하게 된다.

6. 교과교육 방향론

다섯째, 교과교육학은 '어떤 방향으로 할 것인가'에 대한 체계적이고 과학적인 답변을 시도하는 학문이다. 이것은 교과교육학이 어떤 방향성을 지향해야 하는가에 대해 연구하고 그 발전성을 탐색하는 연구 영역이다. 방향성과 발전성을 지향하기 위해서는 일단 평가가 이루어져야 한다. 평가는 앞의 네 가지 연구 질문에 대해 모두 이루어지게 된다.

그 교과교육의 정당성은 적절한가?

그 교과교육의 목적은 적절한가?

그 교과교육의 내용은 적합한가?

그 교과교육의 방법은 적합한가?

그 교과교육은 각각의 학습자의 수준에 적합한가?

그 교과교육의 정당성과 목적, 내용, 방법 등에 대해 분석하고 평가한 다음, 교과교육의 과제와 방향을 연구하는 것이 필요하다.

그 교과교육의 과제는 무엇인가?

그 교과교육은 어떤 방향으로 나아가야 하는가?

이처럼 교과교육학은 기본적으로 교과교육의 목적론, 내용론, 방법론, 학습자의 발달, 방향론을 그 체계로 한다고 말할 수 있는 것이다.

7. 교과교육학에서 내용과 방법에 대한 논의

1) 내용과 방법의 관계

흔히 교과교육의 중심적 문제를 '왜, 무엇을, 어떻게 가르치느냐'로 본다. 이 중 '왜'라는 문제가 주로 교육이나 교과교육의 이유나 목적을 묻는다면, '무엇을'은 교육내용 또는 교과, 그리고 '어떻게'는 교육방법에 해당하는 질문이라고 할 수 있다. 즉 교과교육은 대체로 교과=가르칠 지식(내용), 교육=가르치는 방법의 등식으로 생각하는 경향이 강하다(박형규, 1995, 148). 예를 들어 수학교육에서 수학=가르칠 내용, 교육=가르치는 방법이라는 등식이다. 교육대학에서의 도덕과 교재연구(=도덕과 교과내용)와 도덕과 교수법(=도덕을 가르치는 방법)이나 사범대학에서 국어국문학 계통의 교과(=교육내용)와 교직과목(=교육방법)의 관계도 같은 맥락이다.

또 일반적으로 사람들은 특정 교육내용(예를 들어, 영문학)으로서의 학문 분야를 잘 알면, 그것이 곧 가르치는 방법(예를 들어, 영어교육방법)에 전이되어 영어를 잘 가르칠 수 있다고 생각하는 경향이 강하다. 그렇다면 영어영문학의 대상이나 영어교육학의 대상은 같은 것인가라는 질문에 제기된다. 그러나 분명 영어영문학의 대상과 영어교육학의 대상은 반드시 일치하지 않는다. 흔히 교과교육은 교과의 내용을 가르치고 배우게 하는 과정에서의 방법적 기술에 관한 것이라고 생각하기도 한다(박형규, 1995, 148-149).

이런 내용과 방법의 문제는 교과내용학과 교육학과 연결되고 각자가 처한 현실적인 입장이 개입되면서 많은 논쟁을 낳고 있다. 교과내용학 전공 교수는 교과 관련학문이 중요하다고 하면서, '교사는 교과실력만 있으면 잘 가르칠 수 있다, 교과를 지도하는 데 교육학이 무슨 도움이 되는가?'와 같은 주장을 하게 되고, 한편으로 교육학과의 일반교육학 전공 교수들은 '교육에 대한 이해가 중요하다'고 하면서 모든 교과 교사 양성에 '교직과목'을 주로 일반교육학 과목으로 이수시켜야 한다고 주장한다(박승재, 1997, 23).

교육의 목적, 내용, 방법은 편의상 각각을 분리하여 따로 논의할 수 있다. 교육목적론, 교육과정 또는 교과론, 교육방법론 등. 그러나 사실은 모두 연속적이다. 말하자면 어떤 교육목적이 설정되면 그 목적 속에 이미 일정한 내용·방법이 함축되듯이, 특정 내용도 그 속에 이미 일정한 목적을 전제하며 방법을 함의한다고 할 수 있다. 더욱이 여기서 교육내용이란 여러 가지 논란에도 불구하고 개괄적으로 말한다면, '인간의 삶과 관련하여 여러 가지 문화내용 중 다음 세대에게 전수할 가치가 있고 또 전수하기 쉽게 조직된 기술·가치와 그 탐구과정'이라고 말할 수 있다. 곧 교과 또는 교육내용 속에 과정 또는 방법이 스며들어 있다는 것이다. Dewey가 교과와 방법의 관련성을 강조하고 교과가 '방법화'되어 있다고 주장하는 것도 같은 맥락이다(Dewey, 1916, 165). 교육내용과 방법 사이의 연속성은 Bruner 등의 이른바 학문 중심 교육과정 이론에서도 더 극적으로 부각되고 있다. Bruner는 그의 「교육의 과정」에서 물리학을 쉽게 배우는 방법은 물리학자가 하는 일과 동일한 일을 하는 것이며, 이러한 이유에서 '물리학을 공부하는 초등학교 3학년 학생이 물리학자'라고 말하고 있다.

그렇다고 해서 교육방법의 구안에 교과의 성격만 고려하면 된다는 것은 아니다. 교과는 명백히 학생들의 성공적인 학습을 위해 조직된 것이다. 그러므로 그것은 학생들의 경험범위와 사고방식 등 그들의 특성에도 맞아야 한다. Dewey(1933, 19)는 경험의 논리적 측면과 심리적 측면을 서로 구분한다. 전자는 교과 그 자체를 가리키며, 후자는 교과가 아동과 관련되는 것을 말한다. 경험의 심리적 측면을 진술하기 위해서는 경험이 실제로 성장해 가는 과정을 따라야 한다는 것이다.

심리적 측면은 시간 계열에 따라 실제로 거치게 되는 단계를 말한다. 논리적 측면은 발달의 과정이 어떤 완성 단계에 도달해 있음을 나타낸다. 논리적 측면은 과정을 문제 삼는 것이 아니라, 결과를 문제 삼으며 그 결과에 도달하기까지 실제로 거쳐 온 단계로부터 분리하여 도달된 결과를 요약하고 정리한다고 말한다. Dewey에게 있어 경험의 논리적 측면은 완성된 단계 도달해 있는 교과 그 자체를 가리키고, 경험의 심리적 측면은 교과가 아동의 마음속에 학습되어 가는 과정, 또는 보다 정확하게 말해 그 과정 속에서의 교과의 상태를 가리킨다(박재문, 1998, 58). 경험의 심리적 측면은 이처럼 논리적 측면으로 발달해 가는 상태에 있는 교과를 가리키기 때문에 그것은 논리적 측면처럼 완성된 상태로 요약될 수 있는 것이 아니라, 늘 유동적인 상태에 있는 것이다. 그러나 유동적인 상태에 있는 경험의 심리적 측면이 최종적으로 도달해야 할 단계는 완성된 상태로서의 교과, 즉 경험의 논리적 측면이다. 즉 논리적인 측면인 교과가 심리적 측면을 거쳐야만 교육이 이루어지기 때문에 교육에서 내용과 방법은 분리될 수 없는 것이며 다만 그 개념을 명확히 하기 위해 구분하여 논의하는 문제일 뿐이다.

Dewey(이홍우 역, 1987, 262-263)에 의하면 방법이란 '어떤 내용을 효율적으로 다루는 것', 또는 '어떤 주어진 목적을 위하여, 어떤 주어진 자료를 효과적으로 사용하는 방법'이며, 그 방법 또는 방식이 '방법 자체로 존재하는 것이 아니라 오직 내용을 다루는 방식'으로 존재한다는 것이다. 즉 내용과 방법이 분리되어 있는 것이 아니라 경험하는 '내용'과 경험하는 행위 자체, 즉 '방법'은 원래 하나의 경험을 이루는 두 가지 요소로서 결합되어 있다는 것이다.

이처럼 Dewey가 논리적으로 조직된 교과를 아동들에게 맞게 '심리화' 해야 한다고 주장하는 것이나(1902, 27), Bruner가 지식의 구조를 학습자의 사고방식에 맞게 '번역(translate)'해야 한다고 강조하는 것(1960, 52)도 이러한 측면을 나타내는 말이다. 즉 교육방법은 교과의 성격과 구조를 충실히 반영하면서 동시에 학생들의 특성에 적합하게 구안되어야 한다는 것이다.

지금까지 우리들은 방법을 교과와의 관련에서, 그 틀 안에서 타당하고 효율적인 아이디어를 탐색하기보다 모든 교과, 모든 학생에 적합한 한 가지 방법을 발견하려 노력해왔고 그에 따라 교육사에서 제시된 여러 아이디어들도 대체로 그것이 우리가 찾는 방법인지 아닌지에 집중되어왔다고 할 수 있다. 그러나 이것은 내용·방법의 연속성에 비추어 보나 교육사의 본래의 모습에 비추어 보나 잘못된 접근이라 할 수 있다. 더욱이 이러한 논의는 교과교육에서 교과는 내용, 교육은 방법이라는 도식과 연결되어 둘을 분리하여 분석하는 태도를 낳았다.

교과는 지식과 경험을 상호 보완하는 입장에서 학습자에게 유용한 지식을 내용으로 하여 학습자로 하여금 지적인 과정을 경험하게 하는 것이라고 볼 수 있다. 바꾸어 말하면 학문의 기본 지식과 그것을 탐구하는 방법을 포함하고 있는 것이 교과라고 할 수 있는 것이다. 즉 어떤 방법이든지 '방법'은 홀로 독립할 수 없는 것으로서 그것은 반드시 무엇에 대한 방법이다(오경종, 1996, 25). 즉 가르치려는 각각의 교육내용에 대응하는 배우는 교육내용을 알아야 한다. 또 교육방법은 배우는 교육내용에 대해 구안된 방법을 알아야 가능하다.

교과교육학의 내용과 그것을 가르치는 교육방법은 사실상으로 분리되어 있는 것이 아니라 개념상으로만 '구분'하여 논의할 수 있는 것이다. 교과나 교육내용을 가르치는 방법은 그것을 통하여 가르치는 교육내용과 무관하게 별도로 존재하는 것이 아니며, 이 점에서 교과를 가르치는 방법 또는 것에 관한 논의는 가르쳐야 할 내용이 무엇인가를 배우고 난 뒤에 그것과는 별도로 가르치거나 배울 수 있는 것이 아니다. 교과를 공부하거나 가르치는 방법은 오히려 교과를 공부하거나 가르치는 동안에, 바로 그 내용을 다루는 방식 또는 스타일로서 동시에 가르치거나 배울 수밖에 없다.

교과교육이라는 것은 어쩌면 내용과 방법을 이어주는 다리 역할을 한다고 볼 수 있다. 즉 교육내용을 교육방법을 통해 교육이 이루어질 수 있도록 통합하여 체계적으로 연구하는 학문이 교과교육학이기 때문이다.

2) 가법적 관계와 승법적 관계

내용과 방법, 또는 교과와 교육과의 관계를 파악하는 데 있어 두 가지 관점이 있을 수 있다. 하나는 가법적 관계로 파악하는 것이고, 다른 하나는 승법적 관계로 파악하는 것이다.

교과교육을 가법적 관점에서 보면 교사가 자신이 알고 있는 교과의 내용을 자신이 공부한 교육방법과 '가법적으로' 결합하여 가르치는 일련의 과정을 의미한다. 이 관점에서 보면 교과교육학을 통해서 공부해야 할 내용은 주어진 교과의 내용과 그것을 가르치는 데 필요한 교육방법, 또는 교수법을 가법적으로 결합하여 가르침으로써 교육의 목표를 달성하는 일련의 교육의 과정과 관련된 이론과 기능의 습득이요, 동시에 이 과정을 이론적으로 설명하고 처방하기 위한 탐구라고 말할 수 있다.

교과교육이 교육내용과 교육방법의 '가법적' 결합의 형태를 취하면서 교과교육에 대한 실제적 '처방'에 관심을 기울이게 될 경우, 교과교육 이론은 학문적으로 독자적인 발전을 기대하기 어렵다. 왜냐하면 교과교육 분야에서 다루어지고 있는 내용과 방법에 관한 논의 수준은 교과와 관련된 순수 학문 분야에서나 교육학 분야에서 이루어지는 교육방법에 대한 논의수준을 따라잡기 어렵기 때문이다. 이럴 경우 교과교육이라는 학문 분야의 내용이 기껏해야 기본의 학문 분야에서 발전된 방법적 원리를 원용하여 그 내용을 학생들에게 가르치거나 전달하는 방법을 처방하는 수준의 내용이 포함될 가능성이 크다.

교과교육의 내용과 방법 사이의 관계를 가법적 사고(이홍우, 1996)에 의해서 파악해 왔다는 것은 달리 표현하면, 교과교육에서 가르쳐야 하는 내용과 그것을 가르치는 방법은 각각 별개의 과정(course)에서 가르치거나 배워야 하는 내용으로 간주해왔다는 것을 의미한다. 이와 같은 생각의 바탕에는 학교에서 아동들에게 가르쳐야 할 교과의 내용을 학습하는 시간과 그것을 효과적으로 가르치는 방법을 공부하는 시간은 각각 별도로 마련될 수 있으며, 유능한 교사가 되려면 각각 별개로 개설된 두 개의 과정을 성공적으로 이수하고, 실지로 아동들에게 교과를 지도할 때가 되면 교사가 교재연구 시간에 공부한 교과의 내용과 교수법 시간에 배운 방법을 실지의 수업 사태에서 적절히 경합시킬 수 있어야 한다는 생각이 깔려 있다. 그래서 교육대학교의 교과교육학의 교과과정은 각 교과별로 '00과 교재연구'와 '00과 교수법'으로 구분되어 있고 각각 2-3학점씩 배정되어 있다(유한구 외, 1997, 138). 00과 교재연구의 경우 주로 해당 교과가 속한 학문 영역에서 사용되거나 발전된 개념과 이론들 중에서 해당 교가교육을 통해서 가르쳐야 할 내용을 선택적으로 제시하고 있고, 00과 교수법 시간에는 교과를 가르치는 방법이나 절차를 다루고 있다.

교과를 가르치는 방법을 집중적으로 다루는 것으로 간주되어온 기존의 교수법 시간은 교과교육의 내용에 포함되어 있는 개념이나 아이디어를 구체적으로 제시하고 해당 교과의 전체적인 개념구조나 내용체계를 세밀하게 분석하는 방식으로 운영되는 것과는 거리가 있다. 이것은 교재연구 시간에 배운 교과의 내용과 교수법 시간에 배운 수업의 일반적인 절차 모형이나 교과별 수업모형 또는 기타 교구나 자료를 활용하는 방법 등을 적절히 결합하여 학생들을 지도하는 일련의 과정으로 해석될 수 있는 것이다.

교과교육은 먼저 내용과 방법을 따로따로 배우고 그 다음에 이를 실제 교육사태에 적절한 방식으로 결합시키는 과정으로 단순히 해석될 수 없다. 교과교육은 교사가 스스로 중요하다고 믿고 있는 교과의 내용을, 아직 그 의미를 모르고 있는 학생들에게 그 의미를 이해하도록 하는 일련의 구체적인 활동과정이다. 그 과정에서는 교사와 학생의 표정과 눈짓, 그리고 교사와 학생의 질문과 대답 하나 하나가 교과의 의미를 전달하는 일과 관련되어 있으며, 그 속에서 벌어지는 일은 추상의 오류를 범하지 않고서는 도저히 기술할 수 없는 '총체'로서 이해될 필요가 있다. 총체로서의 교육사태를 단순히 내용과 방법의 가법적 결합으로 파악하고, 교육의 과정을 교과내용과 방법을 따로따로 배우고 난 이후에 실제 교육사태에서 양자를 적절히 결합하는 과정으로 설명하는 것은 구체적인 인간 활동으로서의 교과교육에 대한 너무 안이한 추상이다(유한구 외, 1997).

교과교육학의 성격을 이해하는 대안적 관점은 곧 교과교육학에서 다루는 교재연구와 교수법, 또는 교육내용과 교육방법의 관계를 '가법적' 관계로 파악하는 것이 아니라 오히려 '승법적' 관계로 파악하는 것이다. 교과교육학에서 교재연구와 교수법 또는 내용과 방법이 '승법적'으로 관련을 맺고 있다는 것은 곧 교육의 과정에서 내용과 방법은 별개로 분리될 수 없다는 뜻을 함의하고 있다. 교과교육의 내용과 교과교육 방법, 또는 교재연구와 교수법은 각각 교사 또는 교과교육학을 가르치는 교수의 교육활동의 상이한 측면을 지적하는 개념으로서, 양자는 교육내용을 가르치는 교사의 존재나 그의 교육활동과 결코 분리될 수 없다. 이럴 때 교과교육학에 관심을 두고 있는 교사나 교수는 일차적으로 각 교과 또는 학문 분야에서 발전된 개념과 이론을 그 스스로 다양한 수준에서 이해하고 설명하는 일에 관심을 기울일 뿐 아니라, 그가 이해하고 있는 바를 다른 사람들에게 알리고 전달하는 일에 참여하는 존재를 말한다. 교과교육학에 포함된 '내용적 측면'이라 할 수 있는 교재연구는 교육내용에 대한 교사 자신의 이해를 그 스스로 또는 타인에게 세밀하게 설명하는 일과 관련되며, 교수법은 그가 자신이 이해한 바를 다른 사람들에게 전달할 때 그 과정 속에서 벌어진 일 또는 모종의 방법적 측면을 설명하고 이론화하는 일과 관련되어 있다.

3) 교과교육 이론과 실제의 관계

교과교육의 이론과 실제가 유리되어 있고 겉돈다는 말을 많이 한다. 또 교사 양성기관에서의 교육과 교육현장의 실제가 서로 연계가 부족하다는 지적도 많다. 교사 양성과정에서 배운 교과교육학에 대한 지식이 교과교육 실제에 도움이 되지 않는 것은 이론과 실제의 괴리현상이라기보다는 교과교육학을 구성하는 지식이 왜곡된 교과교육 현상에서 도출되었기 때문이라는 주장(오경종, 1996, 46)도 있다. 왜곡된 교과교육 현상은 두 가지의 근본적인 문제를 일컫는다. 하나는 교과교육이 '가르치는 교육내용'과 그에 대응하는 '배우는 교육내용'이 통합적으로 일관성 있게 해석되고 이해되는 것을 의미함에도 불구하고, 오늘의 교과교육 실제의 사태는 '배우는 교육내용'에 대한 의도가 배제되어 있다는 것이다. 다른 하나는 '방법'은 어떤 '행위'의 성격을 지닌 것이고, 어떤 일의 '방법'과 그것의 '결과'는 因-果의 성격을 지니고, '교육방법'은 '가르치는 교육내용'의 원인이라기보다는 '배우는 교육내용'의 원인으로 봐야 한다. 그러므로 '교육방법'의 개념을 '배우는 교육내용'의 방법으로 재해석해야 한다는 것이다. 오늘날 '가르치려는 교육내용'에 대응해서 구안된 '교육방법'은 교육방법의 발생학적 범주내의 현상이 아니기 때문에 범주 오류는 범하는 방법이라는 주장이다.

지금까지의 교과교육학에 대한 접근이 교과교육의 실제와 교과교육의 이론의 관련을 잘못 파악함으로써, 교과가 교사와 교과교육학자의 삶에 어떤 의미를 지니고 있는가 하는 점을 제대로 밝혀내지 못하고 있는지도 모른다. 교과교육에 대한 최근의 연구에서는 각 교과에서 구체적으로 활용되는 개념이나 핵심적인 아이디어를 효과적으로 가르치는 수업의 과정을 '기술'한다거나 그와 같은 수업의 과정을 이론적으로 '설명'하는 모습을 찾아보기 어렵다. 오히려 교과교육학의 성격을 일반적인 수준에서 추상적으로 논의하거나 교육학 또는 교육과정 이론에서 제시하고 있는 일반 절차 모형을 교과교육에 효과적으로 적용하는 방법을 처방하는 단계에 머물러 있다.

그러나 교과교육학의 성격은 초·중등학교나 교사 양성대학에서 실제로 이루어지는 교과교육과 무관하게 추상적인 수준에서 규정될 수 있는 것이 아니며, 마찬가지로 교과교육 실제 또한 일반화된 모종의 수업 절차 모형이 교과의 구체적인 내용과 무관하게 일반적으로 적용될 수 있는 것이 아니다.

수업모형은 교과를 가르치는 수업방식을 적극적으로 안내하거나 처방하기 위한 것이 아니라 수업에서 이루어지는 복잡하기 그지없는 구체적 과정을 '사후'에 '기술'하거나 '설명'하기 위해 고안된 것이다. 교육실제는 얼른 보기와는 달리 총체적인 것이다.

교과교육학의 성격은 교과교육의 최종단계에 관한 기술이나 정당화를 그 자체로 존중하지 않고 그것을 억지로 출발단계의 교과교육을 위한 처방으로 번역하려고 하는 식의, 기술과 처방 사이의 구분을 모호하게 하는 것으로는 해명할 수 없는 성격의 것이다. 교육과정 이론 중에서 수업에 관한 처방으로 받아들여지는 수업모형도 교과를 가르치는 수업방식을 적극적으로 안내하거나 처방하기 위한 것이 아니라 수업에서 이루어지는 복잡하기 그지없는 구체적인 과정을 사후에 기술하거나 설명하기 위해 고안된 것이다(유한구 외, 1997, 136-137). 교육실제는 몇 가지 이론이나 모형에 의해서는 도저히 파악되지 않는 총체적인 것이다.

8. 교과교육학의 체계에 대한 논의

지금까지의 교과교육학에 대한 논의를 살펴보면 '교과교육학의 개념구조'에 포함되는 요소와 '교과 교육과정의 체계'를 구성하는 요소를 거의 구분하지 않고 양자를 혼용하는 경향을 보여주고 있다. 예를 들어 교과목표론−교과내용론−교과교재론−교과교수론−교과평가론으로 구성된 일련의 체계를 '교과교육학의 구조'로 부르기도 하고(정태범, 1985), '교과 교육과정의 체계'라고 명명하기도 한다(김병성 외, 1994). 이처럼 교과교육학과 교육과정 구조의 개념적 중복은
Tyler(1949) 이래 교육과정 분야의 지배적 모형으로 굳어진 목표 중심의 개념화 방식에 비추어 교과교육학을 구조화하고자 한 데서 연유한 것으로 생각할 수 있다. 결과적으로 현행 교과교육학의 구조는 교과 교육과정의 형식체계가 그대로 전이된 형태를 지니고 있는 것이 그 특징이다.

이와 같은 교과교육학의 구조화 방식이 지닌 특성은 두 가지로 요약할 수 있다. 그 하나는 교과내용의 토대를 이루는 학문과 교육학 간의 제휴를 기초로 인접학문들의 도움을 받는 종합적 응용학문의 형태로 구조화되어 왔다는 것이다. 또 다른 하나는 교육과정 구성요소 간의 관계를 개념화하는 방식과 비슷한 형태를 취하고 있다는 점에서 교육과정 구조화 방식과 크게 다르지 않다는 점이다.

교과교육학을 교과를 왜, 무엇을, 어떻게, 언제, 어떤 방향으로 가르칠 것인가에 대한 답변을 시도하는 학문이라고 했을 때 교과교육학의 체계는 목적론, 내용론, 방법론, 학습자의 발달, 방향론 등 다섯 가지로 구분할 수 있다. 그러나 그 외에도 많은 문제들이 교과교육학을 연구하는 체계에 포함될 수 있을 것이다.

그 첫 번째로 논의될 수 있는 것이 교과의 역사적 배경과 관련된 것

이다. 교과, 또는 교과교육학은 역사적 배경이나 사회적 환경에 따라 그 개념에 변화가 있다는 점이다. 교과는 역사적·사회적 조건 밑에서 언제나 성립되어 왔다고 할 수 있다. 이런 의미에서 볼 때 인류의 문화도 역사적·사회적 산물인 것과 같이 교과도 또한 역사적·사회적 산물로서 성립되어 온 것이라고 할 수 있다(김원희, 1986: 3).

박형규(1995: 161) 역시 교과의 역사적 배경을 강조한다. 그는 교과교육학과 관련된 영역으로 세 가지를 꼽는다. 첫째는 어떤 교과를 성립시키는 그 교과(학문) 자체의 내용, 또는 지식의 체계이다. 둘째는 그 교과가 성장해 온 역사, 그 교과의 문화적·사회적 배경 등이다. 셋째는 그 교과(학문)를 가르치는 행위에 논리적으로 직결되는 교육적인 면이다. 그의 관점에서 교과교육학을 연구하는 데 있어서 교과의 역사를 중요한 요소로 꼽고 있는 것이다.

곽병선(1987: 170-173)은 교과의 변천과정을 살펴보면서 교과가 학문적 필요만으로 성립되는 것이 아니라, 역사적·사회적 상황에 의해서도 크게 영향을 받고 있다는 결론에 도달하고 있다. 교과는 학문과 같은 하나만의 요인에 의해서 뿐만 아니라 사회, 문화, 역사와 같은 복합적인 요인에 의해 성립된다는 것이다.

그래서 일단 학교의 교육과정에 편입된 교과는 그 지위를 강화하는 쪽으로 움직인다는 것이다. 그러기 위해 교과는 교과내용이 학술적 경향이 강화되는 쪽으로 움직이고, 또한 지식의 관료화가 추구된다는 점을 들고 있다. 지식과 경험은 그 자체로 문화적 자본의 구실을 하기 때문에 그것을 매개로 형성되는 전문적 공동체는 사회적 지위 향상과 경제적 권익의 옹호를 위해 자기 분야의 현상 유지 내지는 그 지위 향상을 위해 노력하게 된다. 이러한 노력 가운데 두드러진 특징은 교과가 학문 지향성의 길로 간다는 것이다. Goodson(1987)은 영국의 19세기 말에 교과로 등장한 지리와 생물 교과의 변천과정을 살펴보면서 학교 교과를 지탱해주는 공동체들이 그 교과의 교육학적, 실용적 경향

보다는 학문적 경향 쪽으로 움직인다는 것을 입증하고 있다. 영국에서 처음 지리교과는 학문적 체계를 가지고 시작하지 않았으며, 산만하고 단편적인 내용들이 모자이크 식으로 나열된 교과였다. 그 교과의 지위도 확고하지 못했고 대학에서 전공 분야를 개설하지도 못했다. 그러나 지리학회가 창립되어 지식 체계가 정비되면서 대학에 지리학과가 개설되고 대학 입학시험 과목에도 반영되었다는 것이다.

이처럼 한 번 학교교육과정에 발을 들여놓은 교과는 관련학문 공동체의 주도에 의해 학문적 전문화의 추세를 강화하거나 또는 그 교과의 지식에 대한 관료화를 추구함으로써 그 교과를 유지하거나 신장시키려 한다. 교과로 자리를 잡으면 후진을 양성하는 새로운 진로구조를 형성하고 그 교과를 매개로 한 공동체는 그 교과교육을 위하여 경제적·인적 자원을 확보하게 되며, 이것은 그 공동체의 기득권으로 작용하여 교과의 지위를 강화하려 노력한다(곽병선, 1987: 173). 교과는 그 성립을 정당화하기 위해 기존의 학문 체계에 의존하거나 아니면 학문적으로 그 정체성을 높이려 노력한다. 따라서 영역의 지위에 대해 민감하며 기존의 영역을 조정하여 새로운 교과를 신설하거나 통합하려고 할 경우 민감하게 반응하게 된다. 교과의 이러한 특성 때문에 새로운 교육과정의 통합이나 새로운 교과의 등장은 기존 교과의 자발적 협력에 기대해서는 생성되기 어렵다. 때문에 교과를 보다 종합적이고 초월적인 안목으로 바라보는 것이 필요하다.

대체적으로 말해서, 종래의 교과교육에서는 교육원리에 관한 부분을 제외한 교과내용 그 자체를 이해할 때, 내용적 명제들을 중심으로 교과의 내용을 이해하려는 수준에 머무르는 것이 보통이었다. 그러나 교과를 폭넓게 이해하고자 할 때 수렴해야 할 다양한 이해의 맥락들—역사적, 철학적, 사회과학적 맥락 등—이 있으며, 종래의 교과교육학에서는 이 부분을 간과하였던 것이 사실이다(이돈희, 1994). 다만 여기서 지적할 것은, 교과의 배경에 관한 다양한 이해의 필요성은 어느 정도 인정할 수 있으나, 그런 논의는 교과교육학이 실천 지향적인 학문이라는 것을 전제로 한다는 점이다. 즉, 교사의 활동에 필요한 조건을 가능한 대로 제시하고 논의하는 것을 교과교육학의 한 가지 소임이라고 보면 이러한 논의는 일견 당연한 것이다. 그러나 따지고 보면, 교사의 활동에 필요한 조건을 모두 열거하기란 사실상 불가능하다. 그리고 그중에서 어떤 맥락에서의 이해가 우선적으로 중요한지를 판단할 객관적인 기준도 없다. 이런 점에서 교과에 관한 설명적 이해를 강조하는 것은 교과교육학의 성격을 어떻게 보느냐와 관련하여 다소의 문제를 안고 있다고 하겠다. 즉 이러한 역사적 배경은 목적론, 내용론, 방법론 등 모든 체계 속에서 연구되고 논의될 수밖에 없다.

또 교과교육학의 체계 속에 포함될 수 있는 것으로 교과서, 또는 교재의 문제이다. 이 교과서나 교재의 문제 역시 교과교육의 목적론, 내용론, 학습자의 발달 등의 문제들과 밀접하게 연결되어 있어 그 속에서 논의할 수 있을 것이다.

그리고 교과교육에 대한 평가의 문제는 평가를 하는 목적 자체가 방향을 설정하는 데 큰 목적이 있으므로 방향론에 포함시켜 살펴 볼 수 있다.

영국 등 선진국의 교육과정 개정과 관련하여 특히 우리의 주목을 끄는 것 중의 하나는 교육과정 개정 시 주된 관심은 교과별 교육과정, 즉 각 논의 내용과 체계를 보다 충실하게 하는 데에 집중되고 있다는 점이다(황규호, 1997, 180). 총론의 문제, 즉 어느 교과를 포함시키며, 각 교과당 배당 시간은 어느 정도가 되어야 할 것인지의 문제가 전혀 관심의 대상이 되지 않는 것은 아니지만 이에 대해서는 커다란 논쟁을 찾아보기 어렵다. 이제 교과교육학의 문제는 각과 교육학의 체계를 어떻게 세워 나가느냐에 우선적인 관심이 주어져야 할 것이다.

교과교육학이 학문으로서 체계를 잡기 위해서는 교과교육학을 정의했던 것과 관련하여 최소한 다섯 가지의 조건이 충족되어야 한다. 그 다섯 가지란 '왜, 무엇을, 언제, 어떻게, 어떤 방향으로'에 대해 대답을 시도하는 것을 말한다.

첫째, 교과교육학은 '왜'란 질문에 대해 답을 시도하는 학문이다. 즉 그 교과의 정당성, 필요성, 목적에 대해 이론적으로 체계화하고 합리적인 답을 제시하는 것이다.

둘째, 교과교육학은 '무엇을 가르칠 것인가'에 대한 답변을 시도하는 학문이다. 그 교과의 교육내용을 선정하고 조직하며 결정하는 것에 대해 체계적이고 과학적이며 합리적으로 연구하고자 하는 학문이다. 학문의 내용 중에서 교과교육에서 필요한 것들을 선택하고, 조직하는 일을 말한다.

셋째, 교과교육학은 '어떻게 가르칠 것인가'에 대해 체계적이고 과학적으로 연구하는 학문이다. 그 교과교육의 목적에 맞는 내용을 선정하고 조직한 것을 어떻게 가르칠 것인가에 대해 연구하는 것이다.

넷째, 교과교육학은 '언제 가르칠 것인가'에 대해 체계적이고 과학적으로 연구하는 학문이다. 교과교육학은 학문과는 달리 학습자에 따라 많은 것들이 달라지게 된다. 학습자의 나이와 수준에 따라 교육하는 목적, 교육하는 내용, 교육하는 방법이 모두 약간씩 달라지는 것이다. 기본적이고 본질적인 측면까지 달라지는 것은 아니지만 학습자의 수준에 따라 목적과 내용, 방법이 영향을 받게 된다.

다섯째, 교과교육학은 '어떤 방향으로 할 것인가'에 대한 체계적이고 과학적인 답변을 시도하는 학문이다. 이것은 교과교육학이 어떤 방향성을 지향해야 하는가에 대해 연구하고, 그 방향성은 앞의 네 가지에 대한 평가를 바탕으로 한다.

제 II 부

미술교육학

제7장 미술교육학의 개념

제 I 부에서 살펴본 일반적인 교과교육학의 개념과 성격들은 다시 각 과교육학에서 풀어질 수 있어야 그 의미를 가질 수 있다. 각 교과교육학 중에서도 연구가 부족하고 미비했던 것이 미술교과와 관련된 연구이다. 미술이 우리나라 학교에서 교육된 지 백 년이 넘었지만 교과교육학과 관련된 논의는 미흡한 수준에 있었던 것이 사실이다. 다른 주지교과와 비교하면 더욱 그렇지만, 예체능 교과와 비교하더라도 체육교육이나 음악교육에 비해 학문적 연구가 부족하였다. 그러므로 다른 교과보다도 미술교육을 학문적으로 체계화시키려는 연구는 절실한 문제라고 할 수 있다.

미술교육학에 대한 체계적인 연구가 부족한 이유(이규선 · 김동영 · 전성수, 1994, 17-18)에는 미술교과 자체의 특성에서 오는 측면도 있다. 그 이유로 먼저 미술이 다른 교과와 같이 보편성이나 일반성을 추구하기보다는 창조성과 다양성을 추구한다는 점이다. 다른 교과는 대부분 가르쳐야 할 내용이 뚜렷하게 정해져 있고 일반적인 사실이나 원리 등을 그 내용으로 하지만, 미술은 일반적으로 가르쳐야 할 내용을 추출하기 어렵고 일반적 사실의 전달이나 이해보다는 개성적 표현이나 남과는 다른 창의성을 강조한다. 그러므로 미술과는 구체적이고 논리적으로 체계화하고 이론화하기 어려운 점이 있다고 볼 수 있다.

다음으로는 미술이 학습자 내면의 표현을 다루는 교과이기 때문이다. 미술은 인간의 정신을 밖으로 표출하는 것과 관련되어 있다. 이러한 인간 내면의 표현은 학문적으로 체계화하기 어렵다.

또한 미술교육에 대한 연구가 부족한 것은 무엇보다도 미술과 관련된 사람의 문제에 기인한다. 미술의 창작이 나이가 들어 손을 움직일 수 있다면 계속 할 수 있는 것이므로 미술교육을 힘들여 연구하려 들지 않기 때문이다. 같은 예체능의 경우를 예로 들더라도 체육은 운동 기능이 최고조로 달하는 시기가 일정 기간에 한정되어 있으므로 그 외에는 지도자의 길을 걷거나 체육이론이나 체육교육에 대한 연구를 할 여지가 많으며, 음악의 경우도 작곡 외에는 어느 정도 나이가 들면 직접 하기 어려워 음악이론이나 음악교육에 대해 연구할 여지가 있다. 그러나 미술에 관여하는 사람들은 나이가 들면 들수록 그 깊이가 깊어지는 경우가 많고, 나이가 들더라도 계속 작업을 할 수 있기 때문에 미술이론이나 미술교육에 대해 연구할 필요성을 거의 느끼지 못한다. 그리고 외국처럼 미술 창작을 하는 사람과 미술을 가르치는 사람이 분명하게 구분되어 있지 않은 것도 한 요인이라 할 수 있다.

미술교육학과 관련하여 먼저 대답을 찾아내야 할 것이 왜 미술을 학교에서 가르치는가, 왜 어린이들에게 미술은 필요한가라는 질문에 대한 것이다. 이에 대한 합리적이고 체계적인 답변이 전제되어야만 미술교육이 가능해지며 그 바탕 위에 다른 연구들이 가능해지기 때문이다. 더불어 미술교육에서 무엇을 가르칠 것인가 하는 것도 중요한 문제이다. 가르칠 내용이 없는 상태에서 어떻게 가르칠 것인가의 방법이 나올 수 없는 것이다. 그러므로 미술교육학의 개념이 무엇이고, 그 성격은 무엇인지, 그리고 그 학문적 체계는 어떻게 세워야 하는지 등에 대한 진지한 연구가 필요하다.

제Ⅱ부에서는 미술교육학의 학문적 체계를 모색하는 데 그 목적을 두고 있다. 미술교육학을 하나의 교과교육학으로 보고, 먼저 교과교육학의 개념과 학문적 체계는 무엇이고, 교과교육학과 관련된 논쟁점들은 무엇인지 살펴본 다음, 그것은 구체적으로 미술교육학에 어떻게 적용될 수 있는지를 살펴볼 것이다. 이처럼 일반적인 교과교육학에 대한 개념과 체계를 미술교육학에 적용하여, 교과교육학으로서 미술교육학의 개념과 체계를 밝히고, 미술교육학의 체계를 어떻게 세워가야 하는

가에 대한 질문에 답변을 시도하려고 한다.

1. 미술에 대한 관점

미술교육학은 '미술'과 '교육'이 만나 결합했으므로, '미술'과 '교육'이 따로 존재하는 것처럼 생각해서는 안 된다. 이 문제에 대하여 지금까지 세 가지 오류를 범해왔다.

첫째는 '미술'과 '교육'이 단순히 결합되어 있는 것으로 생각하는 경우이다. 미술은 교육과 무관하게 존재하고 교육은 미술과 무관하게 존재해왔는데 이 두 가지가 만난 것이 미술교육이므로 미술과 교육을 각각 얼마간 공부하면 미술을 가르치기에 충분하다고 생각한 것이다.

둘째는 미술교육을 위해서는 내용인 미술을 알면 충분하다고 생각하는 경우이다. 영어를 모르면 영어를 가르칠 수 없듯이 미술에 대해서 잘 알고 있으면 미술을 가르치는 일은 별 문제가 안 된다는 생각이다. 특히 미술에 대해 전반적으로 이해하고 표현하고 감상하는 능력도 아닌, 미술실기 능력을 기르면 어린이들을 잘 가르칠 수 있다고 생각하는 것이다.

셋째는 방법인 교육 쪽이 훨씬 중요하다고 생각하는 경우이다. 미술교육의 내용은 이미 다 정해져 있으므로 중요한 것은 방법이라는 것이다. 가르치는 방법이 연구되고 세련되어야 미술교육이 발전하므로 교육학 이론을 그대로 미술교육에 도입하여 부지런히 따라가야 한다고 본 것이다. 그러나 이것은 미술의 특수성을 무시하는 것이다.

이 세 경우 모두 미술교육학에 대한 바른 접근이라고 보기 어렵다. 미술교육학은 '미술'과 '교육'이 각기 독립적으로 존재하는 것이 아니라 완전히 융합되어 하나를 이루고 있는 독자적인 것이다. 이것은 미술교육과 관련되는 미술학, 미학, 교육학, 심리학 등 제반 학문의 독자적인 체계들을 버리고 내용과 방법이 서로 융합된 하나의 독자적인 학문이다. 이것은 미술과 교육이 만나서 새로운 세계를 이루고 그 자체의 질서를 가지고 존재하는 것이 미술교육이므로 이 미술교육은 완전히 독자적으로 존재하는 것이다. 이것이 미술교육의 독자성이며 이 독자성을 깊이 연구하여 드러내는 것이 미술교육학의 임무이다.

한편으로 교과교육학과 교육내용학을 구분하는 문제를 생각해보자. 이것은 내용과 방법을 분리시키는 것이다. 방법은 내용을 가르치는 방법이어야 함으로 내용에 따라 방법이 달라질 수 있으며, 내용의 깊이가 없는 방법은 기교로 빠질 위험이 있다. 또한 내용을 모르거나 소홀히 하면서 방법을 가르치는 것은 불가능하다. 내용을 잘 알면 방법은 저절로 알 것이라는 논리도 방법의 경시를 초래한다. 내용과 방법을 분리한다면 미술교육학에서는 내용인 미술 이해현상과 감상현상, 실기현상과 관련된 학문과 실기를 모두 해야 한다는 것이 되며, 방법도 교육학 전반에 대해 모두 섭렵해야 한다는 것이 된다. 그러나 이것은 사실상 불가능한 일이다. 미술교육학은 내용과 방법이 함께 내재되어 있는 학문인 것이다.

용어의 개념을 분명히 하는 일은 어떤 학문을 이해하는 첫걸음이 될 수 있을 것이다. 개념을 분명히 한다는 말은 우리가 사용하는 언어가 나타내고자 하는 대상의 속성을 밝힘으로써 그 속성을 지닌 것과 지니지 않은 것을 구별할 수 있게 하여 사용하고자 하는 언어의 의미에 있어서 가급적 혼동을 제거하자는 것이다(곽병선, 1989, 14). 이러한 의미에서 미술교육학의 개념을 명확하게 정의 내려본다는 것은 미술교육의 학문정립을 위한 첫걸음으로써 의의가 있다고 할 수 있다.

미술이란 용어는 매우 정의하기 어려운 낱말이며, 시대적으로 많은 변화를 겪어왔고 현재도 변화하고 있는 말이다. 그러나 여러 가지 다양한 정의 속에서 공통된 요소를 끌어내어서 재정의 해 본다면 다음과 같다(이규선 · 김동영 · 전성수, 1994, 3-18).

미술은 공간을 수단으로 하여 내면을 표현하려는 공간예술이며 조형을 방법으로 하여 내면을 표현하려는 조형예술이고 시각매체를 통하여 인간 내면의 감정이나 느낌, 정서 등을 시각적 매체로 표현하는 시각예술이다. 이러한 미술의 정의에서 인간의 내면은 표현주제와 관련되고 시각적, 공간적, 조형적으로 표현된다는 것은 표현방법과 관련된다. 즉, 미술은 무엇을 표현할 것인가의 표현주제가 있어야하고, 무엇으로 표현할 것인가의 표현방법이 있어야 한다. 또한, 미술에는 세 가지 측면이 있는데 첫째는 미술의 형식으로 이러한 형식을 이루는 데는 조형요소와 조형원리 등이 필요하다. 둘째는 미술의 표현이다. 미술은 인간의 느낌이나 정서, 생각 등을 미술의 형식을 빌어 표현하는 것이다. 이는 개념의 표현이며, 직관의 표현이며, 정서의 표현이다. 셋째, 미술의 감상인데 이는 미술의 형식을 통해 나타난 창작품의 가치를 향수하는 것을 말한다.

그러나 이와 같은 미술의 개념이 현대에는 그 범위가 매우 폭넓고 다양해져 시각예술이라는 미술의 정의마저 재정의 되어야 이해가 가능할 때도 있다. 그러나 미술에서 주가 되는 것은 시각과 공간, 조형이며, 그것은 결국 형태를 만들어 내어 내면을 표현하고자 하는 데서 출발하기 때문이다.

인간이 미술을 통해서 세계를 이해하고 경험하는 것은 미술의 독특한 공헌이다. 미술은 시각형태에 대한 미적 의식을 다루는데 그것은 다른 분야가 다루지 못하는 인간의 의식이다. 인간은 지각력 때문에 장난감이나 나무토막으로도 상상력 있는 시간을 보낼 수 있다. 또한 세련된 감수성 때문에 인간의 정신생활은 은밀하며 개인적인 것이 되며, Eisner(서울교육대학교 미술교육연구회 역, 1995, 306-307)는 그러한 미술의 독특한 면 때문에 인간은 미술을 통해서 문화의 소산을 공유할 수 있다고 하였다. 즉 미술을 통해서 인간의 생활과 느낌을 이해할 수 있으며 인간의 경험을 공유할 수 있고, 미술작업을 통하여 인간은 성취감을 맛볼 수 있다는 것이다.

2. 미술교육에 대한 관점

미술교육학을 논의하기 전에 '미술과교육(美術科敎育)'과 '미술교육'이라는 말의 뜻을 살펴볼 필요가 있다.

먼저 미술과교육이라는 용어는, 미술을 하나의 교과로 편성해서 가르칠 때의 명칭이므로 미술과교육이라는 말은 학교에서의 미술교육을 의미하게 된다. 이때의 미술과교육은 교육부가 고시하는 교육과정 중, 미술과에 따라 일정한 자격을 가지고 있는 전문가가 학교의 교육대로, 일정한 기간 지속적으로, 학생에게 이루어지는 교육이라고 말할 수 있다.

다음으로 미술교육은, 미술이 교과로 채택되어 계속적으로 실천되지는 않지만 어느 장소에서든 미술을 가르치는 교육의 현상이 있는 것이다. 오늘날에는 공교육 기관뿐만 아니라 사회의 기관이나 단체에서도 미술을 가르치고 있다. 미술학원, 사회단체 미술프로그램, 미술연수, 미술센터의 미술활동, 박물관 교육, 미술관 교육, TV광고, 도로나 건물의 선전광고 등을 통하여 미술교육이 실행된다. 또한 평론가는 글을 통하여 미술교육자는 미술에 관한 연구물을 통하여 미술을 가르친다. 공교육제도하에서의 미술교육과 더불어 미술을 교육하는 모든 활동을 미술교육으로 보는 관점에서는, 미술교육이라는 말이 적절하다. 따라서 미술교육은 미술과교육이라는 말보다 광범위한 개념이라 할 수 있다. 위의 용어 정의에 한해서 볼 때 미술과교육학이라는 용어가 쓰이면, 학교에서 이루어지는 미술교과는 미술교육의 목적, 내용, 방법, 평가 등으로 구분되어 지므로, 미술교육 연구의 범위가 좁아진다. 즉 미술과교육학은 학교의 미술과교육을 학문으로 정립시키려는 것이며, 미술교육학은 미술교육 제반 현상을 학문으로 정립시키려는 노력이다.

미술과교육의 개념과 미술교육의 개념의 포함관계를 살펴보면, 미술과교육이 미술교육에 포함되며 미술교육은 미술활동에 포함된다. 미술과교육보다는 미술교육이 그 범위가 넓음을 의미하는 것이다. 그리고 미술을 연구하고 이해하고 미술을 사용하는 모든 활동을 미술활동으로 볼 때, 미술교육보다는 미술활동이 더 포괄적인 개념이다. 물론 미술과교육이 체계적이고 계획적인 과정이기는 하나 그것만이 학문의 대상이라고 할 수는 없다. 교육적인 활동이 있는 모든 미술교육은 학문의 대상이 되어야 한다고 할 때, '미술교육학'이라는 용어는 보다 광범위한 것이다.

미술교육은 미술과교육 중 어느 한쪽에 너무 중점을 두어서는 안 된다. 미술교육은 미술교과만이 육성시킬 수 있는 독자적인 영역을 확보하여 교육의 한 과정으로 이루어지는 것이다. 이러한 입장에서 미술이 인간 내면의 것을 시각적, 공간적, 조형적으로 표현하고 그것을 이해하며 감상하는 것이고, 교육이 인간의 가능성이 최대로 신장되도록 돕는 인간형성의 과정이라고 한다면, 미술교육은 "인간의 가능성이 최대로 신장되도록 돕기 위해 인간의 내면을 시각적, 공간적, 조형적으로 표현하고 그것을 이해하며 감상하게 하는 교육"(이규선 · 김동영 · 전성수, 1994, 8)이다. 그러면 미술과교육은 "인간의 가능성이 최대로 신장되도록 돕기 위해 인간의 내면을 시각적, 공간적, 조형적으로 표현하고 그것을 이해하며 감상하게 하는 학교교육"이라고 할 수 있다. 그러기 위해서는 미술의 형식인 조형성을 이해하고 미술의 표현인 창작활동을 하며 미술의 가치를 향수하는 감상을 필요로 한다.

3. 미술교육학의 개념

Dewey는 만약 현실이나 현상으로부터 초월하지 못하면, 그래서 현실과 현상이 어느 단계에 머물러 있다면 곧 예술은 성립할 수 없으며 그러므로 예술상의 문제는 해답할 수 없는 것이라고 했다. 이러한 예술의 관점에는 서양의 낭만주의자들의 공헌이 있었다. 또한, 파커는 과학적 진리는 외부에 존재하는 경험대상을 충실하게 기술하는 것이고, 예술적 진리는 공감적 영상 즉 체험 그 자체를 명료하게 조직 해내는 것이라고 인식하고 있다(권덕주 외 역, 1993, 126-137). 그러나 이러한 낭만주의적 예술의 관점과 직관적 체험이 본질이 되는 예술의 특성에 대한 인식은 미술교육의 학문적 정립을 어렵게 하는 첫 관문이 되고 있다. 서구의 미술교육 사상에서 벗어나 독자적인 우리의 미술교육을 세우고자 노력하기 시작한 현시점에서 올바른 미술교육의 방향을 끌어내기 위해서는 낭만주의적인 이러한 관문을 통과해 미술의 본질적인 특성을 잘 살릴 수 있으면서도 과학적으로 체계가 잡힌 학문 정립으로의 노력을 해야 할 것이다.

미술교육학의 의미를 정의하기 위해서는 미술교육과 학문과의 관계를 용해해서 검토해 보아야 될 것이다. 학문을 한다는 것이 진리탐구를 통하여 어떤 사건, 현상을 이해하고 예언하고 통제할 수 있는 이론을 생산, 발전시키는 노력이라면, 미술교육학을 미술교육과 학문이 융합된 의미로 볼 때 미술교육학은 미술교육 현상을 이해하고 예견하며 통제할 수 있는 이론을 생산하고 발전시키는 노력이라고 할 수 있다.

다시 말하여 미술교육이 미술을 가르치고 배우는 것이므로 미술교육학은 미술을 가르치고 배우는 이론을 생산 발전시키는 학문이다. 이는 수학교육학이 수학교육 현상을 연구의 대상으로 하고 국어교육학이 국어교육 현상을 연구의 대상으로 삼는 것과 같다. 그래서 미술교육학의 탐구대상이 미술교육 현상임이 밝혀졌으므로 미술이 무엇인지를 밝혀 미술교육을 특징지을 수 있으며 또한 미술의 개념을 바탕으로 미술교육에서는 무엇을 가르치는지를 밝혀 미술교육학을 특징지을 수 있다.

미술교육은 미술교과를 가르치고 배우는 것과 관련된다. 여기서 미술이라는 말이 미술교육의 특징을 지우므로 미술교육에서 무엇을 가르치는지를 알아보기 위해서는 미술이란 무엇인가를 알아보아야 한다. 요컨대 미술의 정의를 검토하여 미술교육의 영역을 확인할 수 있다고 보는 것이다.

여러 사람의 미술의 정의를 종합해 보면 미술은, '인간의 내면의 감정이나 느낌 정서를 시각적 매체로 표현하는 것'과 같이 미술표현의 의미로만 한정해서 기술하고 있다(이규선·김동영·전성수, 1994, 3). 이와 같은 미술의 정의에 치우치는 미술교육은 미술실기 위주로 실현된다. 이는, 미술지각이나 미술감상과 같은 미적 교육이 강조되는 현대 미술교육의 흐름을 반영할 수 없다. 오늘날의 미술개념에는 미술생산뿐 아니라 미술을 감상하고 미술을 이해하고 미술을 비평하는 것도 포함되고 있다. 이러한 측면에서 미술은 '인간의 내면의 것을 시각적, 공간적, 조형적으로 표현하고 그것을 이해하며 감상하는 것'이라는 미술의 정의가 적절하다. 이러한 정의는 미술을 이해하고 감상하는 것도 미술이라고 보는 관점이므로 미술실기 이외에 미술이해와 미술감상의 측면까지 미술의 개념이 확장될 수 있다.

미술경험과 미적 경험은 다소 차이가 있다. 미술경험은 넓게는 미적 경험까지 포괄하지만 좁게는 미술생산 활동만 의미한다. 미적 경험은 주로 실기 중심의 미술을 다루지만 감상, 비평, 이론의 이해도 다룬다. 미적 경험의 대상은 미술작품뿐만 아니라 인간과 자연에 관련된 모든 대상을 포함한다. 이러한 관점에서의 미적 교육은 모든 종류의 대상에 관련한 미적 능력을 발달시키는 활동이다. 즉 이때는 넓은 의미의 미술적 활동과 같은 개념이다. 그러나 엄격한 의미에서 미적인 것은 미술의 창조나 예술의 공연이 아니라 미적인 대상이나 미술지각과 미술 감상에 관심을 둔다. 이러한 의미에서 미적 경험(미적 교육)은 미술작품을 보고 즐기며 지각하고 비평하는 활동이다(Munro, 1956, 3-9).

따라서 미술교육은 미적인 경험과 미술적인 경험으로 구성되어야 할 것이다. 그런 측면에서 미술교육학은 인간의 가능성이 최대로 신장되도록 돕기 위해 인간의 내면을 시각적, 공간적, 조형적으로 표현하고 그것을 이해하며 감상하게 하는 미술교육을 과학적으로 연구하는 학문이다. 그렇다면 미술과교육학은 인간의 가능성이 최대로 신장되도록 돕기 위해 인간의 내면을 시각적, 공간적, 조형적으로 표현하고 그것을 이해하며 감상하게 하는 학교의 미술과교육을 과학적으로 연구하는 학문인 것이다. 그러나 미술과교육학은 학교에서 가르치는 미술과교육에 대한 연구에 한정됨으로 본 연구에서는 미술교육학이라는 용어를 쓰는 것이 타당할 것이다.

이것을 앞에서 논의한 교과교육학의 개념과 연결시켜 살펴보기로 하자. 교과교육학이 교과를 왜, 무엇을, 어떻게, 언제 가르칠 것인가, 그리고 어떤 방향을 지향할 것인가에 대한 답변을 시도하는 학문이라면, 미술교육학은 미술을 왜 가르치고, 무엇을 가르치며, 어떻게 가르치고, 언제 가르칠 것인가, 그리고 미술을 어떤 방향으로 가르칠 것인가 등에 대해 체계적이고 과학적인 답변을 시도하는 학문이라고 말할 수 있다.

제8장 미술교육 목적론

미술교육학의 학문적 체계는 앞에서 논의한 교과교육학의 다섯 가지 학문적 체계가 그대로 적용될 수 있다. 즉 미술교육은 왜 필요하고, 왜 가르쳐야 하는가의 목적론, 미술교육에서는 무엇을 가르쳐야 하는가의 내용론, 미술교육을 어떻게 할 것인가의 방법론, 미술교육은 언제, 어떤 대상에게 할 것인가의 학습자의 발달, 미술교육은 어떤 방향을 지향해야 하는가의 방향론이 나올 수 있는 것이다.

1. 미술교육학의 정당성

미술교육학이 학문으로 정립되기 위해서는 무엇보다도 먼저 미술교육, 미술과교육에 대한 정당성을 찾아 연구하는 일이 필요하다. 교육과정이 개편될 때마다 교과목의 명칭 변경이 거론되고 교과목의 신설이나 폐지 문제가 발생하고 해당 교과목 교사들은 자신이 담당하는 교과목이 중요하며 폐지되어서는 안 된다고 주장한다. 어떤 교과가 학교교육에 자리 잡기 위해서는 그 정당성이 확보되지 않으면 안 된다.

지금까지 학자들의 교과에 대한 견해는 교과를 이루는 지식, 또는 교육내용을 무엇으로 할 것인가에 대한 논의에 집중되어 있다. 교과와 교육내용은 약간 그 의미가 다르다. 교과는 교육내용을 일정한 방식에 따라 선정하여 조직해 놓은 것이다. 교과는 이름을 가지고 있으며, 교육내용은 수업에서 가르치는 내용을 말한다. 이러한 구분은 정당화 방식에 따른 것이다. 교육내용은 배울만한 가치가 있다는 것만으로 충분히 정당화가 되지만, 교과는 적어도 특정한 기준에 의해 교육내용을 분류하여 조직해 놓았으므로 그 내용의 정당화와 함께 조직한 이유도 정당화되어야 한다.

학문의 존재이유는 해결되어야 할 문제에 의해 정당화되지만, 특정의 학문이 교과가 되기 위해서는 교과로서의 가치가 별도로 정당화되어야 한다. 각 교과는 내용이 정당화되어야 할 뿐 아니라 그렇게 조직한 이유도 정당화되어야 함으로 학문의 본질에 맞는 논리성과 학습자의 특성에 맞는 심리성이 함께 갖추어 조직되어야 한다. 학습과 관련하여 교육과정의 조직은 논리적 조직과 심리적 조직이 있다. 논리적 조직은 각각의 교육내용들이 서로 논리적으로 관련을 맺도록 조직하는 것이고 심리적 조직은 각각의 내용들이 학습자의 심리적 과정과 관계되도록 조직하는 것이다. 이것은 교과와 교육의 관계가 유기적으로 밀접하게 연관되어야 하고 통합되어야 함을 보여준다. 즉 특정 학문의 논리적 조직은 학습자의 심리적 조직과 만나야 하며, 오히려 학습자의 심리적 조직에 맞게 교육내용이 선택되고 조직되어야 함을 보여주는 것이다.

그 정당성을 확보하는 근거는 무엇인가? 그것은 먼저 철학적·사상적 측면에서 확보된다고 할 수 있다. 그 교과가 인간에게 본질적으로 필요하고 가치를 가진다고 할 때, 비로소 그 정당성을 확보하는 것이다. 이것은 그 교과의 본질, 그 학문이 가지고 있는 본질적 가치에 의해 정당성을 확보하는 것이다. 두 번째는 사회의 요구에 의해 정당성이 확보되는 것이다. 그 교과가 현재의 사회에 필요하고 중요하기 때문에 그 정당성을 확보하는 것이다. 세 번째는 학습자의 심리에서 그 정당성이 확보되는 경우이다. 그 교과가 학습자에게 중요하기 때문에 정당성이 확보되는 것이다. 그러나 이 세 측면은 서로 분리되는 것이 아니다. 서로 밀접한 관련을 가지고 있으며 이 세 측면에서 모두 정당성이 확보되고 그 중요성이 부각될 때 학교교육에서 의미 있는 것이라고 할 수 있다. 초·중등의 필수교과가 많은 편에 속하는 나라가 우리나라이고 새로운 교과의 학교교육 도입이 주장되고 있는 현시점에서 미술교육의 정당성을 연구하는 것은 매우 필요하면서도 중요한 문제이다(전성수, 1995a, 124-125). 미술교육의 목적이든, 미술교육의 내용, 방법 등에 대한 모든 논의는 미술교육의 정당성이 확보된 다음에 가능하기 때문이다.

1) 미술교육의 정당성

'학교에서 미술을 왜 가르쳐야 하느냐' 하는 질문에 대한 답, 즉 미술을 정당화시키는 방법에 두 가지 접근을 들 수 있다. 하나는 맥락주의적(contextualist) 접근이다. 이것은 미술활동의 목표설정에 있어 학습자나 사회의 특정한 요구에 기반을 두고 미술을 정당화하는 것이다. 즉 학습자나 사회에서 미술을 요구하기 때문에, 미술이 학습자나 사회에 필요하기 때문에 정당화되는 입장이다. 이 정당화는 미술을 통해 창의성을 계발시키기 위해, 미술을 취미로 활용하기 위해, 성격이나 정서를 치료하기 위해, 또는 다른 교과에 도움을 주기 위해, 유아의 건강한 근육을 발달시키고 협응 능력을 향상시키는 등의 이유로 미술교육을 정당화시킨다.

두 번째는 Eisner처럼 본질주의적인 입장을 취하는 경우이다. Eisner(1972, 2-16)는 미술이 단지 창의성, 도덕성 등을 기르고 사회적 평등을 실현하기 위한 수단이라면 미술교육은 존재가치를 잃게 된다고 본다. 미술이 아닌 다른 교과를 통해서도 창의성이나 도덕성은 길러질 수 있기 때문이다. 따라서 그는 미술교육의 당위성을 미술의 본질이 인간에게 공헌하는 바를 밝혀서 증명하고 있다.

첫째는 미술이 고귀한 감각인 시각을 표현하게 함으로써 시각경험을 제공해 준다는 점이다. 역사적으로 미술은 이미지를 통하여 정서적이고 시각적인 것을 표현하는 것이었다. 시각예술은 우리의 경험의 사소해 보이는 측면들을 우리의 관심 속으로 불러들여 우리로 하여금 그것 속에서 새로운 가치를 찾을 수 있게 한다. 한편, 미술은 고귀한 시각을 구체화하는 역할을 할 뿐 아니라 두려움, 꿈, 회상과 같은 인간의 특징적인 것을 시각화시킬 수 있으며, 이러한 것들에 시각적 은유를 제공한다.

둘째, 미술은 감수성을 풍부하게 해 준다. 미술을 통해 인간은 잠재력을 계발할 수 있다. 즉 미술가들은 시각적인 요소들이 우리의 경험에 어떤 작용을 하는지 잘 보여주는 것이다.

셋째, 독특한 개성을 생생하게 해 준다. 우리가 간과하고 무시하는 일상적인 세계가 미술가의 눈에는 영감의 근원이다. 미술은 우리의 안목을 새롭게 하고, 우리가 흔히 지나치는 일상의 순간들을 포착하여 우리에게 세계를 보는 새로운 눈을 제시해주는 것이다.

그러면서 Eisner는 미술의 기능의 대표적인 것으로 두 가지를 들고 있다. 먼저 미술은 어린이들이 문화적 자원을 향유하는 능력을 획득할 수 있게 한다는 것이다. 그 기능의 계발 정도는 어린이들이 그들의 삶의 과정 동안 그것을 획득할 수 있는 기회를 얼마나 가질 수 있느냐에 달려 있다. 어린이들에게 미술로부터 얻을 수 있는 즐거움과 통찰을 주길 원한다면 학교에서 미술교육의 존재는 우리가 부정할 수 없는 필수적인 것이라는 주장이다. 다른 하나는 미술이 인간의 정신을 계발하게 한다는 점이다. 모든 지각 양식들과 표현형태들은 독특한 지적인 능력을 필요로 한다. 시각예술은 학교 교육과정에서 명백히 시각적 표현과 관계되고, 미술작품을 포함한 우리의 시각환경과 긴밀한 관련을 가지는 유일한 영역이다. 미술에서는 정답도 없고 오답도 없으며 공식이 없다. 학교 바깥 세계의 삶에서 마주치는 문제들이 그렇듯이 미술에는 많은 해결책들이 있는 것이다. 따라서 미술은 어린이들의 상상력을 발휘하고 문제의 다양한 해결책을 강구하며, 어떤 문제에 부딪혔을 때 결정을 하기 위해 스스로 판단할 수 있도록 기회를 제공한다. 미술을 통해 어린이들은 인간의 절묘한 지적 능력인 판단력을 배우는 것이다.

한편 Schubert(Schubert, T. E. 1986, 41-43)는 NAEA(미국미술교육협의회)와 몇몇 학자들의 의견을 종합한 다음, 모든 학생들을 위해 미술교육이 중요한 이유를 3R's에 이은 네 번째의 기초교육으로서의 미술(art as the forth R), 창의성을 위한 미술교육, 전인교육을 위한 미적 경험으로서의 미술교육, 미술감상을 위한 미술교육, 미술사와 문화사를 위한 미술교육 등의 다섯 가지를 들어 설명한다. 여기서 기초교육으로서의 미술교육은 Piaget, Lowenfeld, Bruner, Barron, Suchman, Torrance 등 여러 교육학자들의 사회학적·심리학적인 연구물들로부터 결정적인 지원을 받아왔다. 미술경험과 관련된 활동은 일반적인 지성과 창의성을 발달시킨다. 특히 이러한 요소들은 개념화하고 근거를 밝히며, 추상적인 연상을 하고 지각하며, 상상하고 발견해내는 능력을 발달시킨다. 인간의 문화에 내재한 미술은 인류를 유지시키는 교육의 도구 과목에 속한다.

Broudy(1977, 631-637)는 3R's에 이어 또 하나의 기초교과로, 4R's로서의 미술을 강조하였다. 즉 '기초 교과로서의 미술'이라는 것은 미술교육이 만병통치약도 아니며 장식물은 더더욱 아닌, 인간경험에서 '없어서는 안 되는 존재임(sine qua non)'을 의미한다. '인간은 빵만으로 살 수 없다'는 말은 모든 교육 수준에서 모든 교육과정의 기초로서 미술교육이 '없어서는 안 되는 존재'임을 잘 설명해 준다. 그러나 모든 학과과정에서 미술이 기초 필수과목이 될 때, 미술은 하나의 교정수단 즉 해독의 작용을 할 수 있을 것이다.

Feldman(1970) 역시 교육자의 우선순위에서 미술을 모든 학교 교육과정에서 기초과목으로 설정해야 한다고 본다. 그는 미술만이 모든 사람들에 의해 사랑을 받아야 한다고 주장하지 않는다. 단지 그는 어린이들은 가능한 한 다양한 예술의 표현형식들과 넓은 영역들을 알

기회를 가져야 하며, 경제적인 상황이 어떠하든지 간에 모든 어린이들을 위해 예술에서 풍부한 표현을 제공하는 것은 공교육의 의무라고 간주한다. 잘 사는 방법을 배우는 것은 기초로서의 미술개념의 부분이다. 사람들은 더 많은 돈을 벌기 위해서 뿐만 아니라 잘 사는 방법을 배움으로서, 그들의 삶과 그들 가족의 삶의 질을 개선하려고 한다. 취미와 감수성의 발달과 미술적 창조를 시도하려는 용기는 삶의 질을 높인다.

인간은 태어나면서부터 신체적, 지적, 도덕적, 심미적 속성을 지니며, 그 질과 범위에 있어서 저마다 무한히 개발될 가능성을 가지고 있다. 학교의 교육이, 인간의 저마다의 삶의 질을 높이고 인간적 가능성을 최대한 확대, 육성함으로써 전인으로서의 자기완성을 가능하게 하고자 한다면, 심미적인 예술교육을 통하여 학생이 진실된 자기 인식을 가지게 하고, 의의 있고 만족스러운 삶의 가치에 대한 통찰력을 갖추도록 하는 일은 인간이 지니고 있는 어떤 가능성의 육성에 못지않게 중요한 학교교육의 임무인 것이다. 그래서 예술교육은 신체적 발달이나, 지적 발달, 도덕적 발달에 도움이 되기 때문에 필요한 교육이 아니라, 예술에 대한 심미 그 자체의 가치와 의미, 그것만이 지니는 독자적인 역할과 기능 때문에 인간에게 있어서 절실하고 긴요한, 기본적인 교육(이홍수, 1990, 101 -102)이라고 말할 수 있다.

2) 미술교육학의 정당성

미술은 본질주의적으로 접근하든지 맥락주의적으로 접근하든지 간에 인간에게 있어 중요한 기능을 한다는 점에 있어서 위에서 언급한 학자들은 견해를 같이 한다. Eisner(1972)에 의하면 미술은 우리의 경험에서 사소한 것을 보게 하며, 우리가 시각세계 속의 의미를 재발견하도록 도움을 준다. 미술은 감수성이 풍부한 삶을 발달시키며 삶의 이미지로서 도움이 된다. 미술은 또한 종교적 의식을 강화시키는 연결고리를 제공한다. 미술은 사회의 비평가나 전망가로서의 기능뿐만 아니라, 감동을 전달하고 사람들 사이의 결속력을 일으키는 힘을 통하여 유대관계를 강화한다. 그래도 여전히 학교교육에서 미술이 부차적인 것인가? 어린이에게 중요한 문화적 유산을 습득하게 하는 것이 교육에서 부차적인 목표라면 그렇게 말할 수 있다. 또 미술작업에 의해 길러질 수 있는 다양한 정신능력들이 어린이와 성인들이 학교 바깥에서 부딪히는 문제들과 관계가 없다면 그렇게 말할 수 있을 것이라고 Eisner는 이야기한다. 또 T. E. Schubert(1986), Feldman (1970), Broudy(1977) 역시 모든 교육 수준의 모든 교육과정의 기초로서 미술은 '없어서는 안 되는 존재'라고 역설한다.

미술교육학이 보다 학문적으로 체계가 잡히기 위해서는 미술교육학의 근본적인 문제에 대한 질문과 연구가 필요하다. '미술이란 무엇인가? 미적 경험은 무엇인가? 미술에서 학습과 창조 사이의 관계는 무엇인가? 미술은 우리에게 왜 필요하고 중요한가? 미술교과에서 교육되어야 하는 본질적인 것은 무엇인가?' 등과 같은 몇몇 기본적인 질문들에 대한 체계적인 탐색이 필요하다. 이렇게 의문시되지 않은 가정에 기초한 확장된 연구들이 존재하는 것이다. 미래의 연구자는 관련된 문제를 다루는 미술 외부의 어떤 사람들과 연구들을 분석하는 일을 해야 할 것이다. 그리고 그것을 현장에서 적용하여 그 결과물들이 이론적으로 정립되어 더 이상의 시행착오를 하지 않도록 쌓여야 한다.

이는 미술교육에 대한 학문화, 이성화(理性化)를 의미하며, 미술교육에서 이성화의 요구는 이성과 직관, 아는 것과 행하는 것, 미술작품의 창조와 이해 사이의 진정한 창의적인 균형에 대한 요구이다. 이성화는 학습과정의 부분적 전체적인 본성, 창조과정의 의식적 무의식적 본성, 감각과정의 물리적 정신적 측면을 반영한다(Lund, 1986, 50).

미술이 개인이나 사회에 중요한 부분이 아니었다면 그것은 오래 전에 이미 사라졌을 것이다. 결국 미술교육에 어려움이 있다면 그것의 첫째 원인이자 해결책은 미술교육이 미술교육에 관한 이성화, 즉 미술교육 연구에 소홀했기 때문이다. 이 말은 미술교육학 정립의 정당성을 주장하는 말이기도 하다. 이것은 직관적인 창조와 이성적인 분석 모두를 요구하는 것이다.

앞에서 살펴본 맥락주의적 정당화와 본질주의적 정당화는 어떤 것이 옳고 그르고의 문제가 아니다. 이 둘 모두 미술교육학을 정당화시키는 자원들인 것이다(김상준, 1996, 67; 전성수, 1996c, 21). 즉 학습자에게 미술이 필요하기 때문에 미술교육을 하는 것이고, 사회에 미술이 필요하기 때문에 미술교육이 정당화되어야 하며, 또한 미술이 인간에게 본질적인 가치가 있기 때문에 미술교육은 있어야 하는 것이다. 이러한 측면에서 본다면 미술교과의 정당화와 더불어 미술과의 교육내용을 어떻게 선정하고 조직하는 문제를 이러한 근거에 바탕을 두고 정당화하는 것도 중요하다고 할 수 있다. 즉 학습자에게 필요한 것이 무엇인가, 사회에서 미술에 요구하고 있는 것은 무엇인가, 미술교과의 본질로 보아 교육시켜야 할 것들은 무엇인가의 기준에 의해 교육내용을 선정하고 그것을 체계적으로 학습자의 발달과정에 맞게 조직하는 것이 필요하다.

2. 미술교육의 목적

미술을 왜 배우는지, 미술교육을 하는 목적이 무엇인지에 대해서는 여러 가지 견해가 있을 수 있다. 먼저 그 몇 가지 견해를 살펴보고 미술교육의 목적을 정리해보기로 한다.

Gaitskell, Hurwitz, Day(1982, 42-43)는 현대미술교육의 기본적인 신념으로 네 가지를 들고 있다.

첫째, 미술작품 제작과 그것에 대한 이해를 통해 미술을 우리 자신과 우리 주변의 세계를 이해하는 데 활용한다. 미술의 전통적이고 독특한 기능 중의 하나는 개별적인 해석과 표현을 강조해온 것이다. 오늘날 시각예술은 우리의 아이디어와 느낌에 형태를 부여하고 개인적인 성취를 통하여 개인적인 만족을 얻을 수 있는 한 방법이 되고 있다. 또한 시각적인 면을 포함한 우리 현대문화가 날로 복잡해짐에 따라 시각적으로 식별하고 판단하는 각 개인의 능력을 요구하고 있다.

둘째, 각 시대를 통하여 개인적인 환경과 서로 공유하고 있는 환경을 확립하고 풍부하게 하는 데 미술을 활용해 왔다. 미술경험은 이러한 환경의 시각적 특성을 이해하고 그것을 개선시킬 능력과 요구를 갖게 하도록 도와준다. 시각적 판단 능력을 일관되게 강조하는 미술교육 프로그램은 개인과 지역사회, 삶에서의 미적 차원을 향상시키는 데 공통의 책임이 있는 시민들을 도와줄 수 있다. 이러한 책임감과 능력은 급속한 기술공학의 발달과 사회변화의 시대에 매우 중요하다.

셋째, 시각예술은 그 사람의 가치와 신념이 그들이 제작하는 미술형태에 독특하게 반영되기 때문에 사람의 개성과 자취가 그대로 드러난다. 이러한 형태에 대한 비판적인 이해와 감상을 통해 과거와 현대문화를 보다 잘 이해할 수 있다.

넷째, 미술은 시각적 관계를 보고 느끼기, 미술작품의 제작, 미술대상에 대한 지식과 이해, 미술작품의 평가라는 네 측면을 가지고 있다. 의미 있는 학교 미술프로그램은 이러한 모든 영역의 경험을 포함해야 한다. 미술에서 계획된 프로그램은 유치원에서 고등학교까지 모든 교육 수준에서 제공될 수 있다. 각 학년 수준에서 미술경험은 지각, 작품제작, 감상, 비평 등 미술교과의 모든 네 측면을 보다 넓게 이해할 수 있도록 그 강도와 복합성이 다양한 깊이와 폭으로 선정되고 조직되어야 한다.

그리고 Fisher(1978, 49-50)는 미술교육, 또는 미적 교육(aesthetic education)에서 미술에 대한 반응과 미술제작, 미술감상의 세 활동을 통해 길러야 할 사람을 '미적으로 인식하는 사람(aesthetically aware person)'으로 보고 다섯 가지의 목적을 들고 있다.

첫째, 미적 지식

둘째, 환경에 대한 감수성

셋째, 인간애(humaneness)

넷째, 지각적 개념의 고양

다섯째, 미적 판단

Lanier(1983, 164)는 그동안의 미술교육에 대한 견해와 역사를 검토한 후에 네 가지의 관점을 제시하고 있다.

첫째, 미술교육이 학생들에게 줄 수 있는 큰 혜택은 미적으로 읽을 수 있게 하는 것(aesthetic literacy)이다. 즉 미술은 학생들이 미적으로 경험할 수 있는 대상에 대한 접근을 늘려 줄 수 있다.

둘째, 어린이들을 포함한 모든 사람들은 이미 광범위한 상황아래서 시각적인 미적 경험을 즐기고 있다. 미술교육이 할 수 있고 해야 하는 것은 이러한 지평을 확장시켜주는 것이다. 지금까지 만들어진 예술은 우리 모두에게 속하는 것이다.

셋째, 민속예술, 대중예술, 대중매체 등 미술을 포함한 모든 시각예술은 미적 반응을 효율적으로 일으킬 수 있으므로 모든 교실에서 다루어져야 한다.

넷째, 미술 교육과정과 프로그램은 우리를 둘러싼 모든 사물에 대한 미적 반응의 특성을 검토하기 위한 것이어야 한다. 미술작품을 만드는 활동은 그것이 다른 어떤 활동보다 효과적이라고 검토된 것을 제외하고는 필수적인 프로그램이 아니라 선택적인 프로그램에 포함되어야 한다.

지금까지의 검토를 정리해보면 Gaitskell 등은 미술의 이해와 환경의 개선, Fisher는 미적 인식, Lanier는 미적 경험과 반응을 강조하고 있음을 알 수 있다.

미술교육의 목적은 목표의 설정과 내용의 선정, 교육과정의 개발 등의 기초가 되기 때문에 매우 중요한 것이다. 교육과정의 개발이 그러하듯이 목적의 설정도 세 가지 측면에서 고려되어야 한다.

첫째는 미술교과의 본질에 맞아야 한다. 미술교육학은 미술교과의 학문이므로 미술이 갖는 특성에 목적이 적합해야 한다.

둘째는 학습자의 심리에 적합해야 한다. 학습자에 대한 견해는 곧 인간에 대한 견해이며, 현재와 미래에 그 학습자가 살아가는 데 그 목적이 알맞아야 한다.

셋째는 사회의 요구에 맞아야 한다. 미술교육은 교육의 한 분야로 이루어지므로 전체적인 교육의 목적에 부합해야 하고, 크게는 사회에서 미술교육에 요구하는 것에 적합해야 한다.

그럼 미술의 본질과 학습자의 심리, 사회의 요구에 부합한다고 할 수 있는 미술교육의 목적에는 어떤 것들이 있는가? 이러한 미술교육의 목적으로는 미적 안목의 육성, 창의성의 계발, 감성 능력의 함양, 조형 능력의 함양(전성수, 1993a, 110-117; 이규선 외, 2000, 31-50)이 필요하다고 볼 수 있다.

1) 미적 안목의 육성

Peters(1966, 30-34)는 교육받은 상태는 지적 안목을 가지고 있는 상태이며 이것은 단순히 서로 유리된 사실적인 정보를 많이 가지고 있는 상태가 아니라 그러한 것들이 모종의 개념구조에 통합되어 있는 상태로서 그것을 통하여 세계를 보는 안목이 달라진 상태라고 말하였다. 즉 교육은 세계를 보는 안목을 기르기 위해 한다는 것이다.

그에 의하면 교육받은 상태는 '지식과 이해', 그리고 '지적 안목'을 가지고 있는 상태이다. 이것은 단순한 기술이나 서로 유리된 사실적 정보를 많이 가지고 있는 상태가 아니라, 그런 것들이 '모종의 개념구조'에 통합되어 있는 상태, 그래서 그것을 통하여 세계를 보는 '안목이 달라진 상태'를 가리킨다. 그리고 이 상태는 또한 지식을 소중히 여기고 그것에 헌신하려는 태도를 내포하고 있다(이홍우, 1993, 172).

지금의 사회가 문화의 시대이고 정보화의 시대라고 한다면 무엇보다 중요해지는 것은 많은 문화 현상 중에서, 수없이 쏟아지는 많은 정보 중에서 자신에게 필요하고 즐길 수 있는 정보와 문화를 선택하고 제대로 향유할 수 있는 능력일 것이다. 일년에 수많은 영화나 소설, 미술작품들이 쏟아지고 주체할 수 없을 정도로 많은 정보들이 주위에 널려 있다. 이러한 많은 문화 현상과 정보 속에서 현대인들은 자신에게 맞는 것들, 필요한 것들을 선택하여 활용하게 된다. 이러한 시대에 필요한 것은 어쩌면 그러한 것들을 선택하고 분별하는 '안목'일지도 모른다.

안목이라는 말은 사물을 분별하는 힘을 말한다. 사람들은 삶에서 일상적으로 선택을 하며 살아간다. 그 선택에는 어떤 기준이 작용한다. 그 기준이 되는 것이 안목이라고 할 수 있다. 신발을 고르거나 연필이나 옷 등을 고를 때 한참 살펴보고, 신어보고 입어보고, 거울 앞에 서 보고 한 다음에 선택을 하게 된다. 그때 한참을 살펴보게 하는 것, 어떤 선택을 하는 데 작용하는 것은 무엇인가? 그것이 '미적 안목'이다. 미적 안목은 '미적으로 사물을 분별할 수 있는 눈'이다. 다른 말로 하면 '세상을 아름답고 새롭게 바라보는 눈'이다. 여기서 미적이라는 말은 넓은 의미로서의 미이다. 자신의 내면을 표현하는 자기표현을 통해서, 시지각의 육성을 통해서, 우뇌의 계발을 통해서, 미술로 자유로움 속에서 질서를 추구하고 개성과 창의성을 계발하면서, 즐거움 속에서 아름다움을 체험하고 이해하면서 종합적으로 작용하는 미의 개념이고 이러한 종합적이고 통합적인 활동을 통해 미적 안목을 육성될 수 있다. 이러한 미적 안목은 자신의 전체를 표현하는 자기표현을 통해서, 시지각의 육성을 통해서, 우뇌의 계발을 통해서, 미술로 자유로움 속에서 질서를 추구하고 개성과 창의성을 계발하면서, 즐거움 속에서 아름다움을 체험하고 이해(이규선·김동영·전성수, 1994, 23-40)하면서, 종합적으로 작용하여 서서히 육성된다.

미술은 첫째, 봄으로써(시각), 둘째, 보고 생각함으로써(시지각), 셋째, 보이는 대상이 없이도 상상함으로써, 넷째는 보고 생각하고 상상한 것을 나타냄으로써 이루어지는 예술이다. 그러나 상상도 본 경험의 기초 위에서 이루어질 수 있는 것이다. 그러므로 보는 것은 미술의 대부분을 차지한다고도 할 수 있다. 미술표현은 보는 것에 의한 시각적인 질서화를 통해 조화를 추구한다. 화면이라는 공간이나 3차원의 입체 공간 안에서 점과 점, 점과 선, 매스와 볼륨 등의 조형요소들이 제각기 미묘한 끌어당김과 미는 힘을 가짐으로써 조화를 이루게 된다. 그러한데 그러한 조화의 관계는 물론 미술표현의 전 과정과 미술의 이해, 감상, 비평에 이르기까지 일관되게 작용하는 요소는 '보는 것'이다(김병종, 1991, 77).

어떤 대상이나 현상을 보는 일은 미술의 기본적 출발점이 된다. 이렇게 보고 파악하는 일, 즉 봄으로써 인식하는 일의 총체를 시지각이라고 한다. 시지각은 시각작용에 의해 외부의 자극을 접수하는 기능을 하고, 지각은 눈이 전달해 준 자극을 기록하는 일을 한다. 그러나 단순히 기록하는 일에만 그치지는 않는다. 지각은 시각의 범위에 한정되지 않고 경험축적에 의한 심상(mental image)까지 포괄하려 한다. 기억의 흔적은 다른 흔적 때문에 끊임없이 영향을 받으면서 유사한 흔적들을 접촉하고 하나의 이미지를 기억표상 속에서 강화하거나 약화, 확대, 축소시키면서 현재의 지각표상을 해석하고 보완하는 기능을 갖는다. 미술에서 눈의 기능은 단순한 것이 아니며, 시각은 지각적 사상(知覺的 事象)과 연계를 이루게 된다. 미술이 보는 것뿐만 아니라 보이지 않는 것까지도 시지각의 범주 안에 통합하게 되는 것도 이 때문이다. 따라서 미술에서 '본다'라는 문제는 눈앞의 구체적인 대상을 보는 것뿐만 아니라 상상이나 관념 속에서 떠오른 현상이나 이미지까지도 본다는 범주에 넣게 된다.

이러한 시지각은 실천적 관심을 통하여 볼 것을 선택하고 의미를 보강한다. 그래서 시지각은 일상적 자극과는 달리 대상에 대해 독특한 감정적 정서적 반응을 일으키게 된다. 예를 들어 신선한 새벽이슬, 못생긴 호박 등처럼 보는 것은 곧 심미적 시지각이다. 미술에서의 시지각은 일상적인 시지각과는 달리 보이는 사물에 감정적 정서적 투사를 하는 것이다. 사진기와는 달리 선택적인 특징을 갖는 시지각은 대상의 몇 가지 두드러진 특징들에 의해 대상의 독자성을 결정짓고 통합된 전체 패턴을 만든다. 시지각은 지각표상에 도달하는 동시에 개념의 정보망을 동원함으로써 시지각이 접수한 형태의 크기, 비례, 형상, 색채 같은 요소들을 판단, 추측, 논리, 결론에 의해 어떤 개념, 즉 미의식을 형성시킨다. 이러한 미의식이 미감이며 넓게는 미적 안목이 되는 것이다.

미적 안목이나 미의식은 식별력, 분별력, 즉 가치판단을 동반한다. 시지각에 의해 대뇌에 접수된 대상이나 느낌을 표현한다고 해서 그것이 미술이 되는 것은 아니다. 대뇌에서 받아들인 정보에 대해 가치판단을 하게 되는 것이다. 미적 가치판단에 의해 미의식이 형성된 후, 미의식이 내면에서 얼개를 짜게 되고 그것이 기교에 의해 가시적으로 형태를 이룸으로써 미술이 가능해진다. 그러한 가치판단은 수많은 것들의 영향을 받아 이루어지며, 그 가치판단을 미의식에 의해 잘할 수 있는 눈이 미적 안목이다.

그러나 미적 안목은 미술표현에만 한정되는 것이 아니다. 미술을 이해하는 데에, 미술을 감상하는 데에, 미술을 비평하는 데에는 물론이고 일상생활의 삶 속에서 환경을 바라보고 이해하고 개선하는 데도 적용되는 것이다. 우리는 잠잘 때를 제외하고는 항상 시각적 환경 속에 살아가고 있다. 우리는 눈으로 수많은 대상들을 계속, 끊임없이 보고 있다. 이러한 삶에서, 환경 속에서, 계속되는 시각적 현상 속에서 의미 있는 미적 대상을 발견하는 일로부터 미술적인 것을 선택하고 환경을 개선하는 일에 이르기까지 모두 미적 안목이 요구되는 것이다. 미술교육에서 중점을 두고 길러주어야 할 것이 미적 안목이다. 미술 소비자를 기르는 것이 초등 미술교육의 방향이라면 미술 소비자에게 필요한 것은 삶 속에서 미적인 것을 선택하고 즐길 수 있는 안목을 갖는 것이기 때문이다.

이러한 미적 안목에는 환경 속에서 미적 대상 발견하기, 미술작품을 조형적이고 심미적으로 제작하기, 미술을 바르게 이해하기, 미술작품을 자기 관점을 가지고 감상하고 비평하기, 미술문화를 바르게 이해하기, 자신의 환경 속에서 미술적으로 개선해야 할 대상 찾기, 환경을 미적으로 개선하기 등의 능력이 포함된다.

미술교육은 삶 속에서 미술을 향수하고 이해하며 감상할 수 있는 '미술 소비자'를 기르는 것이 중요하다. 그리고 미술 소비자에게든 미술 생산자에게든 '미적 안목'을 길러주어야 한다. 그것은 앞으로의 시대가는 문화가 삶에서 중요해지는 문화의 시대가 펼쳐질 것이고, 문화의 시대, 정보화의 시대의 미술교육은 '새롭고 아름답게 볼 수 있는 눈'인 미적 안목을 길러주어야 하며, 미적 안목은 어린이들을 미술로 생각할 수 있게 해야 길러질 수 있기 때문이다.

미적 안목을 기르기 위해 미술교육에서 강조되어야 하는 것은 무엇보다도 미술을 이해할 수 있게 하는 미술교사가 우선되어야 하며 미술 감상 교육이 강조되어야 한다. 미술에서 가르쳐야 할 기본적이고 본질적인 내용들을 선정하여 그것이 무조건적이고 방임적인 표현을 통해 자연적으로 학습되기를 기대하는 것이 아니라 체계적인 지도과정과 체계적이고 단계적인 직접적인 경험, 충분한 참고자료를 통해 학생들이 스스로 체득하고 이해할 수 있도록 해야 하는 것이다. 그리고 미술이해, 표현, 감상과정에서 어린이들 간의, 교사와 어린이 간에 활발한 토론과 발표를 통해 미술에 대한 자신의 생각과 견해를 정리하고 발표하며 비평하고 토론하면서 미적 안목을 길러가도록 해야 한다. 그리고 그러한 미술의 학습내용들은 어린이들의 삶에서 도출되고 어린이들의 삶과 환경에 적용할 수 있는 것이어야 한다.

2) 창의성의 계발

창의성은 앞으로의 사회에서 가장 중요한 인간 특성의 하나가 될 것이다. 인간들은 항상 새로운 것을 요구하기 때문이며, 정보화시대, 정보통신의 시대, 문화의 시대, 지식 기반의 사회인 미래는 창의성으로 열어가야 할 것이기 때문이다. 그동안 창의성이 무엇인지에 대한 연구는 다양하게 전개되고 있으나 완전한 개념으로 일반화된 정의는 아직 없다(강은엽 역, 1986, 2-4). 창의성이란 말은 일반적으로 창의력과 독창력, 창조적 재능 등을 포함하는 의미를 가지고 있다. 이것은 경험의 재생이 아닌 다른 방법에 의한 문제해결의 방법과 태도를 말하고, 생산적 사고나 확산적 사고에 의한 새로운 아이디어의 산출이나 새로운 유형의 사고능력을 말하기도 한다.

창의성이란 용어가 등장한 것은 그렇게 오래된 일이 아니다. 이 용어의 역사는 백여 년밖에 되지 않는다. 19세기 말부터 쓰이기 시작한 이 말은 Dow와 Cizek 등에 의해 쓰이기 시작하여 1940년대에 Lowenfeld와 D'Amico에 의해 미술교육에 적극적으로 도입되어 전파되었으며, 그 후 1950년대 후반에 Guilford가 과학자에 있어서의 창의성에 관하여 연구하는 등 심리학의 중요한 개념이 되었다. 차차 이 개념은 교육학 전반에 쓰이는 용어가 되었으며 과학이나 다른 영역에까지 전파되어 일반화되었다. 미국에서는 1930년대부터 '모든 인간의 잠재적 능력을 최대한으로 성장시켜야 한다'는 것을 중시하기 시작하면서 인간의 능력을 측정하는 심리 검사가 크게 발달하게 되었다. 그리고 그동안의 지능 검사의 결과에 의문을 품어오던 Guilford와 Torrance 등 많은 심리학자들에 의한 창조성 연구 결과에서, 학업 성적이나 교육연수가 본인의 사회적 활동에 대해 매우 낮은 상관이나 또는 전혀 상관이 없다는 것, 그리고 학업 성적·교육연수·지능 검사 점수가 창의성과는 상관이 없다는 사실이 밝혀지기 시작하였다. 또한 1949년 이래 남 캘리포니아 대학에서 Guilford 등이 성인에 있어서의 창조와 추리, 평가, 문제 해결 등을 포함한 넓은 영역의 사고능력에 대한 인자분석 연구를 진행시켜 지성 구조의 일부라고 할 수 있는 창조적 사고의 모든 인자들을 찾아내려고 노력하였다. 그 후로 창의성을 따로 떼어놓고 탐구해야 한다고 해석되는 심리학적 기초가 마련되었기 때문에 각 대학에서 창의성 그 자체에 대한 연구가 활발해지기 시작한 것이다.

그동안의 창의성에 대한 견해를 살펴보면, 창의성은 '새로움'과 관련되어 있으며 '개인의 사고과정'과 관련된 것임을 알 수 있다. 그래서 임선하(1993, 26-29)는 창의성을 '새로움에 이르게 하는 개인의 사고 관련 특성'이라고 정의한다. 그리고 창의성에 대한 개념은 직관적이고 비합리적인 기발한 생각이라고 보았던 것에서 점차 과학적이고 합리적인 특성으로 보는 관점으로 바뀌고 있으며, 그것이 아무 것도 없는 백지의 상태에서 번뜩이는 그 무엇이 아니라 다양한 정보와 많은 사고과정 속에서 이루어지는 것임이 강조되고 있다고 볼 수 있다.

창의성은 본질적으로 새로운 것, 아직 알려지지 않은 아이디어를 낳게 하는 능력이다. 그리고 그것은 상상력일 때도 있고 종합적인 사고일 때도 있다. 이것은 과거의 경험을 기초로 하여, 새로운 형을 만드는 일이지만 이전에 가진 경험을 새로운 상황에 옮겨서 새로운 관계를 낳게 하는 일도 있다. 창의성을 새로운 것을 만들어냄으로써 자기 자신의 활동에 새로운 것을 보태고 조직화하는 종합적인 능력으로 보기도 하는데 이때 여기에는 지능·기능·성격 등을 모두 포함하게 된다.

미술은 우리의 느끼고 생각하는 방식을 새롭게 변화시켜줄 뿐 아니라 새로운 질서를 창조하게 한다. 미술이 가지는 특성에 있어서 창조에 관한 원칙은 인간정신의 특유한 것으로 '없는 것'에서 '있는 것', '보이지 않는 것'에서 '보이는 것', '불확정한 것'에서 '명백한 것'으로 만들려는 인간이 갖는 기본적인 충동에 의지한다. 이것은 우리들에게 기호나 신비나 공상을 창조해준다. 인간에 있어 창조성은 개개인의 기질이나 성품에 따라서 다른 형태로 나타나며 미술의 경우 하나의 독창성을 부여해 준다.

미술에 있어 창조는 사상의 기능이며 시대나 개인에 따라 다른 가변성을 지닌 주관적인 것이다. 미술활동은 창의성 교육을 내용으로서 가르치기보다 학생들이 미술수업 과정에서 실제 창의적 활동에 가담하도록 함으로써 창의적인 활동이 형성되기를 기대하는 접근이다. 창작활동은 인간 자신을 표현하는 삶의 방식인 것이다.

미술교육에서 창의성을 중요한 개념으로 정착시킨 사람으로 Lowenfeld(1957)를 들 수 있다. 그는 미술을 통한 인간교육을 강조하면서 미술교육에서 중요한 것은 미술에 의해 창의성을 계발시키는 것이라고 하였다. 그는 창조활동, 그 자체가 보다 나은 행동을 위한 새로운 통찰력과 지식을 제공해줄 수 있으며, 창조를 위한 좋은 준비는 창조행위 그 자체로 본다. 이러한 창의적인 미술활동의 기본 요소 중의 하나는 어린이와 주위 환경과의 관계이며, 어린이가 색칠하고 만드는 모든 경험은 주위 환경과 동화하고 그것에 어린이 자신을 투영하는 끊임없는 과정이라는 것이다. 이러한 방대한 양의 정보를 감각을 통해 받아들이고, 그것을 심리적 자아에 통합하며, 그 시대 어린이의 미적 욕구에 알맞은 조형요소들을 새로운 형태에 적용하는 것이다. 그는 창의성의 향상과 계발의 중요성은 아무리 강조해도 지나친 것이 아니라면서 분명한 것은 미술교육의 어떤 프로그램이든 중요한 목표가 창의적인 사고의 주체인 개인을 발달시키는 데 있음을 강조하였다. 그는 어떤 어린이도 비창의적인 어린이는 없고 또한 태어나면서부터 창의적인 어린이도 없다고 보았으며, 그 창의적인 행동에는 다양한 수준이 있고 어떤 수준의 창의적인 활동에서든 어린이들의 현재 능력을 향상시켜 참된 성장에 보다 가깝게 잘 수 있도록 도와주는 것이 필요하다고 하였다.

Lowenfeld는 창의성의 특성으로 여섯 가지(서울교육대학교 미술교육연구회 역, 1993, 31-32)를 꼽고 있다. 첫째는 감수성으로 어떤 문제에 대한, 다른 사람의 태도와 느낌에 대한, 그리고 생활 경험에 대한 감수성이며, 주어진 재료나 상황 등에 능동적으로 대처하는 독특하고 적절한 고도의 인식을 말한다. 둘째는 유창성으로 짧은 시간 안에 많은 양의 아이디어를 떠올릴 수 있고, 신속하며 자유롭게 사고하는 능력이다. 세 번째는 융통성으로 새로운 상황에 빠르게 적응하거나 사고를 빠르게 전환시키는 능력을 말한다. 네 번째는 독창성으로 전혀 새롭게 또는 색다르게 반응하는 사고능력으로 평범하고 일반적으로 인정된 것에 대한 반대 개념이다. 다섯째는 재정의 하고 재구성하는 능력으로 이것은 아이디어를 재정리하고, 대상의 용도와 기능을 변화시키며 새로운 관점으로 대상을 보는 능력이다. 여섯째는 추상하는 능력과 종합하는 능력, 조직하는 능력이다. 추상하는 능력은 어떤 문제에 내재한 다양한 요소를 분석하거나 특정한 관계를 찾아내는 능력이고, 종합하는 능력은 각 부분들을 의미 있는 방법으로 종합하는 능력이며, 조직하는 능력은 의미 있는 방법으로 서로를 결합시키는 능력이다.

Lowenfeld가 주장하는 창의성 중심 미술교육에 이의를 제기한 Eisner(1972, 217-222)도 미술교육에서 창의성을 무시하지는 않는다. 그는 미술작품에서 창의성의 유형을 분석하면서 창의성의 유형을 다음의 네 가지로 구분한다. 첫째는 한계 확장하기이다. 일반적인 대상의 한계를 확장하거나 재규정 하는 과정을 한계 확장하기(boundary pushing)라고 부른다. 한계 확장하기는 주어진 것의 한계를 확장함으로써 또 다른 가능성을 찾아내는 능력이다.

둘째는 발명하기이다. 발명하기는 본질적으로 새로운 대상이나 물체의 결합(class of objects)을 창안하기 위해 이미 알려진 것을 사용하는 과정이다. 발명가는 관습적인 것의 일반적인 경계를 단순히 확장하는 일 이상을 한다. 그는 알려진 것을 재구성하여 새로운 대상을 창조한다.

셋째는 한계 깨뜨리기이다. 한계 깨뜨리기는 일반적인 생각에 대한 거부나 반전이며 "주어진 것"에 대한 의문제기로 정의할 수 있다. 한계 깨뜨리기는 기존의 이론에서 차이와 한계를 발견하고 그것 자체의 경계를 포함하는 새로운 전제를 발전시켜 나가는 과정이다. 예를 들어, 코페르니쿠스의 경우, 체계적인 이론은 아니었지만 지구가 우주의 중심이라는 이론의 거부, 즉 한계 깨뜨리기의 행동을 보여준 것이다.

넷째는 미적으로 조직하기이다. 미적으로 조직하기는 대상 안에 있는 고도의 일관성과 조화의 존재로 설명할 수 있다. 이러한 유형의 창의성을 나타내는 사람은 사물에 질서와 통일성을 적용한다. 때문에 그의 주된 관심은 질적 구성요소를 담는 미적 조직에 있다. 대상의 배치에 관한 결정은 질적인 창의성이라 부를 수 있는 것을 통하여 이루어진다. 미적으로 조직하기와 앞에 언급된 세 유형의 창의성 사이에는 중요한 차이가 존재한다는 것에 주의하여야 한다. 한계 확장하기, 발명하기, 그리고 한계 깨뜨리기에서의 분명한 특징은 참신함이다. 대상에 대한 새로운 사용법이나 새로운 대상 자체가 창조되는 것이다. 그러나 미적으로 조직하기에서는 반드시 그렇지는 않다. 새로운 사용법이나 새로운 대상이 창조되지 않을 수도 있다. 그러나 창의성이 발휘된 대상은 고도의 일관성을 보여준다. 대상의 각 부분들은 서로 조화롭게 어루어져 있으며, 대부분의 예술가들에게 형태를 미적으로 조직하는 일은 매우 중요한 문제이다.

그러면 미술교육에서 창의성에 대해 어떻게 접근하는 것이 바르게 접근하는 것인가?

먼저 꼽을 수 있는 것은 창의성은 자유롭게 많은 표현기회를 부여한다고 해서 효과적으로 계발되기보다는 체계적이고 합리적인 교육에 의해 효율적으로 계발된다는 것이다. 창의성에 대한 큰 오해는 창의성이 천부적인 것이며 간섭이 없는 자유로움 속에서 퍼뜩 떠오르는 것이므로 지도를 통해 일부러 계발할 필요가 없다는 생각이다. 창의력은 우연히 생기는 것이 아니라 창의력을 기르는 데는 연습이 필요하다(한방교·윤길근, 2000, 157). 창의성의 계발은 근본적으로 인간에 대한 신뢰감과 강한 내적 동기, 즉 호기심을 가지고 있는 존재라는 것을 인정하는 데서 출발한다. 그동안 미술교육에서 창의성을 강조하면서도 좋은 결과를 얻지 못했던 것은 창의성을 계발한다는 생각으로 미술수업을 방임에 가깝게 무조건적으로 표현만 하게 하는 쪽으로 흘렀기 때문이다. 어린이의 창의성이 많은 재료로 표현하다보면 저절로 생길 것이라는 막연한 기대와 구체적인 대안이 없는 방임 상태에서는 스스로 무력감만 조장할 뿐, 창의성 계발에는 거의 도움이 되지 않는다. 어린이들에게 표현의 자유를 부여하면 무엇을 표현할까 망설이다가 옛날에 그려보았던 익숙한 표현을 하게 되고 그것이 반복됨에 따라 표현이 도식화되어 버리는 것이 대부분이다. 어린이들이 창의적이고 다양한 표현을 할 수 있게 하기 위해서는 그들의 상상력과 경험을 자극하고 단계적으로 목표한 표현에 도달하도록 체계적으로 지도하며 개별적으로 그들과의 대화를 통해 그들의 문제를 해소시켜주어야 가능한 일이다.

두 번째로 창의성은 새로운 사고와 새로운 발견, 새로운 형태의 창조 등 새로운 것을 생각하고 발견하고 만들어내는 것과 관련한다는 것이다. 창의성과 창조성은 거의 동일한 의미이면서도 약간의 차이가 있다. 창조성은 가시적으로 만들어내는 것에 중점을 둔 말이고, 창의성은 창조의 근원이 되는 정신적인 면에 중점을 둔 개념이다. 그러나 분명한 것은 창의성은 창조와 창작을 가능하게 하는 정신적 능력이라는 것이다. 창조는 새로운 것을 만드는 것을 말하고, 창작은 새로운 작품을 만드는 것이다. 미술교육은 본질적으로 새롭고 독창적이며 개성 있는 표현과 시지각을 장려하고 자극한다. 미술교육은 그 누구의 것도 아닌 자기만의 자유롭고 새롭고 독창적인 표현, 즉 창의성을 다른 어느 교과에서 보다 격려하고 존중한다. 그러므로 미술교육에서 어린이에게 무조건적으로 표현의 기회를 부여하여 자신 있고 익숙한 표현을 반복하도록 하는 것이 아니라 체계적인 교육내용에 따라 단계적이고 충분한 지도를 통해 어린이들이 새로운 생각과 기법으로 새로운 표현을 할 수 있도록 해야 한다.

세 번째로 창의성은 감수성, 독창성, 융통성, 유연성 등 민감하고 독특하고 유연한 사고과정을 기본 성격으로 한다는 것이다. Lowenfeld (1957)는 창의성의 기본 요소로 감수성, 융통성, 유연성, 독창성, 재정의와 재구성하는 능력, 분석하고 추상하며 종합하고 구조화하는 능력을 꼽고 있다. 또 Guilford(1967)도 문제에 대한 감수성, 융통성, 유연성, 종합력과 분석력, 재구성 능력, 개념적 구조의 복합성을 들고 있다. 한편으로 임선하(1993)는 민감성, 유창성, 융통성, 독창성, 정교성을 들고 있다. 이들의 견해가 거의 비슷함을 알 수 있는데 공통적으로 감수성(민감성), 유연성(유창성), 융통성, 독창성, 정교성(분석, 종합, 재구성 등) 등을 꼽고 있음을 알 수 있다. 미술교육은 시각을 통해 환경에서 민감하게 대상의 특징을 읽고 이해하는 활동(감수성)이고, 어린이들의 자유롭고 융통성 있으며 개성 있는 유연한 표현을 자극하고 장려하는 활동(독창성, 융통성, 유연성)이며, 시지각을 통해 대상을 분석하고 그것을 종합적으로 표현하고 구조화하며 구조화된 표현들을 감상하면서 그 구조를 분석하고 종합적으로 이해하며 느끼는 활동(분석과 종합, 구성 능력)이다. 이처럼 미술교육은 창의성의 기본 요소나 성향이라 할 수 있는 능력들을 자극하고 격려하여 육성하는 매우 효율적인 교과라는 것이다.

네 번째로 창의성은 자유롭고 모든 생각을 존중하며 개방적인 분위기가 필요하다는 점이다. 바람직한 미술시간은 자기표현과 토론, 발표를 보장하고, 학생들의 자유롭고 기발한 생각들을 존중하며, 사고와 표현과 토론이 열려있는 공간을 말한다. 미술시간은 어느 교과 시간보다 여러 가지 면에서 열려 있으며 그러한 열려있는 분위기를 통해 학생들의 창의성 계발을 자극한다. 그렇다고 어린이들에게 처음부터 무조건적인 자유를 부여하여 모든 선택권을 부여한다고 해서 어린이들의 창의성이 효율적으로 계발된다고 볼 수는 없다. 어린이들이 창의성의 바탕이 될 수 있는 경험과 상상, 생각 등을 자유롭게 떠올리고 연상하고 결합시킬 수 있도록 체계적인 프로그램과 동기부여가 필요한 것이다.

끝으로 창의성은 백지 상태처럼 아무 것도 모르는 상태에서는 전혀 계발되지 않는다(전성수 외, 1997a, 224)는 점이다. 경험에 대한 평가나 미술작품에 대한 감상은 추론하는 것을 요구하며 관찰한 것에 대한 판단을 필요로 한다. 특히 인간의 창의성을 연구하는 데 목적을 두는 사람들, 즉 창의성을 이해하기 위해 미술을 다루는 사람들에게 그러한 과정은 근본적으로 적대적인 것이었다. 창의성은 신비라는 가면에 의해서 보호를 받을 때 보존될 수 있고, 잘 계발된다고 믿어왔던 것이다. 간단하게 말해서 미술교육자들은 그동안 창의성을 이해하기 불가능한 어떤 것으로 믿었던 것이다. 그러나 창의성은 삶 속에서, 표현 속에서, 작업을 하면서 문득 떠오르는 것이긴 하나 그러한 창의적인 생각과 발견과 표현은 아무 것도 없는 상태에서 나오는 것이 아니라, 이미 가지고 있었던 경험과 지각, 개념들 간의 연합과 연상, 상상 등에 의해 이루어지는 것이다. 즉 에디슨이 전기에 대해 전혀 모르는 상태에서 전등과 같은 것들을 발명할 수 있는 것이 아니라 그 원리를 누구보다도 더 잘 알고 정확하게 이해하고 있으며, 또 그것에 대해 계속 생각하고 있었기 때문에 가능했던 일이다. 그러므로 미술교육에서도 풍부한 발상지도와 충분한 동기부여, 교사의 적극적이고 체계적이며 합리적인 지도 등을 통해 창의성이 효율적으로 계발될 수 있도록 해야 한다.

미술교육에서 창의성도 합리적이고 과학적이며 체계적인 프로그램과 지도에 의해 효율적으로 계발된다는 사실을 분명하게 전제로 받아들여야 한다. 창의성이 백지 상태와 같이 창의성을 발휘할 상황에 대해 전혀 모르는 상태에서 직관적으로 떠오르는 것이 아니라 그 상황을 정확하게 알고 있고 그것에 대해 깊게 생각하고 있을 때 효과적으로 발휘된다는 것이다. 따라서 미술교육에서 창의성은 먼저 어린이에게 가르쳐야 할 미술교육 내용이 잘 선정되고, 그것을 교사가 체계적이고 적극적으로 지도하며, 어린이들이 자유롭게 자기 생각을 발표하고 표현할 수 있는 개방적인 분위기가 조성될 때 효율적으로 계발된다고 할 수 있다. 미술교육에서 창의성은 의도적인 것이기보다는 본질적으로 내재한 것이며, 활동 자체에서 아주 자연스럽게 길러지기 때문에 보다 의미 있다고 할 수 있다.

3) 감성 능력의 함양

감성의 사전적 의미는 '외계의 대상에 대하여 감각, 지각, 표상을 얻는 인식 능력'(한글학회, 1995, 93)으로 정의된다. 따라서 감성이라는 마음의 능력은 정의상 '감정, 또는 느낌', 즉 의식적으로 느껴진 경험의 성질을 가능하게 하는 마음의 소산이라고 간주해야 한다. 이처럼 감성은 특정 느낌이나 감정을 느낄 수 있는 능력, 즉 '감정의 능력'으로 통증이나 쾌감, 공포감 같은 특정 감정을 느낄 수 있는 우리 마음의 능력을 뜻한다(정대현 외, 1996, 24-30). 그리고 정서는 어떤 대상에 의해 야기되거나 혹은 대상에 지향되어 일어나는 내적 감정이나 감각작용인 것이다.

일반적으로 감정, 감성, 정서라는 말을 거의 구분하지 않고 쓴다. 이 말들은 모두 유사함 개념들이지만 약간 어감의 차이가 있고, 감정은 개인적·주관적인 느낌의 측면이 강한 말이고, 정서는 심리학에서 많이 쓰는 말로 공적이고 객관성을 띄는 성격의 말이다. 그리고 감성은 주로 철학에서 이성에 대비되는 말로 많이 쓰며 감정과 정서를 포괄한다고 할 수 있다. 이 글에서는 정서와 감성을 구분하지 않고 문맥에 따라 자연스럽게 혼용하기로 한다.

옥스포드 사전에서는 정서를 "마음과 감정, 그리고 격정의 동요나 혼란, 즉 격렬하거나 흥분된 정신상태"라고 정의하고 있다. 대니얼 골먼은 정서를 "하나의 감정과 그에 부수적으로 따르는 뚜렷한 사고 및 심리적·생리적 상태와 일련의 행동 경향(Goleman, 1995, 289)"이라고 말하고 있다. 인간이 대상을 볼 때 단순히 사실을 인지할 뿐 아니라 아름답다, 밉다, 기분 좋다 등의 가치를 매긴다. 이러한 신체 내외의 자극을 일으키는 주관적 동요와 정신활동의 체험, 대상에 가치를 부여하는 것이 감정이고 정서다(한명희, 1979, 107). 정서는 어떤 대상이나 상황을 인지하고 이에 대한 감정과 행동이 연쇄적으로 나타나는 반응(황의명, 박찬옥, 1997, 16)이다. 정서의 어원인 '밖으로 움직인다(emovere)'에서 알 수 있듯이 정서는 인간에게 발생한 어떤 사건의 직접적인 결과라기보다는 인간의 마음속에서 생각한 바가 밖으로 표출된 것이라고 할 수 있다.

감성과 관련하여 EQ, 또는 감성지능이란 말이 활발하게 논의되고 있다. 1990년대에 들어서면서 Salovey와 Mayer(1990)는 이러한 인간 내적인 지능, 혹은 인간 상호적인 지능이라는 용어 대신에 좀 더 명확한 용어인 '감성 지능'이라는 말을 만들었다. 이들이 말하는 감성지능은 자신의 감정에 대한 이해능력, 다른 사람에 대한 감정 이입능력, 스스로의 감정을 조절할 수 있는 능력, 자기 동기를 부여하는 능력, 인간관계 능력을 포함하고 있다. 우리가 알고 있는 감성지능(Emotional Intelligence)이라는 말은 이들에게서 시작되었으며, 감성지능의 다섯 가지 능력도 이들의 논문에서 기인한다.

이러한 감성지능은 미국의 Daniel Goleman(1995)이 쓴 「Emotional Intelligence」란 저서가 출간되면서 세계적인 주목을 받게 되었다. Emotional Intelligence라는 말은 감성지능이나 정서지능으로 번역할 수 있다. 우리가 흔히 EQ(Emotion Quotient)라고 하는 것은 '정서지수' 또는 '감성지수'의 문제이며, 이것은 감성지능을 숫자로 표시할 수 있다고 보고 IQ와 대비되는 개념으로 사용하는 것이다.

감성지능은 지능지수인 IQ에 대비되는 개념으로 '자신의 감정상태를 인식하고 자신의 감정을 조절하고 자신을 동기화하고 타인의 감정을 인식하며 상대방과 인간관계를 맺고 관리하는 능력'(이군현·김언주·박정옥, 1997, 20)이다. 이것은 다른 사람의 감정을 읽고 그 감정에 맞추어 대화하고 타협하는 능력이다. 즉 자기 자신의 감정상태를 인식할 줄 알고, 그 감성을 타인에게도 적절하게 전달할 수 있으며, 충동을 자제하고, 분노를 삭이며, 상황을 낙관적으로 파악할 줄 아는 능력 등을 의미한다. 개인의 정서적 안정감과 잠재적인 자신감, 미래에 대한 신념을 통해 올바른 삶의 목표를 설정하고 세상의 사물과 시대의 상황을 능동적이고 낙천적으로 교감하며 대인관계는 물론 자신과의 관계에서도 친화성과 포용력을 발휘하는 능력을 뜻한다. 감성지능은 사람들에게 동기를 부여해주고, 절망적인 상황에서 의욕을 잃지 않게 하고 기분을 조절하고 고뇌 때문에 사고능력이 방해를 받지 않게 하며 감정이입과 희망을 키워주는 능력(Goleman, 1995, 34)이다.

지능지수도 감성지능의 도움이 없이는 결코 충분하게 제 기능을 발휘하지 못한다. 지능지수와 관련이 깊다고 할 수 있는 공부하는 것도 감성지능의 도움이 없이는 어렵다. 왜냐하면 자신의 감정을 조절하지 못하는 사람이, 즉 잘 참고 공부에 열중할 수 없는 사람이 공부를 잘

할 수 없을 것이며, 스스로 하고 싶어서 하는 자기 동기부여 능력이 없을 경우에 공부를 즐겁게 할 수 없을 것이기 때문이다. 이제 지성과 감상을 대립하는 정신활동으로 이해하는 지금까지의 이론을 근본적으로 바꾸어야 한다. 우리는 머리와 가슴의 조화를 꾀해야 하며 이를 위해서도 감성에 대해 올바르게 이해하고 계발시켜야 한다.

감성지능은 다섯 가지의 주요 능력으로 구분된다. 학자에 따라 약간의 차이는 있으나 대부분 셀로비와 메이어가 주장한 다섯 가지 능력에 크게 벗어나지 않는다. 그 다섯 가지 능력은 자기감정의 인식, 자기감정의 조절, 자기 동기부여 능력, 타인의 감정 인식, 대인관계 능력이다.

감성지능의 첫째 능력은 자신의 감정을 인식하는 능력이다. 이것은 자신의 감정을 정확히 파악하는 능력이다. 감정이 발생되는 그 자체를 인지하는 자기 인식은 감성지능의 중추를 이룬다. 순간마다 감정을 파악하는 능력은 심리적 통찰력과 자기 이해에 없어서는 안 되는 능력이다. 만일 우리가 스스로의 진실된 감정을 주시하지 못한다면 언제든지 감정의 노예가 될 수 있는 것이다. 자신의 감정상태를 인식할 수 있는 능력으로 대부분의 감성 능력들은 여기에 바탕을 두고 있다. 왜 느끼고, 어떻게 느끼는지를 아는 사람만이 의식적으로 자신의 감정을 다룰 수 있고 억제할 수 있으며 또한 정돈할 수 있다. 감정 지능은 자신의 감정을 정확하게 읽는 데서 출발한다.

감정지능의 두 번째 능력은 자신의 감정을 조절하는 능력이다. 이것은 자기감정의 조절과 통제로 자신의 감정을 관리, 조절하는 능력이다. 자신의 감정을 잘 다루어서 적절하게 발휘되도록 하는 능력은 자기 인식을 바탕으로 가능하다. 불안, 분노, 슬픔과 같은 감정은 생존의 메커니즘과 관련되어 있으며, 이러한 감정들 자체를 완전하고 간단하게 중단시키거나 저지시키기 어렵다. 그러나 감정 반응을 적절하게 조절하고 즐거움이나 분노와 같은 일차적인 감정상태로부터 유발되기 쉬운 직설적인 행동을 유머나 반어법과 같은 후천적으로 습득된 교양 있는 행동양식으로 대체하는 것이 가능하다. 감정에 대해 어떤 반응을 보일 것인가, 얼마나 교양 있게 감정을 다룰 수 있는가 하는 것은 그러한 면에서 EQ의 문제이다. 불안이나 분노, 성욕과 같은 기본적인 감정들은 감성의 기본 요소들이며 이러한 감정들은 생물학적으로 인간의 본성 안에 단단히 뿌리박고 있는 것들로서 그것을 얼마나 세련되게 다듬는가는 우리의 손에 달려 있다. 사람들은 여러 다양한 행동 가능성들을 놓고서 신중하게 검토하고 자신의 동기와 기준에 따라 선택할 자유를 가지고 있는 것이다.

감성지능의 세 번째 능력은 자신에게 동기를 부여하는 능력이다. 이것은 스스로에게 하고 싶은 마음이 들도록 하는 능력, 잠재능력을 개발하는 능력이다. 인간은 어떤 일을 하든지 자기 동기를 부여하는 일이 필요하다. 그 일에 의미를 부여하고 했을 경우와 그렇지 않은 경우는 많은 것에서 차이가 난다. 스스로 동기를 부여할 수 있는 능력은 그래서 중요하다. 더불어 10%의 영감과 90%의 노력이란 말이 있듯이 진정한 성공은 계속적인 끈기, 낙관적인 인식, 자신감, 그리고 패배를 씻어버릴 수 있는 능력 등이 그 바탕에 깔려있어야 가능하다.

감성지능의 네 번째 능력은 다른 사람의 감정을 읽는 능력이다. 이것은 타인과의 감정 이입능력이다. 감정이입은 감성적 자기 인식이 있어야 가능한 또 다른 능력으로 인간관계 능력의 기본이 되는 것이다. 의사소통에 대한 연구의 결과, 감성적 소통의 약 90% 정도는 언어와는 거의 무관하게 이루어진다는 사실이 밝혀졌다. 다른 사람에 대한 감정이입은 상대에게 집중하여 경청하려는 자세, 말로 표현되지 않은 생각과 감정까지도 파악하려는 노력에서부터 비롯된다. 오늘날 많은 문제들이 다른 사람의 감정을 무시하고 자기만 앞세우는 데서 발생하기 때문에 이 능력은 중요하다고 할 수 있다.

감성지능의 다섯 번째 요소는 대인관계를 원만히 유지하는 능력이다. 이것은 상대방과 인간관계를 맺는 능력으로 인생의 구경꾼으로서 다른 사람들을 바라보거나 관찰하는 것이 아니라 그들과 함께 세상살이에 적극적으로 참여하고 더불어 살아가는 능력이다. 이는 사회적 관계를 형성하는 능력으로 고객과의 거래, 직장에서의 단체 생활, 급우들과의 교제 등 여러 사람과의 갖가지 만남에서 사회적 능력이 요구되는 것이다. 우리가 다른 사람과 얼마나 잘 지낼 수 있는가 하는 문제 다시 말해서 타인과의 관계를 어떻게 형성하고, 갈등이 생겼을 때 이를 얼마나 잘 인식하고 해결할 수 있는가 하는 것은 거의 전적으로 감성적 능력과 관계된다.

미술교육이 감성지능을 효과적으로 계발할 수 있는가를 살펴보기 위해서는 감성지능의 다섯 가지 능력을 미술교육이 효과적으로 계발할 수 있는가를 알아보아야 가능하다(전성수, 1999a, 275-276). 과연 미술교육은 감성지능의 다섯 가지 능력인 자기감정 인식, 자기감정 조절, 자기 동기부여, 타인 감정 인식, 원만한 대인관계에 도움을 줄 수 있는가?

먼저 미술교육은 자기감정을 인식하게 하는가? 미술은 어린이가 자신을 표현하는 직접적인 매체이기 때문에 자신의 감정이 그대로 표현되고 어린이는 표현된 것을 통해 자신의 감정을 파악할 수 있게 된다. 어린이들은 자기의 감정, 개념, 상상 등을 미술을 통해 시각적, 공간적, 조형적으로 표현한다. 어린이들이 긋는 선이든, 어린이들이 선택하여 칠하는 색에는 어린이의 감정이 투영된다. 그래서 아동화로 어린이의 심리분석을 하게 되며 심리치료를 할 수 있게 된다. 어린이들은 자기 자신을 언어로 적절하게 표현하는 데 능숙하지 않기 때문에 미술적 표현 매체로 직접적으로 자신을 표현하게 된다. 그러면서 자기 자신의 감정을 인식하게 되는 것이다.

둘째로 미술교육은 자기감정 조절에 도움이 되는가? 우리가 화가 나거나 슬플 때 많이 하는 것 중의 하나가 낙서이다. 어린이들은 미술교육을 통해 쌓여있는 분노나 화 등을 그림을 그리면서, 무엇인가를 만들면서 자연스럽게 순화하여 자신의 감정을 조절할 수 있다. 화가 잔뜩 나 있다가도 낙서하면서, 자유롭게 선으로 마구 그림을 그리면서, 찰흙으로 빚으면서 어느 사이엔가 그 화는 없어지게 된다. 그래서 미술은 어린이의 정서 함양에 좋은 교과인 것이다. 예술을 통해 정서를 순화한다는 것이 이러한 감정조절과 관련된다.

셋째로 미술은 어린이에게 자기 동기부여 능력을 키워주는가? 감성지능에서 어쩌면 가장 중요한 것이 자기 동기부여 능력이다. 자기 동기부여는 스스로에게 하고 싶은 마음이 들도록 하는 것을 말한다. 미술수업에서 중요하게 강조되는 것이 이러한 동기부여이다. 교사가 그 수업에서 동기부여만 성공하면 그 수업은 성공한 것으로 본다. 왜냐하면 미술은 어린이 스스로가 그리고 싶은 마음을 갖게 하여 스스로 자기를 표현하게 하면 되기 때문이다. 동기부여는 어린이들에게 스스로 표현하고 싶은 마음이 들도록 하는 것이다. 즉 자기 동기를 갖게 하는 것이다. 동기부여를 통해 어린이들의 발상을 자극하게 된다. 동기부여는 어린이들 각자가 자기 자신의 경험과 느낌을 찾아가도록 도와주는 것을 말한다. 동기가 부여되지 않고서는 좋은 작품을 결코 표현해낼 수 없다. 어린이들은 미술시간마다 교사의 동기부여에 따라 자기 동기를 갖는 습관을 기르므로 자연스럽게 자기 동기부여 능력을 기르게 된다.

넷째로 미술교육에서는 감상을 통해 다른 사람의 감정을 읽는 경험을 계속 할 수 있다. 미술표현이 자기감정을 직접적으로 표출하는 것이라면 작품 감상을 통해 다른 사람의 감정을 읽을 수 있게 되는 것이다. 다른 친구들이 표현해 놓은 작품에서 그 친구의 감정, 그 친구의 느낌, 그 친구의 의도를 읽는 연습을 계속하게 된다. 그럼에 따라 감상을 통해 감정이입하는 경험을 많이 하게 되고 그것이 반복되면서 다른 사람의 감정을 파악하는 능력을 기르게 된다.

다섯째로 미술에서는 정답과 오답이 없고 경쟁이 적기 때문에 다른 사람과 원만하게 지낼 수 있는 능력이 길러진다. 특히 협동작업을 통해 다른 사람과 더불어 살 수 있는 힘을 기를 수 있게 된다. 미술은 개성적인 표현을 강조하기 때문에 각자의 개성을 살리면서 서로 협동하는 습관을 기르게 되는 것이다.

정서교육은 바람직한 특성의 정서적 내용을 가진 대상에 대해 직접적인 인상작용을 일깨우는 일로 가능하다. 그것의 가장 빠른 길은 예술교육을 강화하는 일일 것이다(한명희, 1979, 113-118). 미술활동에서 느끼는 감각적 인상은 아동발달에 매우 중요한 의미를 지니며, 이는 이성적 사고와도 연결이 된다. 또한 미술작업을 통해 자신의 감정을 인정하고 조절하는 것을 배울 수 있다. 나아가 또래친구들과 아이디어나 작업에 대한 의견을 나누면서, 협동작업에 참여하고 서로 협력하면서 다른 사람을 이해하고 타인과 바람직한 사회적인 관계를 형성하는 것을 학습할 수 있다(이수경, 1997, 151).

이처럼 미술교육은 미술경험 자체가 본질적으로 감성지능의 주요 능력들과 불가분의 관계에 있다. 그래서 다양한 미술활동 속에서 자연스럽게 감성지능의 능력들이 길러질 수 있는 것이다.

미술을 통해 감성지능을 높이기 위해서는 표현기능을 신장시키기 위해 기법 위주의 수업을 하기보다는 자신의 감정을 소중히 하여 그런 감정을 표현하도록 격려하고, 격한 감정을 미술표현을 통해 해소할 수 있는 길을 열어 주어야 한다. 또한 감상활동을 통해 다른 사람의 감정을 읽을 기회를 많이 부여하고 다른 학생들과 함께 표현하는 기회를 많이 부여해야 한다. 그래서 학생들이 재미있고 다양한 미술활동 속에서 정서를 함양하고, 정서를 순화하며, 감성지능을 높일 수 있도록 해야 하는 것이다.

감성지능을 계발하기 위해 미술교육에서 취해야 하는 기본 관점으로 다음의 몇 가지(전성수, 1999a, 276-277)를 꼽을 수 있다.

첫째, 선을 하나 긋든 색을 하나 고르든 감정에 따라 긋고 선택할 수 있도록 지도한다. 둘째, 경험에서의 느낌이 어땠는지 구체화시켜 표현하게 한다. 셋째, 구체적이고 체험적인 동기부여를 통해 어린이가 자기 동기를 갖도록, 즉 스스로 그리고 싶은 마음에서 표현하게 한다. 넷째, 자기 느낌과 감정을 미술로 표현한 후 그것을 말이나 글로 다시 객관화시키는 활동을 강조한다. 다섯째, 다른 친구들 앞에서 자신의 표현작품을 설명하는 기회를 많이 주어 느낌과 생각을 이야기하게 한다. 여섯째, 다른 친구의 작품을 보고 그 느낌과 친구의 표현의도를 읽을 수 있는 기회를 많이 준다. 일곱째, 다른 친구들과 어울려 함께 작업할 수 있는 협동작업을 주로 하게 한다. 여덟째, 작가의 작품이나 친구의 작품을 감상하면서 어떤 느낌을 가지고 어떤 생각으로 표현했을 지 토론하는 기회를 많이 갖는다. 아홉째, 어린이들에게 재료와 용구, 표현방법 등을 스스로 선택할 수 있는 기회를 많이 주되, 일단 선택한 것에 대해서는 책임을 지도록 강조한다. 열째, 표현을 하고 나서 어떤 감정으로 그렸으며, 왜 그 감정을 갖게 되었는지 자신의 마음을 읽는 습관을 들인다. 끝으로, 교사는 아동들이 내적 동기를 가지고 표현에 임하도록 내적 동기를 격려하고, 격려와 칭찬을 적절하게 사용하여 자신감을 가지고 표현하게 한다.

이성과 감성의 문제는 고대 그리스에서부터 철학이나 교육의 중요한 개념이었다. 그동안 이성과 감성을 이분법적으로 분리하고 이성을 중시하고 감성을 무시하는 흐름이었던 것이 사실이다. 그러나 이성과 감성은 서로 상호보완적인 관계이며 분리되는 개념이기보다는 관념적으로 구분되는 개념이다. 지능에서도 지능지수와 감성지능은 분리되어 서로 상충되는 개념이 아니라 서로 돕는 관계에 있다. 감성지능은 지능지수에 도움을 주고 지능지수는 합리적인 감성으로 이끌어주는 상보적 관계에 있는 것이다.

감성지능은 예술교육을 통해서 효과적으로 계발할 수 있으며, 특히 미술은 자기표현과 감상 등을 통해 감성지능을 계발할 수 있는 여지가 많은 교과이다. 감성지능을 높이는 미술교육의 기본 관점은 어린이들에게 자신의 느낌과 감정을 직접적이고 솔직하게 표현할 수 있도록 하는 것이다. 어린이들에게 주제에 대해서든, 기법에 대해서든, 재료에 대해서든 느끼고 생각할 수 있는 기회를 많이 주어 어린이의 미적 안목을 높이고 미술을 이해할 수 있는 능력을 기르며 창의력을 높이는 데 있다. 그러기 위해서는 기법이나 재료 중심이기보다는 어린이가 직접 경험한 것에서의 느낌을 구체화하게 하고, 자기감정을 분명하게 하며, 표현을 통해 그럼 감정들이 표현될 수 있도록 배려하고, 감상을 통해 다른 사람의 감정을 자주 읽도록 하며, 협동작업을 강화하여 다른 사람과 협력하고 의논하면서 활동하는 기회를 넓혀야 한다. 미술은 감정을 표현하고 정서를 순화하며 다른 사람의 감정을 읽는 것과 관련되기 때문에 감정지능을 아주 효과적으로 함양할 수 있는 교과라고 할 수 있는 것이다.

4) 조형 능력의 신장

일반적으로 미술교육을 왜 하느냐고 물으면 많은 대답이 '실기능력을 기르기 위해서'이다. 즉 그림을 잘 그리기 위해, 디자인을 잘하고 작품을 잘 만들기 위해 미술교육을 한다는 것이다. 이 생각은 일반인들에게 뿌리 깊게 자리하고 있다. 반면 주로 미술교육자들 사이에는 실기 능력은 전혀 중요하지 않으며 미술을 통해 창의성을 길러 주는 것이 중요하다고 주장하기도 한다. 즉 미술교육이 표현기능을 강조하는 데서 벗어나 미적 안목이나 창의성이 강조되면서 표현기능, 실기 능력, 조형 능력은 중요하지 않는 것으로 생각하는 경우도 있다는 것이다.

이러한 실기능력, 또는 표현기능에 대해 미술교육에서 어떤 태도를 취해야 하는가? 미술교육에서 길러주어야 하는 중요한 것으로 미적 안목을 꼽는다면 학부모들이나 일반들이 중요하다고 생각하는 실기능력에 대해서는 어떤 관점에서 접근해야 하는가?

흔히 미술을 잘하는 사람, 그림을 잘 그리는 사람 하면 대상에 가깝게 사실적으로 그리는 사람을 일컫는 경우가 대부분이다. 그러나 미술의 표현 영역은 매우 다양하며 사실적인 표현은 그 일부에 지나지 않는다. 학생의 모든 표현을 사실적인 기준으로 보아 조금만 이상해도 지적하고 비판하는 것은 학생들의 관심과 흥미를 감소시키고 미술을 멀리하게 하는 첩경이다. 어린이의 표현은 교사의 눈, 기존의 눈으로가 아니라 어린이의 눈으로 바라보아야 하며, 어린이 입장의 파악은 그들로 하여금 자신의 표현에 대해 설명하고 비평하고 토론하게 하는 것으로 가능하다.

일반적으로 실기능력을 '기능', 그것도 '사실적으로 재현하는 능력'으로 좁게 생각하는 것이 대부분이다. 잘 그리는 기술과 조형 능력은 다르다. 정신적이거나 감정, 느낌의 개입 없이 묘사해내는 손재주가 기술이라면, 조형 능력은 눈과 머리와 손이 함께 하는 작업이다. 예를 들어 사진에 찍힌 풍경을 그대로 묘사해내는 것은 기술이 좋은 것이다. 동일하게 보이는 사실적인 표현이라도 모방하는 것과 관찰에 의한 표현은 차이가 있다. 모방은 표현하는 사람의 내면적인 면이 개입되지 않지만, 관찰에 의한 사실표현은 눈에 지각된 대상을 해석하여 불필요한 부분을 단순화시키고, 주 대상을 강조하는 등 작가의 개성이 들어가는 것이다. 미술교육에서의 기능적인 측면은 '조형하는 데 필요한 제반 능력'의 넓은 관점이어야 한다.

조형(造形)이란 무엇인가? 말 그대로 '형을 만드는 것'이다. 각종 재료를 사용하여 공간에 형태를 만드는 것이다. 이러한 조형은 물적(物的), 공간적, 시각적이라는 세 가지 특징을 갖는다. 미술이라는 개념이 '美의 術'로 받아들여지고, 아름다움과 기술을 다 갖추어야 한다는 의미가 현대미술이나 포스트모더니즘을 모두 포괄하지 못한다는 생각 때문인지, 요즘 들어 조형이란 말이 많이 사용되고 있다. 이처럼 조형은 미술보다 넓은 개념이라고 할 수 있으며, '재료에 인간의 행위나 시도가 작용하여 가시적으로 형태가 만들어지는 것' 모두가 조형의 범위에 포함된다. 어린이는 아름다움이나 기능적인 면을 생각하지 않고 표현하는 경우가 많기 때문에 조형은 어린이의 모든 물적, 공간적, 시각적 표현활동을 포괄한다고 할 수 있다.

그러면 조형 능력은 무엇인가? 조형 능력은 '형을 만들 수 있는 힘', 즉 '내면의 세계를 가시적인 형태로 표현해내는 능력'을 말한다. 조형 능력은 미라는 형이상학을 가시화 시키고, 만질 수 있도록 구체화시키는, 즉 정신을 물질화 시키는 능력이다. 이러한 조형 능력은 조형감각, 재료와 매체, 용구 등의 물질을 다루는 능력, 조형감각이나 미의식을 가시적으로 표현하는 조형기능을 포괄한다. 우리가 조형기능이나 기술 등의 단어를 접하면 무조건 배척하는 경우도 있는데 아무리 머릿속에 뛰어난 미적 감각이나 미의식을 갖추고 있더라도 그것을 가시화 시키고 형상으로 구체화시키지 못하면 미술에서는 의미가 없다. 미술은 곧 시각화(시각화)하는 것이고, 공간화 하는 것이며, 조형화 하는 것이기 때문이다.

그렇다면 조형 능력은 어디서 오는가? 그것은 시각적 환경에서 질서와 조화, 조형요소와 조형원리 등을 발견하고 이해하는 데서, 미술작품에서 미적 질서와 미술형식을 찾고 이해하고 즐기는 데서, 그리고 무엇보다도 재료를 가지고 직접 조형작업을 하면서 길러지는 것이다.

그러한 조형성은 어디서 왔는가? 원시시대나 고대미술에서는 자연의 형태를 모방하는 것이 조형의 중심이었고, 자연의 조화 속에서 아름답게 보이는 원리를 찾다가 황금비례를 발견하였다. 자연형태는 조형의 1차적 보편성의 기준이 되면서 동시에 조형상의 변형과 왜곡의 기준이 된다. 결국 자연형식에서 비롯되었다고 볼 수 있는 통일, 변화, 비례, 대비 등의 조형원리는 자연형상을 넘어서는 모든 조형에 통용되는 미적 원리로 자리 잡게 되었다. 그러한데 서양의 고대미술이 주로 자연의 외양형태에서 조화와 균형, 또는 비례와 같은 수리적 이치를 파악함으로써 조형의 형식원리에 응용했던 것과는 달리, 동양의 미술에서는 그러한 형태요소뿐만 아니라 그 형태와 뭇 현상들을 가능하게 한 원리나 정신 같은 것에 대해 더 관심을 기울였다(김병종, 1991, 120). 즉 서양은 자연에서 그 형식을 주로 파악하여 미술에 적용하였고 동양은 자연에서 그 내용을 주로 파악하여 미술에 표현하고자 하였다. 그러나 공통점은 처음에는 모두 자연에서 조형원리나 내용을 파악했다는 것이며, 모두 눈에 의한 지각으로 이루어진 일이라는 것이다.

그 자연은 오늘날 우리의 학생들에게 어떤 의미를 갖는가? 오늘날 우리의 눈에 들어오는 것들 중에는 자연뿐만 아니라 인공적인 것들도 많다. 자연과 인공적인 모든 것을 포함한 개념으로는 환경을 들 수 있다. 어린이들은 환경 속에서 생활하고 있으며 그 환경 속에서 조형원리를 발견하고 조형활동을 하며 그 환경을 미적으로 이해하고 개선하는 것이 무엇보다 중요한 것이다.

이러한 조형 능력은 미술교과에서만 주로 기를 수 있는 능력이기도 하다. 조형 능력은 미술작품을 창의적이거나 사실적으로 표현하는 표현기능이라는 좁은 개념의 의미가 아니라 자신의 환경의 시각적 특성을 이해하여 그것을 개선하는 능력도 포함하는 것이다. 조형 능력을 보다 넓게 말하면 머릿속에 있는 생각이나 상상 등을 구체적으로 가시화 시키고 물질화 시키는 것이라고 말할 수 있다. 아무리 생각이 뛰어나고 좋은 아이디어를 가지고 있다 하더라도 구체적인 형태로 구현되지 못하면 별 의미가 없다. 머릿속에 있는 정신적인 것들을 구체적인 형태로 가시화 시켜 주는 능력이 조형 능력이다.

어린이에게 조형 능력이 중요한 큰 이유는 사실적인 표현을 잘 해서 주위로부터 그림을 잘 그리는 어린이라는 인정을 받게 하는 데 있지 않다. 어린이들이 초등학교 고학년이 되면서부터 유아 때부터 그렇게 좋아하던 미술을 점차 멀리하기 시작한다. 그렇게 멀리하기 시작하는 이유를 추적하면 큰 이유는 표현하는 것이 자신이 없기 때문이다. 즉, 자신이 그림을 잘못 그리며, 미술에 소질이 없다고 생각하는 것이다. 이 시기에는 어린이들의 정신적 능력은 외계를 비교적 객관적으로 바라보는 수준에까지 이르렀으나, 자신이 그려놓고 표현해 놓은 것은 자신이 보는 것과 다르다는 것을 발견하면서 미술에 자신이 없어지기 시작한다.

그러므로 어린이에게 조형 능력이 필요한 큰 이유는 어린이들이 계속 미술에 자신감과 흥미를 가지고 접할 수 있게 하기 때문이다. 그 다음으로 중요한 이유는 자신의 내면이나 아이디어를 자유롭게 가시적인 형태로 표현할 수 있어야 하는데, 조형 능력이 뒷받침되지 못하면 표현하고 싶은 것을 자유롭게 표현해내지 못하기 때문이다. 즉 어린이에게 조형 능력이 필요한 이유는 조형 능력이 있으면 미술에 계속 자신감을 가지고 적극적으로 참여할 수 있기 때문이며, 가시적인 형태를 마음먹은 대로, 표현하고 싶은 대로 표현해낼 수 있기 때문이다(전성수, 1998b, 30-31).

그러나 조형 능력이 중요하다고 해서 미적 안목보다 중요할 수는 없으며, 예전처럼 반복 연습에 의해서나, 석고나 대상을 그대로 재현하는 것 등을 통해 길러서는 안 된다. 그것은 다양한 재료와 기법에 대한 자유롭고 체계적인 탐색에 의해 보다 효과적으로 길러질 수 있는 것이다. 모든 미술교육은 어린이들의 미적 안목이나 창의성에 계발하는 데 초점을 두면서 더불어 조형 능력도 동시에 육성하는 방향으로 이루어져야 한다.

제9장 미술교육 내용론

현대미술계에서 일어나고 있는 모든 현상들에 대해, 미술에서 언급되는 것들을 학교에서 모두 가르칠 수는 없다. 교육과정 체제상으로 시간은 제한되어 있기 때문에 선택하여 가르쳐야 한다. 그럼 무엇을 어떤 기준으로 골라서 가르쳐야 할 것인가?

이것 역시 앞에서 제시한 세 가지가 그 기준이 될 수 있을 것이다. 우선은 학습자들에게 미술의 어떤 내용들이 도움을 줄 수 있느냐가 그 첫째 기준이 되어야 할 것이다. 교육은 결국 학습자들을 위해서 실시하는 것이며, 학생들의 인간형성을 돕기 위해 이루어지는 것이므로 학습자들이 무엇을 원하고, 그들의 심리와 특성에는 어떤 미술의 교육내용들이 적절한 것인지를 기준으로 미술과 교육내용을 선정해야 한다는 것이다.

두 번째는 미술과의 본질이 그 기준이 될 것이다. 즉 미술의 본질의 측면에서 어떤 것이 핵심적인 내용이고 본질적인 내용인가가 내용 선정의 기준이 된다는 것이다. 그것은 미술교육의 목적과 연결된다. 미술교육의 목적이 미적 안목의 육성과, 창의성의 계발, 감성 능력의 함양, 조형 능력의 신장에 있다면 이 네 가지의 목적을 달성하는 데 적합하고 효율적인 교육내용을 선정해야 한다는 것이다. 그러기 때문에 미술과에서 본질적이면서도 핵심적인 교육내용 선정이 중요하다.

세 번째는 사회의 요구이다. 교육이 사회의 요구를 반영하고 그 사회 발전과 개혁의 방법이 된다는 측면에서 사회의 요구는 중요하다. 교육내용의 선정도 그 사회가 학생들과 교육에 어떤 요구를 하고 있으며 사회 발전과 개혁에 어떤 교육내용이 좋을 것인지를 기준으로 미술과 교육내용은 선정되어야 한다.

1. 현 미술과 각 영역에 대한 검토

교육내용을 어떻게 구성할 것인가를 살펴보기 위해서는 지금까지의 교육과정에서 어떤 교육내용을 선정했는가를 살펴보아야 할 것이다.

초등학교와 중학교 고등학교 모두 제2차 교육과정부터 제5차 교육과정까지 표현과 감상으로 구분하고 있으며, 제6차 교육과정과 제7차 교육과정에서는 미적 체험을 첨가시켜 미적 체험, 표현, 감상의 세 영역으로 구분하고 있다(노부자, 1999, 210).

이것을 초등학교를 예로 들어 살펴보면, 제4차 교육과정까지는 미술의 장르 구분에 바탕을 두고 그 영역을 구분해 왔다. 즉 먼저 그 영역을 표현과 감상으로 나누고 표현을 회화, 조소, 디자인과 공예, 서예로 구분하여 교육과정을 구성하였다. 그러다가 제5차 교육과정부터는 학습자의 심리를 보다 중요시한다는 측면에서 여전히 표현과 감상으로 구분한 다음 표현을 경험한 것 나타내기, 상상하여 나타내기, 보고 나타내기, 모양을 생각하여 꾸미기, 쓸모를 생각하여 꾸미기, 환경 꾸미기, 붓글씨로 나타내기로 나누었다. 그러나 이것 역시 경험한 것과, 상상, 보고 나타내기는 회화와 조소를 그대로 이어받았고, 모양과 쓸모, 환경 꾸미기는 디자인과 공예를 이어받았으며, 붓글씨로 나타내기는 그대로 서예를 이어받아 그 구분의 의미가 퇴색되었다.

제6차 교육과정은 이러한 5차의 구분을 거의 그대로 이어받았다고 해도 과언이 아니다. 왜냐하면 경험한 것 나타내기가 느낌 나타내기로 이름만 바뀌었을 뿐 그대로 이어졌으며, 모양과 쓸모, 환경 꾸미기가 꾸미기와 만들기로 그대로 통합되어 이어졌고, 감상에서 자연미와 조형품 감상이 미술과 생활로 그대로 옮겨간 것에 불과하기 때문이다. 처음에 미술과 생활이란 영역이 신설되었을 때 미술이 삶 속에서 향수되고 표현될 수 있도록 교육한다는 측면에서 긍정적인 반응을 얻었으나 그 의미를 제대로 살리지 못하고 제5차 교육과정에서 감상 영역의 자연 및 조형품 감상하기를 이름만 바꿔 거의 그대로 옮겨다 놓은 것에 불과한 것으로 나타나고 있다(전성수, 1996a, 53).

이는 제5차 교육과정부터 학습자의 심리를 중요시한다는 측면에서 그 영역이 변화가 있었으나 표현과 감상이라는 틀을 조금도 벗어나지 못하였으며, 그 뿌리는 여전히 장르에 두고 있음을 알 수 있다.

제7차 교육과정에서는 미술과의 내용을 크게 미적 체험, 표현, 감상으로 나누고, 다시 표현은 주제표현, 표현방법, 조형요소와 원리, 표현재료와 용구 등 네 영역으로 나누고 있다(노부자, 1999, 210). 이러한 구분은 제6차 교육과정에 비해 장르를 고려하지 않고, 학습자의 심리를 보다 중시한 측면을 인정할 수 있다. 그러나 학생들에게 있어 이런 구분은 자신의 삶과 유리되어 있는 경향이 강하며, 그 구분의 애매성을 탈피하지 못하고 있다고 볼 수 있다. 또한 정보화시대, 문화의 시대를 맞아 전개되고 있는 현대미술의 다양한 측면들을 수용할 수 있는 내용체계라고 보기 어렵다는 것이다.

그동안 미술은 레오나르도 다빈치나 쇠라, 피카소 등의 경우에서 볼 수 있는 것처럼 사회를 앞서가고 미술가는 예언자적인 역할을 하기도 하였다(전성수・최윤재・김정선, 1998, 71-79). 그런데 미술교과는 도리어 시대를 뒤좇아 가도록 하는 양상을 보이고 있다. 이는 미술교육이 지향하는 창의성을 체계적이고 통합적인 사고로 이어주지 못하고 있음을 보여주는 현상이다.

이러한 미술교육의 내용들은 미술교육을 예술교육으로 생각하지 않고 아직 예능교육으로 생각하는 데서 기인할 수도 있다(신동효, 1998, 37). 예술의 생명은 곧 독창성이며 이는 창의적 가치를 중시하는 예술교육을 통해 이루어지는 것이다. 예술이란 창의성이 근간이 되는 문화요소이지만, 예능이라는 것은 기술의 측면을 강조하는 용어이므로 예술의 기술적 측면에 국한된 인재를 길러낸다는 소극적 의미의 교육이 될 수밖에 없다.

2. 미술교육 내용에 대한 철학의 확립

오경종(1996, 18-36)은 교육내용과 관련된 교과교육의 전문성을 확보하기 위한 조건으로 세 가지를 들고 있다.

첫째, '마땅히 가르쳐야 할 것'을 가르치려는 교육내용으로 선택하고 있는가?

둘째, 가르치려는 교육내용으로 선택된 교육내용의 성격을 바르게 해석하고 있는가?

셋째, '가르치려는 교육내용'에 대응하여 '배우는 교육내용'을 정확하게 해석하고 있는가?

이것은 교과교육이 마땅히 가르쳐야 할 것은 선택하는 것이 중요하며, 그 가르치는 내용을 바르게 해석하는 것과, 가르치려는 내용뿐 아니라 학생들이 배우는 내용도 정확하게 파악해야만 한다는 것이다.

그러므로 교과교육학이 포함해야 할 중핵적인 내용은 첫째, 무엇을 가르칠 것인가?, 둘째, 왜 그것을 가르쳐야 하는가?, 셋째, '배우는 교육내용'은 무엇이며 그것을 어떻게 가르칠 것인가의 질문에 대해 답하는 것이어야 한다(오경종, 1996, 47)는 것이다.

이러한 질문들의 바탕을 깔고 있는 문제는 철학의 문제이다. 즉 현재의 미술교과교육, 또는 미술과 교육과정의 큰 문제는 미술교육이나 미술과 교육과정을 바라보는 분명한 철학이 부족하다는 것이다.

분명한 철학을 확립하지 못하기 때문에 교육과정의 큰 틀이나 개정한 정당성이 미술과의 목표나 목적에 제대로 반영되지 못하고 미술과의 각론이나 교과서의 실제 집필에 연결되지 못한다. 즉 전체적인 교육목적과 미술과의 각론, 교과서의 내용이나 체제가 일관된 철학으로 연결되지 못하고 있다는 것이다(전성수, 1996a).

미술교육에 대한, 미술과 교육과정에 대한 철학이 없다는 것은 많은 요인에서 기인한다고 볼 수 있다. 먼저 들 수 있는 것은 미술교육에 대한 체계적이고 학문적인 노력이 부족했다는 점을 들 수 있다. 앞에서 언급했듯이 미술교육이 교과교육학으로 확립되기 위해서는 '왜, 무엇을, 어떻게, 언제, 어떤 방향으로'라는 질문이 균형을 갖추어 제기되고 그에 대한 답들이 연구되어야 함에도, '왜나 무엇을' 등에 대한 연구는 거의 이루어지고 있지 않은 상황에서 '어떻게'에 대한 많은 답들만 나오고 있는 것이다. '어떻게'는 '왜'라는 질문, '무엇을'이란 질문에 대한 답이 없을 때 그 답이 아무리 많다 하더라도 혼란만 가중되고 현장에 단편적인 도움밖에 주지 못한다. 1977년부터 1995년까지 국내 미술교과교육 연구 실태를 분석한 연구(노부자·박은덕·김혜숙, 1997)에 따르면 이 기간 중에서 발표된 미술교육 관련 학위논문 총 670편 중에서 '지도방법'에 대한 논문이 283편으로 42.3%를 차지하고 있고, '미술교육 철학'에 대한 연구는 1.6%에 불과하다. 또 학술·학회지 논문 총 243편 중에서도 '미술 지도방법'이 56편(23.1%)으로 많은 비중을 차지하고 있고, 미술교육 철학(7.8%), 미술교육 심리(4.1%), 미술교육사(4.1%) 등은 상대적으로 미흡한 수준에 있음을 알 수 있다.

우리나라 미술 교육과정과 미국 일리노이 주의 미술 교육과정을 비교 검토한 김정선(1997, 73-74)은 네 가지 제안을 하고 있다. 첫째는 영역구분의 재조정이 필요하고, 둘째, 내용체계의 구체화가 필요하며, 셋째, 이해 영역의 보완이 필요하고, 넷째, 학년 간 내용의 계통성과 계열성의 확보가 필요하다는 것이다.

교육과정이 제대로 구성되기 위해서는 미술교육이 왜 필요한지, 어떤 목적을 위해서 하는 것인지, 어떤 미술과 교육내용이 사회에서 요구되고, 학습자에게 필요하며, 미술이란 현상이나 학문에 본질적이고 핵심적인 것인지 등에 대한 연구와 논의가 시급하다고 할 수 있다.

3. 미술교육 내용의 영역구분에 대한 제안

미국의 경우 1994년 국가 수준의 미술 교육과정을 완성하고 그 내용체계를 여섯 가지로 나누어 제시하고 있다. 그 내용체계는 다음과 같다.

① 재료와 기법, 과정을 이해하고 활용하기(재료·기법·과정)
② 구조와 기능에 대한 지식 활용하기(조형요소와 원리)
③ 주제와 상징, 아이디어의 범위를 선택하고 평가하기(주제·상징·아이디어)
④ 역사와 문화와의 관련 속에서 미술 이해하기(미술사)
⑤ 자신, 작품, 다른 사람 작품의 특징과 장점을 생각하고 판단하기(미술비평)
⑥ 미술과 다른 학문 통합하기(타 교과와의 통합)

이러한 여섯 가지의 하위 항목들에 미술의 이해, 미술의 양식, 미술의 구조, 미술매체, 미술비평, 미술사 등을 포괄하고 있다.

영국의 경우 미술 교육과정의 내용체계를 크게 두 가지로 구분하는데 첫째는 '탐색과 제작'이고 둘째는 '지식과 이해'이다. 탐색과 제작에서는 자연과 인위적인 환경의 관찰을 통하여 반응하고 기록하기, 자료와 재료를 모아서 아이디어를 자극하고 개발하는 데 활용하기, 다양한 크기의 창작활동으로 평면과 입체의 매체를 탐색하고 활용하기, 창작과정에서 자신의 작업을 검토하고 수정하기를 다루고 있다. 또 지식과 이해에서는 미술가, 공예가, 디자이너의 작품에 대한 이해를 개발하고 자신의 작품에 지식 활용하기, 자신과 타인의 작품을 포함하여 미술, 공예, 디자인에 반응하고 평가하기를 하위 항목으로 다루고 있다.

오스트레일리아의 경우는 크게 세 영역으로 구분하는데, ① 창작, 제작, 발표, ② 미술비평과 미학, ③ 과거와 현재의 맥락이며, 창작과 제작, 발표의 하위 항목으로 아이디어의 탐색과 개발, 기능, 기법, 과정의 사용, 발표가 있다.

미국과 영국, 오스트레일리아의 경우에서 알 수 있는 것처럼 미술교육과정의 내용체계를 미술의 장르별 형식구분이 아닌, 학습해야 할 기본적인 개념 중심으로 제시하고 있다(노부자, 1999, 209-213).

노부자는 초기의 연구(1997, 223)에서는 미술과 교육내용을 다음과 같이 다섯 가지로 제시하고 있다.

① 미술의 제작, 작품 만들기

② 미적 지각활동, 특별한 방법으로 바라보기

③ 미술문화 유산, 과거로부터 현재까지의 미술들

④ 미술비평과 미적 평가, 지적 감상활동

⑤ 미술표현의 발달과 표현유형

그러다가 미국과 영국, 오스트레일리아의 경우를 검토한 나중의 연구(노부자, 1999, 216-220)에서 네 가지로 제시하고 있다. 그 네 가지 내용체계는 다음과 같다.

① 미적 체험활동

② 미술 창작활동

③ 미술 비평활동

④ 미술문화 유산의 감상과 이해

그러나 이 네 가지의 영역은 미국의 미술교육 운동인 학문에 기초한 미술교육(DBAE)에서 제안한 미학(미적 체험활동), 미술표현(미술 창작활동), 미술비평(미술비평 활동), 미술사(미술문화 유산의 감상과 이해)의 네 학문과 일치하고 있다(전성수, 1997b, 60). 우리나라 미술교과의 내용체계는 한국 사회의 요구를 반영해야 하고, 한국 학생의 심리에 적합하며, 미술교과의 본질에 부합해야 한다.

그렇다면 미술교육에서 어떤 교육내용을 선정해야 할 것인가? 그 기본적인 영역을 어떻게 구분할 것인가? 지금까지 기본적인 미술과의 영역은 표현과 감상이었다. 미술과에서 학생들이 시각적이고 조형적이고 공간적으로 인간의 내면을 표현하는 것과 그것을 감상하는 것으로 기본적인 영역구분을 하였던 것이다. 미술과의 기본적인 영역구분은 역시 미술의 본질적 측면에서 기본적인 영역이 무엇인가에 따라 구분이 되어야 할 것이다. 미술의 본질적 측면에서 표현이 기본적이고 표현 없는 미술은 의미가 없으며, 또한 감상이 기본적인 영역이라는 데는 별 이의가 있을 수 없다. 그러나 표현이나 감상은 학생들의 미술에 대한 이해에 기반을 두지 않으면 안 된다.

미술에는 기본적으로 세 가지 측면이 있다. 첫째는 미술의 형식이다. 미술은 시각예술, 공간예술, 조형예술로서 독특한 형식을 갖추고 있다. 이러한 형식을 이루는 데는 조형요소와 조형원리 등이 필요하다. 둘째는 미술의 표현이다. 미술의 표현은 시각적, 조형적, 공간적 형태로 창작된다. 미술은 인간의 느낌이나 정서, 생각 등을 미술의 형식을 빌어 표현하는 예술이다. 셋째, 미술은 내면으로 향수하고 평가하는 미술의 감상이 있다. 미술은 가치의 표현이며 미술의 형식을 통해 나타난 창작품의 가치를 향수하고 평가하며 판단하는 것이 미술감상이다(이규선 · 김동영 · 전성수, 1994, 3-8). 이것은 미술교육에도 그대로 적용되며 그래서 기본적으로 미술의 이해교육과 미술의 표현교육, 미술의 감상교육으로 구분할 수 있다.

미술은 교육과는 무관하게 하나의 현상으로 존재한다. 이러한 미술 현상은 미술표현 현상, 미술이해 현상, 미술감상 현상으로 구분된다. 먼저 미술표현 현상은 미술생산과 미술창조와 같이 작품을 생산하는 실기활동으로 존재한다. 이것은 회화, 조소, 디자인 공예와 같은 영역으로 나누어진다. 다음으로 미술이해 현상은 미술의 역사와 문화를 통하여 미술을 이해하고 또한 미술작품에서 조형의 요소와 조형원리를 찾고 이해하는 활동으로 나타난다. 이는 미술사나 미술이해 이론으로 발전할 수 있다. 미술감상 현상은 미술작품이나 자연을 보고 느끼고 이해하며 평가하는 활동으로 존재하는데 이는 미술비평론, 미학, 미술감상론으로 발전할 수 있다(Eisner, 1982, 45). 미술교육 현상은 미술현상을 기반으로 하여, 미술을 가르치는 것에 대한 연구로서 존재하는데, 이것은 미술교육과정 이론, 미술교수학습 이론, 미술교재론, 미술평가론 등으로 발전할 수 있다.

미술교육의 영역은 미술의 이해와, 표현, 감상으로 구분할 수 있으며, 미술의 이해는 미술에 대해 깨달아 아는 활동이고, 표현은 시각적・공간적・조형적 형태로 창작하는 활동이며, 감상은 표현된 작품이나 자연의 미적 가치를 향수하는 활동이다.

미술교육에서 이해는 미술에 대해 아는 것이다. 이러한 미술교육에서 이해의 내용은 '시지각에 대한 이해, 미술형식의 이해, 미술문화에 대한 이해, 표현주제와 기법, 재료에 대한 이해(전성수, 1993b, 11-18)'로 나눌 수 있다. 시지각에 대한 이해는 시점과 시각에 대한 이해와 우뇌로 보는 방법 등을 지도하는 것을 말한다. 시지각 교육은 대비되는 현상에 대한 비교 지도, 모든 감각을 동원한 지도, 직접적인 체험을 통한 지도, 사고와의 조화를 통한 지도를 할 때 효과적으로 이루어진다. 미술형식의 이해는 조형요소와 원리에 대한 이해를 말하며, 이런 요소와 원리에 대한 이해는 결국 변화 속에 통일을 추구하고 조화로운 질서의식을 갖게 하며 조형 능력을 향상시킨다. 미술문화에 대한 이해는 우리나라의 미술문화와 다른 나라의 미술문화, 현대의 미술문화, 미술의 개념과 기능 등에 대한 이해를 의미한다. 또한 표현주제와 기법, 재료에 대한 이해는 미술을 가능하게 하는 인간과 자연, 사회 등의 표현주제와 종이나 나무, 금속 등의 표현재료, 회화, 조소, 디자인 등의 표현기법에 대해 이해하는 것을 말한다.

감상은 대상의 미적 가치를 보고 느끼고 판단하고 평가하는 내면화 과정이다. 미술감상의 내용으로는 무엇을 감상할 것인가에 따라 조형품의 감상이 있고 자연과 환경에 대한 감상이 있다. 조형품은 자신과 또래의 작품의 감상, 그리고 우리나라 미술작품과 다른 나라 미술작품, 현대 미술작품에 대한 감상으로 나눌 수 있다(이규선·김동영·전성수, 1994, 307).

그러면 표현에서의 영역을 어떻게 구분할 것인가? 표현 영역의 구분 역시 앞의 세 가지 기준에 의해 이루어져야 한다. 먼저 학습자인 어린이의 심리의 측면에서 보면, 평면과 입체, 조형탐색의 세 구분이 적절하다고 볼 수 있다. 어린이들은 표현을 하면서 장르를 생각하지 않으며 그들에게 자세한 구분은 별 의미가 없다. 영역을 자세히 구분하게 되면 그 영역의 틀에 의해 자연히 표현이 제한을 받을 수밖에 없는 것이다. 어린이들에게는 기본적인 구분이 필요하며 미술표현은 기본적으로 2차원과 3차원의 표현으로 나눌 수 있고, 그것에 제한을 받지 않고 자유롭게 조형을 탐색할 수 있는 영역이 필요한 것이다.

다음으로 미술의 본질의 측면에서 살펴보면, 초등학교에서 장르에 구분을 둔 영역구분이 별 의미가 없다. 상상하여 나타내기와 보고 나타내기, 느낌 나타내기는 심상표현인 조소와 회화에 그 근거를 두고 있고 꾸미기와 만들기는 응용표현인 디자인과 공예에 근거를 두고 있는데 이 두 표현 간의 차이가 어린이들에게는 의미를 갖지 않는다는 것이다. 물론 조소활동이나 회화활동은 어린이의 생각이나 심상 등을 표현하는 것이고, 만들기나 꾸미기는 쓸모나 장식 등 어떤 목적을 가지는 표현이라고 구분할 수 있겠으나 어린이들은 조소로 표현하면서 장난감 등의 목적을 배제하지 않으며, 꾸미기나 만들기를 하면서 자신의 생각이나 정서 등을 표현하지 않는 것이 아니다. 그러므로 조소나 만들기, 입체적 꾸미기는 입체표현으로, 그리기와 평면적 꾸미기, 붓글씨 등은 평면표현으로 묶고 평면과 입체를 떠나 자유롭게 조형을 탐색할 수 있는 '조형탐색' 영역을 설정하는 것이 바람직하다는 것이다(전성수, 1995a, 126-128).

한편으로 현 사회에서도 미술표현에 대한 장르 구분이 없어지고 평면표현과 입체표현으로 크게 구분하거나 그 구분 자체도 없애는 추세로 가고 있다. 현대미술가들이 하나의 매체나 장르에 얽매이기보다는 자신이 표현하고자 하는 바에 적절한 재료와 기법을 찾아 자유롭게 표현하는 경우가 많아지고 있다. 각 장르를 통합하는 표현이 등장하고 장르로 구분할 수 없는 작품이 제작되며, 작업에 이용 가능한 모든 재료와 매체를 활용하여 표현하고 있다. 그래서 세분화되었던 장르는 기본적인 구분인 평면과 입체표현으로 통합되고 있고, 공모전도 입체와 평면으로 나누어 접수하는 경우가 늘고 있으며, 더불어 평면인지 입체인지 구분하기 어려운 작품들도 표현되고 있다. 그래서 서양화와 한국화의 구분이 애매해지고 조각작품과 도예의 도조작품을 구분하기가 어려워지고 있는 것이다. 그러므로 초등학교에서의 미술과교육에서도 기본적인 구분인 '평면표현'과 '입체표현', 그리고 자유로운 탐색 영역인 '조형탐색' 영역으로의 구분이 적절하다는 것이다.

이를 정리하면 다음과 같다.

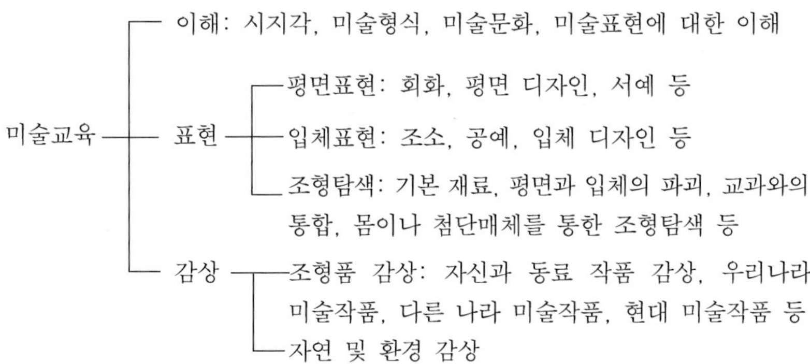

표현의 조형탐색의 영역은 현대미술의 다양한 표현양상들을 도입할 수 있고, 어린이들이 다양하게 조형을 탐색할 수 있으며, 미술을 이해하는 지도가 용이하기 때문에, 또한 미적 안목이나 창의성, 조형 능력을 기른다는 미술교육의 목적 달성에서 크게 기여할 수 있으며 교사가 적극적이고 체계적으로 지도할 수 있기 때문에 초등학교 미술과교육에의 도입이 필요하다. 그 내용은 평면과 입체를 넘나드는 조형탐색과 재료와 기법의 표현 가능성을 탐색하는 내용, 매체를 확대하여 첨단 미디어를 도입하는 내용, 몸 자체가 미술재료나 매체가 되어보는 내용, 주제에 대해 다양한 방법으로 표현해보는 내용이 포함되는 것이 바람직할 것이다.

또한 그 내용은 종이나 찰흙 등의 재료를 가지고 다양하게 표현 가능성을 탐색하고 표현해보는 활동과 평면을 입체로 전환하고 입체를 평면으로 전환하며 평면과 입체로 구분하기 어려운 표현들을 탐색해보는 활동, 다른 예술 영역이나 교과와 통합하는 조형탐색 활동, 몸으로 조각작품을 만들거나 그림자를 그려보는 등의 몸을 재료나 매체로 하는 활동, 하나의 주제나 다양한 주제를 다양한 재료나 기법 중에서 어린이들이 스스로 정하여 표현하는 활동, 카메라나 비디오, 컴퓨터를 활용하여 조형요소나 원리를 탐색하고 새로운 시각과 새로운 표현을 체험하는 활동을 지도할 수 있다.

미술교육에서 교육내용을 어떻게 선정하고 그것을 어떻게 조직하는가의 문제는 중요하면서도 어렵고 미묘한 문제이다. 그런데도 그동안 미술과 교재에 대한 연구는 매우 미비했음이 사실이다. 방법만 거론되고 그 방법의 바탕이 되는 내용에 대한 연구가 없으면 별 의미를 갖지 못한다.

미술교육학의 기초가 되는 미술 영역은 서로 긴밀한 관련을 맺고 있다. 미술이해 학습은 표현이나 감상활동 시간에 함께 다루어질 수 있고, 또는 어떤 구체적인 제재에 대해 이해하는 학습에서 다루어질 수 있다. 이러한 활동에서 얻어진 미술이해 능력은 미술감상에 활용될 수 있다. 그리고 미술감상은, 미술표현 학습 시간의 도입 전개 정리 단계에서 각각 감상활동이 있을 수 있으며 특정 제재를 가지고 이루어지는 감상위주의 학습이 있을 수 있다(김동영, 1993, 33). 이러한 감상활동을 통하여 어린이는 미술의 본질적인 측면을 알고 그 가치를 평가할 수 있으며 미술표현 기법도 향상시킬 수 있다.

제10장 미술교육 방법론

바람직한 미술과 교수 방안이 무엇인가에 대한 적절한 대답은 '그 수업의 상황에 가장 적합한 교수 방안'임에 분명하다. 아무리 이상적이고 과학적으로 연구되어 만들어진 교수 방안이라 하더라도 모든 미술과의 수업에 적용되기는 어렵다. 왜냐하면 미술과의 수업은 다양한 영역에 걸쳐 여러 상황에 맞게 다양한 방법으로 전개되어야 할 것이기 때문이다. 미술과 수업이 이루어지는 상황은 학생들의 수준이나 인원수, 준비도, 학급 분위기 등에 따라 다양할 수밖에 없고, 미술과 수업의 내용도 보고 나타내기로부터 감상하기, 붓글씨로 나타내기 등 수업 방법을 다르게 해야 하는 영역이 있으며, 수업 도중의 돌발 변수에 따라 수업의 흐름이나 전개는 달라질 수밖에 없는 것이다(전성수, 1995b, 219).

그렇다고 해서 수업과정이나 교수 방안에 대해 연구를 하지 말아야 한다는 것은 결코 아니다. 그럴수록 다양한 수업에 맞는 다양한 교수 방안에 대해 활발한 연구가 필요하며, 수업에 임하는 기본적인 관점이나 입장에 대한 연구나 바람직한 미술과 교수의 방향에 대한 연구는 절실한 문제이다. 미술과 교수에 대한 기본적인 관점이나 방향을 합리적이고 논리적으로 연구하여 바르게 제시함으로써 교사들이 각자의 수업에서 응용하고 적용할 수 있도록 해야 한다.

미술교육의 모든 분야가 그래야 하듯이 교수방안 역시 미술교육에 대한 기본 철학에 일맥상통해야 한다. 미술교육의 목적 따로 있고 목표는 또 다른 관점이며 교수학습 지도도 목적이나 목표와 상관없이 이루어진다면, 머리와 몸과 팔 다리가 서로 따로 노는 사람과 다를 바 없다. 모든 평가가 학습목표와 일관되게 이루어져야 하듯이 교수학습 역시 미술교육이 지향하는 목적과 목표와 일관성을 가지고 그 목적과 목표를 달성하기 위해 이루어져야 하는 것이다.

각 교수활동은 그 수업이 이루어지는 교실의 제반 조건과 제재의 특성, 학습목표 등에 따라 달라져야 하며 융통성 있게 이루어져야 한다. 그렇지만 분명한 것은 미술교육 목적을 어디에 두느냐에 따라 그 기본 관점은 필요하며 그 기본 관점에 입각하여 융통성 있고 상황에 맞게 적용되고 응용되어야 할 것이다.

먼저 들 수 있는 기본적인 관점으로는 미술이해와 표현, 감상이 통합적으로 서로 유기적인 관련을 맺으면서 교수되어야 한다는 점이다. 미술교육은 미적 안목을 육성하고 조형 능력을 신장하며 창의성을 계발하고 감성 능력을 함양하는 데 그 목적이 있다. 그러기 위해서는 미술을 이해하는 활동과 미술을 표현하는 활동, 미술을 감상하는 활동이 조화를 이루며 종합적으로 교육되어야 한다. 미술을 이해하는 활동과 감상하는 활동의 차이점은 미술을 이해하는 활동이 미술에 대해 생각하고 인식하고 지각하는 수용적인 활동인 반면, 감상하는 활동은 미술에 대해 이해한 것을 활용하여 작품에 대해 판단하고 평가하고 비평하는 활동이다. 그러나 이해와 감상은 실제 속에서 명확하게 분류할 수 있는 것이 아니고 개념적으로 구분되는 것이며, 수업활동에서는 이해와 감상, 표현이 함께 이루어진다. 그동안 분석적인 철학의 관점에 의해서 직관을 이성이나 지성과 구분하고 감각과 지각도 구별하며, 직관을 공상과 연상 작용과도 분리시켜 보려는 생각(민광기, 1992, 14)이 많았고 그러한 관점은 그대로 교육에 적용되었다. 그러나 지각이든, 직관이든, 사고이든, 이성이든 모두 몸의 작용이며 이것이 서로 분리되어 일어나는 활동이 아니라 서로 유기적인 관련성을 맺으며 일어나는 활동이라는 사실이 중요하다. 그러므로 미술과에서의 이해와 표현, 감상도 서로 분리되어 교육되기보다는 밀접한 관련성 속에서 통합적으로 지도되어야 하는 것이다.

두 번째 관점으로는 어린이 미술지도에서 중요한 것이 교사의 적극적이고 체계적인 지도라는 점이다. 창의성과 자유로운 자기표현을 중시하는 흐름에서는 어린이의 표현에 교사가 개입하거나 간섭하는 것을 매우 경계한다. 그 이유는 어린이의 순수하고 창의적인 표현에 교사가 개입하게 되면 어린이다운 표현이 줄어들게 되고 그들의 창의성과 자유표현을 억제하는 결과를 초래한다는 것이다. 그러나 간섭과 지도는 명백하게 다른 것이다. 어린이에게 쓸데없는 간섭은 억제해야 하겠지만 교사가 어린이의 미술에 대해 지도하지 않으면 그것은 교육의 포기와 다르지 않다. 어린이가 자유로운 스스로의 표현에 의해 창의성을 계발하고 미술 능력을 자연적으로 발달시킬 수 있다면, 학교에서 일부러 귀중한 시간을 내어 미술시간을 마련할 필요가 없다. 그것은 얼마든지 집에서 하게 할 수 있기 때문이다. 그러나 중요한 것은 어린이의 모든 미술 능력은 유전적인 프로그램에 의한 자연적인 발달이 아니라 교사의 적극적이고 체계적인 미술지도에 의해 계발되고 학습된다는 사실이다. 그러기 때문에 학교에서의 미술교육은 필요하고 미술교사가 필요한 것이다. 어린이에게 경험시키지 않고 학습시키지 않는 능력은 전혀 계발되거나 발달하지 않는다.

세 번째는 표현 수업의 경우 수업전 지도안(授業前 指導案)을 활용하여 본 수업이 이루어지기 전에 충분한 동기부여와 참고작품 제시, 재료와 용구의 활용 방안 안내 등을 통하여 어린이가 자신이 표현하고자 하는 것을 일주일 동안 충분히 생각할 수 있는 기회를 주어야 한다는 점이다. 이것은 쉽게 말해 차시예고를 구체화시키고 확대하는 방법이다. 재료에 대한 안내, 표현방법에 대한 설명, 참고작품의 제시 등을 일주일 전의 미술시간 끝 부분에 시청각 자료나 실제 작품 등으로 제시하여 일정 기간 동안 자신이 어떤 표현을 할 것인지 생각하도록 하는 것이다. 발상과 구상 과정이 짧으면 좋은 표현을 기대할 수 없으며 재료와 용구도 자신의 표현의도에 맞게 스스로 결정하여 준비하는 것이 좋기 때문이다. 그러기 위해서는 먼저 본 차시의 제재와 관련한 표현이 잘 되지 않는 요인을 철저히 분석하고, 그 분석된 요인에 따라 해결방안을 모색하며, 그 문제를 해결할 수 있는 자료를 개발해야 한다. 해결방법과 개발된 자료에 따라 수업전 지도안을 작성하여 발달단계에 맞게 동기부여와 표현방법, 참고작품 등을 제시해야 한다(전성수, 1991, 60-61). 그래서 학생들이 생활 속에서 접하는 모든 것들에서 문득문득 자신의 표현주제와 표현방법을 찾아 스스로 재료를 준비하고 표현을 할 수 있도록 하는 것이다.

네 번째는 학생들이 스스로 자기 주도적 학습을 해갈 수 있도록 여건 마련과 교사의 배려가 필요하다. 지금은 획일적인 주입식 교육에서 벗어나 어린이가 스스로 학습할 수 있는 능력을 함양하고, 그들이 갖고 있는 소질과 개성을 개발하고 창의력을 신장시켜 줄 수 있는 융통성 있는 교육으로 전환해야할 시점이 되었다. 교사 주도의 일제 수업은 입시 준비를 위한 암기 위주의 주입식 지도 형태로 고착되어 왔다. 이 교사 중심의 폐쇄적인 교육에서 어린이 스스로 생각하고, 선택하고, 판단하는 기회를 제공하는 학습자 중심의 열린교육의 체제로 바뀌어 가고 있는 이때에 미술교육도 일제학습의 획일적인 표준에의 도달에만 치중할 것이 아니라 어린이의 개성과 자주성, 창의성을 육성하기 위해 기존의 교사 중심의 폐쇄적인 수업체제에서 어린이 중심의 개방적인 수업체제로 바꾸어 미술교육을 새롭게 접근하여야 할 시점이 되었다. 획일화된 미술과 수업에서 벗어나 개별화 수업으로 전환하고, 표현주제나, 방법, 재료를 어린이에게 선택하도록 개방하여 주체적으로 어린이가 미술학습에 참여하도록 하는 것이 중요하다.

열린교육에 따른 미술과 수업에서 교사가 어린이들을 사랑하고 그들 각자의 개성과 흥미를 존중해주는 적극성과 열의가 필요하다. 또 열린교육이 체계적으로 구체적으로 계획되지 못했을 때, 산만하고 방임적인 수업으로 흐를 가능성도 많기 때문에 교사는 모든 상황을 미리 내다보고 체계적으로 계획하고 조직하지 않으면 안 된다.

미술교육을 열린교육으로 접근한다고 해서 미술교육의 본질에 어긋나게 접근해서는 안 된다. 다른 교과와 통합하여 지도한다면서 미술을 다른 주 활동에 대한 보상이나 여유가 있을 때 잠깐 어린이들끼리 하고 마는 형식은 미술교육의 본질에 어긋나는 것이다. 각 코너마다 다른 미술활동을 만들고 어린이들이 찾아가서 잠깐 그 활동을 즐기고 마는 것 역시 바른 열린미술교육 방안이 아니다. 오히려 미술교육을 가장 본질적으로, 가장 바람직하게 접근할 때 미술교과가 갖는 특성상 어린이들의 개성과 자율성을 존중하고 그들의 수준에 맞게 표현하게 하기 때문에 열린교육의 기본 철학과 가장 통하는 교과이다(전성수, 1996b, 140). 즉 현재의 열린교육이 새로운 것이 아니라 미술교육을 바람직하게 실시하면 그것이 바로 열린교육이 된다는 사실이다.

그 외에 들 수 있는 기본 관점으로는 모든 미술 능력의 향상은 자연적으로 발달하는 것이 아니고 체계적인 학습에 의해 이루어진다는 것이다(노부자, 1989, 166; 전성수, 1991, 116). 또한 어린이의 미술표현 발달에 따라 그들에게 필요한 것을 제때에 교수해야 한다는 적기교육의 관점이 필요하다. 그리고 표현의 경우 표현과정에 중점을 두되 제작결과도 중시해야 한다. 교육은 과정이며 미술은 특히 과정을 중시해야 한다. 그러나 제작결과를 감상하고 평가하지 않으면 다음 표현과 학습에 연결되지 않는다. 즉 어린이의 표현은 연계성을 가져야 하고, 그러기 위해서는 자신의 표현결과를 살펴서 다음 표현에 적용하여 더 나은 표현을 할 수 있어야 하며, 교사도 학생들의 표현결과를 분석하여 자신의 교수활동을 평가해 다음의 지도와 연결시켜야 하는 것이다.

미술교과에서의 기술 전수, 모방 위주의 지도는 전통적인 미술가 양성의 지배적인 교수방법이었다. 그러나 1930년대 이후 아동의 창의성과 개성을 중시하는 움직임은 아동 발달을 자연스러운 성숙의 과정으로 보면서 자발성과 창조적인 자기표현을 격려하고 조언하는 방향으로 교수방법의 전환을 가져왔다.

이러한 흐름 속에서도 우리나라 미술과교육에서는 대조적인 두 가지 교수방법이 있다. 초등학교에서는 아동의 창조적인 자기표현을 강조하는 교수방법이 지배적인 반면, 중등학교에서는 기술 숙달, 사실적인 표현을 강조하는 경향이 강하다. 이러한 대조적인 유형이 공존하는 원인은 무엇보다도 미술과교육의 목적을 어디에 두고 있는가에서 찾아볼 수 있다. 즉 그 목적이 학생들의 내적 성장에 강조하느냐 아니면 미술가로서의 성장을 유도하느냐이다. 목적의식의 차이는 미술교사의 교육관, 즉 학교교육에서의 미술 교과교육을 일반교양 교육으로 볼 것인가 아니면 미술 전문가 교육으로 볼 것인가의 차이일 것이다. 미술교육은 물론 이 양쪽 측면을 모두 포함해야 한다. 따라서 기술을 숙달시키거나 완성된 작품, 미술에 대한 지식적인 개관을 전달하는 교사 중심의 전통적인 교수방법을 지양한다. 그렇다고 해서 이러한 방향이 교사의 방임적인 활동을 의미하거나 강조하는 것은 아니다. 교사는 학습자에게 새로운 사고와 발견, 창의력과 상상력을 발휘할 수 있는 기회를 제공하기 위한 준비를 철저히 해야 하며, 표현활동 과제를 학습자 스스로 해결해 나아갈 수 있도록 구체적인 조언과 격려를 해주어야 할 것이다.

교수학습의 실제적인 기준은 내용이다. 어떤 학습내용인가에 따라 어떻게 학생들에게 이것을 전달하는 것이 효과적이며, 의도한 활동을 이끌어낼 수 있는가의 방법을 고려할 수 있기 때문이다. 예를 들어 내용이 지식 중심이면 교사는 내용을 전달하는 지도방법을 계획할 것이고, 내용이 탐구 중심이면 교사는 학습자와 함께 이 문제들을 해결하기 위한 지도방법을 계획할 것이며, 내용이 기능 훈련을 필요로 하면 교사는 이를 숙달시킬 수 있는 지도방법을 계획할 것이다.

어린이들의 미술을 어떻게 가르쳐야 하고 그들에게 무엇을 가르쳐야 하며 거기에서 교사의 역할은 무엇인가 등의 물음에 답하는 것은 쉬운 일이 아니며, 하나의 정답이 존재하는 것은 더욱 아니다. 어쩌면 그러한 질문은 미술교육이 있는 한 계속 제기될 것이며, 어린이가 있는 한 그에 대한 대답은 계속 모색되어야 한다.

미술과 교수는 어떤 하나의 모형이 모든 수업에 적용될 수는 없다. 그 수업의 상황에 적절하게 융통성 있는 수업이 진행되어야 한다. 그러나 무엇보다도 미술과에서는 미술의 이해와 표현, 감상이 따로 구분되어 지도되기보다는 통합되어 지도되는 것이 중요하다. 즉 미술이해와 표현, 감상이 통합적으로 서로 유기적인 관련을 맺으면서 교수되어야 한다는 것이다. 또한 교사가 소극적인 자세에서 벗어나 적극적이고 체계적으로 한다는 관점이 필요하며, 수업전 지도안(授業前 指導案)을 활용하여 일주일 전에 주제나 표현재료, 기법, 참고작품 등을 제시하여 일주일 동안 자신의 표현을 생각해보도록 하는 방법이 좋을 것이다.

미술을 통합적으로 지도한다는 것은 무조건 미술의 이해와 표현, 감상을 통합하여 지도하는 것이 아니고, 주가 되는 영역에서 다른 영역을 받아들여 통합적으로 지도하는 형태가 바람직하다. 즉 이해를 중심으로 표현과 감상을 통합하거나 표현을 중심으로 이해와 감상을 통합하는 등의 방법이다.

미술을 이해한다는 것은 분명 지식 암기식이나 전달식의 수업으로 이루어져서는 안 된다. 어린이들이 체계적으로 표현해 가는 과정을 통해 저절로 알게 되는 과정이 바람직하며, 이해와 표현, 감상이 통합적으로 교수되는 과정에서 체험적으로 이해하게 되는 것이다. 그래서 삶 속에서 미술에 대해 아는 것과 작품으로 형상화하는 것, 그리고 작품을 감상하는 것이 서로 분리되는 것이 아니라, 인간과 밀접한 유기적인 관계를 유지하면서 삶의 예술화를 추구하게 된다.

제11장 미술교육과 학습자의 발달

아무리 교육목적이 잘 설정되고, 교육내용이 잘 선정·조직된다고 하더라도 그것은 학생들에게 의미 있는 학습이 되어야 한다. 학생들에게 의미 있는 학습이 되기 위해서는 학생들의 심리와 발달특성에 맞게 교육활동이 이루어져야 한다. 미술 능력은 일정한 과정을 거쳐 발달한다. 그러므로 올바른 미술교육을 위해서는 교육할 내용을 선정하고 선정한 내용이 잘 교육이 이루어질 수 있는 발달시기를 찾아야 한다.

1. 0-2세의 미술표현 발달특성

우리는 흔히 어린이 미술교육을 생각할 때 초등학교나 유치원의 미술교육을 생각한다. 그러나 그에 못지않게 중요한 것이 신생아나 영아의 미술교육이다. 세계의 미술교육에 가장 영향을 크게 미친 Lowenfeld도 미술표현의 발달단계를 나누면서 첫 단계인 난화기(The Scribbling Stage)를 2세부터 4세로 설정하여 2세 이전의 미술교육은 생각하지 않았다(서울교대미술교육연구회 역, 1993, 98). 그러나 어린이에게 있어 미술교육은 태어나면서부터 바로 시작되며 그 시기의 발달은 어린이의 인생 전반에 크게 영향을 미친다는 사실이 심리학적으로, 과학적으로 밝혀지고 있다.

최근 들어 많은 연구들은 아이가 태어나기 전과 태어난 후의 얼마간의 환경과 교육이 아주 중요한 것임을 밝히고 있다. 그것은 이 시기에 바른 환경과 바른 교육이 중요함을 보여주는 것이다. 그러나 2세까지의 어린이들은 언어가 자유스럽지 못하기 때문에 교육에 어려움이 많다. 그러나 눈에 의한 시각교육, 손에 의한 조형교육은 이 시기에 얼마든지 가능하며 가장 훌륭한 교육방법이 될 수 있다.

아이들은 그림으로 이야기를 한다. 아이들은 그림을 통해 세상과 대화를 한다. 아이들은 말이나 글로 자신의 생각과 감정을 제대로 표현하지 못하기 때문에 그림을 통해 자신을 표현하고 세상과 의사소통을 하는 것이다. 유아에게 미술이 중요한 가장 큰 이유는 말이나 글로 자신을 표현하기 어려운 시기에 자기표현을 할 수 있는 가장 좋은 방법이기 때문이다.

아이들에게 미술은 본질적인 것이다. 그들에게 그림을 일부러 가르치지 않아도 스스로의 욕구에 의해 낙서를 하고 엎질러진 우유로 뭔가를 끄적거린다. 또한 아이들은 미술활동을 좋아한다. 아이가 뭔가를 표현하고자 할 때 제한하지만 않으면 아이는 즐겁게 자신의 표현활동 속에 몰입하게 된다.

문제는 이런 것들을 어떻게 교육적으로 활용하느냐, 어떻게 효과적으로 계발시키느냐 하는 것이다. 미술지도는 다른 활동과 구분되어 특별히 지도되는 것이 아니다. 어린 아이의 생활 속에서 엄마와 자연스럽게 이루어지는 것이 가장 좋다. 신생아에게 모빌을 달아주는 것이 미술교육이고, 목욕시키면서 하얀 로션으로 얼굴에 그림을 그려보는 것이 미술교육이며, 우유가 엎질러졌을 때 그 우유로 끄적거려 보는 것이 바로 미술교육이다.

이 글에서는 0세부터 2세 아이의 미술표현이 어떻게 발달을 하고 이 시기의 미술교육은 어떤 형태로 이루어져야 하는지 살펴보는 것에 그 목적이 있다.

1) 0세의 표현 발달특성

우리는 0세의 아이, 즉 태어나서부터 12개월까지의 어린이에게 과연 미술교육이 존재하고 가능한 지에 대해 의문을 가질 수 있다. 과연 12개월 이전의 아이들에게 미술교육이 가능한 것일까?

이에 대한 대답은 미술교육의 범위를 어디까지로 하느냐에 따라 달라질 것이다. 그러나 미술교육의 범위는 미술적 요소와 관련된 모든 교육으로 받아들이는 것이 좋을 것이다. 그렇다면 어린이들의 눈에 의한 시각교육, 손으로 그리거나 만드는 조형교육은 모두 미술교육이라고 할 수 있다. 그러므로 어린이들이 태어나서 모빌을 응시하는 것부터 미술교육은 시작된 것이고, 0세 후반기에 연필이나 크레파스 등으로 끄적거리는 것도 엄연한 조형적 표현이며, 이것은 이 시기에도 미술교육이 존재해야 함을 보여주는 것이다.

(1) 신생아의 뇌 발달과 결정적 시기

갓난아기는 약 140억 개나 되는 뇌세포를 가지고 태어난다. 그러나 이 수는 태어난 후에 증가하지도 않으며 커지지도 않으며 파괴되었다고 재생되지도 않는다. 그런데 왜 어린 아이와 어른의 생각이나 모든 것에 차이가 나는가? 뇌세포의 수는 비슷하지만 그 뇌세포들끼리의 연결된 정도에 차이가 있기 때문이다. 즉 어린이의 지능발달이란 그 뇌세포들 끼리 연결되는 정도에 따른 것이라고 할 수 있다. 갓난아기의 뇌세포는 서로 연결되어 있지 않고 흩어진 상태로 존재하며, 뇌가 제 구실을 다 하려면 뇌세포에서 수상돌기가 나와서 생긴 신경섬유가 다른 뇌세포와 연결되어야 가능한 것이다. 어린이가 태어날 때의 뇌의 무게는 400g 정도라고 한다. 그런데 6개월이 지나면 2배의 무게가 되고 7, 8세가 되면 어른 무게의 95% 정도가 된다는 것이다. 이것은 뇌세포의 변화가 아니고 수상돌기와 신경섬유의 증가에 기인한 것이다. 이런 사실들은 뇌의 발달이 초기에 급격하게 이루어지며 초기의 자극들이 매우 중요함을 보여주는 것이다.

독일의 생화확자인 베스터는 쥐를 이용하여 뇌세포에 과한 연구를 하였다. 수상돌기가 나지 않은 갓 태어난 쥐를 2주 후에 조사하였더니 평균 14개의 수상돌기가 형성되어 있었다. 이것을 A, B 두 그룹으로 나누어 B그룹의 쥐는 눈을 가려 외부의 자극을 전혀 받지 못하게 하고 다시 2주 후에 조사한 결과 A그룹의 쥐는 8,000개의 수상돌기가 생겼으나, B그룹 쥐의 수상돌기 수는 전혀 변함이 없이 14개뿐이었다. 그 후 B그룹 쥐의 눈을 열어 주고 한 달 후에 조사했을 때 두 그룹 모두 수상돌기의 생성은 없었고, A그룹에서만 전에 생성된 수상돌기에서 신경섬유가 생성되어 있었다는 것이다.

이 실험의 의미는 결국 어떤 일정한 시기가 지나면 아무리 좋은 여건이 주어져도 수상돌기는 생성되지 않는다는 점과 출생 직후의 교육적 자극이 얼마나 중요한 것인가를 보여주고 있다. 이 연구로 베스터 박사는 '인간의 두뇌는 생후 6개월 사이에 대뇌 작용의 기본 바탕을 완성하며, 이것은 수상돌기의 형성이 생 후 6개월까지임을 의미한다'고 발표하였다.

이런 어린 유아의 발달에서 나타나는 특징을 적기성, 누적성, 불가역성으로 설명할 수 있다. 적기성이란 어떤 특정한 발달과업을 성취하는 데는 가장 적절한 시기가 있는데 그 시기를 놓치면 다음 시기에 보충될 수 없다는 것이다. 누적성은 성장 발달에 어떤 결손이 생기면 그 결손은 다음 시기의 발달에 좋지 않은 영향을 주게 되어 결과적으로 이 결손은 누적되어 심각한 결과를 초래한다는 것이다. 불가역성은 어떤 발달특성이 적절한 발달시기를 놓치면 후기에 보완, 교정하기가 힘들다는 것이다. 이 세 가 유아 발달의 성격은 언어적 표현은 다르지만 그 내용이 상통하고 있음을 알 수 있다.

이것은 결국 유아에게는 결정적 시기가 있다는 것으로 설명할 수 있다. 결정적 시기란 해야 할 필요가 있는 경험을 그 시기에 하지 못하면 그 장애가 장래에 성인이 될 때까지 계속 미친다는 것이다. 발달학습의 측면에서 볼 때, 그 시기에 배우지 못하면 영원히 배우지 못하는 결과를 초래하는 과업이 있다는 것이다. 예를 들어 백내장의 경우 결정적 시기는 생후 6개월이며, 이 전에 치료를 하면 완치될 수 있으나 6개월 이후에 치료하면 치료가 어렵다는 것이다. 어린 아이가 태어나면 각 시기마다 각종 예방접종을 하게 되는데, 이 예방접종의 시기가 바로 결정적 시기를 나타내는 것이라고 할 수 있다. 이것은 어린이의 정신적 발달, 언어적 발달, 사회성 발달에도 적용된다.

(2) 신생아의 시지각 발달

어린 아이가 태어날 시기가 되면 눈과 시신경의 생리적 구조는 충분히 잘 발달되어 있다. 빛이 눈에 와 닿을 때 형성되는 생리적 과정은 성인의 경우나 신생아의 경우나 모두 동일하다. 그러나 뇌에 도달하는 시각적 양식으로 영아가 무엇을 지각하느냐는 전혀 다른 문제이다. 생후 초기 몇 주 동안 영아의 두 눈은 각기 다른 방향을 보는 듯 하지만 두 달 말쯤이 되면 자기 앞에 매달려 있는 대상에 두 눈의 초점을 정확히 맞출 수 있다. 만약 대상이 앞뒤로 움직이면 처음에는 다소 서툴더라도 곧 정확히 초점을 맞추며 두 눈으로 대상을 쫓을 수 있게 되는 것이다.

아기는 갓 태어나 자신을 둘러싸고 있는 세상을 둘러볼 때, 비록 아직은 시력이 매우 한정된 상태이기는 하지만 아기는 벌써 엄마 얼굴의 윤곽을 구분해낼 수 있다. 생후 며칠이 되면 아기는 자신에게서 20-30cm 떨어진 곳에 있는 사물이나 사람을 인지할 수 있다. 그러나 이 시기에는 아기의 눈이 같은 방향으로 움직이지 못하고 따라서 두 눈의 동작이 조화되지 못하기 때문에 아기에게는 그보다 멀리 떨어진 물체는 뿌연 덩어리로 인지하게 된다.

그래서 신생아의 시각능력은 제한되어 있으나 양육자와의 상호작용을 시작할 수 있는 정도의 기초적인 시각능력을 갖추고 있다. 우선 신생아는 가까이에 있는 큰 물체를 볼 수 있으며 움직임과 밝기의 변화를 탐지할 수 있다. 신생아는 너무 가깝거나 너무 먼 물체는 볼 수 없으며 개인차가 크기는 하지만, 대략 20cm 떨어진 거리에서 가장 명료하게 볼 수 있다고 한다. 그렇다고 해서 신생아들이 성인들만큼 물체를 정확하게 볼 수 있다는 것은 아니다. 또한 신생아들은 비록 짧은 거리이긴 하지만, 가까운 거리에서 움직이는 물체를 눈으로 추적할 수도 있다.

신생아의 제한된 시각능력에도 불구하고 그들은 사람의 얼굴에 대해 특히 반응이 강하다. Carpenter는 출생 후 2주된 신생아에게 어머니의 사진과 다른 여성의 사진을 제시하여 연구하였는데, 신생아들은 어머니의 사진을 바라보는 것을 더 선호한다고 밝혔다(안영진, 1995, 165). 따라서 신생아는 출생 후 2주경에 이미 어머니의 얼굴을 식별할 수 있는 시각능력을 가지고 있다고 할 수 있다. 영아의 시각은 대단히 빠르게 발달한다. 그리고 물체에 초점을 맞추는 시각조절 능력은 출생 후 4개월이 되면 거의 성인의 수준에 도달한다. 2-3개월 된 영아들은 색채를 바탕으로 물체를 변별할 수 있으며, 4개월경에는 하늘색, 초록색, 노랑색, 빨강색의 파장에 변별적으로 반응한다.

아기는 생후 3개월 동안은 커다란 물체, 특히 움직이며 대조되는 색을 띠는 물체를 좋아한다. 아기가 벌써 색깔을 인지할 수 있는 것은 아니고 여러 가지 색 위에 반사되는 빛의 차이를 감지하는 것이다. 그래서 아기는 엄마의 목에 걸린 반짝이는 목걸이를 보고 좋아한다.

아이의 단순한 양식에 대한 시지각이나 양식 간의 구분 역시 놀랍게도 매우 어려서부터 이미 발달하기 시작한다. R. L. Fantz는 생후 몇 주일 동안의 영아가 무늬가 없는 것보다는 체스판과 같은 무늬 있는 표면들을 꾸준히 더 오래 바라보고 있음을 관찰하였다. 또 나중 실험에서 두 개의 서로 다른 무늬를 제시했을 때 영아들은 한쪽보다는 다른 한쪽을 더 오래 쳐다보는 경향이 있음을 관찰하였다. 생후 첫 주의 영아는 평면보다 희고 검은 표면을 더 좋아했고, 7주째의 영아들은 상대적으로 덜 복잡한 무늬를 선호했으나 그 이후에는 64개의 정사각형으로 이루어진 체스판 무늬와 같은 복잡한 무늬를 더 오래 관찰할 수 있게 되고 그 무늬들의 세세한 부분까지 자세히 볼 수 있게 되며 단순한 무늬보다는 복잡한 무늬를 관찰하는 데에 더욱 많은 시간이 요구된다고 한다(신명희, 1995, 17).

출생 후 1개월의 영아들은 사각형의 모서리와 같은 하나의 특징적인 요소를 오랫동안 응시하는 경향이 있게 된다. 그러나 아직까지 전체적인 형태는 무시한 채 내부요소에만 집착한다. 출생 후 2개월경의 눈 운동 패턴은 2, 3세까지 그대로 유지된다.

(3) 신생아의 색채인식

아기를 대상으로 한 여러 실험을 통해서 갓난아기의 여러 가지 반응들이 밝혀지고 있다. 심리학자 프란츠(R. L. Fantz)는 연구를 통하여 신생아가 줄무늬보다는 과녁의 동그라미 모양에 더 민감한 반응을 보인다는 것과 신생아가 일반적으로 간단한 모양보다는 복잡한 모양에 더 높은 흥미를 보인다는 사실을 밝혀냈다. 또한 신생아는 단조로운 옷보다는 체크무늬가 있는 옷을 더 좋아하고 검정색과 흰색을 다른 색에 비해 좋아한다. 그래서 신생아의 옷이나 책, 놀이감 중에서 흰색과 검정색만으로 만들어진 것들이 많이 있다.

생후 3개월까지 아기의 흥미를 끄는 것은 움직이는 물체이고 이 시기가 지난 후에야 아기는 총천연색 세상을 보게 된다. 이 시기 어린이들에게 교육하는 가장 좋은 방법은 다양한 자극을 부여하는 것이다.

아이가 12개월쯤 되면 자신의 두 다리로 세상을 발견하러 다닌다. 물건도 많고 색깔도 많다. 아기의 망막은 성장을 이제 막 끝내고 눈은

이 세상에 존재하는 모든 색깔의 차이를 어른과 똑같은 만큼 인식할 수 있다. 아이가 이 시기에 색의 이름을 모두 아는 것은 물론 아니다. 그렇지만 놀이를 할 때는 벌써 같은 색깔의 정육면체들을 한데 모을 수 있고 색깔 있는 조각들을 틀리지 않고 끼워 맞출 줄도 안다. 단지 그렇게 할 수 있다는 사실을 말로 표현하는 것만 하지 못할 뿐인 것이다. 그렇다면 아이의 취향은 어떠한가?

지금껏 색깔의 세계에서 지내온 아기는 원색이나 조금은 요란한 색을 눈에 띄게 좋아한다. 이 시기의 아기들이 자발적으로 파스텔조를 골라 칠하는 경우는 매우 드물다. 그러나 이 시기에는 엄마가 아기에게 색깔을 갖고 놀 수 있는 기회를 가능한 한 자주 마련해 주는 것이 좋다. 아기의 방에 작업대와 커다란 흰 종이, 그리고 물에 씻을 수 있고 독성이 없는 손가락용 물감을 갖춰준다. 이 물감은 이 아이 미술가가 매우 좋아하는 것이다. 아이와 함께 1차색들을 섞어서 색깔이 어떻게 변하는 지 알아본다. 아이는 노랑과 파랑을 휘저어 섞으면 잔디의 녹색이 되는 것을 보고 매우 좋아한다.

(4) 첫 난화의 시작

아이가 필기도구로 첫 흔적을 남기는 것은 보통 10개월을 전후하는 시기이다. 처음에 아이들이 그리는 것은 보통 점이다. 점 형태를 여기저기 찍어 놓는 것에서부터 이제 아이들은 그리기를 시작하게 되는 것이다. 필기구와 흰 종이를 주게 되면 대부분의 아이가 흥미를 나타낸다.

아이는 대부분 크레용을 잡은 즉시 입으로 가져가기 때문에, 생후 10개월경이면 무독성 크레용 중에서 손에 잡기 쉬운 정도로 큰 것을 골라 종이껍질을 벗긴 뒤 주어 그리게 한다. 자주 그런 기회를 주고, 앞에서 종이에 마구 그리는 것을 보여주면 아이는 그리는 행위에 흥미를 느끼고 뭔가 흔적을 남기게 된다. 팔을 긋는 데도 손과 팔의 움직임이 조화를 이루어야 하고 그러한 움직임은 나중에 정말로 그림을 그리거나 글씨를 쓰는 데 꼭 필요한 경험이다. 글씨를 제대로 쓰는 법을 힘들여 가르친 아기들보다 그냥 크레용을 주고 멋대로 선을 그어대게 한 아이들 편이 글씨쓰기에 훨씬 빨리 익숙해진다(정화 역, 1995, 117-118). 이 시기의 난화는 어린 아이가 그리려고 해서가 아니라 손을 움직이다가 어쩌다 흔적을 남기는 경우가 대부분이다. 그러다 보면 손을 어떻게 움직이면 선이 되는지를 아이 스스로 깨닫게 되는 것이다. 그럴 때면, "팔이 둥글게 움직이니까 선도 둥글게 그려지는 구나"와 같은 말로 동기부여와 더불어 칭찬을 해주는 것이 좋다.

변화하는 소재에 작용을 가할 때, 손의 연장으로서의 도구가 그림을 그리는 도구(연필, 크레용, 사인펜 등)일 경우 그 결과가 난화이다. 곧 난화는 손의 작용에 의한 놀이, 또는 활동의 결과이다. 손동작의 결과로서 나타나는 것이 난화이기 때문에 그림은 손의 기능이 발달하지 않고서는 발달할 수 없다.

2) 0세 아이의 미술지도

(1) 모빌과 놀이를 통한 시각교육

0세에 가장 중요한 미술공부는 어린 아이에게 시각적 자극을 충분히 제공하고 어디에든 색채 용구를 통해 흔적을 남기는 기회를 많이 부여하는 것이다. 태어나면서부터 신생아에게 모빌을 보여주는 것에서부터 그들의 시각을 자극하는 도형으로 된 책이나 놀잇감을 주는 것, 벽에 융으로 된 그림판을 주어 그들의 시각을 자극하고 엄마와 함께 떼었다 붙였다 하는 것, 흘린 우유를 가지고 마음껏 휘저으며 노는 것, 10개월을 전후하여 시작되는 흔적 남기기의 마구 그리기 활동을 많이 하게 하는 것이 중요한 것이다. 초기에는 시각적 자극을 흑백의 명도가 강한 쪽으로 제공하고, 그 이후로는 원색 계통의 색들로 다양한 자극을 주며, 매직이나 칼라펜, 무독성 크레용 등 진하고 분명한 색을 낼 수 있는 재료로 마음껏 그려볼 수 있도록 하는 것이다.

이런 0세의 모든 미술활동은 언어가 발달하지 않았고, 신체 발달도 미흡한 이 시기의 어린이들에게 말하기, 글쓰기, 신체 활동, 눈과 손의 협응, 시지각의 발달 등은 여러 다른 교육의 기초가 되는 것이다. 마구 그리기만 하더라도 다음의 글쓰기를 가능하게 하며, 눈과 손의 협응력을 발달시키고, 어린 아이의 근육을 조절하게 하며, 시지각을 발달시키는 등의 많은 교육적 의미를 갖는 것이다.

이 시기에 가장 좋은 미술재료는 모빌이다. 어린이가 흑백색을 선호한다고 일부러 흑백의 모빌을 사줄 필요까지는 없다. 천연색이라도 명도가 강하면 어린이는 흑백으로 지각할 것이기 때문이다.

생후 3개월부터 아기는 눈의 동작을 조절할 줄 알게 되며 이에 따라서 시야가 상당히 넓어지게 된다. 덕분에 멀리 떨어진 물체를 주시하기도 하고 공간의 깊이를 인지할 수도 있게 된 것이다. 이제 곧 아기는 빨간색을 그리고, 곧 이어서 파란색과 노란색을 구분하게 될 것이다. 아이의 주위를 다양한 색깔을 가진 다양한 물건들로 가꿔줄 시기가 된 것이다.

아기의 색깔 있는 곰 인형이 놓이는 자리를 바꿔보고 아기의 요람 위쪽에 여러 가지 그림들을 아기가 볼 수 있게 걸어두고 그 그림들을 다른 것으로 때때로 바꿔주는 것 좋은 방법이다. 생후 4개월이 되면 아기는 자신의 시력을 조절할 수 있게 된다. 다시 말해서 멀리 떨어진 물건이 가능한 가장 뚜렷하게 보이도록 자신의 시력을 조정하게 된다는 것이다. 이 시기에 아이가 먼 곳을 주의 깊게 살피는 모습을 보게 될 것인데 이것은 이전에는 하지 않던 것이다.

아이들은 6개월 정도가 되면 연필이나 크레파스 등의 미술용구로 그리기 이전에 손가락에 먹으라고 준 이유식 같은 것을 묻혀 상이나 방바닥에 흔적을 남긴다. 어린 아이에게 연필이나 크레파스를 쥐어주기 전에 밀가루 풀이나 마요네즈 등으로 쟁반이나 상 위에 손가락으로 마구 움직이게 하는 것도 좋은 미술교육이다. 이렇게 먹을 것을 만져보고 칠해보는 것 역시 주위 환경을 배우는 것이고 손가락으로 낙서를 해대는 것은 손가락과 시각을 조화시키는 연습이 된다. 그 단계가 지나면 크레용 등으로 낙서를 할 수 있게 되고, 또 그 단계를 거쳐야 읽고 쓸 수 있게 된다.

이 시기의 유아는 옹알이를 시작하게 되고, 혼자 서서 걸을 수 있게 되면서 열심히 물건을 만져보려고 한다. 또 자기를 확립하기 위한 자기중심적 행동을 하며, 어른에게 응석을 부린다. 종이를 찢거나 연필로 끄적거리거나 물건을 입에 넣거나, 그 밖에 물장난, 흙장난, 기물을 집어던져서 깨뜨리기도 한다. 이 시기의 표현 행동에는 거의 통제되지 않은 손의 운동경험으로 동작을 하게 되며 끄적거리는 운동이 반복되어 나타난다. 또 기본적인 정서 반응이 나타나며, 그림에 있어서는 단지 생물학적, 또는 동물학적인 수준이다. 마구 휘젓는 행동과 함께 의미가 없는 끄적거림이 나타난다.

아이들은 10개월을 전후하여 또는 만 1세 정도가 되면 보통 그림을 그리기 시작한다. 그 이전에 표현할 수 있는 도구를 주면 입으로 가져가거나 흔들면서 놀게 된다. 최초의 그림은 원숭이가 그린 것과 별 차이가 없는 난화로 시작한다. 원숭이의 그림을 연구한 모리스의 '미술의 발생'이라는 책을 보면 침팬지가 그린 그림과 핑거 페인팅이 많이 소개되어 있다. 그 책에 실린 원숭이 새끼의 그림과 아이의 그림을 비교해보면 원숭이 쪽이 오히려 훨씬 잘 그린 것을 알 수 있다(박금순・이은순, 1995, 51). 예를 들어 아이들이 선을 직선으로 정확히 그리려면 보통 28개월이 지나야 하는 데 비해 원숭이는 18개월 무렵이면 가능하다. 그러나 그 시기가 지나면 어린 아이가 원숭이보다 그림을 잘 그리게 된다. 원숭이는 어느 수준이 되면 더 이상 발달을 하지 않지만 어린이는 나이가 들어감에 따라 많은 발달을 하게 되는 것이다.

이것은 무엇을 말하는가? 미술은 눈과 손 이상의 여러 가지 복합적인 능력이 필요하다는 말이 된다. 원숭이의 그림이 표현으로 발전하지 못하는 이유는 말을 비롯한 다른 능력이 발달하지 않기 때문이다.

(2) 마구 그리기는 자기표현의 시작

근육의 수축이나 긴장의 변화에 의해서 생기는 감각인 근육 운동감각을 통해 어린 아기들은 많은 것을 배운다. 그렇기 때문에 손을 뻗쳐 만질 수만 있게 되면 아기들은 무엇이든 만지거나 잡으려 든다. 만질 수 있는 것은 무엇이든, 또 모든 감각을 동원해서 보고 듣고 맡을 필요를 아기들은 느낀다. 성장에 꼭 필요한 배우기인 것이다. 손가락 그림을 그리는 것은 다른 미술용구를 접하기 전에 아이들이 미술을 접할 수 있는 아주 좋은 방법이다. 더러워지는 것이 걱정이라면 물을 받지 않은 욕조에 커다란 백지를 붙여주고 손가락 그림물감을 주고 목욕을 시키기 전에 옷을 벗기고 하도록 하면 될 것이다. 우선 엄마가 아이의 손을 잡고 손이 가는 대로 손가락 그림을 그리면 좋다. 아이들은 종이나 벽에 칠하기도 하지만 자신의 몸에 물감을 칠하기도 한다.

어린 아이의 그림 그리기는 마구 그리기로 시작한다. 그것은 아직 원숭이가 그리는 그림과 유사한 단계이다. 그림 그리기는 무엇보다도 먼저 손의 활동이다. 유아에게 있어 손은 자신의 몸을 이동하는 데 없어서는 안 되는 엉금엉금 기는 앞발의 역할을 하다가 혼자 서서 두 발로 걸을 수 있게 되면 손은 해방되어 다른 일을 할 수 있게 된다. 유아는 혼자 걷는 능력을 획득함과 동시에 해방된 손으로 놀이를 시작한다.

이 시기의 난화는 어린 아이의 옹알이와 같은 것이다. 무슨 말인지 알아들을 수 없는 옹알이이지만 이런 과정을 거쳐야만 제대로 의사표현을 하게 되는 것처럼 낙서처럼 보이는 그림을 그리는 과정이 있어야 다음에 재대로 그리고 쓸 수 있게 된다. 옹알이를 하는 아기에게 자꾸 말을 시켜 말배우기를 도와주듯이 마구 그리기를 하는 아기에게도 잘

한다며 도와줄 필요가 있는 것이다. 아무렇게나 그어진 선 속에 나중에 그리게 될 형태들이 숨어있으며 나중에 쓰고 읽게 될 문자들이 함축되어 있다.

아기들은 손에 의해서가 아니라 어깨의 동작으로 그림을 그리기 때문에 적어도 아기가 팔을 휘젓더라도 방바닥이나 벽 등에 삐져나가지 않도록 큰 종이를 줄 필요가 있다. 작은 종이를 주고 아기에게 방바닥에 그리지 말고 종이 안에만 그리라고 하는 것은 부모의 생각이고 욕심에 지나지 않는다. 아기들이 쓰는 크레용을 싼 겉껍질도 아무런 의미가 없다. 오히려 그리는 데 방해만 줄 뿐이므로 무독성으로 준비하고 껍질이 있다면 다 벗기고 주는 것이 좋다. 크레용의 크기도 작고 뾰족한 것보다는 크고 끝이 둥근 것이 좋다. 부러지는 것을 걱정하지 않고 어깨의 움직임에 의해 크게 마음껏 그릴 수 있도록 여건을 조성해주는 것은 중요한 일이다.

또한 아이가 어떤 색깔의 크레용을 쓰든지 상관할 필요가 없다. 아이들은 처음에 자기의 손에 잡힌 크레용만으로 계속 그리기 때문에 크레용을 바꿔준다든지, 여러 가지 색깔로 그리라든지 하는 지도는 전혀 무의미하며 그들의 자유로운 활동을 방해하는 것일 뿐이다. 처음으로 난화를 그리는 아이들에게는 검정색이나 빨간색 등 한 가지 크레용만 줘도 충분하다.

이 시기의 아기에게 그림에 대해서 난화에 대해서 가르치려는 모든 활동이 의미가 없다. 아이들의 그림은 근육활동의 만족을 위한 자기표현의 일환이다. 그런 여건을 자주 마련해주고 적절한 동기부여와 바른 칭찬이면 족하다. 바른 칭찬이란 '참 잘 그렸구나.', '예쁜 그림인데.'라는 등의 이유가 없는 칭찬보다는 '이 곡선이 참 좋은데.', '이 직선은 참 힘차구나.' 등의 구체적인 근거가 있는 칭찬을 말한다. 그리고 이름을 붙이는 난화기 이전까지의 아이에게는 무엇을 그린 것인지 묻지 않는 것이 좋다. 그들은 어떤 의미를 부여하고 그린 것이 아니기 때문에 그 표현 자체로 존중을 해주는 것이 필요하다.

3) 1세의 미술표현 발달특성

아이가 돌을 지나 자라게 되면서 자신의 몸을 거의 조절하지 못했던 지난해에 비하여 이제 걷고, 말하기 시작한다. 아이는 잘 걷게 됨으로써 정신적으로나 신체적으로 커다란 변화를 겪게 된다. 우선 신체적으로 볼 때 전신운동과 부분적 운동에 분명한 구분이 생기게 된다. 정신적으로는 더 이상 엄마를 자신의 일부로 생각하지 않고 자신을 엄마로부터 독립된 존재로 인식하기 시작한다. 이제 아기는 두 가지 상반된 욕구에 갈등을 겪게 된다. 새로운 것을 알아보겠다는 호기심과 엄마 곁에 있고 싶다는 생각이 같이 들기에 한순간 아기는 이 두 욕구 사이에서 변화를 겪게 된다.

이 시기는 자기 자신에게 가장 밀착된 사람, 즉 엄마나 아빠, 할머니 등을 안정 기저로 삼아 주위 환경을 탐색하면서, 환경에 익숙해질수록 자신을 주장하는 데에 더 자신감이 생기게 된다. 에릭슨(Erikson)도 출생 후 일년 동안은 신뢰감을 갖게 하는 것이 가장 중요하지만 1세가 넘어서면서는 그런 어머니와 세계에 대한 신뢰감이 자아감에 대해 깨닫게 하고 자신이 의지를 가지고 있음을 알게 되고 자기주장을 하게 된다고 하였다. 어머니와 아이 간에 상호적 신뢰감은 이제 아이가 성장하기 위해서 어머니의 지도나 도움 없이 모든 일을 하려는 아동의 요구에 직면하게 되는데, 어머니는 안전한 한계가 있는 항구를 제공하게 되고, 아기는 거기에서 출항하여 새로운 세계를 발견하고 다시 어머니의 지원을 받기 위해 부모에게로 돌아오는 활동이 계속되는 시기라는 것이다.

이 시기의 대부분의 아이들은 모두 그리고 싶어 한다. 일단 그리고 싶은 마음이 생기면 손에 든 것이 무엇이든 그리고 본다. 이 시기를 순조롭게 넘기는 방법은 그릴 것과 커다란 종이, 그리고 그릴 장소를 제공하는 방법이 최선이다. 연필이나 크레용을 치워버려도 이 시기의 아이들은 우유를 손가락에 묻혀 그리기도 하고 김이 서린 창문이나 땅바닥에 그리기도 한다.

아이들이 벽이나 방바닥 등에 낙서를 하는 것은 이 시기의 아이에게는 너무도 자연스러운 일이다. 벽에 그림을 그렸다고 해서 크레용을 빼앗고 벌을 주는 것은 아이에게 잘못이 있는 것이 아니라 벌을 주는 부모에게 잘못이 있는 것이다. 아이의 손이 닿는 곳에 크레용을 놓아둔 것과 아이를 혼자 있게 했다는 것이 잘못이다. 그럴 때 벌을 주는 것은 아기의 그리려는 노력이나 노동이 아무런 가치가 없는 것이라는 느낌을 줄 뿐 집안을 더럽히면 안 된다는 사실을 가르치지 못한다. 벌을 받는 아이들은 엄마의 화난 얼굴을 통해 벽에 그림을 그리면 엄마를 화나게 할 수 있다는 사실이 반항이나 관심을 끄는 하나의 수단으로 낙서를 이용하기 때문에 더욱 그런 행동을 부추기는 경우가 많다.

(1) 난화가 갖는 의미

이 시기에 어린이들이 그리는 그림은 난화이다. 난화란 어린 아이들의 근육 운동에 의해 마구 그려지는 선들을 말한다. 난화는 '마구 그리다'라는 뜻으로 어린이가 아무 의미 없이 마구 끄적거려 그리는 것을 의미한다. 이 난화의 의미를 이해하기 위해서는 유아기 초기의 근육 운동 지각과 관련된 것들을 살펴 볼 필요가 있다. 유아기 초기의 근육 운동 지각은 엄마가 안아 주고 흔들어 줄 때처럼 자신의 의지와는 관계없이 움직이게 되는 수동적인 근육이며 아기가 손을 내밀거나 발로 차는 것 같이 스스로 자신의 의지를 부여하여 움직이게 되는 것이 능동적인 근육 운동으로 나누어진다. 어린 아이가 능동적인 근육 운동을 할 수 있게 되면서 난화는 시작된다. 난화는 이 능동적 근육 운동을 경험하기에 매우 만족스러운 느낌을 갖게 하는 것이다. 일반적으로 1

살 정도의 유아에게 크레용을 쥐어 주면 처음에는 입으로 가져가 빨거나 손으로 만져 보고 살피려 할 것이다. 이러한 탐색과정을 거치면서 종이나 또는 그와 유사한 대상물에 마구 긋게 된다.

이런 난화는 어린이의 손과 근육의 발달과 밀접한 관련이 있다. 손의 기능은 먼저 어깨, 팔꿈치, 손목, 손가락 관절의 순으로 신체에 연결되는 부분부터 차례로 말단을 향하여 발달한다. 따라서 1세 무렵부터 시작되는 유아의 난화는 처음에는 어깨를 축으로 하는 몹시 어색한 동작으로 그리며, 여기저기 흩어져 있는 모양이다. 즉 어린 아이의 첫 난화는 어깨의 근육 움직임에 의해 생기는 것이다. 이것에서 팔꿈치를 어느 정도 통제하게 되는 때인 14－18개월 사이에는 선들이 모아지면서 부채꼴 모양을 이루는 경우가 많다. 이것은 팔꿈치를 축으로 한 손의 작용에 의해 그림을 그리기 때문이다. 그 후 18개월 이상이 되면 어깨와 팔꿈치의 근육을 함께 사용할 수 있게 됨에 따라 동그란 모양의 반복인 소용돌이 모양을 그릴 수 있게 된다. 그래서 24개월쯤 되면 손목과 손가락 관절을 사용할 수 있게 되면서 크게 그려지던 난화가 작아지고 폐곡선이 생기기 시작하며 작은 단위로 끊어지고, 작은 소용돌이 모양이나 아래위 반복의 난화를 그릴 수 있게 된다.

그리기를 수행하는 주역은 손이다. 손은 사용하면 할수록 발달하고 점점 유연해진다. 유아는 손의 노동에 의해 이루어지는 여러 가지 조형놀이 및 생활 경험을 통해 손의 유연성을 기르는 것이다. 이런 손의 발달과 뇌, 눈, 손 사이의 협응을 길러주는 활동으로 미술활동이 아주 좋다고 할 수 있는 것이다.

아이들이 난화를 하는 이유를 Lowenfeld는 "점차 발달하는 근육을 움직여보고 싶은 본능적 욕구와 근육의 활용 결과에 따른 시각적인 만족을 얻기 위해서"라고 하였다. 아이들은 자신의 근육을 움직여 종이에 끄적거린 행동이 남긴 흔적에서 시각적인 만족과 지각적인 자극을 받게 된다.

이 최초의 표현은 손과 팔이 움직이는 대로 그어지는 무질서한 선으로 나타나며 아이는 크레용을 움켜쥐거나 거꾸로 들고서도 대단한 흥미를 느끼며 즐거움을 얻게 된다. 그러나 이는 근육 운동 자체의 움직임에서 즐거움을 얻게 되는 것으로 어떤 일정 대상이나 사물을 표현하려는 의도를 갖고 있지 않다.

따라서 이러한 난화기의 유아에게 어떤 사실적인 것을 그리게 하려고 시도한다는 것은 이제 막 옹알이를 시작한 아이에게 '학교'나 '자동차' 등의 단어를 정확하게 발음해 보도록 강요하는 것만큼이나 부적절하고 어리석은 일이 될 것이다. 따라서 이렇게 강요된 지식들은 아이의 지속적 발달에 전혀 도움이 되지 않으며 또한 그들이 난화를 통하여 충분한 만족감을 얻을 수 있도록 격려되어져야 하는데, 부적절한 방해는 아이로 하여금 자신감을 잃게 한다. 마찬가지로 난화를 성인의 관점으로 해석하여 관찰하는 것은 적절하지 않다. 난화의 동그라미나 선들은 난화기의 상징적이거나 의미 있는 다른 것으로 이해해서는 안 되며 그것은 성인들을 위한 이해에는 도움이 될지 모르나 어린이를 이해하는 데에는 전혀 도움이 되지 않으므로 형태 그 자체로 받아들여야 한다.

(2) 마구 그리는 난화기

난화기는 주로 크게 세 과정으로 구분된다. 첫 과정은 마구 그리는 난화기이고, 두 번째는 반복하는 난화기이며, 세 번째는 이름붙이는 난화기이다. 1세는 주로 앞의 두 과정에 해당한다.

즉 1세의 난화는 주로 마구 그려지는 난화와 선의 반복에 의해 일정한 흐름이 생기는 난화의 두 시기로 구분할 수 있는 것이다. 첫 번째 난화는 10개월을 전후하여 시작되는 난화가 계속 이어지는 것으로 일정한 흐름 없이 단지 근육 운동에 의해 생기는 흔적으로 마구 그려지는 선으로 나타난다.

난화기의 초기 단계는 선들을 자유롭게 여러 방향으로 마구 그리는 것이다. 그림을 그리는 위치가 높고 낮음에 따라서, 또는 크레용을 쥐는 방법에 따라 그림 표현이 달라지며 아직 근육을 잘 통제할 수 있을 정도로 자라지 못하였기 때문에 보통의 일반적인 아동화의 경우보다 큰 휘두름으로 반복되며 단지 작은 그림으로 보일지라도 아이들은 큰 동작으로 난화를 그리고 있음을 기억해야 한다.

(3) 반복하는 난화기

이 시기는 마구 그린 무질서한 끄적거림들이 일정한 흐름이 잡히고 규칙적인 반복이 나타나는 시기이다. 어린 아이가 자신의 근육을 어느 정도 조절하고 통제하게 됨에 따라 자신의 근육의 움직임과 표시되는 흔적들 사이에 어떤 관련성이 있음을 발견하게 된다. 즉 일반적으로 아이가 난화를 시작한 후 6개월 정도 지나면 아이들이 자신의 선긋기 동작과 종이 위의 흔적들 사이에는 어떤 관련이 있다는 것을 발견하게 되며 이는 아이들 스스로 근육 운동의 경험을 시각적으로도 경험하게 되는 매우 중요한 단계로 대부분의 아이들이 대단한 열의를 갖고 이 단계의 난화에 접근하게 된다. 이러한 새로운 발견으로 인한 즐거움은 아이들을 자극하여 한 방향으로 반복하여 그릴 수도 있게 되며 이런 조절 능력은 단추를 채울 수 있게 되는 등의 근육 운동과 밀접한 관련을 갖게 된다. 이런 표현은 아이가 자신의 표현과 자신의 근육 움직임을 스스로 통제하여 시각적 관련을 맺기 시작했다는 데서 의미를 찾을 수 있다. 아이는 그때까지 근육 운동의 움직임으로 경험했던 것을 시각적으로 경험하기 시작한 것이다. 수평, 수직, 사선 등의 규칙적인 반복과 동그란 선의 반복이 나타난다. 이 동그란 선의 반복은 나중에 초기인물이나 다른 모든 표현들의 기본이 되는 것이다. 이런 반복은 거의 끊임없이 이어지고 연속적으로 이어지며 빠른 속도로 그어진다.

처음 단추를 채울 수 있게 된 아이가 굳이 자신의 단추를 제 힘으로 채워 보려고 거듭 노력하는 모습을 볼 수 있듯이 아이들은 새로이 획득한 능력의 실행을 즐겨 반복하려 하며 따라서 이 시기의 난화에 대한 간섭은 아이를 위축시킬 수 있다는 것을 이해하게 된다.

4) 2세의 미술표현 발달특성

2세는 새로운 경험을 얻어 인식을 확실히 하고 싶어 하는 자기 추구의 시기라고 볼 수 있다. 따라서 운동적인 경험에 그치던 것이 아이의 생각이나 상상, 의미가 들어간 것으로 옮겨간다. 에릭슨도 이 시기를 제2단계인 자율성 대 수치심과 회의감으로 보아 스스로 하려는 욕구가 강하고 그것이 안 되었을 때 수치심을 갖게 된다고 보았다. 이 시기의 어린이들은 부모와의 관계에서 2세 이전에 신뢰나 불신을 학습했을 때와 마찬가지로 어느 정도 독립성을 발휘하지 않으면 안 된다. 어린이들에게 자신의 속도로 자신의 방식으로 할 수 있는 것을 하도록 격려해주면 자율성을 발달시키지만 그렇지 않으면 자기회의감에 빠질 수 있다는 것이다.

이 시기의 아이들은 마침내 엄지손가락과 집게손가락을 이용하여 물건을 집는 고도의 손동작을 할 수 있게 된다. 이렇게 엄지와 집게손가락으로 집는 능력이 생기면 양손을 각기 다른 방향으로 움직여 종이를 찢는다거나 단추 구멍에 단추를 끼울 수도 있게 된다. 손동작이 말단으로 발달하면 당연히 유아의 의식도 말단으로 집중된다. 그것은 운동감각뿐 아니라 시각, 촉각, 청각 등의 다른 감각이 함께 작용하지 않으면 안 되는 것이다. 말단에 집중되는 감각 가운데서도 그림을 그리는 능력에 결정적인 역할을 하는 것은 눈의 기능이다. 눈의 작용이 손의 작용과 결합하기 시작하는 것이다.

(1) 이름 붙이는 난화기의 시작

2세 아이의 미술표현 발달은 반복하는 난화기에서 이름붙이는 난화기로 이행하는 시기이다. 즉 어느 정도 근육을 통제하게 됨에 따라 가로선과 세로선, 동그라미 선의 반복을 그리던 아이가 점차 선이 짧아지고 끊어지면서 각각 독립되게 된다. 점을 찍기도 하고, 짧은 선을 긋기도 하고, 그 짧은 선이 폐곡선을 만들기도 하는 등 서로 독립되어 끊어져 그려진다. 여기에 어린이의 언어발달이 더해지면서 의미부여로 나타나게 됨에 따라 그려진 것에 이름을 붙이게 된다.

어린이가 그린 것에 이름을 붙이기 위해서는 언어발달이 수반되어야 하고, 그림을 짧게 끊어서 그릴 수 있어야 한다. 아이들이 그림을 작게 구분하여 그리기 위해서는 손목이나 손가락의 근육을 어느 정도 통제할 수 있어야 가능하다. 이렇게 감각이 끝에 집중되는 경향은 연필이나 크레용의 끝이 만들어내는 선을 보면서 그리는 능력을 가능하게 한다. 이를 이끌어내는 것은 분별하고 판단하는 눈의 작용이다. 따라서 28개월쯤 되면 손의 기능에 눈의 기능이 결합되어 닫힌 원이나 일직선을 그릴 수 있게 된다. 자신이 만든 선을 보면서 그린다는 것은 그려진 선을 눈으로 좇으면서 그릴 수 있다는 것이고, 자신이 그릴 선의 시작과 끝을 모두 눈으로 대중해가면서 그리는 능력이 길러졌음을 의미한다.

선을 눈으로 좇으면서 그림을 그리는 능력은 다시 자기가 앞으로 그릴 선의 방향과 거리를 판단하고 그리는 능력으로 발전한다. 미래를 향해 눈으로 방향과 거리를 판단하여 선을 그리는 능력은 낙서 형태에서 새로운 차원으로 발전하는 경계선이다. 곧 선과 선을 결합하거나 선의 길이를 판단하여 중지할 수 있게 되며, 닫힌 원이나 곡선 등 차원 높은 단계의 난화를 할 수 있게 되는 것이다.

이 시기를 지나면 닫힌 원의 안과 밖, 세로로 그은 선의 상하, 가로로 그은 선의 좌우, 큰 원과 작은 원 등을 그릴 수 있게 된다. 이것은 지금까지 목적 없이 단순히 휘갈겼던 1차원적 낙서에서 이제 무엇을 그릴까에 대한 목적과 수단이 분화되어가는 것을 의미한다. 여기까지 원숭이도 이를 수 있는 것이다. 그러나 원숭이는 언어가 없기 때문에 더 이상 발전하지 못한다.

(2) 그린 것에 의미부여 시작

아이가 그린 것에 이름을 붙인다는 것은 어떤 난화를 그려놓고 그것이 무엇인지 의미를 부여한다는 것이다. "이것은 엄마야, 이것은 나무야." 등과 같이 그려 놓은 것에 나름대로 이름을 붙이는 것이다. 이전에 근육의 움직임과 그 움직임으로 생기는 흔적에 만족하였던 아이가 이제는 그런 흔적을 자기 주변의 세계에 관련시키고 있는 것이다.

선을 보면서 그리고 눈으로 길이를 예측하여 정지하며, 선과 선을 연결하고 원을 마무리하는 등의 그리기를 하는 시기가 2세 무렵인 것이다. 그 전까지의 시작도 끝도 불분명하던 난화가 시작과 마무리가 분명한 선으로 나타나며 의미부여를 시작하게 된다. 난화의 선 하나하나를 대상으로 한 의미부여가 시작된다는 것은 무의미한 선에 의미를 부여하는 문화활동이 시작된다는 뜻이다.

그러나 2세 아의 의미부여는 낙서를 그린 후에 붙이는 임의적 성격을 띠는 생각이다. 때문에 아이가 '사과'라고 의미를 붙였다고 해도 어른의 입장에서는 그것이 '빵'이나 '얼굴'로 보일 수도 있으며 아이가 그 의미를 변경하는 경우도 있다. 따라서 어떤 것을 그리고 난 뒤 묻는 사람에 따라 대답이 달라지는 경우가 있는 것이다. 또한 칠하는 것에 관심을 갖기 시작하며 큰 원과 작은 원의 원 형태에 힘이 균형 있게 들어가 있는 난화를 그린다. 자기의 손힘을 조절할 수 있는 능력을 보여주고 있는 것이다. 무의미한 끄적거리기에서 의미가 있는 끄적거리기로 발전하며 근육이 발달하여 수평, 수직, 반복된 원 등이 나타난다. 추상적이며 균형 잡힌 그림을 그리게 된다. 사물에 대한 부분적인 묘사와 더불어 상징적인 활동이 시작된다.

(3) 언어발달과 미술표현

어린 아이의 말은 생후 2, 3개월 무렵에 생리적으로 기분이 좋을 때 발성하는 옹알이에서부터 시작한다. 이런 아무런 의미도 없는 옹알이는 10개월 무렵에는 억양이나 음절을 덧붙여 옹알이의 발성을 조절하며 즐길 수 있게 된다. 주위 어른들의 이야기를 듣고 그 억양과 리듬을 모방하기도 한다. 아이는 만 2세 정도가 되면 두 개 이상의 단어로 된 문장을 말할 수 있다. 2세 무렵이 되면 400개 정도의 언어를 익히고 자신이 그린 낙서에 의미를 부여하면서 자기 그림을 매개로 이야기를 할 수 있게 되는 것이다(박금순 · 이은순, 1995, 68). '의미부여'는 자기가 그린 그림이나 낙서에 대해서만 하는 것이 아니다. 모래밭에서 만든 모래 덩어리에 나름대로 의미를 붙여가며 놀기도 하고, 통나무에 말이나 자동차라는 의미부여를 하고 그것을 운전하는 시늉을 하며 놀기도 한다.

유아는 이 의미부여라 할 수 있는 문화활동을 2세에 시작한다. 2세 후반에서 3세가 되면 아이들은 난화를 그린 후에 의미를 부여할 뿐 아니라 그리기 전부터 의미를 부여하여 의미에 종속되는 난화나 그림을 그릴 수 있게 된다. 하지만 처음에는 의미를 가지고 그린다고 하더라도 본인에게 듣지 않고서는 그림의 내용을 알 수 없다. 또 그 의미가 때에 따라 상황에 따라 달라지기도 한다. 그러다가 점차 시간이 지나 명확하게 의미를 부여하는 단계에 이르면 그 의미는 변하지 않게 되고 똑같은 점이나 선으로 보이더라도 아이가 부여하는 의미는 다르게 된다.

어린 아이가 2세가 되면 자신의 신체가 어떻게 움직이고 물리적 세상이 어떻게 작용하는가에 대한 감각적 자극을 얻기 위해 수없이 다양한 움직임을 반복한다. 물건을 집어던지고, 장난감을 밀고 당기며, 계단을 오르내리고, 집안과 바깥세상을 탐험하고, 가끔은 부모가 걱정할 정도로 아무 일이나 저지르게 된다. 그러나 어린 아이는 이러한 과정을 통하여 수많은 감각과 접하게 되며, 수많은 감각의 통합적 과정을 거쳐 자신의 신체 이미지를 형상화 하고 외부 세계에 대한 지각의 범위를 넓혀나가는 것이다. 따라서 이러한 시기에 아이들에게 더 많은 자극을 줄 수 있도록 여러 가지 도구나 재료를 활용하는 것이 감각통합적 측면에서 매우 바람직하다.

감각통합(sensory integration)이란 수많은 감각정보들을 종합적으로 받아들여 조직화하고 체계화함으로써 여러 가지 신체적, 정신적 활동을 가능하게 하는 한 과정을 일컫는다(양경희, 1994, 109). 감각이 잘 조직화되고 통합된 형태로 흐르면 두뇌는 이 감각들로 지각을 형성하고, 행동하고, 학습하는 데 활용할 수 있다. 즉 감각통합이란 대뇌가 지각하기 위한 전단계로 감각통합이 발달할수록 두뇌발달과 일상생활에서의 적응력이 향상되게 되는 것이다. 감각통합은 태아가 자궁 안에서 어머니의 신체적 움직임을 감지할 때부터 이루어지기 시작한다. 태어나면서부터 일년 정도는 어린 아이가 기기와 서기를 가능하게 하기 위하여 막대한 양의 감각통합이 일어나고 발달한다.

Rosenzweig(1976)의 연구에 의하면 '자극이 풍부한 환경'에서 지낸 쥐들이 '자극이 빈약한 환경'에서 지낸 쥐들에 비해서 두뇌가 더 발달하였고, 학습과제를 더 성공적으로 수행하는 것으로 나타났다. 특히 이 연구는 어린 쥐일수록 그 효과가 크다고 밝혔는데 이는 유아기의 감각통합 프로그램이 얼마나 중요한가를 간접적으로 시사한다고 할 수 있다. 또한 Clup(1980) 등은 유아에 대한 감각통합적 접근이 인물화에 보이는 신체 이미지의 발달에 유효하며 단순한 지적 학습 프로그램보다 감각통합적 프로그램을 실시하는 것이 결과적으로는 더 효과적이었다고 보고하고 있다. 이들 보고는 감각통합적 경험이 단순히 신체운동적 측면뿐만 아니라 가아개념 등 고차적 뇌 지능의 발달에 유용함을 또한 시사하고 있는 것이다(양경희, 1994, 110-111).

5) 1세−2세의 미술지도

(1) 자유로운 난화 표현

첫돌을 전후할 즈음 매일같이 낙서를 할 수 있는 기회를 주는 것이 중요하다. 하고 싶지 않은 날도 있겠지만 아이들의 흥미를 불러일으키면 되기 때문에 어려운 일이 아니다. 흥미를 불러일으키는 가장 쉬운 방법은 새로운 용구를 주는 것이다. 무독성의 크레용, 수성 마카, 사인펜, 연필, 색연필, 지우개, 분필, 막대기, 볼펜, 매직 등 새로운 용구와 재료를 제공하여 호기심을 느끼게 하면 아이들은 바로 흥미를 느끼고 마구 그리기를 시작한다. 이 시기의 아이에게는 종이를 구기고 찢고 뭉치는 활동도 자연스러우면서 의미 있는 행위이다.

이 시기를 효과적으로 넘기는 방법은 아이들 방이나 벽에 커다란 종이를 붙여 좋고 아이가 그리고 싶은 충동이 생길 때마다 자유롭게 표현할 수 있도록 여건을 마련해주는 것이다. 종이에 그림이 가득 그려졌을 때는 다른 종이로 바로 바꿔주고 그리는 행위 자체를 격려해주는 것이 필요한 것이다. 일찍부터 크레용과 종이를 주게 되면 아기는 머지않아 그린다는 것과 크레용과 종이를 연결하여 생각하게 되고, 그림을 그리고 싶을 때 벽에 붙여진 종이로 가게 될 것이다. 아이가 벽에 그림을 그릴 때는 야단치기에 앞서, "그림이 그리고 싶은 모양이구나, 여기에 마음껏 그리렴." 하고 말하면서 큰 종이가 붙여진 곳으로 이끌어주는 것이 필요하다. 요즈음은 하얀 칠판이 나와 있으므로 하얀 칠판을 어린이가 그림을 그릴 수 있는 위치의 높이에 걸어서 그리고 싶을 때 보드 마카로 그림을 그릴 수 있게 하는 것도 좋은 방법이다. 어린이가 놀다가 하얀 칠판을 보고 그리고 싶은 욕구를 느끼게 되고 그때 부모는 보드 마카의 뚜껑을 열어 주어 그릴 수 있게 하면 된다.

또 전지 켄트지 같은 큰 종이 위에 아이를 앉게 하고 그릴 수 있는 도구를 주어 마음껏 자신의 근육을 움직이면서 자유롭게 그리게 하는 것도 한 방법이다. 어린이는 근육을 움직이면서 하얀 공간을 휘젓게 되고 그 근육의 움직임에 따라 흔적이 생기게 된다. 그 흔적이 바로 난화이며 이 난화는 모든 교육의 기초가 되는 것이다.

이 시기에 적절한 표현재료는 굵고 진하게 그려지는 수성용 재료가 좋다. 즉 수성 사인펜이나 붓펜, 수성 칼라펜 등이 좋은 재료이다. 수성이 좋은 이유는 어린이들이 아직 근육을 통제하거나 그려야 할 곳과 그려서는 안 되는 곳을 구별하지 못하므로, 옷이나 몸, 방바닥 등에 그려도 지울 수 있기 때문이다. 그리고 진하고 굵은 재료가 좋은 이유는 어린이들이 시각적으로 그 효과를 바로 확인하여 흥미와 관심을 높여주기 때문이다. 어린이들이 이 시기에 가장 좋아하는 것은 적은 힘으로 크게 움직일 수 있는 것이다. 즉 공이나 풍선처럼 적은 힘을 가해도 크게 움직이는 물체를 어린이들은 좋아한다. 마찬가지로 적은 힘을 가해도 진하고 굵은 선으로 그려지는 재료에서 어린이는 흥미를 느끼고 계속 그리고 싶은 욕구를 느끼게 된다.

이 나이에 어떤 형태를 그리도록 하거나 글씨를 쓰도록 하는 것은 아이의 자신감에 상처를 줄 수 있다. 어쩌다 아기가 그린 그림이 제법 특정한 글자와 닮았거나 어떤 물체를 그린 것처럼 보일 수도 있는데 그렇다고 해서 그런 것만 잘 그렸다고 칭찬을 해주는 경우, 아이는 어떻게 하든 엄마를 기쁘게 하기 위해서 때 이른 노력을 기울이게 된다. 문제는 이 시점에서 아이의 정상적인 발달이 어긋난다는 데 있다. 아기는 아기일 필요가 있다. 그렇게 시간을 들여 제 과정을 거치는 것이 지금 어른이 억지로 가르치는 거보다 몇 배 건강하다.

아이의 근육이 어느 정도 발달하면 붓과 물감을 주는 것도 좋은 경험이 된다. 넓은 곳에 돗자리 같은 것을 깔고 그 위에 모조 전지나 캔트지 전지를 여러 장 준비하여 놓아두고 아이에게 큰 붓을 주어 마음껏 그리게 하는 것이다. 건물의 옥상이나 야외의 평평한 곳도 이런 활동을 하기에 아주 좋은 곳이다. 붓은 최소 15호 이상의 큰 붓을 주고,

물감은 큰 팔레트나 투명한 물감 통, 특히 투명한 플라스틱 통 중에서 쉽게 눌러 짤 수 있는 것에 물에 물감을 타서 넣어 두면 짜서 사용할 수 있어 편리하다. 처음에는 물감 한 가지 색이면 족하다. 한 가지 색으로 실증이 날 때까지 자유롭게 그리게 한 후에 다른 색을 주면 된다. 옷이 버릴 것이 걱정이라면 목욕을 시키기 전에 그리게 하든지, 옷을 모두 벗기고 그리게 하든지, 방수가 되는 작업복을 입히고 활동하게 하면 될 것이다. 아기가 그리다가 흥미를 잃은 것 같으면 더 그리라고 강요하지 않는 것이 좋다.

(2) 다양한 조형놀이 활동

처음에 아이에게 물감을 주면 대부분의 아이는 몸에 칠한다. 이런 경우에 목욕탕에 아이를 넣고 물감을 주어 마음껏 몸에 칠하는 기회를 부여하면 아이는 다음에 그렇게 하려 하지 않는다. 야단을 맞거나 눈물을 보이지 않고 이 시기를 순조롭게 넘길 때 아기의 미술적 성장은 눈에 띄게 달라진다(정화 역, 1995, 211-212). 이런 보디 페인팅은 만 두 살 전후로 경험하게 하는 것이 좋으며 벌써 30개월이 넘어가면 거의 흥미를 나타내지 않는다.

아기들에게 색깔 찰흙이나 찰흙을 주면 주무르고, 구부리고, 접고, 찌르고, 말고, 때리고, 비비면서 논다. 이렇게 찰흙을 때리고 치는 행동은 꽉 찬 에너지와 긴장을 발산시킬 수 있는 건강한 방법인 동시에 물체를 납작하게 만드는 방법도 배우게 된다. 어린 아이에게 색깔 찰흙을 주면 그림을 그리는 경우보다 먼저 이름을 붙이고 의미를 부여하기도 한다. 찰흙으로 만든 물체는 보다 삼차원이므로 실물과 연결시켜 생각하기 쉽기 때문일 것이다. 실제로 찰흙이나 색깔 찰흙으로 지렁이처럼 길게 만들어 놓고는 「뱀」이라고 부르는 것이 아기가 처음으로 자기가 그리거나 만든 것에 이름을 붙이는 일인 경우가 많다.

손목의 기능이 발달하는 시기가 되면 작은 소용돌이 모양의 낙서와 세로로 내려 그은 형태의 그리기가 나타난다. 22−23개월이 지나면서 어린이의 난화는 세로로 천천히 내려 그은 선을 오른쪽 방향으로 구부리고 위로 올리는 등 방향에 대한 의식적인 묘사법을 보여준다. 또 작은 원형의 소용돌이 모양의 난화도 나타나며, 이것은 손목에까지 손의 움직임이 성숙되었다는 것을 반영한 것이라 할 수 있다.

그러면서 낙서 같은 행위과정에서 간혹 동그라미나 네모 같은 형태를 그릴 수 있게 된다. 또한 어른의 도움보다 독자적으로 행동할 수 있는 자신의 시간과 공간을 필요로 한다. 그러므로 그리는 것과 동작을 혼동하여 소리를 내며 선을 긋거나 형태를 그린다. 색채는 현실의 색과 아무런 관계가 없고 자기가 필요로 하는 색을 선택하여 사용한다. 마음이 내키면 몇 장이라도 그리지만 그렇지 않으면 전혀 그리지 않을 때도 있다.

대부분의 2세 아동은 물감, 붓, 크레파스, 찰흙, 수수깡 등 여러 가지 조형재료에도 관심을 나타낸다. 이러한 시기에 아동들에게 여러 가지 다양한 도구를 활용하여 적절하고 충분한 감각적 자극을 제공하는 것은 신체적, 감각적 발달뿐 아니라 긍정적인 정서 발달 및 두뇌활동을 촉진하게 되며 이의 주요한 수단으로 조형활동이 활용될 수 있다.

여기서 중요한 점은 조형활동이 그들이 즐기고 관심 있어 하는 놀이와 자연스럽게 연결시켜 재미있고 만족스러운 조형놀이가 될 수 있도록 해야 하며, 놀이 속에서 조형활동의 흥미를 찾을 수 있도록 해야 한다는 점이다. 놀이는 단순한 것이 아니라 유아기에 있어서 감각 체험을 이룰 수 있는 주요한 수단이며, 그 자체로도 유아들의 흥미를 제고시켜 주의력, 집중력을 높이는 효과가 있기 때문이다. 조형놀이에 있어서 어린이는 여러 가지 도구나 재료를 직접 만져보고, 만들어보고, 놓아 봄으로써 다양한 감각 종합 체험을 하게 되고, 이러한 감각 체험을 통하여 비로소 사물에 대한 새로운 지각을 얻을 뿐 아니라 주변 환경 속에서 자신의 위치를 깨닫게 되며, 더 나아가 언어와 지각기능, 사고력 등을 강화시켜 나갈 수 있다.

모든 아이들의 발달에 차이가 있듯이 미술표현도 어린이들마다 모두 차이가 있다. 그러나 보통 2세에는 반복되어 나타나던 선들이 짧아지고 작아지고 끊어지고 폐곡선이 나타나는 등의 현상이 진행되다가 점차 이름을 붙여 의미를 부여하는 시기라고 할 수 있다.

유아에게 미술교육이 아주 중요한 이유는 그들이 아직 말이나 글로 자신을 표현하는 데 익숙하지 않은 시기에 자기표현을 할 수 있는 훌륭한 방법이 되기 때문이다. 어린이들은 가르치지 않아도 그리고 만든다. 그리고 그런 미술활동을 아주 좋아한다. 또한 미술을 통해 오른쪽 뇌를 계발하고 창의성, EQ, 시각적 사고력, 미적 감각 등을 높일 수 있다. 그래서 이런 미술을 교육적으로 잘 활용해서 어린이에게 유익한 활동이 되도록 격려하고 지도해주어야 한다.

영아나 유아는 미술표현에서 일정한 발달과정을 거친다. 그 발달과정에 맞추어서 제때하는 적기의 미술교육이 필요하다. 그러기 위해서는 각 발달특성을 잘 이해해야 한다. 그러나 여기서 제시하는 나이에 따른 발달특성이나 과정은 가장 일반적인 것을 정리한 것이므로 개인차가 있음에 유의해야 한다.

1세의 난화는 크게 마구 그리는 난화와 반복하는 난화로 구분할 수 있으며 1세의 전반기까지는 종이에 마구 끄적거리는 시기로, 후반기는 난화에 일정한 흐름이 생기는 반복하는 난화기로 볼 수 있다. 즉 어린이들이 처음 난화를 하기 시작하여 점점 흔적을 남기는 것에 흥미를 느끼면서 어깨 근육을 움직여 그리게 되는 시기가 마구 그리는 시기이다. 그래서 난화는 끊어지고 매우 크며, 불규칙하게 그려진다. 18개월쯤 되면 어린 아이가 팔꿈치를 어느 정도 쓸 수 있게 됨에 따라 선의 반복적인 흐름이 생기게 되고 그것은 수평으로, 사선으로, 동그란 것의 반복으로 나타나게 된다. 1세가 그린 그림을 가지고 형태를 발견하려 하거나 어떤 의미를 찾으려는 것은 무리이다. 이 시기의 그림은 의미가 부여된 것이 아니기 때문에 의미를 찾게 되면 어린이는 어리둥절하게 생각하게 되고 그리는 것을 꺼릴 수 있다. 그러므로 아이가 그리고 싶을 때 그릴 수 있는 재료와 용구가 항상 가까이에 있도록 배려해주고, 낙서하는 것을 막지 않으며, 화장실에서 마음껏 자신의 몸에 그림을 그리도록 하거나 찰흙을 가지고 놀 수 있는 기회를 주며, 종이에 그림을 그리는 것을 즐길 수 있도록 배려해주는 것이 가장 중요한 일이다.

2세의 아이는 언어가 본격적으로 발달하고 손과 눈, 뇌가 어느 정도 협응력을 갖게 되며 손목의 근육을 통제할 수 있게 되는 시기이다. 그래서 난화로 나타나는 미술표현이 작아지고 짧아지며 끊어지는 형태로 많이 나타나다가 자신이 그린 것에 언어로 이름을 붙여 의미를 부여하는 시기라고 정리할 수 있다. 이 시기에는 다양한 재료로 많은 난화를 자유롭게 하게하고 그것에 의미부여하는 것을 부모가 인정해주고 들어주며 함께 이야기해주는 것이 아주 중요한 일이다. 더불어 색깔 찰흙, 지점토, 여러 가지 블록, 색종이 등 다양한 재료에 의해 놀이 속에서 조형활동이 일어나도록 도와주는 것이 필요하다. 그리고 차 이름 외우기나 도트 카드, 다양한 그리는 활동 등으로 오른쪽 뇌를 자극하고 발달시키는 활동이 중요하다고 하겠다.

2세까지는 굵고 진하고 수성이거나 무독성인 표현 매체를 가지고 큰 종이에 마음껏 그려보게 하는 기회를 자주, 많이 주는 것이 가장 중요하다. 그리고 2세부터는 어린이의 표현에 관심을 보이고 어린 아이가 자신이 그린 그림에 대해 많이 설명할 수 있도록 대화를 유도하는 것이 좋다. 미술교육 역시 다른 활동과 마찬가지로 독자적으로 존재하는 것이 아니다. 생활 속에서, 놀이 속에서, 엄마와의 이야기 속에서 자연스럽게 종합적으로 이루어지는 것이다.

바람직한 조기교육은 남보다 먼저 문자를 알게 하고 계산능력을 기르게 하는 것이 아니다. 다른 아이들보다 빨리 무엇인가를 외우고 셈

하는 것이 중요한 것이 아니라 그 시기에 맞는 많은 경험을 풍부하게 경험하게 하는 것이 중요하다. 즉 어린이의 잠재력이 계발되고 두뇌가 발달할 수 있도록 바람직한 환경을 조성해주는 것이 중요한 것이다. 바람직한 0세-2세 교육 역시 다른 아이보다 빠르게 무엇인가를 배우게 하는 것이 중요한 것이 아니라 그 나이에 필요한 많은 것들을 다양하고 풍부하게 경험하게 하는 것이 중요하다. 따라서 미술교육도 그 나이에 필요하고 알맞은 조형활동을 다양하고 풍부하게 경험하게 하는 것이 가장 좋은 것이다.

2. 3-4세 미술표현 발달특성

1) 3세 어린이의 미술표현 특성

3세의 시기는 자아가 형성되고 사회생활의 기초가 되는 인성이 확립되기 시작하는 중요한 시기이다. 이 무렵이 되면 아이는 신체의 전반적인 운동능력이 어느 정도 발달되고, 활발한 운동을 하게 되며, 자기주변 환경에 있는 여러 가지 사물에 대한 흥미와 관심을 가지게 될 뿐 아니라 다양한 모방과 학습을 통하여 기초적인 개념과 사고능력을 배양하게 된다. 3세가 되면 배변도 가리고 자기가 할 일이 무엇인지 알게 된다. 그래서인지 외부의 요구와 자기 힘을 비교하여 실패가 없도록 주의한다. 또한 시각과 청각, 촉각 등 다양한 감각과 손발의 움직임을 통한 운동과 상호작용을 통하여 능동적이고 목적을 가진 행동을 하게 되며, 운동감각과 위치감각, 자세감각 등이 발달되면서 여러 가지 협응 동작이 가능하게 된다.

(1) 전형적인 이름붙이는 난화기

3세 어린이는 전형적인 이름붙이는 난화기에 해당한다. 빠른 아이인 경우 상징기에 진입한 경우도 있지만 대부분의 아이는 어떤 형태를 그려놓고 이름을 붙여 의미를 부여하는 이름붙이는 난화기에 해당한다. 이 시기의 어린 아이의 표현에서 이름붙이는 난화기와 상징기의 표현을 구분하는 방법은 의미가 변화하느냐, 변화하지 않느냐에 의해 구분할 수 있다. 즉 어린이가 그려놓은 그림에 대한 상징이 때나 장소에 따라 변하면 이름붙이는 난화기이고, 상징이나 의미부여가 변하지 않으면 상징기에 해당한다. 어린 아이가 두족인 형태의 그림을 그려놓고 엄마 앞에서 「엄마」라는 이름을 붙이고 이모 앞에서는 「이모」라는 이름을 붙이면 상징기가 아닌 이름붙이는 난화기에 아직 머물러 있는 시기이고, 이모 앞에서도 「엄마」라고 의미를 부여하여 그린 것과 의미부여가 계속 일치하면 상징기에 들어선 것이다.

이 시기의 어린이들은 도형을 결합하거나 연합하여 만다라형이나 두족인, 태양인 등을 그린다. 그린 것에 나름대로 의미를 부여하는 데 그 의미가 자주 변한다. 이렇게 어른이 보기에 전혀 아빠 같지 않은데 「아빠」라는 이름을 붙인다. 어린이가 난화에 이름을 붙이는 것은 아이들의 사고 변화를 보여주는 것으로 의미가 큰 것이다. 그저 시각적 만족이나 근육 운동의 만족에 의해 그림을 그리던 것이 언어에 의한 의미부여로 나타나 그린 것과 사고를 일치시키려는 움직임을 보여주는 것이기 때문이다. 이전에 움직임 자체에 만족했던 아이가 이제 자신의 주변 세계에 자신의 그림을 관련시키고 있는 것이다.

어린이가 그린 것과 마음속의 이미지 사이에 관계가 있음을 발견하는 것은 어린이에게 아주 의미 있는 일이다. 이때부터 그림을 통해서 어른과의 공유가 가능해지기 시작한다. 즉 그림을 사이에 두고 의사소통이 가능해지는 것이다.

(2) 기본 도형의 결합과 연합

어린이가 난화를 계속하다가 기본도형 형태를 그리기 시작하면서 의미가 부여된 그림을 그릴 준비를 하게 된다. 도형이 나타나는 것의 징후는 수많은 끄적거림을 통해 반복적인 규칙이 생기면서 맨 처음 원이 등장하게 되고 그 후 세로 선과 가로 선을 결합하여 십자형을 그릴 수 있게 되고, 그 이후로 사각형, 다시 마름모나 삼각형 등을 나타낼 수 있게 된다.

어린이 그림에서 이런 기본 도형(diagram)은 여섯 가지로 분석할 수 있는데 그중 다섯 가지는 규칙적인 것으로 사각형, 원, 삼각형, 십자형(+), 대각선 십자형(×)이고 나머지 6번째의 도형은 폐곡선으로 이루어진 비정형적 도형이다.

도형은 별도로 독립되어 발견되기보다는 난화가 기타 도형과 결합되어 나타나서 보다 정교화 되어 간다.

보다 균형 잡힌 선 구성을 하게 되면서 도형들이 정교화 되고 디자인 단계의 특성을 나타낸다. 이때 두 개의 도형이 합쳐진 형태의 결합(combine)과 셋 이상의 도형으로 이루어진 연합(aggregate)으로 분류되는 도형들이 동시에 나타나며 이러한 도형들은 눈으로 보기에는 초기 도형이나 구도 패턴과 유사하나 선의 의도적인 사용과 기억력의 점차적인 향상을 의미한다는 점에서 새롭게 분류된다.

이러한 결합과 연합은 동시에 나타나는데 연합의 일종이라 할 수 있는 만다라형, 태양형, 방사선형으로 지칭되는 균형 잡힌 선 구성으로 발전해 가는 것을 알 수 있다.

결합은(combine)은 두 도형을 합칠 경우로 원과 십자를 합하거나 삼각형과 사각형을 결합하여 하나의 결합된 그림이 형성된다. 이것은 6개의 기본 도형 중 2개의 도형이 결합되어 이루어지는 것으로 단순 근육 운동에서 비롯된 초기의 단순한 낙서에 시각적인 요소가 어우러져 도형과 도형의 결합을 어린이가 스스로 배우고 익혀 발전시켜 가는 중요한 단계이다. 어린이들이 좋아하는 결합은 대각선 십자형과 결합된 십자형, 사각형, 타원형이 있고, 비정형적인 폐곡선과 결합한 십자형이나 대각선 십자형이 포함된다.

연합(aggregate)은 셋이나 그 이상의 도형들이 모여 이루어진 도형 단위를 일컬으며 만들 수 있는 방법은 무한대이다. 난화를 자유롭게 그릴 수 있는 기회를 두세 살 사이에 충분히 가진 어린이는 보통 복합 연합을 많이 그리며 어린이들은 각각의 개인적 스타일을 계발하고 즐겨 사용한다. 이러한 연합은 세 살과 다섯 살 사이의 어린이 미술의 대부분을 형성한다.

어린이는 다른 어떤 구성보다도 균형 잡힌 선 구성을 보다 쉽게 알고 기억하는 것 같기 때문에 발달의 중요성을 갖으며 상하 균형이나 좌우 균형보다 전체 균형을 더 좋아하는 것 같다. 이 단계 중에 어린이들은 항상, 추상적인 것과 더불어 균형 잡힌 것을 그리며 이는 성인들의 추상화와의 연계성을 보여 준다.

(3) 만다라 표현과 태양형 인물

결합이나 연합으로 만들어지는 것으로 대표적인 것이 만다라형(mandala)이 있다. 만다라란 원에 대한 산스크리트어이다. 동양 종교에서 주로 동심원으로 된 기하학적 형태의 선 구성을 일컫는 말로서 유사한 종류의 선 구성이 어린이 미술에서 자연적으로 나타나고 있다. 어린이들이 만든 만다라는 흔히 원이나 사각형을 1개나 2개의 십자형이나 대각선 십자 모양으로 나눈 결합이거나 연합으로서 동심원이나 정사각형도 여기에 포함된다. 아이가 중복된 원을 그리다 보면 원 안에서 자연스럽게 십자가 형성되기도 하여 처음에 도형을 만들 때 감지될 수도 있음을 알게 된다. 태양형이나 방사형도 이와 유사한 형태로 이 세 가지 형태 모두 중요하다.

만다라는 추상화에서 회화에 이르는 단계 중 하나의 핵심 부분이다.

최초로 그린 만다라 형태는 본질적인 예술적 속성을 지녀 미술 발달의 일부분뿐만이 아니라 어린이 미술과 성인 미술 간의 연계로서 중요한 의미를 갖는데 성인 미술에서의 만다라 형태가 어린이 미술에서와 마찬가지로 보이고 있다는 것이다. 이는 성인들도 어린이 미술에서 나타나는 미학적 직감력을 갖고 있다는 것을 입증해 준다.

이러한 만다라 형태는 태양을 시사하는 것으로 만다라형에서 태양형에 이르는 보편적 단계를 보여준다.

어린이들은 두 살 이후에 직선과 곡선을 다 그릴 수 있게 되는데 이것은 태양형 그림의 구성요소가 되며 어린이들은 태양에 대한 자극을 한 개 또는 두 개의 만다라 형태에서 얻게 된다. 태양형은 한 개의 원이 가시가 돋친 것처럼 가장자리를 둘러서 길이가 일정하지 않은 짧은 직선들을 그려 넣게 되는데 이는 처음부터 태양을 나타내려고 의도한 것이 아니라 무엇인가를 그려내기 바라는 어른들에 의해서 그렇게 이름이 붙여졌을 것이다. 이러한 태양형은 간단한 구조이지만 복잡한 연합을 그린 후에 나타나며 이러한 구성에 대한 아이디어는 성인의 그림이나 물체로부터가 아니라 그들 자신의 난화로부터 발전시켜 가는 과정에서 스스로 배우고 체득하게 되는 형태이다.

뚜렷하게 중앙에 위치한 태양의 형태는 만다라의 어떤 원 연합으로부터의 단절을 의미한다. 이렇게 자연스럽게 발전해 가는 과정에서 만다라와 태양은 어린이가 인물을 그릴 준비이며 그에 대한 자극을 주는 것이다. 방사형은 한 점 또는 작은 면에서 사방으로 선을 방사하듯 그려 넣는 형태로 십자형의 결합이나 만다라도 같은 방사형이다.

그런데 이러한 표현들은 보이는 대상을 표현해 가려는 것이 아니라 손이나 팔에서 느껴지는 리듬감의 자연스러운 표현으로 볼 수 있다. 또한 이런 방사선형은 어린이가 인물을 표현함에 있어서 팔과 다리를 어디에 어떻게 그리게 되느냐에 중요한 영향을 끼친다. 만다라나 태양형과 같이 방사형도 완전한 균형을 이루고 있다.

이러한 균형은 미학적 이미지를 기억하거나 자기 의도대로 재현이 불가능한 침팬지가 그린 가장 진보된 그림에서도 보이는 것으로 보아 균형에 대한 아름다움을 느끼고 선호하는 경향은 모든 영장류의 선천적 능력이라는 결론에 이른다.

(4) 초기 인물표현의 등장과 발달

이 시기에 서서히 인물 그림이 나타나기 시작한다. 큰 원 안에 작은 원이나 선을 그려놓고 엄마나 아빠라고 말한다. 눈, 코, 입이나 머리카락 등을 상징하는 선이나 점을 그리게 된다. 즉 점차 존재상징으로서의 그림을 그리기 시작하는 것이다.

어린이가 기본 도형의 결합이나 연합으로 다양한 형태를 그리다가 사람얼굴의 형태를 큰 동그라미 안에 눈을 의미하는 작은 동그라미 두 개를 그리면서 시작된다. 어린이가 근육을 통제하기 시작하고 원이나 선의 크기를 조절할 수 있기 시작하면서 얼굴 모양을 그리게 된다. 거기에서 코를 나타내는 세로 선과 입을 나타내는 가로 선이 결합하면서 제법 얼굴 모양을 갖추게 된다. 얼굴 모양이 갖추어지면 주로 다리가 얼굴 밑에 선 두 개로 그려진다. 이런 그림을 두족인, 올챙이 그림, 머리−다리 표현(head-feet representation)이라고 한다. 여기서 다리 모양의 두 선은 다리만을 의미한다기보다는 머리 아래의 몸 전체를 상징하는 것으로 보는 것이 타당하다. 눈사람처럼 그린 경우도 마찬가지이다.

여기서 팔이 머리의 중간부분, 즉 귀 부분에서 두 선이 양쪽으로 나와 팔이 그려진다. 이런 두족인은 태양형 인물, 만다라 표현이 연장되어 선들이 머리카락, 팔, 다리 등으로 분화됨을 보여주는 것이다. 어린이가 두족인 형식으로 사람을 그리는 것은 아주 자연스러운 발달과정에 있는 것이며, 이를 서둘러 몸통을 그리도록 하거나 팔을 밑에 그리도록 하는 것은 의미 없는 일이다. 어린이가 자연스럽게 그런 수준으로 발달하도록 표현 여건과 환경을 조성해주면 된다.

3세의 시기는 난화나 그림을 그린 후에 의미를 부여하는 것이 아니라 그리면서 선과 점에 의미를 부여하게 된다. 나름대로 자기의 생각을 그리는 것이다. 3세 후반에는 의미에 종속되는 그림을 그리고, 마침내 의미를 선행시켜 의미를 상징하는 그림이 나타나게 된다. 그러나 아직 자기 마음대로 그림에 제목을 붙이며 무형의 점과 선에도 의미를 부여하기 때문에 의미가 늘 바뀌는 것처럼 보이기도 한다.

이 시기에 나타나는 인물표현은 머리와 다리로 표현되는 두족인이나 태양형 인물이 대부분이다. 가장 흔한 것이 얼굴을 의미하는 큰 동그라미 밑에 몸통이나 다리 등을 상징하는 몇 개의 선을 그린 것이다. 얼굴이나 다리만 있고 목과 몸통, 팔 등은 없는 것처럼 보이지만 이 아이에게 이 인물은 완전한 사람이다. 이런 두족인이나 태양형 인물에서도 엄마와 아빠를 구분하여 그릴 수 있다. 아빠를 큰 원이나 수염 등으로 구분하는 등의 방법이다. 태양형의 머리 부분은 아이에게 단순히 머리를 상징하는 것일 뿐만 아니라 머리를 포함한 신체 전체를 상징한다.

3세 아는 신체의 각 부분, 즉 목이나 어깨, 배, 등, 가슴 등을 모두 구분할 수 있을 정도로 인식이 발달해 있지만 그림으로 완전히 구별하여 표현하지는 못한다. 3세 아의 그림은 언어능력에 의해 무의미한 선에 의미를 부여하여 그 선을 의미 있는 선, 곧 사물을 상징하는 선으로 전환시켜가는 과정에 있다. 아이의 그림은 손의 기능, 눈의 기능, 언어의 기능 등에 의해 종합적으로 발달한다. 하지만 그림의 표현방식은 생활의 차이나 그런 기능의 차이에 따라 아이마다 다르게 나타나며 발달 수준이나 과정도 모두 개인차가 있다는 점이 중요하다.

3세 아이는 점차 낙서에서 동그라미나 선처럼 제법 형태를 갖춘 모습들을 그려내기 시작한다. 그리고 지금까지는 그저 낙서의 한 부분에 불과했던 그런 형태들을 의식적으로 만들어보려는 노력도 시작된다.

낙서 그 자체로 열려진 형태였던 것이 끊어지고 서로 결합되면서 닫혀진 형태를 띠게 된다. 그리고 이 시기의 닫혀진 형태로부터 방사선 모양의 사선들의 결합이 나타나게 되고 여러 도형을 결합시킨 형태가 등장하게 된다.

하지만 이렇게 도형의 결합으로 두족인 형태나 집, 자동차 형태를 그려냈다 하더라도 난화로 되돌아가는 현상은 아주 흔한 현상이다. 그 아이에게 난화는 아주 익숙해져 있기 때문에 그림을 진지하게 그리는 것이 힘겨울 때나 동기가 유발되지 않았을 때는 난화를 자주 하게 된다. 그러면서 아이들은 점차 발달을 해가는 것이다.

3세는 한마디로 이름붙이는 난화기의 절정기이다. 다양한 난화와 도형, 난화의 결합, 도형의 결합이 나타나면서 많은 형태들을 탐색하는 시기이다. 그러한 다양한 형태를 그리면서 나름대로 의미를 부여하는 시기라고 할 수 있다.

어린이 미술에서 사람은 가장 즐겨 다루는 소재이다. 처음 사람을 그리게 되는 어린이는 관찰을 통해서 그리는 것이 아니라 초보적인 낙서를 통한 끄적거림에서부터 발전해가는 과정을 통하여 그리게 되는 것이다. 사람에 대한 최초의 그림은 타원형 도형들의 연합이 된다. 형이 일정하지 않은 원의 형태 속에 점, 선, 원, 네모, 세모 등의 도형 등으로 얼굴의 표식을 함으로써 초기 인물표현을 보여준다.

이어서 머리가 크고 팔이 없이 다리만 그려 넣는 인물을 그리는데 그것은 미숙하거나 망각에 의한 표현이 아니라 그렇게 머리와 다리만의 비례로 이루어져 그린 모습이 어린이에게는 더 좋아 보인다는 것이다. 그런데 다리가 없는 인물표현은 비교적 드물다.

머리 형태는 그림에 만다라의 균형을 주고 있는데 이 균형은 이전 작품에서 소중히 여겨졌던 것과 똑같은 종류의 균형을 말한다.

실제로 어린이가 얼굴을 그릴만큼 충분히 성숙되기 이전에 사실적인 얼굴을 모방하도록 가르치게 되면 그 얼굴은 단순한 기계처럼 반복되며 어린이는 다양한 난화 그리기에 흥미를 잃게 되므로 모방을 권장하고 자연스러운 난화를 금지하는 성인들은 어린이의 학습활동을 방해하는 것일 뿐만이 아니라 그들의 자연스러운 발달을 저해하는 결과를 가져올 수도 있다. 귀를 가진 인간형은 명목상 귀를 얼굴 양쪽에 그렸으며 가끔 귀와 팔이 다 같이 얼굴에 붙어 있기도 한다.

만다라 모양의 인간형은 머리, 팔, 다리가 십자모양으로 균형 있게 정렬된 형으로 전체적으로는 원 또는 타원형에 부합된다. 방사형 사람은 태양을 시사하는 축 늘어진 팔을 갖고 있다. 그 팔은 어른들에게는 피로 의기소침으로 생각될지 모르지만 이 팔다리는 전체의 모양을 미학적으로 만드는 길이로 그려져 있다.

인간형의 남녀 구별은 관습적으로 머리카락의 길이에 의해 구별된다. 신체적인 성적 상징은 여섯 살까지는 그리는 경우가 거의 없는데 그것은 성인들의 금기 때문만이 아니라 어린이가 사실적인 해부학에 흥미가 없다는 사실 때문이다.

2) 3세의 미술지도

아이가 아주 어렸을 때부터 자유롭게 낙서나 난화를 했거나 물감 칠을 하는 등 즐겁게 미술을 접한 아이라면 3세가 되면서 아이는 미술에 진지한 관심을 보이면서 표현을 하기 시작한다. 반대로 집안이 더럽혀진다고 해서 낙서를 못하게 했거나 물감 등의 미술재료를 접해볼 기회가 없었다면 아이는 미술활동에 그다지 관심을 기울이지 않을 것이다. 아이가 두 살 때 「내가 할래!」가 중심된 말이었다면, 세 살 때는 「어떻게 하는 건데?, 이렇게 하면 돼?」 등이 중심된 말이 된다. 그래서 이 나이에도 난화를 하거나 무엇인가를 표현할 때 어떤 일정한 방법을 강조하고, 아이에게 지시하는 것은 결코 바람직한 것이 못된다. 이 시기는 어린이에게 표현활동을 할 수 있는 여건을 조성해주고 어린이가 하는 말을 들어주며 어떤 의미를 부여하는지 자연스러운 대화로 허용해주는 것이 바람직하다.

이 시기에 부모나 교사의 역할은 이전의 재료와 용구 마련, 표현하는 여건 조성 외에 아주 중요한 일이 하나 늘어난다. 그것은 자연스러운 대화를 통해 어린이의 표현의도를 들어주는 것이다. 그것에 대한 판단이나 평가가 아닌 어린이가 표현하는 것들을 지켜보아주고, 관심을 표명해주고, 어린 아이가 말하는 것을 주의 깊게 들어주는 것이다. 어린이가 그린 것에 의미를 부여하고 이름을 붙이는 것을 흥미를 보이면서 들어주고 칭찬해주는 것이다.

이 시기 어린이들을 가르치는 어린이집이나 유치원 교사가 주의해야 하는 것은 학부모에게 보여주기 위해 어린이 그림에 무엇인가를 그려주거나 바탕을 칠해주거나 손을 잡고 그려주는 등의 행위이다.

이 시기의 종이는 30×40cm 이상의 큰 종이를 주는 것이 좋다. 아이가 손에 닿을 수 있는 곳에 여러 가지 미술재료, 즉 색연필, 사인펜, 매직, 크레파스, 물감, 색깔 찰흙 등 어린이가 그리고 싶을 때, 만들고 싶을 때 아무 때나 자유롭게 표현할 수 있도록 여건을 만들어주어야 한다.

이 시기에 또한 입체재료를 자주 주는 것이 좋다. 어린이들은 찰흙을 가지고 놀면서 구형이나 직육면체의 모양을 만들고 그것을 쌓아 올려 탑을 만드는 식의 놀이를 할 수 있게 되기 때문에 색깔 찰흙이나 일반 찰흙, 블록, 밀가루 찰흙, 지점토 등을 자주 주어서 어린이가 자연스럽게 입체 체험을 할 수 있도록 해야 한다. 이 시기의 어린이들은 적절한 동기를 부여하면 엄마나 아빠 등을 만들 수도 있기 때문에 입체 경험이 중요하다.

이 시기에 아무리 사소한 일이라도 아이와의 사이에 문제가 생길 때마다 엄마의 주장을 관철시키려는 행동은 큰 실수가 될 수 있다. 엄마의 말은 곧 법이라는 사고에서 벗어나야 한다. 어렸을 때 입는 것이나 먹는 것이나 가지고 노는 것이나 늘 어른의 결정에 따르며 자란 아이가 어느 날 갑자기 자신의 사고방식을 바꾸어 스스로 결정하고 새로운 문제에 대해 스스로 척척 해결해 갈 수는 없는 것이기 때문이다. 그러나 어린이를 방임하라는 것이 아니다. 방임과 허용, 방치와 지도는 엄연한 차이가 있다. 관심을 기울이지 않고 내버려 두는 것은 방임이지만, 관심을 가지고 지켜보면서 동기를 부여하는 활동 속에서 놓아두는 것은 스스로 커가는 능력을 기르는 것이다. 허용하는 부모는 아이가 아이다운 행동을 할 때는 받아들일 수 있는 부모이다. 즉 어린이의 상상적이고 상징적인 여러 행동들을 받아들이고 인정해주는 것은 허용이다. 그러나 좋지 않은 행동까지도 하도록 내버려 두는 것은 방임이다. 무엇인가를 얼마나 빨리 하느냐가 중요한 것이 아이고 얼마나 즐겁게, 얼마나 나이에 맞는 경험을 풍부하게 하느냐가 중요한 것이다.

3세 아이는 그린 것과 자신의 사고를 관련시켜 그린 것에 이름을 본격적으로 붙이기 시작하며, 자신의 그림에 대해 이야기를 제법 할 수 있게 된다. 이런 의미부여는 상황에 따라, 이야기하는 대상에 따라 변하는 경우가 많다.

3세아는 또한 사람처럼 보이는 형태를 그리기 시작한다. 머리-다리 표현이 아주 다양한 형태로 나타내며, 이것은 대부분 기본 도형인 원, 사각형, 십자형, 대각선 십자형, 삼각형, 부정형 등의 두 개를 연결하는 결합과 세 개로 표현하는 연합으로 발달한다. 이 시기는 태양형 인물이나 만다라 표현이 많이 나타나고, 본격적인 상징적 그림을 그릴 수 있는 준비를 하게 된다.

이 시기에 교사나 학부모는 어린이들이 자유롭게 표현할 수 있는 동기부여와 환경조성을 해주고, 어린이가 이름을 붙이고 의미를 부여하는 것을 인내를 가지고 들어주고, 대화를 통해 그들의 작업을 이해하는 것이다.

3) 4세 어린이의 미술표현 특성

4세 아이는 자기 주변의 사람이나 사물들에 대해 구체적인 형태로 표현하면서 이야기를 엮어낼 수 있는 시기이다. 4세 아이의 미술표현은 이름붙이는 난화기에서 탐색적 상징기로 진입하는 시기이다. 그림을 그려놓고 이름을 붙이는 시기에서 제한된 주변 사물들을 상징적으로 표현하고 구체적인 형태가 나타나는 그림을 그리기 시작하는 시기이다. 어린이의 근육발달과 함께 언어가 발달하기 때문에 자신이 그린 것에 상징적인 의미부여가 아주 활발한 시기인 것이다.

만 4세가 되면 자신만만하게 억지를 쓰고 무책임한 생활을 하려든다. 현실을 조금씩 인식하고 표현하려고 한다. 어떻게 그리느냐고 자꾸 묻는다. 형태도 두드러지게 변화한다. 동그라미를 그리고 세로 선이나 가로선을 그리고 팔다리라고 말한다. 처음에는 질서가 없으나 경험을 쌓는 동안 위치가 정돈된다. 정서적인 것을 표현할 때 공간의 관계가 나타난다. 색채 사용은 역시 현실과는 무관하고 자기주장이 강하다.

4세가 되면 아이들은 언어로 사물을 생각하고 자신의 행동도 언어에 따를 수 있게 된다. 그림을 그릴 때도 손발을 움직이는 행동에 의미를 두는 데서 벗어나 언어로 이미지를 만들어냄으로써 자신의 행동을 결정할 수 있다. 따라서 그리기 전에 '무엇을 그릴 것인가'를 선생님이나 친구들과 이야기해서 미리 정하고 그리게 된다. 손이 먼저 그리기 시작하는 것이 아니라 머릿속에서 이미지가 떠오름으로써 손이 움직이고 그림이 되는 것이다.

(1) 언어발달에 의한 의미부여

1세부터 3세 무렵까지는 미술표현 능력이 주로 손의 기능에 이끌려 발달하지만 4세부터는 주로 언어의 발달에 의해 주도된다고 할 수 있다. 4세 무렵이 되면 아이들은 언어가 가진 이미지로 사물을 보고 생각할 수 있게 된다. 3세까지는 네 발로 걷는 동물을 멍멍이라고 가르쳐주면 고양이나 발을 보고도 멍멍이라고 말한다. 그런데 4세가 되면 네 발 동물 가운데서도 멍멍이와 야옹이, 음메 등의 차이를 구분할 수 있게 된다. 또 공통적인 성질로부터 동물이라는 인식이 생기기 시작한다. 그리고 개의 성질도 점차 인식을 하게 된다. 곧 집에서 기르는 스피츠와 이웃집의 셰퍼드, 발바리 등과 같이 개 사이에서의 구별과 공통성을 점차 알게 되는 것이다. 그렇기 때문에 그렇게 알고 있는 것을 그림으로 모두 표현할 수는 없지만 그린 것들 사이를 구별하여 의미부여를 달리 하면서 그릴 수 있게 된다. 하지만 이렇게 자신이 알고 있는 모든 것을 그림으로 표현할 수 있는 것은 아니다.

4세가 되면서 어린이가 사용하는 어휘량과 표현능력이 대폭 확대되면서 눈앞에 없는 것도 있는 것처럼 생각해낼 수 있는 능력을 갖추게 된다. 말의 작용에 의해 "엄마를 그려보라"거나, "아빠를 그려라."라는 말을 들으면 눈앞에 없는 자신의 부모를 떠올려서 그릴 수 있게 된다. 이때 엄마나 아빠의 이미지는 구체적인 대상인 엄마나 아빠로부터 나오는 직접적인 시각적 신호가 아니라 언어의 작용에 의해 생각으로 떠올려 만들어진 엄마와 아빠의 이미지이다. 4세의 유아는 개별의 구체적인 사람이나 사물을 생생한 이미지로 불러일으키는 언어의 작용에 의해 "내용을 가진 표현"으로서의 그림을 그리게 되는 것이다.

아이가 손으로 원을 그리거나 아래위로 움직였던 동작이 점차 작아지고 끊어지면서 동그라미나 네모, 십자 모양 등의 도형을 그릴 수 있게 된다. 그런 선이나 도형은 어린이의 언어능력이 발달하면서 서로 결부가 되게 되고 그린 것에 이름을 붙이게 되는 것이다. 이렇게 이름을 붙이는 것이 의미부여가 되어 이름을 붙이는 것이 변하지 않게 되면 상징기에 진입하게 된다.

(2) 주변의 대상에 대한 상징적 표현

4세 아동은 이름붙이는 난화기에서 상징기로 진입하여 주변의 제한된 사물들을 상징적으로 그리고 그것에 의미를 부여하는 시기이다. 이제 아이가 시각적인 세계에 대한 개념을 2차원적인 화면 위에 표현할 수 있다는 사실은 아이들을 만족스럽게 하는 경험이다.

일반적으로 아이들이 가장 먼저 그리는 대상은 자신이 가장 좋아하고 관심 있어 하는 것이다. 아이가 물고기를 좋아하면 물고기를 그리고, 꽃을 좋아하면 꽃을 그리고, 거북이를 좋아하면 먼저 거북이를 그린다. 그러면서 아이가 가장 포괄적으로 그리면서 먼저 그리는 것이 바로 사람이다. 엄마나 아빠, 이모, 할머니 등 자신과 가장 가까운 인물을 상징적으로 그려놓고 이름을 붙인다. 그 인물은 동그라미 속에 동그라미 두 개일 수도 있고, 눈, 코, 입이 그려진 머리일 수도 있으며, 거기에 선 두 개를 그린 두족인일 수도 있다.

어린아이들은 머리를 항상 크게 그린다. 이런 머리 다리 표현, 또는 두족인은 어린이가 외부 세계와 관계를 설정하는 첫 단계인 경우가 많다. 두족인에 또 다시 두 선이 그려지는데 그것은 팔인 경우가 많고 그 팔은 머리의 귀부분에서 나온다.

어린이가 마음속의 이미지와 그림이 서로 관계가 있음을 발견하는 것은 매우 큰 의미를 갖는다. 그래서 그림을 어른과 공유할 수 있게 되고 성인의 관심과 배려가 아주 중요해진다. 어린이가 그린 그림은 어린이가 얼마나 알고 있느냐, 얼마나 볼 수 있느냐에 전적으로 기반을 두는 것이 아니다. 어린이는 자신이 그린 것보다 훨씬 많은 것을 알고 있다. 아이가 엄마를 얼굴과 다리로만 그린다고 해서 엄마의 팔이나 몸통이 없다고 알고 있는 것은 아니기 때문이다.

아이의 그림에서 그것들이 상징적으로 의미가 부여된 것이라는 것은 그림에서 부분들을 분리해보면 바로 알 수 있다. 아이의 그림에서 팔이나 입을 떼어 놓고 그것이 무엇인지 알아 맞추게 하면 알 수 없는 것이 대부분이다. 그것은 대상을 사실적으로 그린 것이 아니라, "이것은 팔이야, 이것은 입이야."라는 식으로 그려 놓은 선에 상징적인 의미를 부여한 것이므로 상징적 표현이라고 할 수 있다.

(3) 도식과 존재상징 표현

이때부터 아이는 주변의 제한된 사물들에 대해 도식(schema)을 만들기 시작한다. 도식이란 의도적인 경험으로도 변화시키지 못할 정도로 계속 반복해서 이루어진 어린이들의 개념으로 그림에서는 어떤 대상에 대해 계속 똑같이 그리는 것으로 나타난다. 도식은 사람에 대한 도식, 꽃에 대한 도식, 나무에 대한 도식, 나비와 잠자리, 구름, 산에 대한 도식 등 각각의 대상을 어떤 그림에서든 계속 똑같이 상징적으로 그리게 되는 것이다. 그런 도식은 여러 번의 반복적인 그림 활동을 통해 자연스럽게 형성되며 그런 도식 개발을 억지로 막을 필요는 없다. 오히려 자신의 도식을 개발할 수 있도록 자연스럽게 여건을 만들어 주어야 한다. 하지만 중요한 것은 도식을 개발한 다음에 그 도식을 다양하게 분화시킬 수 있도록 도와주는 일이 아주 중요하다는 것이다. 도식 개발에 그치고 분화를 시켜주지 않으면 언제고 그런 틀에 박힌 그림을 그릴 것이기 때문이다.

이 시기의 아이들이 그리는 대상들은 주로 몇 가지에 제한되어 있다. 우선 사람을 가장 많이 그린다. 엄마와 아빠, 자신과 가까운 할머니, 이모, 형, 동생 등을 그린다. 그리고 집, 나무, 꽃, 산, 나비, 잠자리 등 자신이 관심을 가지고 있고 주변에서 그 나이에 접하는 것들을 주로 그린다.

아이들은 자신이 생각한 것을 제한 없이 도화지 위에 그려놓는다. 이 무렵에는 그린 것들이 서로 공간적으로 관련을 맺고 어떤 질서를 가지고 그리는 것이 아니다. 가까이 있는 것은 아래에 멀리 있는 것은 위에 그리는 식으로 어떤 질서를 부여하거나 기저선(base line)을 그려 그 위에 사물들을 배치하는 식으로 공간관계를 형성시켜 그리는 것이 아니다. 대부분 자신의 머리에 떠오르는 것이나 성인들이 그려달라는 것을 생각나는 대로 빈 공간을 채우는 식으로 그린다. 이것을 “존재상징”으로서의 표현이라고 한다.

존재상징이란 “여기에 이것이 있고 저기에 저것이 있다”는 식으로 어떤 대상의 존재를 상징적으로 표현한다는 것이다. 그래서 아이가 만일 꽃과 집, 강아지, 사람을 그렸다면 그것들이 서로 연결되어 “꽃이 핀 집에 강아지와 사람이 놀았다”는 식으로 어떤 이야기를 그리기보다는 여기에 꽃이 있고 집이 있고 강아지가 있고 또 내가 있다는 식으로 나타낸다는 것이다.

(4) 공존화와 투시적 표현의 등장

이 시기의 빠른 아이는 그린 것들 사이의 관계를 설정하여 어른에게 열심히 설명하기도 한다. 그것은 그런 관계를 미리 생각해서 그린 다음 이야기하는 것이 아니라, 그리면서 관계를 설정시키거나 그린 다음 설명하면서 만들어가는 경우가 대부분이다. 그림에서 떠오르는 것들을 자유롭게 이야기로 말하는 것이다.

이런 그림은 이야기 전개식으로, 설명식으로 그리기 때문에 성인 눈에 보기에 공존화 표현이나 투시적 표현으로 나타나기도 한다. 공존화 표현이라는 것은 다른 시간대에 일어난 일을 한 화면에 그리는 것이나, 여러 시각에서 본 것을 한 화면에 함께 그리는 것을 말한다. 해와 별이 같이 그려지거나 위에서 본 모습과 앞에서 본 모습을 함께 그리는 것이다.

또 투시적 표현이 가끔 나타나기도 하는데 그것은 자신이 알고 있는 바를 자유롭게 나타낼 때 나타난다. 차가 있고 차에 사람이 타고 있다는 것을 나타내기 위해 차의 외부모습과 내부모습을 함께 그리는 것이다.

이 단계에서 아이들은 친구들과 모래 장난을 하거나 나뭇잎을 따고

물을 마시기도 한 자기의 행동의 모든 것을 점이나 선으로 상징해서 자세히 그려놓기도 한다. 그런 그림은 얼핏 복잡해서 알아보기 힘들 경우가 있지만 자세히 들여다보면 하나하나가 다 의미가 있는 선이고 점이다.

또 대부분의 그림이 의인화되어 표현되는 시기이다. 어떤 동물을 그리든 사람을 그릴 때와 마찬가지로 얼굴은 정면을 향하고 모두 사람을 그릴 때처럼 눈, 코, 입이 있다. 차에 눈과 코를 그린다거나 태양에도 사람과 똑같은 의미를 부여하는 것이 그 예다. 겨울의 태양은 여위게 그려 춥다는 표현을 대신하고 비 오는 날에는 눈물을 흘리는 모습을 그려놓기도 한다.

협동의식을 깨닫게 되고 개인차가 많은 시기이다. 시각적인 통제력이 발달하며 모방적인 도식들이 나타난다. 또한 인물화가 그려지기 시작하며 정확한 묘사를 할 수가 있지만 미숙한 상징적 조식으로 혼란된 묘사에 그친다. 얼굴 표정에 관심이 높고, 수직선과 수평선을 이용한 인물상이 나타난다. 주제가 확정이 되고 제목을 붙이기도 한다. 개인적인 경험에 의해 조금씩 다른 도식적 형태가 나타나며 새로운 개념을 찾아서 쉽게 변화한다.

색채의 감각이 생겨나며 주관적인 감정에 따라 색을 선택한다. 창조적 성장의 시기로 자기의 생각을 주저 않고 그리며, 그리고자 하는 것은 모두 그릴 수 있게 된다. 관심에 따라 강조하거나 부분적으로 선택하는 특성을 보인다.

이 시기에는 지금까지의 경험을 토대로 하여 꿈과 희망을 가지고 두려운 것 없이 모든 것을 직접 행동 속에서 구해간다. 그러므로 밝고 명랑하고 바쁜 생활을 자꾸만 넓혀 간다. 침착성이 부족하고 말이 많고 시끄럽게 떠들어 대기도 한다.

유아가 소속된 사회에 아이의 그림을 따뜻하게 지켜봐주고 그림의 내용을 기꺼이 들어주는 사람이 있느냐 없느냐에 따라서 아이의 그림을 키우는 환경을 만들어주느냐 그렇지 않느냐가 결정된다.

4) 4세의 미술지도

이 시기의 그림은 아이의 그림에 관심을 보여주고 그림 그릴 기회를 많이 주며 그린 것을 가지고 많은 이야기를 나누느냐, 나누지 않느냐에 따라 아이가 그림을 좋아하기도 하고 멀리하기도 한다. 이 시기에 부모나 교사에게 가장 중요한 것은 아이가 마음껏 표현하고 싶을 때 표현하고 싶은 것을 표현할 수 있는 여건을 조성해주느냐의 문제와 아이가 그린 것에 적절한 격려를 하면서 관심과 대화를 해줄 수 있느냐는 점이다.

이 시기에 어린이가 자신이 표현하고 싶은 것을 자유롭게 표현할 수 있도록 환경을 조성해주는 것이 중요하다. 그릴 기회를 많이 주고 사인펜, 크레파스, 물감, 칼라펜, 지점토, 색깔 찰흙, 색종이 등 다양한 재료와 용구를 접할 기회를 부여하며, 그런 재료로 여러 가지 미술활동을 접하도록 해야 한다.

더불어서 교사나 학부모가 아이에게 그릴 수 있도록 동기를 부여하는 것이 중요하다. 동기부여는 어린이가 그리고 싶은 마음이 들도록 하는 것이며, 그런 마음이 들게 하기 위해서는 그리는 것에 칭찬과 격려를 해주면서 그리고 싶은 것을 떠올리도록 해야 한다. 그리고 싶은 것을 떠올린다는 것은 곧 자신의 경험과 느낌을 떠올려야 가능하다. 그래서 발상이나 동기부여는 어린이가 자신의 경험과 느낌을 찾아가도록 도와주는 것을 말한다. 이것은 말로써만 이루어지는 것이 아니라 사진, 잡지, 실물, 비디오, 카세트 등 어린이가 호기심을 느끼고 자신의 경험을 떠올릴 수 있는 어떤 것이든지 사용할 수 있다.

다음으로 중요한 것은 어린이가 그린 것에 대해 어린이 스스로 설명할 수 있도록 아이의 이야기를 들어주는 것이다. 이 시기의 아이들은 언어발달이 활발하기 때문에 이야기하는 것을 좋아하고 의미부여를 하고 싶어 한다. 특히 자신이 그린 것에 대해 어른에게 설명하기를 아주 좋아한다. 이 시기에 "나무와 새를 그렸네.", "이건 엄마를 그린 거니?" 등으로 구체적인 사물이나 사람을 어른 입장에서 발견하려고 하지 말고, 어린이가 표현한 것을 스스로 이야기할 수 있도록 하면 된다. 그리고 아이가 그린 대상이나 이야기가 잡히면 그것에 대해 점차 구체화시켜 갈 수 있도록 발문을 하는 것이 좋다. 아이가 물고기를 그렸으면, "어디서 사는 것이니?, 어떻게 숨을 쉴까? 먹이를 잡아먹을 때 어떤 모습일까?" 등의 질문을 던져서 아이가 그 대상에 대해 보다 구체화시켜 갈 수 있도록 도와주어야 한다.

가끔 그림 그리기를 두려워하는 아이가 있다. 부모나 교사는 이런 아이를 발견하면 적절하게 격려해야 함은 물론이다. 창의적인 활동을 하는 데 망설이는 이유에는 여러 가지가 있고 상황에 따라 다를 것이다. 과거에 아이가 난화를 시작하려고 할 때 '하지 말라'는 부모의 말을 들은 것에서부터 특별한 상황에서 경험하여 깊게 자리한 공포와 두려움의 문제에 이르기까지 다양할 것이다. 이러한 아이와는 서로간의 신뢰를 확립하는 것이 중요하며 자유롭게 낙서하듯이 마구 그리기부터 시작하게 하는 것이 좋다.

"얘야, 네가 만약 큰 방 안에 있다면 너는 구석에만 서 있기만 하겠니? 방안을 뛰어다니며 즐겁게 놀겠니? 아니면 방 한가운데 가서 앉아만 있겠니? 크레용이 이 넓은 종이에 뛰어 들어갔다고 생각해 봐. 그럼 크레용이 어떻게 했을까? 네 생각에 이 넓고 하얀 공간 속에서 크레용이 어떻게 움직일 것 같은지 내게 보여주렴."

이렇게 구체적인 동기부여를 통해 어린이가 그리는 것에 두려움을 갖지 않고 자유롭게 낙서하듯이 난화를 하도록 도와줄 수 있을 것이다. 아이가 일단 자유롭게 난화를 해서 마음이 열리면 다른 그림을 그리도록 자연스럽게 이끌 수 있다.

아이가 "이건 아빠야."라는 반응을 보였을 때, 적절한 자극으로 보다 넓은 개념을 갖도록 도와줄 수 있다. "네 아빠는 키가 크니? 발이 크니? 수염은 어때? 아빠의 어떤 표정이 가장 마음에 드니?" 등의 구체적인 발문을 통해 어린이가 아빠에 대한 생각을 구체화시킬 수 있도록 도와줄 수 있는 것이다. 이런 말들의 목적은 어린이의 경험과 느낌을 떠올리게 해서 상상력이 풍부한 사고를 자극하는 데 있다.

4세는 이름붙이는 난화기에서 상징기로 진입하는 시기이다. 상징기는 어지러운 선으로 의미 없이 그리던 아이들이 도형의 결합이나 선들의 연결로 구체적인 형태를 그리면서 의미를 부여하는 시기이다. 이 시기에 어린이의 언어가 아주 빠르고 폭넓게 발달하기 때문에 그만큼 그린 것에 대한 의미부여도 풍부해지고 다양해진다. 하지만 그리고 싶어도 잘 표현되지 않기 때문에 그림을 두려워하는 아이도 많다. 자기 주변의 사람이나 집, 꽃, 나무, 나비, 구름 등 자신이 알고 있는 것을 상징적으로 표현하고 그것이 여기에 있다는 식의 존재상징으로 나타낸다.

이 시기에 있어 그림은 미술표현을 위한 방법만을 의미하는 것이 아니다. 아이는 그림으로 자신을 이야기하고 있고 자신의 사고를 넓혀가고 있다. 그러므로 이 시기에 있어서 선이나 색, 형태와 같은 조형적인 관심보다는 어린이의 생각과 관점에 초점을 맞추어 미술활동을 어린이와 대화하는 하나의 방법으로, 어린이의 사고의 폭을 넓히고 구체화시키는 기회를 삼는 것이 중요하다.

앞으로 이러한 3-4세의 미술표현 발달특성에 맞는 다양한 프로그램과 구체적인 지도방법이 연구되어야 할 것이다.

3. 5세의 미술표현 발달특성

5세 어린이의 미술표현의 발달은 자기 주변의 대상들에 대해 나름대로의 상징적 표현인 도식(schema)을 활발하게 개발해가면서 공간도 유기적 관계를 갖도록 기저선(base line)으로 표현하는 탐색적 상징기에 해당하는 시기이다. 이 시기는 주변의 모든 사물이나 사람을 구분하여 상징적으로 나타내면서 주제가 있고 이야기가 있는 미술표현을 매우 활발하게 하는 때로 미술교육적으로 아주 중요한 시기이다.

아이가 5세가 되면 독자적으로 활동하는 시간이 많아져 친구와 열심히 놀더라도 엄마의 얼굴을 보러오는 시간의 간격이 훨씬 길어진다. 즉 자주 보러 오지 않아도 안심할 수 있기 때문이다. 그래서 식사시간이나 간식 때문에 집에 돌아올 뿐 나머지는 하루 종일 밖에서 노는 경우도 많아진다. 이것은 5세 아가 일단은 자립하여 엄마라는 존재가 없이도 어느 정도는 활동이 가능하기 때문이다.

5세가 되면 점점 가정에서의 자신의 위치, 자신의 힘을 희미하게나마 판단하게 된다. 그래서 집안에서의 권위에 대해서도 이해하게 되는 것이다. 또 사회의 일원으로 행동하려는 노력도 어리지만 생기고, 적극적으로 세상과 교섭을 가지는 것에도 기뻐하게 된다. 그래서 쇼핑이나 심부름하는 것을 더 이상 놀이로 즐기지 않고 자신이 한 것에 대해 잘되었는지 물어서 확인하려고 한다.

이 시기의 아이는 모든 대상을 사람처럼 생각하는 경향이 강하다. 집도 사람처럼 멋진 얼굴을 하고 있기도 하고 이상한 얼굴을 하고 있는 것으로 보기도 한다는 것이다. 그리고 어떤 이야기든 곧 사실처럼 믿어서 동화나 텔레비전, 영화에서 본 것도 모두 정말이라고 생각한다. 또 4세 때보다 사물에 대해 깊게 생각하게 되므로 4세 때에는 곧 대답을 했는데 5세 때는 오래 생각한다. 그래서 대답이 훨씬 정확해지고, 질문 받은 것만을 대답하려고 노력하며, 질문할 때에도 자기가 모르는 것, 묻고 싶다고 생각하는 것에 대해서만 질문한다.

이 시기에 미술은 어린이의 생각과 감정을 자유롭게 표현하고 창의성과 감성지능을 키우며 미적 감각을 갖게 하는 아주 좋은 방법이 된다. 아이들이 언어로 자신을 나타내는 데 아직 익숙하지 않기 때문에 미술은 세상에 자신을 보이는 아주 좋은 방법이 되는 것이다.

1) 5세 어린이의 미술표현 특징

이 시기의 대부분의 아이들은 일단 형태가 있는 그림을 그리게 된다. 그리기 전에 무엇을 그릴까 정하는 아이가 대부분이고, 20% 정도만 그리고 있는 동안에 그 그림에 이름을 붙인다. 선을 훨씬 정확히 사용하고 대부분의 사물을 일정한 형태를 잡아서 그리게 된다. 알고 있는 것은 무척 자세하게 그리고, 본 대로 그리기보다는 머릿속에 강하게 남아있는 것을 그리게 된다. 하지만 이것을 가지고 어린이들이 아는 것을 그린다고 이야기하는 것은 의미가 없다. 아이의 머릿속에 있는 사물의 형태에 대한 것은 대부분 보아서 생긴 것들이기 때문이다.

5세가 되면 아이들의 그림은 3, 4세 시기의 의도에 따라 그리는 상징적 표현에서 더 나아가 무엇을 그렸는지 어른이 보아도 한 눈에 알 수 있는 그림으로 발전한다. 사람을 그리더라도 옷을 입은 모습을 그리고 사물과 사물의 관계에도 관심을 보이게 된다. 이 시기의 그림은 대부분 어떤 순간을 포착한 것이 아니라 하나의 그림 이야기이다. 즉 어느 한 순간을 그리는 것이 아니라 시간 속에서 하나의 흐름을 한 장의 종이 위에 나타내는 것이다.

(1) 상징적이면서 내용 있는 미술표현

그림을 그리다가 뜻대로 되지 않을 때는 끝까지 추구하려 하지 않고 도중에 그만둬 버리는 경우가 많다. 이럴 경우 교사나 부모가 강요하면 반발을 한다. 지금까지의 끄적거리던 상태가 사라지고 재현에의 욕구가 의식적 창조로 싹트는 시기이다. 때문에 어린이는 의식적 창조과정을 통해 새로 발견한 관계 속에서 새로운 개념을 끊임없이 추구한다. 이러한 가운데서 개인적 형태 상징이 쉴 새 없이 변화되어 가는 것이다. 자기 경험을 주로 표현하기 때문에 사물 자체나 한 장면만을 그리게 된다. 따라서 자기주장을 강조하는 시기이며 자기가 그린 우연한 형태에 의미를 부여하는 경우가 많다. 삼각형을 그리다가 우연히 오징어와 비슷해지면 멈추고 오징어를 그렸다고 말하는 것이다.

이 시기에 아이에게 엄마나 아빠를 그려보라고 하면 지금 눈앞에 없는 자기의 부모를 떠올려서 그릴 수 있게 된다. 이때의 부모에 대한 이미지는 언어 작용에 의해 생각으로 떠올려 만들어진 엄마, 아빠에 대한 이미지이다. 이미지로서의 엄마는 일반적인 모습의 어머니도 아니고 또 추상적인 인간상도 아니다. 옆집 아주머니나 친구의 어머니가 아닌 바로 나의 어머니에 대한 이미지이다. 즉 다른 사람과 구별되는 나의 엄마에 대한 이미지를 말에 의해 떠올릴 수 있는 것이다.

4, 5세의 아이는 개별의 구체적인 사람이나 사물을 생생한 이미지로 불러일으키는 언어의 작용에 의해 '내용을 가진 표현'으로서의 그림을 그리게 된다. 이렇게 언어는 아이가 내용이 있는 표현으로서의 그림을 발달시키는 주도적인 역할을 맡는 것이다. 4세까지는 남자니까 또는 여자니까라는 의식이 별로 없다. 하지만 5세 정도부터 남녀의 차이가 그림상으로 많이 나타나게 된다. 5세 정도가 되면 각기 다른 크기의 물체를 보다 정확하게 구별할 수 있으며, 숫자나 알파벳 같은 복잡한 형태도 판별하는 능력이 생긴다.

5세가 되면 말도 썩 잘하게 되고 자기가 한 일에 인정을 받고자 하는 바람이 강하게 나타나게 된다. 점차 대상에 대한 도식이 나타나게 되고 자기에게 중요한 부분의 과장이 나타나고 의미 없는 부분의 생략이 두드러진다. 색채 사용은 상징적이며 현실의 색과 관련이 별로 없다.

(2) 도식의 활발한 개발

이 시기의 미술표현에서 가장 두드러진 발달적 특징은 두 가지로 꼽을 수 있다. 하나는 대상과 그림과의 관계를 분명하게 설정하는 상징적 표현, 즉 도식이 본격적으로 개발된다는 것이다. 도식은 사물에 대한 아이의 개념적이고 상징적인 인식 구조가 미술표현으로 구체화되는 것으로 어떤 대상에 대해 아주 유사한 그림 형태로 반복해서 나타나게 된다. 이 시기는 나비를 종류별로 그리기보다는 '이것은 나비야'라고 통칭하여 개념적으로 그린다. 즉 호랑나비, 노랑나비, 흰나비 등을 구분하여 그릴 수 있는 것이 아니라 나비를 개념적이고 상징적으로 표현하는 일정한 틀을 가지며 그것이 도식이다. 5세 아이는 구름이든, 산이든, 집이든, 물고기든 그 대상에 대한 도식을 활발하게 개발해간다. 이렇게 도식을 개발할 때는 틀에 박힌 그림이라고 해서 방해하거나 왜 똑같이 그리느냐고 이야기할 필요가 없이 오히려 그 도식의 개발을 도와주어야 한다. 왜냐하면 도식이 개발되어야 그 다음 단계인 도식의 분화를 스스로 촉진시킬 수 있기 때문이다. 도식의 분화는 나비에 대해 구분하지 않고 하나의 도식으로 그렸던 아이가 호랑나비와 흰나비, 노랑나비 등을 구분할 수 있게 되고 그림으로도 구분하여 그리는 것을 말한다. 어린이의 도식을 개발을 촉진시키고 일단 개발되면 바로 다양하게 분화시켜서 사물에 대한 사고의 폭을 넓혀 갈 수 있도록 도와주어야 한다.

(3) 기저선으로 공간관계 표현

두 번째 두드러진 특징은 공간개념 발달에 따른 기저선(base line)의 사용이다. 아이가 5세가 되면 공간관계와 사물 간의 유기적 관계를 인식하기 시작하고 그것이 미술표현으로 나타난다. 즉 집과 나무, 땅과 하늘 등이 서로 유기적 관계를 맺도록 표현할 수 있게 되고 그 첫 출발점이 기저선이다. 처음에는 그려진 그림들끼리 유기적 관계없이 그려지다가 땅을 기준으로 배치가 되기 시작하는데 그 땅을 나타내는 기준선이 기저선이다. 기저선은 땅의 밑과 위를 가르는 기준선이 되고, 사물의 방향이나 거리 등을 표현하는 기준선의 역할을 한다. 기저선의 개념은 보통 도화지 밑의 선을 기저선으로 삼으면서 시작된다. 그래서 도화지 밑에 선에서 나무나 꽃을 출발시켜 나란히 그리게 된다.

여기서 발달하여 도화지 밑 선 위에 하나의 선이 그려지고 그 선 위에 나무나 꽃, 집, 사람 등이 나란히 배치되는데 이것을 기저선이라고 하고 가끔 기저선이 두 개가 나타나기도 하고, 하늘에는 기저선에 대칭되는 하늘선(sky line)이 등장한다. 하늘선은 대부분 구름을 흰색이나 회색이 아닌 하늘색으로 칠해서 나란히 배치하는 것으로 대신 되기도 한다. 즉 5, 6세 때 구름을 하늘색으로 그리는 경우가 많은데 그것은 아이들이 하늘의 출발을 알리는 하늘선을 연속되는 구름을 그려 기저선의 대칭개념으로 삼기 때문이다. 기저선 밑은 땅, 하늘선 위는 하늘, 그 사이는 사물이 존재하는 공간이 된다. 그래서 기저선 위에 땅에 서 있는 나무나 꽃, 집 등이 배치되고 비행기나 새, 잠자리 등은 하늘선 바로 밑에 보통 배치된다. 개미나 겨울잠 자는 동물은 기저선 밑에 자리 잡아 그려진다.

또 이 시기에 보이지 않는 것을 보이는 것처럼 그려 외부와 내부를 함께 그리는 투시적 표현이나 여러 시점이나 시간에 일어난 일을 한 화면에 나타내는 공존화 표현이 나타나기도 한다.

(4) 눕혀 그리듯이 표현하는 입체표현

5세는 입체표현 발달에서 평면적 상징기에 해당하는 이 시기는 입체재료를 평면적으로 표현하면서, 대상을 상징적, 도식적으로 나타내는 단계이다. 평면적으로 표현한다는 것은 입체재료로 마치 그림을 그리듯이 표현하는 것으로 바닥에 눕혀 입체표현을 하는 것이다. 이것은 누워있는 표현과는 다르다. 누워있는 표현은 어린이가 누워있는 사람을 만들겠다는 의도를 가지고 만든 것이고 평면적인 표현은 어린이는 서 있는 것으로 생각하면서 만들지만 실지로는 눕혀져 표현된 것이다. 평면적 표현은 평면적 상징기나 탐색적 유희기의 어린이들이 만드는 두께가 얇고 상징적이고 비교적 미숙한 표현이고 누워있는 표현은 입체적 탐색기 이후의 어린이들이 만드는 것으로 두께가 두껍고 사실적이며 입체적인 작품이다.

어린이들이 4-5세 정도가 되면 사람을 표현하려고 노력하며 초기의 인물 형태에서 좀 더 발달한 인물 형태가 만들어진다. 이즈음에 많이 나타나는 표현이 두족류(head-feet figure)의 인물 형태로서 머리와 두 다리만으로 표현된 것이다. 이런 표현 중 가장 흔한 것이 둥글고 납작한 얼굴 형태에 눈, 코, 입이 붙어있거나 손가락으로 눌러 표현되어 있고 얼굴 밑 부분에 약간 긴 편인 다리가 붙어 있는 것이다. 긴 다리는 어린이에게 몸통의 역할까지 하는 것으로 받아들여지며 두 다리 사이의 공간을 배로 간주하기도 한다. 머리 양옆으로 팔이 붙기도 한다.

그런 두족류 인물표현에는 둥글고 납작한 형태에 눈, 코, 입을 붙이거나 표시하고 머리카락을 약간 윗부분에 붙이며 밑 부분에 작은 다리를 붙이는 것도 있고, 구형의 머리 모양 밑에 작은 찰흙덩어리를 두 개 정도 붙여 직립시킨 형태도 있다. 여기서 머리 모양은 구형으로 손바닥으로 굴려 만들거나 그렇게 만들어진 것을 눌러 납작하게 하는 것이 보통이고, 다리는 손 사이에 찰흙을 넣고 비벼서 뱀 모양으로 만들어 머리 모양 밑에 놓거나 눌러 붙여준다. 약간이나마 직립형태를 갖는 인물 형태는 머리와 다리가 두껍고 구형으로 입체적일 뿐 두족류 표현의 일종이다. 이런 인물 형태에는 세 개의 찰흙덩어리를 따로 만들어 결합하기도 하고, 먼저 밑 부분을 만든 후에 머리를 빚어 그 위에 올려놓고 나서 눈, 코, 입을 작게 떼어 붙이기도 한다.

머리와 다리로 인물을 만든 후 어느 정도 지나면 어린이들은 배로 표현하는 몸통이 나타난다. 이것은 머리와 다리를 연결해주는 것으로 등장하며 처음에는 머리와 다리보다 짧고 가늘고 얇지만 점차 길어지고 통통해진다. 가끔 손가락이나 목, 머리카락을 표현하는 경우도 있으나 매우 드문 경우에 나타난다. 어린이들은 자신이 표현한 것보다는 훨씬 많은 것을 알고 있기 때문에 이들에게 목이나 손가락, 머리카락 등이 왜 없느냐고 말하면 찰흙덩어리를 작게 떼어 붙이거나 다른 도구로 새겨 표시한다. 이러한 초기 인물의 표현과정에서 나타나는 공통적 현상은 그들이 자기표현의 부족한 면을 언어로 보충하려 한다는 것이다.

2) 5세 어린이 미술지도

5세는 세상에 대한 아이의 개념과 사고의 폭을 대폭적으로 넓혀가는 아주 중요한 시기이다. 이 시기의 아동은 아직 언어로 자기를 표현하는 데 그렇게 자유롭지 못하기 때문에, 미술표현은 이 시기에 강력한 자기표현 수단이 되고 어린이의 사고의 폭을 넓히고 감성지능을 높이고 창의성을 계발하는 좋은 방법이다.

이 시기에 미술은 조형 능력을 향상시키기는 데 중점을 두기도 해야 하지만, 미술을 통해 인간교육을 시키고, 정서를 함양하며, 창의성과 미적 감각을 기르는 데 보다 중점을 두어야 한다. 어린이들은 미술로 산수를 배울 수 있고, 미술로 자연을 배울 수 있으며, 미술로 문자를 배울 수 있다. 그렇게 배운 것을 또 미술로 표현할 수 있다. 그래서 유럽의 슈타이너 학교나 레지오 에밀리아 등에서는 미술을 중심으로 한 통합교육을 시도하여 세계적으로 인정받는 교육기관이 되었다. 이 시기는 회화적 상징으로 모든 것을 학습하고 나타내는 시기이기 때문에 놀이나 율동, 노래 등과 함께 미술은 교육에 중심에서 모든 교육을 가능하게 하는 역할을 하게 된다.

(1) 미술로 생각할 수 있는 기회를

어른들은 자신의 생각을 분명히 하기 위해 문자를 쓰지만 아이들은 그림을 그리면서 자신의 인식을 명확하게 한다. 유아의 그림은 언어의 이미지를 확인하는 수단으로서, 즉 개념을 확인하는 방법으로서의 역할을 하는 것이다. 개념은 언어의 의미이다. 개념이 발달한다는 것은 언어가 확대되고 발달하는 것이다. 6세 정도까지 아이는 보통 6000 단어 정도를 알게 된다고 한다. 언어의 양적 확대는 곧 개념의 확대를 의미한다. 4세부터 6세까지의 시기는 개념을 급속히 숙달시키는 시기인 것이다. 이런 언어발달은 아이들의 그림을 훨씬 풍부하게 하고, 또 미술의 다양한 표현과 그것을 설명하는 과정에서 어린이들은 언어를 발달시키게 된다.

이 시기는 시각의 발달과 함께 의식적으로 주의를 기울이고 관심을 갖는 것이 서서히 의도적이 되어간다. 이때는 자신의 의지를 살려 행동을 할 수 있게 된다. 마음속에 양심이라는 것이 생겨 또 하나의 욕구인 자아와 싸워 마침내 양심이 이겨서 그 명령에 따라서 행동을 할 수 있게 되는 것이다. 5세가 되면 새로운 사물을 상당히 주의 깊게 관찰하는 것을 자주 볼 수 있으며 유아는 이렇게 점점 자신의 지각을 자기 뜻대로 구사해나가는 방식을 배우게 된다.

때문에 어린이들의 자기 동기를 자극하고 그 아이의 느낌과 경험을 떠올려 표현하도록 하는 것이 아주 중요한 일이다. 교사나 부모가 그리라고 하는 그림을 그리는 것이 중요한 것이 아니라 아동의 경험에서 소재를 찾고 그 경험에서의 느낌과 생각을 구체화시켜 그림으로 나타내게 하는 것이 중요하다. 그래서 단순한 사건을 그리는 것이 아니라 그 사건과 경험에서 그 아이의 감정이 어땠는지, 그때의 생각이 무엇이었는지 그림으로 생생하게 나타날수록 좋은 그림이 된다. 즉 놀이공원에 간 경험을 그리는 경우, 놀이공원에서 놀았다는 단순한 사실을 그림으로 그리는 것이 아니라 그 놀이공원에서 어떤 것이 가장 인상 깊었으며, 그때의 느낌이 어땠는지를 구체화시켜 그 느낌이 나타나도록 표현하게 도와주어야 한다는 것이다. 그렇게 하기 위해서는 교사나 부모의 동기부여가 아주 중요하다. 동기부여는 아동 각자가 자신의 경험과 느낌을 찾아가도록 도와주는 것을 말한다. 그 아이가 자신의 경험에서 느낌을 구체화시키도록 적절한 발문으로 아이의 생각과 느낌을 떠올리고 이야기하도록 해주어야 한다.

그리고 특히 중요한 것은 어린이가 스스로 생각할 수 있도록 교사가 최대한 이끌어주어야 한다는 것이다. 교사가 많은 것을 주는 것이 아니라 어린이가 교사의 동기부여 등에 의해 생각할 수 있는 기회가 많고, 되도록 머리를 많이 쓰며, 상상을 많이 할 수 있도록 도와주어야 한다는 것이다.

이때 어린이가 그리고자 하는 대상과 관련된 책이나 비디오, 사진, 실물 등을 직접 보고, 만져보고, 이야기를 나누면서 그 대상에 대한 사고와 개념의 폭을 넓히고, 그것을 보다 구체화시켜 표현할 수 있도록 도와주는 것이 좋다. 또 자유로운 상상을 할 수 있도록 비정형의 그림에서 연상하도록 하거나 구체적인 단서에서 다양한 상상의 세계를 펼치도록 도와주는 활동을 통해 어린이의 상상력과 창의력을 기를 수 있다. 그리고 재료에 대해 다양하게 접근하고 어린이 스스로 탐색하여 생각하면서 표현할 수 있도록 안내하면 어린이들은 스스로 표현하고 싶은 주제를 표현하고 싶은 방법과 재료로 나타내게 된다.

(2) 다양한 재료에 의한 입체표현도 중요

이 시기에 입체표현 경험도 아주 중요하며, 많은 입체재료로 다양한 표현을 할 수 있는 기회를 주어야 한다. 이 시기에는 대부분 작품을 세우지 못하고 눕혀서 평면적으로 나타낸다. 극단적인 평면표현은 바닥을 화면으로 생각하고 그 위에 찰흙으로 그림을 그리듯이 작은 찰흙 덩어리나 긴 줄 모양의 찰흙을 배치하는 것이다. 즉 눈, 코, 입을 따로따로 작고 둥글게 만들어 배치를 하고 둥근 테두리를 그 주위에 두른 다음, 다리 모양을 그 밑 부분에 놓아 표현하는 것이다. 그림에서처럼 단추를 둥글고 작게 빚어 배치하기도 하고, 그 옆에 두 줄의 찰흙을 놓아 몸통을 표시하기도 한다. 이런 표현을 한다고 무리하게 세우도록 하거나 몸의 각 부분을 만들도록 부모나 교사가 지시하면 어린이는 찰흙을 만지는 것 자체를 꺼리게 된다. 찰흙이나 지점토, 색깔 찰흙 등 다양한 재료를 주어 두드리고, 빚고, 찌르고, 떼고, 반죽하고, 기본적 형태를 만들고, 만들고 싶은 것을 자유롭게 만들 수 있도록 도와주는 것이 좋다.

5세는 초등학교에 입학할 준비를 해야 하고, 세상의 모든 것에 대해 호기심을 가지고 아주 활발하게 생각하고 개념을 넓혀가며 이해의 심도를 깊게 해가는 때이므로 여러 측면에서 주의 깊은 교육활동이 주어져야 한다. 그래서 모든 것들은 통합적이고 아동의 흥미에 부합한 내적 동기를 고려하여 학습활동이 진행되어야 한다. 유아들은 탐색, 실험, 관찰, 그리고 물체 또는 다른 사람들과의 상호작용을 통해 개념 이해의 폭을 넓혀나가고 모든 영역의 발달은 통합적으로 어우러져 나간다. 따라서 유아기에 제공되는 교육적 경험이 통합되어 이루어질 때 유아기 학습을 촉진시켜 준다.

5세는 도식을 활발하게 개발하고 공간관계를 기저선이나 공존화 표현 등으로 나타내며 자신의 경험이나 본 것 등을 누구나 알아볼 수 있는 형태로 그려낼 수 있는 나이이다. 이 시기에는 어린이가 자기 주변의 대상에 대한 도식을 효과적으로 개발할 수 있도록 도와주고, 그려진 대상끼리 공간관계를 최대한 맺을 수 있도록 지도하며, 그린 그림에 아동의 느낌이 나타나도록 하는 것이 중요하다. 그렇다고 7세에 할 수 있는 것을 미리 교육하고 하게 하는 것은 결코 바람직한 것이 아니다. 왜냐하면 그 아이는 다른 아이들이 그 나이에 맞는 풍부한 경험을 하는 동안 5, 6세에 해야 하는 경험을 못하고 넘어가는 것이 되기 때문이다. 5세에 맞는 동기부여를 통해 어린이가 스스로 자기 주제를 찾아 자기 방법으로 자유롭게 나타낼 수 있도록 다양한 재료에 의한 많은 미술경험이 필요한 것이다. 미술은 이 시기에 수학이나 과학, 언어교육 등 다른 교육을 통합적으로 할 수 있게 하는 아주 좋은 방법이 될 수 있다.

4. 6-8세의 미술 능력 발달특성

이 시기는 그려진 형상과 내면과의 관계를 맺고 형상에 의미를 부여하는 단계로 미분화된 상징에서 복잡한 시각적 상징으로 발달해가는 시기이다. 6-8세의 미술 능력발달은 다양한 대상과 공간에 대한 상징이 발달하는 시기로, 대부분의 표현 대상에 대해 도식적이고 자기중심적으로 표현하는 단계이다(이규선·김동영·전성수, 1994, 194). 도식은 의도적인 경험으로도 변화시키기 어려울 정도로 계속 반복해서 나타나는 상징적인 표현을 말한다. 어린이의 표현에서 꽃이 모양이 모두 동일하거나 인물에 대해서도 머리카락이나 치마 같은 특정 부분을 제외하고는 대부분 똑같이 표현하는데, 이렇게 어떤 표현에서도 동일하게 나타나는 상징적 표현을 도식이라고 한다. 사물에 대한 도식은 어린이가 표현을 통해 도달한 개념이며 대상에 대한 어린이의 상징을 표현한 것이다. 이러한 도식적이고 상징적인 표현은 초등 저학년에서 강하게 나타난다(Eisner, 1972, 120). 어린이들은 어떤 사물이나 대상이 있다는 것을 상징적으로 표현하며 다양한 종류의 대상에 관심을 기울여 다양한 상징 형태를 개발한다. 그들은 간단한 방법으로 그들의 환경에 상징을 관련시키기 시작하여 서로 다른 시간이나 공간에서 발생한 사건들을 하나의 구성으로 모아 표현하기도 하고, 그런 그림에 어떤 이야기를 표현한다(Gaitskell, Hurwitz, & Day, 1982, 154-157).

인물도식은 어린이가 반복되는 표현을 통해 얻은 사람에 대한 개념의 표현으로 어린이들마다 약간씩 차이가 있다. 기본 도형과 기본 난화의 조합으로 이루어지면서 계속 변화를 하게 되는 인물표현은 어린이다운 일정한 틀을 갖추게 된다. 눈·코·입이나 몸의 각 부분에 대한 존재의 상징으로 표현되었던 것들이 서로 구별되고 분화되면서 구체적인 도식적 표현으로 이행한다.

그렇게 형성된 도식은 일반적인 사람임을 나타낼 때는 항상 같은 도식으로 표현되며, 특별히 의미 있는 대상일 때는 그러한 도식에 약간의 변화를 주어 구별되는 표현을 한다. 즉 엄마나 아빠, 동생, 친구 등 자신의 주변 인물일 경우에 크기를 달리하거나 어떤 특정 세부를 강조하여 구분한다. 이러한 구별이나 변화된 표현은 도식이 분화된 형태라고 할 수 있다. 그러므로 도식을 분화시켜서 다양한 표현을 하도록 하기 위해서는 대상에 의미를 부여할 수 있도록 경험을 구체화시켜 주고 동기를 부여해 주는 활동이 필요하다. 크기가 큰 그림은 보통 어른을 의미하며 자기를 나타내는 인물도식보다 작게 그려진 것은 동생이나 아기를 의미한다. 그러나 자기중심성이 강한 경우에는 자신을 크게 그리기도 한다. 또한 성별을 구분할 필요성이 있을 경우에는 머리카락과 치마로 구분한다. 머리가 짧은 경우나 각진 모자를 쓴 경우에는 남자이고, 머리가 길고 삼각형이나 사다리꼴 모양의 치마를 그려서 여자임을 표시하는 것이다. 이러한 머리카락이나 리본, 치마가 여자에 대한 상징적 표현이다.

도식은 공간의 표현에도 나타나는데 공간 도식은 반복을 통해서 의미를 갖는 어떤 기호들이나 상징들로 일관성 있게 공간이 표현되는 것을 말한다. 이 시기의 어린이들은 공간관계에 질서가 있음을 발견하게 된다. “여기에 나무가 있고 사람이 있고 새가 있다.”라는 식의 존재상징으로서 공간을 표현하는 것이 아니라, “나는 땅 위에 있고 나무는 땅 속에서 자라 서 있으며 새는 하늘에 날고 있다.”는 식의 상호관련이 있는 것으로 공간을 파악한다.

이 시기의 공간에 대한 독특한 도식적 표현에는 많은 것들이 있으며, 공간에 대한 어린이 나름의 독특한 표현은 대부분 이 시기에 나타난다. 그러한 공간의 표현방법으로 먼저 기저선(base line)을 들 수 있다. 기저선은 4세나 5세 정도에 나타나기 시작해 6세에는 거의 모든 아이들이 사용한다. 기저선은 밑바닥, 바탕 등을 의미하는 선으로, 모든 사물과의 상호관계를 표현하는 기준선으로서의 역할을 한다. 어린이는 모든 사물을 이 기저선 위에 표현하며, 사물이 존재하는 지표면을 의미할 뿐 아니라 바닥이나 거리, 어린이가 서 있는 위치나 기준을 의미한다. 기저선에 대응하는 선이 하늘선(sky line)으로 보통 화면의 위쪽에 나타나며, 하늘의 시작을 알리는 선이다. 어린이는 기저선 밑을 땅으로, 기저선과 하늘선 사이를 공기로, 하늘선 위를 하늘로 인식하여 뿌리나 탄광 등은 기저선 밑에 그리고, 나무나 사람, 집 등은 기저선과 하늘선 사이에, 새나 비행기는 하늘에 각각 배치하여 그들의 공간개념을 표현한다. 기저선은 화면에 두 개 이상 나타날 때도 있으며, 도화지의 밑 선이 기저선의 역할을 하기도 한다.

이러한 기저선의 기능은 다음의 몇 가지로 들 수 있다.

- 땅 밑과 땅 위를 가르는 기준선의 역할을 한다.
- 사물의 위치를 말해주는 기준의 역할을 한다.
- 사물의 방향을 제시하는 근거로서의 역할을 한다.
- 거리를 알게 하는 기준의 역할을 한다.

다음으로 공존화적 표현을 들 수 있는데 다른 시간이나 공간에서 일어난 일을 한 화면에 동시에 표현하는 것이다. 공존화(synchronism)

표현이란 용어는 회화의 표현에서 공간적으로 정면과 측면, 위와 아래 등이 한 평면상에 동시에 표현되거나 시간적으로 서로 다른 시기에 일어난 일을 한 화면에 함께 표현하는 특징을 말한다. 어린이는 자기가 그리기 쉽고 편리한 방법을 선택하여 측면과 정면, 또는 윗면과 밑면 등을 동시에 같은 방향으로 나타내기도 한다. 다시 말해서 3차원의 표현을 2차원으로 해석하고 대상의 배열을 자기중심적으로 각기 독자적 심리의 저항을 갖고 표현하는 주관적인 공간 구성이다. 이것은 곧 자기중심적 사고방식에 의한 표현의 일종이다.

이는 다음의 몇 가지 방법으로 나타난다(전성수 외, 1997a, 166-167).

첫째는 화지에 관계없이 위에서 보는 듯한 조감도식으로 나타낸다.

둘째, 과거와 현재, 미래 등 시간적 차이가 있는 것들을 한 화면에 나타낸다.

셋째, 한쪽에서 보았던 기억, 혹은 동서남북의 각 방향에서 보았던 경험 등이 한데 어울려서 여러 방향으로 그려지거나 거꾸로 나타낸다.(중앙원근법적 표현)

넷째, 기선의 중앙으로 접었을 때, 대칭적으로 그려진다.(전개도식 표현)

다섯째, 비례나 위치에 관계없이 아동의 주관에 의한 표현을 한다.

여섯째, 상하좌우의 구별 없이 경험에 의한 표현을 한다.

예를 들어 식사시간이나 생일 등의 주제를 주고 그리게 했을 경우, 공존화 표현은 다음과 같은 형태로 나타난다.

- 마주보는 사람의 얼굴이 둘 다 정면으로 그려진다.
- 식탁 아래쪽에 있는 사람의 얼굴이 뒤에서 본 위치임에도 정면으로 보인다.
- 얼굴 방향이 일률적으로 한쪽 방향이다.
- 식탁의 다리가 여러 방향으로 펴져 있다.
- 아래쪽에 있는 식탁의 의자가 거꾸로 뒤집혀 보인다.

- 측면에 앉아 있는 의자의 방향이 평면적으로 넓게 펴져 있는 것처럼 그려진다.
- 식탁에 놓여 있는 음식의 방향이 각 방향의 위치마다 중심을 향하여 동그란 모양으로 돌고 있다.
- 식탁은 위에서 내려다 본 평면으로 그리고 음식은 측면으로 나타난다.
- 전체적으로 볼 때, 위에서 내려다 본 조감도 같은 그림이다.

이러한 공존화 표현은 6세 내지 7세에 많이 나타나며 서서히 줄다가 11세 정도에는 거의 완전히 사라진다. 특히 7세 어린이에게 생일이나 식사하는 모습을 그리게 할 경우에 50% 이상이 공존화 표현을 하게 된다(정숙, 1987, 66).

세 번째로 전개도식 표현을 들 수 있으며 넓게는 이것도 공존화 표현의 일종이라고 할 수 있다. 이것은 기저선에 대해 사물을 수직으로 배치하여 주관적으로 공간관계를 표현하는 것을 말한다. 즉 두 선으로 길을 표현한 후 두 길에 수직으로 나무나 풀, 집 등을 배치하여 서로 반대 방향으로 표현된 경우나, 강 건너의 표현을 강을 나타내는 선에 수직으로 표현하고 다시 종이를 돌려 반대편의 강가 풍경을 그리는 경우이다. 이러한 길이나 강을 나타내는 두 선이 기저선의 역할을 하는데, 이러한 기저선에 모든 사물을 수직으로 배치하여 전개도를 그리듯이 펼쳐서 표현하는 것이며, 그 기저선을 중심으로 접으면 입체적인 표현이 된다.

이 시기에 나타나는 네 번째의 주관적 공간표현은 공존화의 일종인 중앙원근법적 표현이다. 이 방법은 자신이 중앙에서 사방에 보이는 것들을 보이는 대로 표현하는 것이다. 먼저 윗부분을 보이는 대로 표현하고 종이를 돌려가면서 네 방향을 모두 그리는 것으로, 학교의 모습을 그릴 경우, 건물이나 나무, 놀이기구 등이 중앙에 대해 수직으로 사방으로 눕혀져 표현된다. 즉 각 대상의 밑 부분은 화면의 중앙에 모아지고 윗부분은 화면의 네 가장자리로 향하는 표현이다.

다섯 번째는 투시적(X-ray) 표현이다. 투시적 표현은 보이지 않는 부분을 보이는 것처럼 표현하는 것으로 밥을 먹고 있는 모습을 그릴 때 배 안의 음식도 그리거나, 우주선이나 배, 건물 등을 그리면서 건물 배부에 있는 사람이나 사물도 함께 그리는 것을 말한다. 이것은 공간에 대해 비시각적, 개념적, 주관적으로 접근하는 것으로, 어린이에게는 외부의 모습뿐만 아니라 내부의 모습도 중요하기 때문에 외부와 내부를 함께 표현하기 위해 투시적 기법을 사용한다.

어린이들의 미술표현은 대부분 자기중심적 표현이어서 과장이나 축소표현이 나타난다. 어린이들은 자신의 개인적인 감정이나 정서를 표현하기 때문에 자기중심적 표현이 많이 나타난다. 대부분의 소재나 주제가 어린이 자신이나 어린이와 가까운 것을 중심으로 선택되며, 자신과 개인적으로 정서가 가까운 것을 과장하여 표현하고 정서적으로 먼 것을 축소하거나 표현하지 않는다.

이러한 자기중심성은 보통 다음의 몇 가지 현상으로 나타난다.

- 대상을 사실적으로 묘사하면서도 그리는 이의 주관적 생각이 크게 작용하여 변화를 겪는다.
- 원근이나 비례, 균형 등이 그리는 이의 감정과 기분 등에 의해 무시되거나 왜곡된다.
- 어린이가 강한 흥미나 인상을 느낀 것은 과장된다.
- 어린이의 그림에서 감명 받은 것, 움직이는 것 등 그들의 눈길을 끈 것은 대부분 중요하게 표현되지만, 그들의 눈길을 끌지 못하는 것은 무시되거나 축소되어 표현된다.
- 어린이의 표현은 그리는 이를 중심으로 한 정면의 그림이 많다.

이러한 공간에 대한 어린이 나름의 표현들은 그들의 의도에 의해 나타나는 것이 아니고 발달과정에서 자연스럽게 나타나며, 3차원의 공간을 2차원으로 옮기는 방법이고 공간에 대한 주관적이고 자기중심적이며 상징적 표현기법이다.

이렇듯 대상이나 공간에 대해 도식적이고 상징적인 표현에서 벗어나는 표현들이 나타나는데 그것은 주로 주관적 경험을 표현하고자 할 때 나타나며, 일반적으로 세 양상으로 표현된다. 하나는 중요한 부분의 과장이다. 이들은 자기에게 중요하거나 자기가 관심을 기울이고 있고 정서적 유대관계가 깊을 경우에 크기를 과장하거나 보다 자세히 그리며, 색채로서 강조하여 표현한다. 다른 하나는 중요하지 않거나 억제하는 부분들을 무시하거나 생략하는 것이다. 어린이들이 정서적으로 밀접한 관련을 맺고 있는 대상이 아니거나 관심을 가지고 있더라도 관심의 정도가 약한 경우, 그것을 표현하지 않거나 작게 존재의 상징으로 표현한다. 또 하나의 방법은 정서적으로 중요한 것들에 대한 상징들을 변화시키는 것으로 여자를 표현하기 위해 인물도식에 머리카락을 길게 하고 리본을 매거나 치마를 표현하는 일, 나무의 도식에 사과, 잎, 가지 등을 보다 자세히 그리거나 변경을 시키는 방법이다.

이러한 초등학교 저학년 어린이의 평면표현 특징을 정리하면 다음과 같다.

① 주관적이고 자기중심적이다.
② 표현 그 자체를 즐긴다.
③ 개방적이고 자발적인 표현을 한다.
④ 눈과 손의 협응 속도가 조금 익숙해지면서 용구 사용이 늘어난다.
⑤ 용구를 다루는 방법은 아직 미숙하지만 남자와 여자의 성적 차이가 나타나기 시작한다.
⑥ 시간과 공간개념이 아직 발달하지 못했다. 어떤 형태에다 가능한 많은 변화를 주려고 한다.
⑦ 경험한 모든 사물에 대해서 개념을 찾으려 한다.
⑧ 상상력이 풍부한 게임이나 이야기를 즐긴다.
⑨ 기저선의 사용이 본격화된다.

⑩ 사물을 그대로 묘사하기보다는 상징을 만든다.

⑪ 상상력을 즐겨 사용한다.

⑫ 비판적으로 분석하기보다는 본능적으로 작업한다.

⑬ 주요 부분을 과장하고 그렇지 않은 부분은 생략한다.

⑭ 숙달될 때까지 계속해서 형태를 반복한다.

⑮ 손으로 작업하는 것을 좋아한다(현광덕, 1993, 90-99).

이 시기의 입체표현은 평면적 상징기(전성수, 1991, 45-48)라 할 수 있으며 거의 세우지 못하고 바닥에 눕힌 평면표현이 대부분이고, 전체에 관심을 기울이지 못하고 부분 부분에 관심을 가지며, 상징적이고 도식적인 표현을 주로 한다. 또한 움직임이 거의 없는 굳어있는 작품이 대부분이고, 몸의 각 부분을 모두 표현하지 못하는 경우도 있으며, 각 부분들을 만든 후 결합하여 붙여 전체는 만드는 종합적 표현방법으로 작업한다.

그래서 이 시기에는 일정한 개념을 찾아낼 수 있는 능력과 판단이 생기며, 개인의 경험과 관심에 따라 그림의 확대·강조·축소·생략의 현상이 일어난다(조태례, 1987, 93). 고정된 도식에서 벗어나 점차 새로운 표현방법을 만들어내는 독자적인 표현이 나오며, 공간개념이 생겨나는 시기이다.

5. 8-10세의 미술 능력 발달특성

초등학교 중학년의 표현은 상징적 표현과 사실적 표현이 함께 나타나는 과도기적 단계로, 다양하게 도식을 분화시키고 형태를 탐색하던 시기에서 되도록 형태를 사실적으로 표현하려고 노력하는 단계로 넘어가는 시기이다. 이러한 과도기적 표현이 어린이들의 풍부하고 주관적인 다양한 표현을 가져온다(이규선, 김동영, 전성수, 1994, 197).

저학년 때 볼 수 있었던 미분화의 상태에서 벗어나 더욱 주관적인 자기표현의 의욕이 왕성하다. 이것이 어린이의 마음속에 한참 자라기 시작한 객관적인 생각과 공존하고 있으며 이것 때문에 관찰활동도 왕성하게 된다. 주위의 것에 대소나 주변과의 관계 등을 알고 표현하거나 표현방법을 생각할 수 있기 때문에 약간 의도적인 표현활동이 된다. 그러나 작품의 만든 모양과 좋고 나쁨을 걱정하기 때문에 자신의 표현에 열등감을 갖는 어린이가 생기고 서로 쉽게 영향을 주고받는 등의 학년 특색을 볼 수 있다. 이들은 설명이 가능한 작품을 만들려고 노력하고, 자기행동이나 생각을 합리적으로 묘사하고 이지적으로 사물을 보게 된다. 전체와 부분의 비례와 부피감을 점차 파악하여 객관적으로 사물을 보고 표현하려는 노력을 기울인다(현광덕, 1995, 102-104).

생활행동의 폭이나 사고의 깊이에서 주위의 사물을 대하는 관심이 높아지고 고학년으로 이행하는 시기의 특징을 조금씩 확실하게 표현하는 것이다. 활동적으로 활기에 넘쳐 자신이 느낀 것과 생각한 것을 솔직하게 표현해 온 저학년에 비하면 친구들과의 친구의식이나 사회성 등이 한층 더 자람과 동시에 자타의 식별도 보다 확실해진다. 물건을 대하는 견해나 사고방식도 자기중심적인 주관성에서 크게 벗어나 자신을 둘러싸고 있는 사물이나 생활을 바라보는 눈도 꽤 객관적이 되어 주의 깊게 관찰하게 된다.

평면표현은 대상을 본대로 표현하려는 태도를 길러가며 묘사력도 조금씩 신장되어 기법에 대한 관심도 생겨나 그 적당하지 않음이나 효과에 대해서 생각하거나 자신의 표현결과에 대한 좋고 나쁨의 판단도 할 수 있다. 반면에 전과 다름없이 미분화되고 주관성이 강해 감정적인 표현을 하는 어린이도 있어 남녀차이나 개인차가 꽤 확실하게 나타난다. 따라서 이 시기에는 개개 어린이의 발달을 고려하여 개별성을 파악한 자세한 지도와 어린이의 욕구를 채워주는 지도가 필요하다.

이 시기에는 정해진 모델을 보고 그릴 수 있게 되며 의복과 얼굴의 세부묘사를 할 수 있으며 미술작품에 친구를 등장시켜 표현하는 것을 즐긴다. 자신만의 슈퍼스타나 만화 주인공을 만들어 낼 수 있으며, 생물이나 박제모형, 동식물의 사진을 보고 그릴 수 있게 되고, 자신들의 그림에 동식물의 특징을 나타내서 묘사할 수 있으며, 그림에 대해 주관에 따라 비평할 수 있게 된다. 이 시기의 어린이들은 형태표현을 더욱 의도적이며 주도면밀하게 계획을 세워서 그리거나 구도를 생각할 수 있다. 더욱 자연주의적이고 사실적인 부분을 표현하려고 노력한다. 구성적인 조형욕구를 채우기 위해 대상을 선택하고 연습장 등에 여러 장 반복해서 그림을 그리기도 한다. 이 시기의 색채는 색의 영역을 확장하여 혼합하고 실험하게 된다. 색을 칠할 때 주위 환경에서 차가운 색과 따뜻한 색의 느낌과 효과를 토론할 수 있다.

이 시기의 어린이는 몇 가지 점에서 관점을 전환하는데 그것은 자기중심에서 타인도 의식하게 되고, 주관적 표현을 객관화시키려고 노력하며, 상징적 표현이 사실적 표현이 되고, 도식적 표현에서 탈피하여 다양한 표현을 시도하는 시기이다. 사실적 표현에 대단한 열정을 가지게 되어 대상의 형태에 대한 사실적 표현에 관심을 가지며 동성 또래들끼리 주로 어울리면서도 이성에 관심을 기울인다. 자신의 표현과 표현 대상간에 차이가 있음을 알게 되어 상징적, 도식적, 주관적 표현에서 급속하게 벗어나고자 하며 인물을 그릴 때도 더 이상 도식을 사용하지 않고 사실적인 표현을 하려고 애쓴다. 서로 분리된 상징으로서의 세부가 아니라 밀접하게 관련된 세부묘사를 하며, 이러한 표현은 사진처럼 베끼듯이 그리는 묘사가 아니라 자신의 생각을 가지고 그린다.

공간표현은 기저선 개념에서 벗어나 기저선 사이를 메우면서 공간을 발견하게 된다. 또 위에서 본 모습을 발견하고 표현하게 되며 중첩에 대해 인식하면서 공간개념이 많이 바뀌게 된다. 과장, 생략, 상징의 변화를 표현했던 것이 더 이상 나타나지 않고 사실적 비례를 지키려고 하며 의미 있는 대상은 자세히 표현하여 강조한다. 그러나 아직 중앙원근법적 표현이나 전개도식 표현, 투시적 표현이 약간씩 나타나기도 한다.

이 시기의 두드러진 평면표현 특징 중의 하나는 공간에 대한 인식이 보다 사실적으로 바뀌면서 중첩표현이 생긴다는 것이다. 수직으로 놓여지거나 크기가 작아지거나 중첩된 형태를 표현할 때, 공간과 깊이를 만들어낸다. 멀리 떨어져 있는 공간을 나타내기 위해 수평선을 어떻게 이용하는지 설명할 수 있게 된다.

중앙원근법적 표현이나 투시적 표현, 기저선과 하늘선, 공존화와 전개도식 표현 등은 점차 사라지게 된다. 8-9세 정도의 어린이들은 중첩(overlapping)표현으로 그때까지의 여러 공간표현을 대신하게 된다. 중첩이란 사물들을 겹쳐서 그리는 것으로 뒤에 있는 대상을 부분적으로 나타내는 방법이다. 예를 들어 집 뒤에 나무를 그리면서 집과 나무를 중복시켜 나무의 윗부분만 그린다든지, 아기를 업은 어머니를 나타낼 때 아기의 모습을 머리만 그린다든지 하는 표현이 그것이다. 이것은 사물의 전후관계를 인식하고 표현하기 시작했다는 것을 의미한다. 중첩은 상징적 공간표현에서 사실적 공간표현으로 넘어가는 과도기에 나타나는 공간표현 방법이다. 이것이 투시원근법과 다른 점은 뒤에 있는 것을 작게 그리는 것이 아니라 앞에 있는 것과 거의 동일한 크기로 그린다는 점이다(전성수 외, 1997a, 169).

이 시기의 입체표현은 입체적 탐색기(전성수, 1991, 48-50)라 할 수 있으며, 앉아 있는 표현이 많고 전체적인 것에 대해 관심이 증가하며 사실표현과 상징적 표현이 함께 나타나는 시기이다. 입체표현의 두께가 생기고 움직임에 대한 표현이 늘어나는 시기이며, 비례를 생각하면서 작품을 만들기 시작한다.

이 시기에는 자기존재에 대한 인식이 생기며 비판능력도 가지게 되면서 다른 사람을 의식하는 그림을 그리게 된다(조태례, 1987, 93). 또 자신의 능력을 인식하기 시작하고 자기 자신이 속한 집단과의 관계를 발전시키며 자기 자신을 지각하면서 환경을 구성하고 있는 사물과 재료에 대한 진정한 유대관계를 발견하게 된다(Lowenfeld & Brittain, 1964, 212). 미술에 대한 이해와 표현기능이 크게 발전하는 시기로 기저선이 아닌 그것이 근거하는 기저 그 자체가 폭을 넓히게 되어 중첩과 공간의 깊이에 대한 의식이 생기게 된다. 새로운 공간체험 속에서 많은 어린이가 표현력과 형성력을 상실하고 상식적, 고정관념으로 밋밋한 개념적인 표현에 빠지게 되어 표현의욕이 상실되어가는 현상이 생기기 시작한다. 표현 및 지각 능력의 발달로 부분 관찰과 과거 경험의 환기, 기억화 등을 계속하고 기본적인 형을 구분하고 이름을 말한다. 3차원적인 입체감을 나타내기 위해 그림자 표현을 구사하고 주변 사물에서 인공적인 패턴을 관찰해서 상상에 의하여 무늬를 그려낼 수 있다. 사물의 색채 변화에 관심을 가지며 다양한 색상을 구사하여 표현한다.

6. 10세-12세의 미술 능력 발달특성

만 10부터는 사실적 표현에 대한 관심을 가지고 대상과 닮게 표현하려고 애쓰는 단계로 대상의 형태에 대한 사실적 표현에 주로 관심을 갖는 때이다(Gaitskell, Hurwitz, & Day, 1982, 165-175). 또래 집단 속에서 '사회적인 독립심'이 점차 발달하며, 역동적이고 건전한 발견의 시기이고 남녀의 성차가 나타나는 시기이다. 자아 인식의 확대로 환경에 대한 인식과 감수성이 크게 발달하기 시작하며 사실 표현의 개념이 생긴다. 사실적 표현이란 물체 그대로의 재현이 아니라 특정한 대상에 대하여 자신의 경험의 재현을 말한다. 인물표현에 더 이상 도식을 사용하지 않으며 형태를 자연에 보다 가깝게 표현하나 시각적으로 묘사하기는 어렵다.

이 단계의 어린이는 외계의 사회적 관계 속에서 자기를 발견하는 시기이다. 발달된 지적 능력으로 외적 세계에 관하여 호기심을 가지고 탐구하고 모든 것을 합리적, 분석적으로 사고하려고 하며, 자신의 미술적 표현을 불신하기 시작한다. 이러한 지각과 능력과의 간격을 보상하기 위해 자세하고 정확하게 묘사하려 애쓴다. 이러한 노력의 결과로 그림자를 발견하고 명암을 표현하게 되며 질감을 발견하게 되어 원근표현과 입체표현이 시작되고 원근은 중첩 원근에서 선 원근으로 점차 발달하는 과도기에 있다. 색채 역시 좋아하는 색, 주관적, 감정적인 색채를 포기하고 혼색을 탐구하여 사실에 부합되는 색을 사용하고 색채에 의한 원근을 의식하게 된다. 이따금 부분에 관심이 쏠려 비례에 맞지 않는 과정이 나타나나 곧 사라지고, 전체의 형상을 비례적으로 파악한다. 또한 남녀의 선호에 따라 주제를 합리적으로 표현하려고 한다. 점차 사실적 묘사로 접근해 가는 시기로 좋은 그림이 안 될지라도 계속 노력하려고 든다. 또, 두뇌의 지각기능만큼 손의 기능이 따라주지 못하기 때문에 고민에 빠질 경우도 있고 과다한 사실화의 추구로 만화풍으로 변화 발전될 가능성도 있다.

10－11살이 되면 지각 능력이 갑자기 향상되고 자기중심에서 벗어나면서 환경을 전체적으로 상호간의 관계로 바라보고 자신의 표현과 표현 대상 사이에 차이를 발견하게 된다. 이러한 차이 발견은 사실적 표현을 하려는 노력으로 나타나 이 시기에 어느 정도 사실적 표현능력을 쌓지 않으면 그 상태에서 대부분의 조형 능력이 멈추게 되어 성인이 되어서도 이 시기와 비슷한 그림을 그리게 된다.

어린이는 점차 자신의 작품에 대해 보다 많이 인식하게 되고, 성적인 표현에도 관심을 기울이기 시작한다. 또 사용하는 재료의 특성을 주제와 밀접하게 관련시켜 표현하게 된다(Lowenfeld & Brittain, 1964, 245-250). 색채의 사용도 도식적 관계에서 탈피하여 정서적인 면을 중시하며, 자신의 주관적 경험에 따라 색을 칠한다. 성별에 따라 표현의 주제나 방법에 많은 차이가 나며 자신의 그림 수준과 주변의 대상에 대한 향상된 지각 사이에 간격이 있음을 발견하면서 자신감이 떨어지기도 한다. 형태의 반복이 점차 사라지고 반복되지 않는 새로운 형태를 계속 표현하고, 어린이가 맺는 환경의 다양한 부분과의 정서적 유대관계가 보다 발달하여 직접적으로 표현되거나 상징적으로 표현된다.

공간표현은 기저선 개념에서 벗어나 기저선 사이를 메우면서 공간을 발견하게 된다. 또 위에서 본 모습을 발견하고 표현하게 되며 중첩에 대해 인식하면서 공간개념이 많이 바뀌게 된다. 과장, 생략, 상징의 변화를 표현했던 것이 더 이상 나타나지 않고 사실적 비례를 지키려고 하며 의미 있는 대상은 자세히 표현하여 강조한다.

표현양식의 변화로 과장, 생략, 이탈 등을 사용하지 않게 되고 어떤 것을 강조하기 위해 중요한 부분을 자세히 표현하게 된다. 도식적인 색채와 대상관계로부터 벗어나 특징 있는 색채로 표현하기 시작하며 물감을 즐겨 쓰게 됨에 따라 색의 차이점에 대한 인식이 높아지나 진정한 시지각으로 보기는 아직 이르다. 어린이들의 사고를 자극하고 그가 환경 안에서 재료의 자연스러운 미와 관련을 맺는 게 바람직하다는 것을 발견할 수 있도록 기회를 부여하는 것이 중요하다.

사물에 관한 관찰력이 민감해지고 입체적인 면을 나타낼 수 있으며 중첩과 원근투시법에 주의를 기울인다. 다른 사람을 의식하는 그림을 그리고 독창적인 것보다 모방에 관심이 많다. 사물에 대해 구조적인 관찰을 하기 시작하며 남자는 회화적이며 극적인 주제를 다루고, 여자는 조용한 일상에 주제를 둔다. 개인적인 차이가 많으며 미적인 관심이 쇠퇴하는 시기로 복잡하고 혼란스러운 것을 단순화시킨다. 경험이 넓어지고 깊어짐에 따라 감상력이 자라고 타인과의 관계가 원만해진다. 성인과 같은 세대에 살고 있다는 확실성을 간접적으로 찾고 있으며 자신이 선택한 지식·신념·의견들의 정확성을 보증받고자 한다.

어린이가 10세 정도가 되어 사실적 표현에 깊은 관심을 가지면서 원근감의 표현에 주의를 기울이기 시작한다. 어린 아이 때의 공간에 대한 완전한 평면적 해석해서 전후, 또는 상하 관계의 인식으로 넘어간 후, 다시 입체적 공간으로 표현하려는 의도를 갖게 되는 것이다. 이러한 원근법에 의한 사실적 표현은 추상적이고 복잡한 자연적 통합능력을 요구하며 자세한 관찰을 필요로 한다. 어린이에게 그러한 능력을 요구하는 것은 무리이다. 이러한 원근에 의한 공간표현은 보통 다음의 네 단계를 거치게 된다.

첫째 단계는 사물을 그저 평면적으로 열거하거나 펼쳐 놓는 단계이다. 이 단계에서는 육면체를 그리더라도 사각형 하나를 그리거나 연속적인 세 개의 사각형을 그린다. 두 번째 단계는 시점을 달리하여 공존화 표현이나 전개도식으로 원근감을 표현하거나 사물을 연속적으로 그리되 점점 작게 그리는 등의 방법으로 원근을 나타내려는 단계이다. 세 번째 단계는 중첩으로 원근을 표현하는 단계로 중첩표현에 의해 사물의 전후 관계를 나타내는 시기라고 할 수 있다. 네 번째 단계는 투시 원근법으로 사물을 표현하는 시기로 사진과 비슷하게 원근을 묘사하는 단계이다.

10·11세의 시기의 입체표현의 발달은 모든 입체적으로 표현하면서 대상을 사실적으로 나타내려고 노력하는 입체적 사실기이다(이규선·김동영·전성수, 1994, 240-242). 이러한 입체적 사실기 어린이의 찰흙 작품에 나타난 특징을 종합하면 입체적 표현, 전체적인 것에 대한 관심, 사실적인 표현, 움직임이 많은 표현 등을 들 수 있다. 즉 직립표현이 대부분이고 평면적 표현은 매우 적은 비율이며, 몸통과 팔, 다리는 대부분의 어린이가 표현하고 목도 60% 정도가 표현한다.

부분보다 전체를 중요시하는 경향이 뚜렷하여 대부분의 세부표현 비율이 낮은 편이고, 인물 외 표현을 70% 정도가 표현하여 주제를 나타내는 데 주력함을 알 수 있다. 또 머리의 각 부분과 목, 손, 발의 표현에서 사실 표현이 많아져 모두 상징 표현보다 사실 표현의 비율이 높으며, 팔과 다리, 몸통의 움직임 표현이 매우 많아진다. 특히 다리의 움직임이 갑자기 많아지며 목의 움직임 표현이 처음으로 등장하지만 극히 미미하다. 그리고 모든 표현은 그 발달 순서가 사실 표현에 중요한 것의 순서인 단계이다.

7. 12세 이상의 미술표현 발달특성

12세 이상을 공간적 사실기라고 한다. 공간적 사실기는 중학교 이상의 학생들이 해당되며, 사춘기부터 이 단계라고 할 수 있다. 이 시기의 학생들은 어린이도 아니고 성인도 아님을 발견하게 되고, 자아인식 능력과 환경에 대한 인식 능력이 급격하게 발달하게 된다. 여기서 중요한 문제는 이러한 학생들의 비판적인 인식에도 불구하고 계속 미술표현을 할 수 있도록 하는 것이며, 자신의 표현에 부끄러움을 갖기 않고 긍지를 가지고 표현할 수 있도록 격려해야 한다는 점이다. 어린이의 자발적인 표현에서부터 성인들의 분명한 주체의식을 갖는 표현으로의 변화를 겪게 되는데, 여기서 체계적인 지도와 능동적인 자극으로 이런 과도기를 잘 넘기도록 해야 한다.

공간적 사실기는 형태에 대한 사실적 표현뿐만 아니라 입체적 공간을 표현하려 노력한다. 이 시기의 학생들은 점차 상징체계에 의한 주관적 관계를 잃게 되면서 아직 의식적인 접근을 잘 하지 못하기 때문에 표현에 불안을 느끼게 되고 표현에 대해 매우 조심스럽게 접근한다. 이들은 점차 완성 작품에 집착하기 시작하며 기능적인 면에 관심을 기울인다. 이 시기에는 어떤 특정한 한 가지의 기법이나 표현방법을 가르치는 것이 중요한 것이 아니라 다양한 재료와 다양한 방법과 다양한 주제에 대한 접근을 통해 다양한 시각을 갖게 하고 스스로 자신의 표현방법을 모색하게 하는 일이 중요하다. 이들은 환경에 대한 인식 능력이 발달함에 따라 공간에 대한 관심이 깊어져서 공간에서의 크기나 색채, 명암, 원근 등의 변화에 매우 민감하며 그런 인식들을 표현하려고 노력한다. 실제에 가까운 색을 사용하고, 주관적이고 개성적인 표현을 하려고 애쓰며, 각 요소와 부분 간에 조화된 표현을 하려 노력한다. 이들은 정열과 야망, 낭만적인 이상, 성적 자각 등을 가지고 있기 때문에 그런 특징들이 표현에 나타난다.

이 시기의 학생들은 보통 공간관계를 사실적으로 인식하여 원근법을 적용해 공간을 사실적으로 표현하는 문제에 관심을 기울이게 되며, 이런 사실적인 공간표현이 잘 되면 계속 미술에 흥미를 보이고 이런 공간표현이 잘되지 않으면 흥미를 상실하게 된다. 공간에 대한 투시법적 해석과 대기의 조건에 따라 달라지는 색과 명암의 차이에 관심을 기울이게 된다. 대부분의 학생들이 그렇지만 자신의 주관적 정서의 표현에 더욱 관심을 쏟는 경우도 나타나는데 이들을 Lowenfeld는 촉각형(haptic type)이라고 하였고, 전자를 시각형(visual type)라고 하였다.

시각형의 학생들은 자신의 환경을 눈으로 바라보고 표현하며, 시각적으로 보이는 대상과 공간을 사실적으로 표현하는 데 온 관심을 기울인다. 시각형은 관찰자로 환경을 바라보는데 보통 사물의 외형부터 접근한다. 처음에는 세부를 인식하지 않고 전체를 보고 그다음에 전체적인 인상을 세부나 부분적인 인상으로 분석하며, 최종적으로 부분들을 전체로 새롭게 종합하는 능력이 시각형의 중요한 특징이다. 대강의 윤곽에서 시작하여 부분적인 인상들을 동시에 전체적인 이미지로 통합시킨다. 시각형은 대부분 대상의 윤곽에서 출발하며 시각적으로 분석함으로써 대상의 속성을 보다 깊게 통찰하는 방법으로 점차 세부들을 전체적인 형태로 만들어 간다. 이런 시각적 통찰은 주로 두 가지 요소와 관련되는데 첫째는 대상 자체의 모양과 구조의 특성을 분석하며, 둘째는 명암과 색상, 톤, 원근에 따라 결정되는 형태와 구조의 변화하는 효과에 관심을 갖는 것이다. 이들은 촉각적 경험을 시각적 경험으로 전환시키려는 경향이 강하며 외계에 대한 시각적 접근방식은 모양과 형태의 변화하는 모습을 관찰하는 관찰자의 분석적 방법이다.

한편으로 촉각형은 자신의 신체감각과 정서적으로 유대관계가 강한 것에 대해 주관적으로 표현하며, 이들의 주요 매개체는 신체 그 자체, 즉 근육감각, 촉감에 대한 인상, 자신과 정서적 관계를 맺고 있는 모든 경험들이다. 촉각형의 미술표현은 형태에 대한 신체적, 정서적, 지적 이해의 종합적 결과가 바로 그림의 형식적인 특성이 되며, 그림에는 진정한 행위자로서의 자아가 그대로 투영된다. 크기와 공간은 그들이 그것에 갖는 정서적 가치에 의해 결정된다. 촉각형은 주로 주관적인 유형의 사람들이며, 촉각적인 경험이나 근육감각을 시각적 경험으로 전환시키지 않는다. 이들은 자신에게 정서적으로 흥미가 있는 대상이나 질감, 색채 등에만 반응하며, 비례도 자신에게 갖는 가치에 의해 표현된다. 이런 시각형이나 촉각형에게 각각 촉각적 경험을 강조하도록 하거나 시각적으로 그리도록 하기보다는 그들의 특성을 살려 표현하도록 동기를 부여해야 한다고 Lowenfeld는 강조하였다.

인물표현에서도 시각형과 촉각형은 차이가 난다. 시각형은 인물을 환경의 한 부분으로 표현하고 정확한 비례와 객관적인 표현을 강조하며 여러 가지 동작에 따라 변하는 명암의 변화나 시각적인 이미지를 중시한다. 하지만 촉각형은 자신의 감정 상태나 정서를 그대로 인물에 표현하여 특정 부분이 강조되거나 무시되며 얼굴 표정이나 동작이 표현적이고 극적이다. 감정의 최고조 상태를 포착하여 순간적 이미지를 극적으로 표현하려고 애쓰며, 배경이나 원근, 비례 등은 이들에게 별로 중요한 개념이 아니다.

공간표현도 시각형은 객관적이고 사실적인 공간을 시각적으로 충실하게 표현하는 데 관심을 기울이고, 촉각형은 자신에게 정서적으로 유대관계가 깊은 제한된 공간을 표현하려 한다. 예를 들어 전투하는 모습을 그릴 경우 시각형은 전투하는 상황을 시각적으로 설명하기 위하여 멀리서 본 모습을 전체적으로 원근을 지켜 작고 자세하게 표현한다. 그러나 촉각형은 두 사람이 칼을 쥐고 힘겹게 싸우고 있는 모습을 극적으로 표현하는 식으로 전투장면 중에서 자신에게 가장 의미 있다고 생각되는 어떤 장면 하나를 정하여 그 부분만 집중적으로 그린다.

이 시기의 학생들은 지적으로 사고하려고 애쓴다. 어떤 동일한 사건을 보더라도 자기 나름대로의 관점으로 바라보며, 그에 대한 접근방법과 표현주제, 표현방법 등이 모두 다르다. 특정 사건에 대해 어떤 학생은 전체적 상황에 관심을 기울이고, 다른 학생은 그것의 분위기와 느낌 등 주관적인 면에 관심을 기울이기도 한다. 그러므로 그런 한 사건이나 대상에 대한 그들의 표현은 모두 다를 것이며, 그런 다양성과 개성은 강조되고 존중되어야 한다.

공간적 사실기는 자신이 주제를 선택하여 표현하고 공간적 관계를 고려하여 입체적이고 사실적으로 표현하는 단계로 중학생 이상의 시기를 말한다. 이 시기를 흔히 사춘기라고 하며 신체와 정신의 급격한 변화를 겪는다. 이 기간 동안 이들은 성적으로 성숙하고 가족에게서 독립하려는 욕구가 강하여 한 개인으로서의 정체성을 확립하며, 그러한 개인적 정체를 탐색하는 데 있어 자기에게 중요한 인물들인 부모나 교사, 동료들의 가치와 관점을 나름대로 자기화하려고 노력한다. 그러한 가치들이 일관성이 없을 때, 그들은 역할 혼미를 경험할 수 있으며, 자신의 개인적 정체감(identity)을 찾을 때까지 한 가지 사회적 역할과 또 다른 사회적 역할을 이것저것 시도해본다. 이러한 정체감 탐색에는 나는 누구인가, 나는 어디로 가고 있는가 등의 질문에 대답을 찾고, 무엇이 중요한가, 또는 무엇이 할 가치가 있는가를 결정하며, 자신의 행동과 더불어 타인의 행동을 평가하는 행위의 판단기준을 설정하는 것들이다.

이 시기의 입체표현도 상당한 변화를 겪는데 비판의식과 인식 능력이 발달하여 자신의 표현과 다른 사람의 표현, 자신의 표현과 표현 대상을 비교하면서 표현에 자신감을 갖거나 극도의 거부감을 갖기도 한다. 그동안의 무의도적으로 빚는 행위에서 벗어나 의도적으로 선택하여 자신의 표현을 하려는 욕구가 강해진다. 대상을 보고 그것과 닮게 만들려고 할 뿐 아니라 어떤 의도를 나타내기 위해 상상과 추상적인 주제를 다루는 경우가 많아진다.

지금까지 비교적 자신 있게 모든 표현에 임했던 태도가 자기와 다른 사람의 작품을 비평할 수 있는 인식을 갖게 됨에 따라 자신감이 없어지는 경우가 있으며 자기의식이 다시 강조된다. 이 시기에 자신감을 상실하거나 미술표현에 거부감을 느끼게 되면 미술표현 능력은 정체하게 되고 계속 미술을 멀리하게 된다. 이 시기에 만들기에 재능을 보이는 학생은 좀 더 객관적 사실에 가깝게 표현하려 하며, 표현 대상의 질감과 양감, 운동감 등 3차원의 특성이 강조된 표현을 하게 된다.

남자 학생의 경우 전체적인 표현을 과감하게 하려는 경향을 보이며 여학생의 경우 전체보다는 부분의 세밀함과 우아한 표현에 좀 더 관심을 나타낸다. 이 시기에 입체표현에 흥미를 잃은 학생들은 다른 표현 방법, 즉 문학이나 체육, 음악 등에 관심을 쏟기도 한다.

이 시기의 학생들의 인물 작품은 그들이 표현하고자 의도하는 대부분의 것들이 사실적으로 표현된다. 사람을 만들도록 하면 전신을 만드는 학생들도 있지만 많은 학생들이 목과 머리를 만들거나 가슴 부분까지 만들어 입체감 있고 전체적인 비례가 비교적 정확한 사실적인 작품을 만든다. 또한 어떤 특정한 주제를 정하고 군상을 만들기도 하고 독특한 움직임을 포착하여 반추상적으로 표현하기도 한다. 이 시기의 입체표현은 공간관계가 개입되고 대상을 선택적으로 받아들여 자신의 개성을 반영하고 자신의 의도를 표현하게 된다.

공간관계에 대한 인식의 표현은 대상에서 대상의 각 부분 간의 관계를 파악하고 그 관계를 표현하는 것이고, 각 대상들 간의 관계를 파악하여 그 관계에 따라 표현하는 것을 의미한다. 또한 선택적인 표현은 대상 중에서 자신의 의도를 나타낼 수 있는 표현을 선택하여 입체로 나타내고 표현에서 생략하고 무시할 부분과 중시하고 세밀히 표현할 부분을 나름대로 선정하여 표현에 반영한다는 것이다. 그리고 표현하고자 하는 의도에 맞는 재료와 용구를 선택하여 표현하기도 하는데 그런 재료의 범위가 매우 넓어진다. 이 시기에 특히 입체표현에 대한 체계적인 접근과 다양한 표현방법과 재료의 제시, 다양한 시각과 관점의 제시가 매우 중요하다.

제12장 미술교육 방향론

미술교육학이 발전하기 위해서는 미술교육과 관련한 연구나 활동을 분석·평가하여 보다 나은 방향을 제시하는 것이 필요하다. 미술교육학이 지속적으로 성장하고 논의가 확대되기 위해서는 연구되고 실천된 미술교육에 대해 체계적이고 진지한 검토와 평가가 필요한 것이다. 그런 평가를 통해 미술교육학이 앞으로 지향해야 할 방향을 설정하는 것이 중요하다.

미술교육은 크게 미술 생산자 교육과 미술 소비자 교육으로 구분할 수 있다. 전자는 미술의 교육이고 미술을 위한 교육으로, 교육을 통해 표현기능을 향상시켜 미술가를 기르고자 하는 교육이다. 즉 미술 생산자 교육은 화가나 조각가, 공예가, 디자이너, 서예가 등과 미술평론가, 미술사가 등을 기르고자 하는 교육이다. 반면 미술 소비자 교육은 미술품과 자연을 감상하고 시각적 요소와 그 관계를 이해하며, 삶 속에서 미술을 발견하고 미술을 적용하며 환경을 개선하게 하는 사람들을 기르고자 하는 교육이다(이규선·김동영·전성수, 1994, 251).

미술 생산자를 기르는 곳은 미술대학이나 전문 학원들이다. 미술 생산자 교육은 그들에게 맡겨야 한다. 유아나 초등, 중등교육에서는 미술 생산자를 기르는 곳이 아니라 미술을 소비하는 사람들, 미술을 삶 속에서 미적 안목을 가지고 즐기고 활용하는 사람들을 기르는 곳이다. 우리나라의 미술 생산자는 얼마나 될까? 우리나라에서 큰 미술가관련 단체인 한국미술협회 회원이 2006년 현재 전국적으로 2만 명 약간 넘는 수준이라고 한다. 물론 미술협회에 가입하지 않고 활동하고 있는 미술가들도 일부 있을 것이다. 그러나 중요한 것은 국민들의 절대다수가 미술 소비자라는 사실이다. 미술 생산자 중에서도 거의 대부분은 다른 직업을 가지고 있으면서 미술활동을 하고 있다. 교수나 교사, 회사의 디자이너를 하고 있으면서 미술활동을 하고 있는 것이다. 현재 미술대학에 재학하고 있거나 전문대학의 미술관련 학과에 재학하고 있는 대학생 수는 '미술교육과'를 제외하더라도 6만 명이 넘는다. 현재의 미술가의 숫자에 비하면 이 6만 명은 아주 많은 숫자이다. 2만 여명의 미술협회 회원은 50년 이상 누적된 숫자이기 때문이다. 6만여 명 중 미술가가 되는 몇몇을 제외하고는 모두 어디로 가는가?

미술 생산자 교육에서도 실기만 필요한 것이 아닐 것이다. 미술의 이론적 뒷받침이 없는, 정신성의 뒷받침이 없는 미술작업은 공허한 개인의 행위에 불과하다. 그런 공허한 행위는 결코 오래가지 못한다. 대학에서 실기교육은 기법상 훈련과 새로운 방법을 가능하게 하며, 이론교육은 창작자의 사고의 폭을 넓히고 깊이를 더해준다. 따라서 실기 위주의 기능교육에서 탈피하여 전통과 현상, 그리고 주체성 있는 미술교육을 위해 실기와 이론이 모두 협력하고 보완되어야 할 것이다(이대원, 1991, 71). 이렇게 본다면 미술생산자들에게도 표현기능보다는 오히려 미적 안목이 더 중요할지도 모른다. 미술 생산자 교육을 하는, 미술가를 기르기 위해 전문적으로 교육하는 미술대학의 사정이 이러하다면 유아, 초등이나 중등의 미술교육은 무슨 교육을 지향해야 할 것인지는 자명한 일이다.

어린이의 미술교육은 미술 소비자를 기르는 데 초점을 맞추어야 한다. 그동안 어린이의 미술교육도 실기 위주로 대부분 이루어져 왔고 그 실기가 미적 안목을 높이고 미술을 이해, 감상하는 쪽으로 이루어진 것이 아니라 어떻게 하면 다양하게 표현하게 하느냐에 주로 초점이 맞추어져 있었으며 그 바탕에는 표현기능의 신장에 초점을 두어왔음을 부인하기 어려울 것이다. 그러나 문제는 어떻게 다양하게 표현하느냐와 표현능력도 중요하지만 그보다 우선시해야 할 것이 주제, 즉 정신의 문제이며, 그런 표현이 미술을 이해하고 감상할 수 있는 능력을 기르는데, 미적 안목과 창의성을 계발하는 데 중점을 두는 것이 훨씬 중요하다는 사실이다.

우리의 삶 모든 곳에는 미술이 있다. 우리가 입고 있는 옷에 미술이 있고, 우리가 쓰는 볼펜에도 미술이 있으며, 우리가 앉아있는 의자에도 미술이 있다. 이러한 삶 속에 있는 미술을 바람직하게 소비하는 인간을 기르는 것이 미술교육이 지향해야 할 방향이다.

우리는 학교를 졸업하면 그릴 기회나 만들 기회가 거의 없다. 그러나 우리는 매일 옷을 입으면서, 간판을 바라보면서, 연필을 고르면서 미술을 소비하면서 살아간다. 그것은 생활 속에서 미술을 누리고 이해하고 감상하면서 살아가는 미술 소비자를 기를 것을 요구하고 있으며 그런 미술 소비자 교육에서 중요한 것은 미적 안목이라고 할 수 있다. 미적 안목은 삶 속에서 '세계를 새롭고 아름답게 볼 수 있는 눈'을 말한다.

이러한 미술 소비자들에게 미적 안목을 높이고, 감성지능을 키우고, 창의성을 계발하고, 조형 능력이나 시지각을 함양하고, 우뇌로 그리기 위해서는 어린이들로 하여금 생각하게 해야만 가능한 일이다. 최근 들어 강조되고 있는 모든 것들은 생각하게 하는 미술교육을 해야 가능하다. 근래에 제기되고 있는 DBAE(학문에 기초한 미술교육)나 다문화 미술교육, 가드너(Gardner)의 다중지능이론, 구성주의에 입각한 미술교육 등 대부분의 것들을 생각하게 하는 미술교육, 생각을 여는 미술교육에 녹일 수 있다고 할 수 있다.

생각하는 미술교육과 생각하게 하는 미술교육에는 차이가 있다. 생각하는 미술교육은 어린이가 스스로 생각해서 표현하는 교육이다. 생각하게 하는 미술교육은 교사가 아동이 생각하는 미술교육이 가능하도록 도와주는 것을 말한다. 그러나 이 두 가지는 어린이 입장에서 보느냐, 교사 입장에서 보느냐의 차이이지 결국은 같은 것이다. 지금까지 우리의 미술교육이 경험했듯이 아동이 스스로 생각하도록 내버려두는 것은 방임이지 교육이 아니다. 생각하는 미술교육은 생각하게 하는 미술교육으로 가능하다. 즉 생각하는 미술교육을 가능하게 하는 생각하게 하는 미술교육이 중요한 것이다(전성수, 1999c, 4).

생각을 열어주는 미술교육, 생각하게 하는 미술교육은 어린이들이 미술에 대해 생각할 수 있는 기회를 부여하고, 미술에서 중요한 개념들을 암기나 지식전달에 의해서 외우게 하는 것이 아니라 자신의 체험적인 표현과 체계적인 경험을 통하여 미술에 대해 자연스럽고 분명하게 이해하고 체험하게 하는 것이다. 그러기 위해서는 교사의 전문지식과 체계적이고 적극적인 지도가 필수적이다. 지금까지의 창의성 중심 미술교육에서처럼 교사가 재료를 부여해주고 어린이들이 표현하게 하는 소극적인 입장에서 벗어나, 어린이들에게 미술에서 가르쳐 주어야 할 것을 결정하고 그것을 그들의 발달단계에 맞게 체계적으로 재구성하여 열성을 가지고 지도해야 가능한 일이다.

정보화의 시대, 문화의 시대에 미술교육이 나아가야 할 방향은 전체적으로 생각하게 하는 미술교육이라고 할 수 있으며 이를 실천하기 위한 구체적인 방향 몇 가지로 정리(전성수, 1999b)하면 다음과 같다.

먼저 생각할 수 있는 것은 미술을 통해 학생들이 생각할 수 있는 기회를 부여하여 최대한 생각을 많이 할 수 있도록 해야 한다는 점이다. 미술을 통해 학생들이 표현하기 전에, 표현하면서, 작품을 감상하면서, 친구들 작품과 비교하면서 생각할 수 있는 여지를 줄 수 있는 교육내용, 미술프로그램, 교사의 동기부여가 필요한 것이다. 학생들에게 마음껏 표현하게 한다고 해서, 광범위한 범위로 생각하게 한다고 해서 창의적인 사고를 할 수 있는 것이 아니다. 막연한 발문과 동기부여로는 학생들의 상상력과 창의력을 자극하기 어렵다. 학생들은 무엇을 생각해야 하는지, 어떤 경험과 연결시켜야 하는지 막연하기 때문이다.

다양성과 창의력, 이것이야말로 21세기 우리 교육이 지향해야 할 사항이다. 이에 있어 예술교육은 그 좋은 모델이 될 수 있다. 그러나 현재 우리 교육은 일반 교과는 물론 예술교과마저 주입식, 암기식, 분리식(형식 분리, 장르 분리)으로 운영되고 있다. 예술교육이 다양성과 창의력 배양에 기여하려면 현재의 비교육적 형태를 상호 소통식, 체험식, 장르 통합식으로 개선해야 한다(오세곤 외, 2004: 11). 미술교육은 올바른 정서와 심미안의 근간이다. 학교의 미술교육은 상상력과 창의력 신장에 초점을 맞추는 시기이다. 학생들에게 상상력과 창의성을 발휘하도록 하기 위해서는 구체적인 방법이 필요하다. 첫째, 어린이들이 바로 상상할 수 있는 구체적인 단서를 제공하는 것이 필요하다. 어린이들에게 주제를 포괄적으로 막연하게 주기보다는 구체적인 상황이나 상상을 촉진하는 실마리를 주어야 빠르고 다양하게 상상할 수 있다. 둘째, 상상도 어린이들의 경험과 동떨어져 할 수 없으므로 어린이들의 경험과 느낌과 가까운 것으로 동기를 부여한다. 만화나 만화영화, 어린이들이 좋아하는 책, 동화 등과 관련시켜 동기를 부여하면 빠르게 아이들을 자극할 수 있다. 셋째, 청각 자료와 시각 자료를 충분히 활용하여 동기를 부여한다. 소리를 들려주거나, 음악을 들려주거나, 시각적인 자료를 보여주는 등 시청각 자료를 충분히 이용하여 아이들의 상상력을 자극하는 것이 좋다. 넷째, 어린이들에게 익숙한 것들을 결합시키거나, 빼거나, 축소하거나, 확대하는 등 단순한 변화만으로 새로운 생각과 표현을 가능하게 한다. 다섯째, "내가 만약 ~한다면"이라는 구체적인 동기부여로 다양하게 상상하게 한다. 즉, 내가 하늘을 난다면, 내가 타임머신을 타고 공룡나라에 간다면, 내가 거인이 된다면 등 구체적으로 상상할 수 있는 조건을 준다. 여섯째, 상상한 것을 책이나 사진 등을 보면서 구체화시키는 것이 필요하다. 상상한 것만으로 표현하는 것은 한계가 있을 수밖에 없다. 어린이들이 우뇌로 상상한 것을 좌뇌로 구체화시키는 것이 필요하며 그것은 책이나 만화, 사진 등 모든 것을 활용할 수 있다.

두 번째로 중요한 것은 미술교육에서 분명한 목표의식을 갖는 일이다. 어떤 미술활동을 학생들에게 부여하는 목적과 그 미술활동을 하는 이유가 분명해야 한다는 점이다. 즉 무조건적인 표현 수업에서 벗어나 어린이들이 표현을 하면서 그 미술표현을 왜 하고 미술은 어떤 것인지 등에 대해 이해하고 생각하며 감상할 수 있는 수업을 해야 한다. 그동안 창의성과 자유로운 자기표현을 강조하는 미술교육의 흐름으로 인하여 어린이들에게 자유롭게 그들의 생각을 표현할 수 있는 기회를 주고, 많은 재료를 주어 그들 스스로 창의적이고 다양한 표현방법을 찾도록 하는 수업이 강조되었다. 그러나 그런 흐름은 자연히 교사의 개입이나 지도를 최소로 줄이자는 입장에 서게 되고, 어린이들에게 표현의 자유를 부여함에 따라 방임적이고 무조건적인 표현 수업으로 흐르게 할 가능성이 다분하다. 어린이에게 계속적으로 표현의 자유를 부여하게 되면 처음에는 신이 나서 자기가 자신 있는 것을 표현하겠지만, 그런 자유가 계속되면 다음에는 무엇을 해야 할 것인지 망설이게 되고 점차 자기가 자신 있어 하는 어떤 몇 가지의 표현을 계속 반복하게 될 것이다. 그러면서 그들의 표현은 점차 도식적이고 틀에 박힌 표현이 되어 간다. 대부분의 초등학교 어린이들이 저학년 때에는 자신 있게 모든 표현에 임하다가 중학년, 고학년이 되면 저학년과 거의 비슷한 표현에 정체되게 되고 미술에 점점 자신 없어 하는 것도 그런 표현의 무조건적인 자유에서 기인하는 바가 크다고 볼 수 있다. 학생 중심의 창의적 교육은 일부 미술교사들로 하여금 과제만을 제시하고 과정에 대해서는 완전히 방임하는 소극적인 태도를 불러일으키는 원인이 되고 있다. 우리나라 미술교육의 가장 큰 문제점은 '무조건적인 표현 위주의 수업, 모방과 개념에 치중한 실기 중심의 교육'이다. 초중고의 대부분의 미술시간에 거의 비슷한 제재에 의한 반복적인 표현이 계속되기 때문에, 12년 이상 미술교육을 받고서도 미술은 어렵고 모르는 것이 되고, 이해하지 못할 특별한 사람의 전유물처럼 생각하게 되는 것이다.

이러한 현상을 막으려면 어린이들에게 자신들이 표현하는 것이 어떤 의미를 갖는 것이고 왜 그런 표현을 하며 그것은 지금의 실생활에 어떻게 연결되어 있는지 등에 대해 이해할 수 있도록 해야 한다. 즉 어떤 표현을 하더라도 어린이들의 생각을 자유롭게 표출한다는 입장도 중요하지만, 미술에서 기본적인 개념이나 원리를 이해하는 계기로 그런 표현을 활용해야 한다는 점이 중요한 것이다. 예를 들어 정물화를 그릴 때, 무조건적으로 앞에 있는 과일이나 사물을 사실적으로 그리는 데 목적을 두어서는 안 된다. 어린이들이 정물화를 하는 이유를 알고 그와 관련된 기본적인 개념이나 원리를 이해하고 표현에 임해야 하며, 그런 표현을 통해 그런 개념과 원리를 강화하고 체험하도록 해야 한다. 정물들을 움직여 보면서 구도를 잡아보고, 보는 방향을 친구들과 바꿔보면서 보는 위치와 눈높이에 따라 정물들이 다르게 보임을 이해하며, 정물들이나 대상을 기본적인 원통형이나 구, 육면체 등으로 단순화시킬 수 있다는 사실을 표현을 통해 체험하여 확실하게 이해하는 것이 사실적으로 그리는 기능을 쌓는 것보다 훨씬 중요한 것이다. 여기서 우리가 확실하게 인식해야 할 점은 미술교육에서는 표현을 잘 하기 위해 미술 이해지도와 감상지도를 하는 것이 아니고, 오히려 미술을 잘 이해하고 잘 감상할 수 있는 안목을 기르기 위해 미술표현을 한다는 사실이다.

세 번째로 미술이해와 표현, 감상은 통합적으로 서로 유기적인 관련을 맺으면서 지도되어야 한다는 점이다. 표현하면서 이해하는 활동이 이루어지기도 하고 감상하면서 이해할 수도 있으며 감상하거나 이해한 것을 표현할 수도 있는 것이다. 수업에서 이 세 가지가 따로 구분되어 교수되어서는 안 되며 통합되어 지도되어야 한다. 더불어서 기법이나 재료를 열어 어린이들이 자신의 주제에 맞는 기법이나 재료로 표현하도록 하는 표현에서의 통합도 중요한 문제이다.

네 번째는 미술활동과 현상에 대한 언어화이다. 미술에 대한 언어화는 미술에 대해 말이나 글로 표현하도록 하는 것이다. 요즈음 강조되고 있는 미술비평은 쉽게 말해 미술에 대해 말하거나 써보는 것이다(최윤재, 1999, 219). 우리나라 작가의 큰 문제점 중의 하나도 자신의 작업에 대해 자기 논리로 설명하지 못한다는 데 있다. 작품은 그저 바라보는 것이고, 그저 느끼는 것이라는 생각은 무책임한 생각임에 분명하다. 작품을 보고 감상하고 이해하는 능력은 그저 생기는 것이 아니라 효율적인 교육에 의해 계발되는 것이다. 그러기 위해서는 무엇보다 먼저 자신의 작품에 대해 설명하고 자기 논리를 만들어가며 다른 사람 앞에서 발표하는 기회를 많이 갖는 것이 필요하다. 더불어 다른 학생들의 작품이나 기존 미술작품, 또 미술현상에 대해 토론과 언어화가 필수적이라는 것이다. 이러한 언어화는 미적 안목을 높이는 빠른 길이다.

다섯 번째로 표현을 위한 이해나 감상이 아닌 이해나 감상을 위한 표현이어야 한다는 점이다. 그동안 우리의 미술교육은 표현을 위한 이해나 감상을 해왔다. 이것은 표현능력을 신장하기 위해 미술에 대해서 알고 감상했다는 것이다. 즉 풍경화를 더 잘 그리기 위해 원근법에 대해 배웠고, 사물을 잘 표현하기 위해 명암이나 구도 등을 익혔다. 이것은 어쨌든 표현기능을 중시하는 것이며 결국 미술 생산자 교육과 맥을 같이 하는 것이다. 그럼 미술 소비자 교육에 맞는 것은 무엇인가? 그것은 오히려 이해나 감상을 위해 표현을 하는 것이다. 미술에서 표현은 본질적인 것이다. 창작이 없는 미술은 생각하기 어렵다. 그러나 유아나 초·중등교육에서 창작은 표현기능을 기르기 위해 하는 것이 아니다. 미적 안목이나 조형 능력, 창의성, 감성 능력을 기르기 위해 하는 것이다. 그러려면 오히려 표현은 미술에 대한 이해나 감상을 위한 것이어야 한다. 즉 표현을 통해서 원근법을 스스로 이해하게 하고, 정물화를 다양한 시점과 시각으로 그려봄으로써 형태가 시각과 시점에 따라 달라 보인다는 것을 이해하는 등의 형태여야 한다.

여섯 번째로 미술수업에서 표현 가능성을 탐색하는 시간을 주어 표현주제와 기법, 재료에 대해 이해할 수 있는 기회를 마련하는 것이다(전성수, 1998b, 31-32). 표현 가능성을 탐색한다는 것은 그 시간과 관련한 표현주제나 표현기법, 표현재료에 대해 본격적인 표현에 들어가기 전에 다양하게 탐색해보는 것이다. 예를 들어 종이판화를 하는 시간이면 종이판화와 관련된 여러 가지 것들을 말로 설명하는 것이 아니라 교사와 학생들이 직접 그와 관련된 기본적인 활동을 해봄으로써 어린이들이 무엇을 어떻게 표현할까 하고 고민하는 시간을 줄이고 미술의 표현현상에 대해 이해하게 하는 시간을 갖자는 것이다. 골판지를 직접 잉크를 묻혀 찍어보고, 털실이나 단추, 천 등을 직접 찍어보게 하여 그 결과를 탐색하게 하는 것이다. 그렇게 되면 어린이는 그런 탐색 시간을 통하여 자신의 표현방법을 스스로 찾게 되는 것이다.

일곱 번째로 생각하는 미술수업은 쉽고, 재미있고, 체계적이며, 통합적이어야 한다는 것이다. 미술의 이해는 단순히 지식을 외우고 지식을 전달하는 것이 아니다. 미술의 이해는 '미술에 관한 지식을 받아들이는 것'이라는 좁은 의미로 받아들여서는 안 된다. 그래서 미술에 대한 개념이나 미술사 등을 강의식으로 전달하고 외우는 활동으로 오해해서는 안 된다는 점이 중요하다. 미술의 이해는 미술의 전반적인 현상에 대한 이해를 포괄하며 충분한 시청각 자료와 개념과 관련된 표현, 체계적인 적용 등으로 보고, 표현하고 느끼면서 자연스럽게 미술에 대해 깨달아지도록 해야 한다. 여기서 체계적이라는 것은 쉬운 접근부터 심화된 접근까지 단계적으로 차근차근 밟아가게 해야 한다는 의미이기도 하다.

여덟 번째로 어린이의 삶과 직접적으로 관련을 맺도록 미술을 지도해야 한다. 이것은 삶 속의 미술교육을 말하며, 예술과 삶을 통합시키는 것을 말한다(성완경, 2000, 29-32; 이규선 외, 2000, 314-316). 어린이들의 학교생활은 미래에 대한 준비이기도 하지만 그들 인생의 일부를 살고 있는 것이기도 하다. 그러므로 그들 인생의 일부인 학교생활이 즐겁고 재미있고 의미가 있어야 한다. 미술도 어린이의 삶 속에서 살아 있도록 하고 삶의 개선에 미술을 활용하도록 제재를 구성하고 미적 안목과 조형 능력, 창의력을 길러주어야 한다. 어린이들이 자신들의 삶 속에서 직접 보고 느끼고 경험하는 것들 중에서 미술적 요소들을 뽑아 미술교육을 해야 하며, 그들의 삶에 직접 적용하고 활용할 수 있는 내용과 방법을 모색하여 지도해야 한다. 그래서 어린이들이 미술을 삶과 유리되어 있거나 특정한 사람만이 하는 특별한 것이 아니라 자신의 삶 속에서 즐길 수 있고 활용할 수 있는 것임을 인식하도록 하는 지도가 필요하다. 즉 자신의 공부방을 꾸미는 데 미술을 활용할 수 있고, 연필 한 자루, 옷 한 벌을 고르는 데 미적 안목을 적용할 수 있으며, 더 나아가 사회에서 미술적 요소들을 발견하고 개선할 수 있는 사람을 길러야 한다는 것이다.

아홉 번째로는 기법보다 주제를 우선시 하는 태도이다. 즉 표현방법보다는 그것을 통해 표현하고 기르고자 하는 정신 능력을 중요하게 생각해야 한다는 것이다. 어떤 기법을 어떤 재료로 표현하느냐도 중요하지만 그것보다는 표현하고자 하는 어린이의 의도를 구체화시키고 그 주제를 표현할 적절한 방법을 찾게 하는 것이 훨씬 중요하다. 즉 재료나 기법에 맞추어 생각하게 하는 것보다는 생각에 기법이나 재료를 맞추는 것이 중요하다는 점이다. 이것은 하드웨어보다 소프트웨어가 중요하다는 것과 같은 의미이며, 기능보다 어린이의 정신을 살찌우는 것이 중요하다는 의미이다.

끝으로 어린이 미술지도에서 중요한 것은 교사의 적극적이고 체계적인 지도이다. 지금의 미술교육은 교사에 의해 변화가 시도되어야 한다. 누군가 시작하지 않으면 변화의 시작은 없을 것이다(김창식, 2000, 16). 지금까지의 미술수업이 방임적이었다면 그것은 분명 적극적이고 체계적인 지도로 눈을 돌려 어린이들에게 미술에 대해 자세하고 과학적으로 지도하여 미술을 이해하고 조형품을 감상할 수 있는 안목을 길러주는 것이 중요하다. 교사가 미술에 대해 가르치지 않고 이해시키지 않고 감상하는 방법을 알게 하지 않으면, 그들은 전혀 배우지 않고 경험하지 않은 사실을 알지 못한다(이규선 외, 2000, 277-278). 그렇기 때문에 많은 양의 미술교육을 받고서도 미술은 모르는 것, 이해하기 어려운 것이라는 말을 하는 것이다. 또한 표현을 많이 하게 한다고 해서 그들이 미술에서의 기본적인 개념과 원리에 대해 자동적으로 알게 될 것이라고 생각해서는 안 된다. 인물화를 많이 그린다고 해서 피카소가 왜 얼굴의 여러 면들을 한 화면에 나타내었는지 알 수 있게 되는 것이 아닌 것이다. 그런 표현과 함께 그에 관련된 기본 개념과 기능에 대한 지도가 있어야 가능하다. 그러기 위해서는 미술교사가 미술에 대해 잘 알고 있어야 하며, 그것을 어린이의 발달과정에 맞추어 체계적으로 지도할 수 있어야 한다.

第13장 미술교육학의 체계와 방향에 대한 논의

일제의 식민지 시대를 겪은 우리나라 미술교육은 광복 후 해방 이후 교수요목 시대를 거쳐 여섯 번의 교육과정이 바뀌었음에도 불구하고 일제 식민지 교육정책의 획일주의 내지 모방·모사주의를 크게 벗어나지 못하고 있으며 또한 교육과정 개정 때마다 그 시대와 사회에서 주류를 이루던 교육사조와 미술교육 이론이 교육과정 구성의 배경이 되어 미술가를 기르기 위한 미술교육, 산업발전에 도움을 주기 위한 미술교육, 학생들의 잠재력과 창의성을 계발시키려는 미술교육, 도덕성과 인간성을 계발시키는 미술교육, 미술작품을 통해 미적 인식 능력을 높이기 위한 미술교육 등의 다양한 형태로 전개되어 왔고 오늘날은 이러한 여러 경향들이 혼재되어 한낱 교과교육으로서 미술교육에 머물고 있다. 오늘 이 땅의 미술교육자 대부분은 학교에서의 미술교육이 무언가 잘못 되어 가고 있음을 인지하고 있다. 그러한 오늘의 현황이 어디에서 기인한 것인지 근대 미술교육의 한 세기를 맞는 지금, 성찰과 자기 진단의 시간을 갖고 내일의 미술교육에 대한 올바른 방향과 방법을 모색하는 것은 매우 의미 있는 일일 것이다. 따라서 앞으로의 미술교육은 우리나라 여건을 고려하고 미술교육의 전문적, 객관적 판단을 통해 미술교육의 부분 수정이나 보완이 아니라 미술교육의 방향 전환, 즉 미술교육 개혁과 인식의 전환이 필요한 것이다.

학교라는 신학문에 의한 근대 교육 제도 설립과 함께 설정된 미술과 교육은 역사적으로 1세기라는 긴 전통을 이어 오고 있으나 오랜 세월 동안 중요도가 낮은 기타 교과로서 경시되어 온 것이 사실이다. 이는 근대 학교 제도를 도입하는 과정에서 그 배경이 된 사상이 근대 국가 성립을 위한 '부국강병' '흥업치산'을 근간으로 하는 성격이 강했기 때문이며 국가적 차원의 목표달성을 위해 학교교육은 점차 실리주의 노선을 걸을 수밖에 없었던 것이다. 따라서 이러한 국가나 사회의 요구를 충족시킬 만한 학과가 주요 교과로 우선되었고 반면에 이러한 풍토 속에서는 미술과교육은 늘 상대적으로 무관심의 영역에 있게 될 수밖에 없었던 것이다(서석례, 1995).

사실 지금까지 우리나라 미술교육은 제도 및 정책 면에서 수많은 변화와 개혁을 통해서 최선의 길을 찾고자 교육부와 미술교육자, 그리고 미술전공자들의 노력이 계속 되어 왔음에도 불구하고 제도적, 재정적·환경적인 문제로 운영, 관리 면에서 여러 가지 문제를 내포하고 있었다. 그러므로 유치원 교육부터 초등학교, 중학교, 고등학교로 이어지는 미술교육이 형식에 치우치고 경시되는 과목으로 전락하고 말았으며 특히 중, 고등학교는 교육과정을 경시하고 입시 위주의 교육을 함으로써 정상적인 미술교육이 이루어지지 못하고 있는 실정이었다. 이는 우리의 미술교육 제도 및 정책이 미술교육 현실과 사회 여건에 맞지 않는 데 기인한다 하겠다.

미술교육학 등 교과교육학에의 관심이나 연구가 질 높은 성장을 하지 못한 이유는 외적 요인에게서 뿐만 아니라, 교과교육의 가치성을 좀 더 열심히 주장하지 않고 논리적이고 체계적인 학문적인 연구를 왕성히 해내지 못한 교과교육계 내부에서도 발견될 수 있다. 비록 아직은 많은 문제점과 미숙함이 있을 지라도 미술교육학의 당위성을 타진해 보고, 개념을 정립하여 미술교육학은 어떻게 구성되어야 하는지를 살펴봄으로 교과교육학적 측면에서의 미술교육학의 개념을 고찰해 보고자 한다. 이러한 체계적인 노력은 미술교육학의 발전에 박차를 가해 미술을 통해 인간을 더욱 인간답게 해 줄 것이기 때문이다.

학문의 성장과 발전은 어떤 의미에서는 연구방법론의 발달과정이라고 볼 수 있을 정도로 학자들은 연구방법의 타당성과 합리성을 성찰해

왔다. 모든 학문이 확고한 방법론을 토대로 시작된 것은 아니며 연구자의 창의성과 상상력에 의해 연구내용과 함께 발달되어 왔다고 볼 수 있다.

미술교육에 학이 붙는다는 것은 어떤 조건의 문제라기보다는 그 당위성의 문제이며 그 이름에 걸맞은 진지성과 체계성의 문제이다. 즉 미술교육학이 성립되기 위해서 어떤 조건이 필요하느냐의 문제가 중요한 것이 아니라, 미술교육학이 발전하기 위해서 미술교육에 대해 학문의 성격을 부여하고 진지하고 체계적으로 그에 대해 연구하는 것이 훨씬 중요하다. 교과교육학은 교과의 지식을 잘 가르칠 수 있도록 하는 지식 체계이다. 따라서 이는 많이 그리고 깊게 알아서 잘 가르칠 수 있는 방법을 제시하는 실천적이며 종합적이고 응용적인 하나의 학문 체계라고 할 수 있다. 이렇게 볼 때 교과교육학은 교사교육에서 핵심적인 학문이라고 할 수 있다. 미술교육학 역시 하나의 교과교육학으로서 확실한 위상을 정립해야 하며, 그러기 위해서는 왜 미술을 가르치는지, 무엇을 가르칠 것인지, 어떻게 가르칠 것인지에 대해 체계적인 연구가 시급한 것이다. 최윤재(1995, 33-34)는 미술교육학에서는 엄격한 논리적 명제를 가지고 이론을 이론화하기는 힘들지만 미술의 내용, 미술을 설명하는 명제, 미술을 교육하는 명제 등을 이론으로 검토하고 분류하는 차원에서 학문적 정립이 이루어질 수 있다고 보고 있다. 이규선(1995a, 9-10)은 미술교육학에 대한 논문들을 분류하는 준거로 다섯 가지를 제시한 바 있다. 그것은 ① 미술교육의 학문적 접근에 관한 연구(미술교육학, 미술교육론, 미술교육 역사, 미술교육학자), ② 미술과 교육과정에 대한 연구(미술과 교육과정의 역사, 교육과정 개발, 교과서 개발), ③ 미술교육의 교수방법론에 대한 연구(미술과 지도교사, 미술과 교수방법론, 영역별 지도방법), ④ 미술교육의 학습지도 내용에 관한 연구(미술교육 내용, 미술교육 학습지도, 미술교육 평가), ⑤ 미술교육의 학습 환경에 대한 연구(교육자료, 교육매체, 미술교육 시설)로 나눈 것이다.

이처럼 미술교육 분야에서의 연구에서 지도방법의 측면뿐 아니라 미술교육학의 기본을 닦는 본질적인 문제에 대한 연구가 절실하다고 할 수 있다. 미술교육에서 소홀히 해온 것 중의 하나가 무엇을 가르칠 것인가의 교육내용, 또는 교육과정의 문제였는데, 이는 그동안 관에서 주도하는 교육과정의 개편의 흐름에 따라 확고한 철학 없이 그때그때 임시방편 식으로 구성되었다고 할 수 있다. 우선 미술교육에 대한 기본 철학을 세우는 것이 중요한 일이다. 그것은 미술 소비자교육, 미적 안목, 미술이해교육이라 할 수 있다. 이러한 기본 철학의 바탕 위에 교육내용이 선정되고 그것을 효과적으로 이루기 위해 교육과정이 체계적으로 구성되어야 한다.

한편으로 미술교육학은 한국의 실정에 맞고, 한국의 학생들에게 맞게 재정립되어야 하며, 그런 측면에서 한국 미술교육학의 정립이 요구된다고 할 수 있다. 우리의 정신 철학에서 비롯된 문화에 대한 이해와 그 맥락의 범위 안에 수용될 수 있는 미술교육 방법이 마련되어야 하며, 미술교육 이념과 내용도 학교 문화 안에서 수용될 수 있는 상식적인 범위 안에서 결정되어야 할 것이다. 이를 위한 노력을 통해 한국 미술교육의 정체성을 확립해야 한다(김창식, 2000, 14). 앞으로의 미술교육은 사회·문화적인 요소들을 적용한 다양한 미술과 교육과정과 학습활동에 의해 학생들에게 내재된 전통적·현대적 미의식들이 학생들 스스로에 의해 깨닫고 이해하고 받아들이는 자기주도 학습을 통해 거듭나야 한다. 학생들은 깊이 있는 미술적인 체험을 통해 일상생활에서 경험하는 것들을 상징적·은유적으로 표현함으로써, 학습내용과 활동들이 자연스럽게 학생 개개인의 자아성숙과 내면 성찰로 이끌어주며 통찰력을 키워줄 수 있다. 세계화시대, 지구촌시대, 정보화시대가 진척될수록 한국 고유의 문화, 한국 고유의 정신은 더욱 중요해질 수밖에 없다. 이런 시대일수록 온고지신(溫故知新)을 귀감 삼아 미술문화

속에서 보이는 우리 선인들의 자연을 궁리하고 자연적인 삶을 통해 수신하면서 추구하던 맑은 정신세계와 자연스러움, 넉넉한 품성 등이 미술교육을 통해 학생 개개인의 인성과 실제적인 삶에 존중되고 도움이 될 수 있도록, 그리고 우리 미술의 철학적·미학적 요소들이 시대를 초월하여 미술활동을 통해 자연스럽게 학생들 개개인들에게 전이되고 내면화 될 수 있도록 해야 한다(김혜숙, 2000, 59).

21세기에 이미 들어선 현 시점에서 미술교육학에 대한 접근은 20세기와는 달라야 하며, 그러기 위해서는 여러 측면에서 패러다임의 전환이 필요(성완경, 2000, 29-40)하다. 미술교육은 정보화시대에 맞는 교육이 요구되며 그에 대한 많은 연구가 선행되어야 한다. 그러기 위해서는 정보화시대, 문화의 시대에 맞는 미술교육의 방향에서부터 구체적인 지도방법에 이르기까지 다양한 범위에서의 연구가 필요하다(이규선, 1997, 16). 21세기는 문화의 우리 삶의 중심에 자리하는 문화의 시대가 펼쳐지는 시대이다. 문화의 시대에 문화교육의 하나인 미술교육은 그 중심적 역할을 할 수 있으며, 또한 해야 한다. 문화의 시대에 미술교육은 삶 속에서 미술을 향수하고 이해하며 감상할 수 있는 교양인을 길러내는 미술 소비자 교육을 지향해야 하고, 미술 소비자에게 중요한 것은 미적 안목이다. 또한 미술교육에서 기르고자 하는 미적 안목이나 창의성은 미술을 통해 어린이들이 생각할 수 있도록 해야 길러질 수 있다.

때문에 미술교육은 학생들이 이 세계를 바라보는 방식과 사회 내 인간관계를 포함한 구체적 현실세계의 조직과 그 작동원리 그리고 이에 관련된 커뮤니케이션의 실제적 내용과 형식, 그에 담긴 상징과 문화 등을 포괄적으로 이해하게 만드는 장이어야 한다. 미술교과는 감성교육으로서만 중요한 것이 아니라 인지의 발달과 지적 성장, 과학과 현실에 바탕을 둔 창의적 주체의 형성, 구체적 사회생활에로의 통합 등 전체 교육목표의 실현에서 매우 중요한 역할을 담당하는 실천의 장이어야 한다(성완경, 2000, 32). 예를 들어 미국 미술교과서는 민간에서 다양하게 개발하여 출간하고 있으며, 그 내용도 자신의 생각이나 느낌, 감정을 나타내고 노력에 따른 결과의 장점을 평가받기 위해 주제, 상징, 의미가 담긴 이미지 등 시각적인 표현의 넓은 범위를 활용하도록 돕기 위한 체제를 제공하고 있다. 즉 발상－작업－전달－추리－조사 과정의 새로운 방법을 획득하고 발전시키며 그것에 능숙해지도록 유도하고, 미술이 제공하는 아이디어, 개념, 이슈, 딜레마, 지식의 경험 및 성취 등 다양한 영역에 걸쳐 있다. 이렇게 획득한 지식과 기능을 일상생활에 적용하는 새로운 기법, 접근방법, 습관 등을 발달시키는 데 중점을 두고 있다. 그리고 표현이나 창작만 강조하는 것이 아니라 미술에 대한 이해와 감상에 중점을 두어 그 내용구성이 '미학적 인식, 창조적 표현, 시각 미술의 유산, 학습에 근거한 평가'의 네 영역으로 구분하여 제시하고 있다(박은덕, 2000, 79).

현재 세계는 많은 변화를 겪고 있으며 수많은 정보가 쏟아지는 시대이다. 이러한 정보화시대, 문화의 시대에 중요한 것은 분별하고 선택하는 눈, 세계를 바라보는 눈인 안목이 중요하다. 미술과교육은 IQ뿐만 아니라 EQ가 중요해지고, 문화전쟁시대를 살아갈 어린이들에게 많은 도움을 줄 수 있는 교과이다. 이제 미술교육은 최소한 10년 이상을 하면서도 미술을 '잘 모르고 어려운 것'이라고 생각하는 사람들을 기르지 않은 방향으로 전개되어야 한다. 그런 미적 안목을 기르고 문화의 시대를 대비하기 위해서는 미술을 이해시키는 교육, 생각하게 하는 미술교육이 절대적으로 요구되고 있는 것이다.

21세기 미술교육의 핵심적인 방향 설정은 생각하는 미술교육, 생각하게 하는 미술교육에 있다. 어린이들에게 미술을 생각하게 하고 이해시키는 교육을 한다는 것은 어쩌면 교사를 힘들게 하고 어렵게 할 수도 있다. 우선 미술을 이해시킬 주제를 찾아 체계적으로 그 내용을 쉬우면서도 단계적으로 재구성해야 하고, 그에 맞는 참고자료를 만들거나 수집해야 하며, 그것을 암기식이나 지식전달식이 아닌 어린이들이 표현과 발표 속에서 자연스럽게 이해할 수 있도록 유도를 해가야 하기 때문이다. 그러나 그런 것들이 미술교사의 임무이며 역할이다. 생각하게 하는 미술교육은 어린이들이 미술에 대해 생각할 수 있는 기회를 부여하고, 미술에서 중요한 개념들을 암기나 지식전달에 의해서 외우게 하는 것이 아니라 자신의 체험적인 표현과 체계적인 경험을 통하여 자연스럽고 분명하게 이해하고 알게 하는 것이다. 그러기 위해서는 교사의 전문지식과 체계적이고 적극적인 지도가 필수적이다. 지금까지의 창의성 중심 미술교육에서처럼 교사가 재료를 부여해주고 어린이들이 자유롭게 표현하게 하는 소극적인 입장에서 벗어나, 어린이들에게 미술에서 가르쳐 주어야 할 것을 결정하고 그것을 그들의 발달단계에 맞게 체계적으로 재구성하여 열성을 가지고 지도해야 한다. 어린이의 미적 안목을 기르는 빠른 길은 어린이에게 자신의 미술에 대한 견해를 발표시키는 것이다. 어린이에게 발표를 시키고 이야기할 기회를 많이 주면 그만큼 미술에 대해 생각할 기회를 주는 것이고 자신의 견해를 정리하여 남에게 전달하는 능력도 길러지며 미술이 자기 주위에 있는 것임을 이해하게 되는 것이다.

'생각하게 하는 미술교육'이라는 의미는 미술활동 속에서 그냥 표현하게 하지 말고 생각하면서 표현하도록 하자는 것이다. 표현을 통해서 어린이들이 자연스럽게 미술이 '이러한 것이구나'라고 깨달아지도록 하자는 것이다. 이것은 어린이들이 미술에 대해 생각할 수 있는 기회를 부여하고, 미술에서 중요한 개념들을 암기나 지식전달에 의해서 외우게 하는 것이 아니라 자신의 체험적인 표현과 체계적인 경험을 통하여 자연스럽고 분명하게 이해하고 알게 하는 것이다. 그래서 어린이는 학교에서 자신의 표현에 대해 적극적으로 발표하고 토론하며 다른 동료들의 작품에 대해 나름대로 평가했던 경험을 살려 자신의 공부방을 미적으로 꾸미는 일에서 시작하여 건물이나 전시장에 있는 미술작품에 대해 나름대로 감상하고, 자기 주변의 환경을 미적으로 개선하려는 의지를 갖게 된다. 또한 자신의 삶에 미술을 끌어들여 자신의 삶을 풍부하게 하고 살찌우는 데 미술을 직접 활용하게 될 것이다.

더불어 미술교육학에 대한 교사양성대학에서의 접근이 중요한 문제 중 하나이다. 미술교과교육과 직결되는 대학의 과는 교사양성대학의 미술교육과이다. 김필선(1995, 164-165)은 미술교사 양성기관의 교과교육학에 대한 논문에서 현직 미술교사에 대한 설문조사를 통해 대학 재학 시 미술교육학 전공 교수가 아닌 실기 전공 교수에게 교과교육학을 배운 사람들이 많았고(68.4%), 대학에서 배운 내용이 현장에 보탬이 되지 못했다고 느끼며(53.7%), 교육현장에 필요한 교과교육 내용을 구체적으로 다루어 줄 것을 절실히 요구하고 있다(90.5%)고 밝히고 있다. 또 이론과 실기교육의 비중 중에서 이론의 비중을 높여 주기를 바라고 있고(80.2%), 현장 미술교사의 어려움을 해결하기 위해 실기 분야별 지도법을 개발하여 상세하게 교육해 줄 것을 요구하였으며(80%), 교사 양성기관에서 소홀히 다룬 것으로 수업 방법에 대한 교육(52.6%), 교재 제작에 대한 교육(43.2%) 등이라고 응답한 것으로 밝히고 있다. 미술교사를 양성하는 미술교육과를 졸업하여 현직에 있는 미술교사들도 작가를 꿈꾸는 경우가 과반수(50.5%)에 이르며 이런 이유로 현직에 만족하지 못하는 경우가 많다(58.9%)는 것으로 조사되고 있다.

또한 김필선(1995, 160-161)은 10개 대학의 미술교육과 교수진을 분석한 결과 미술교육학 박사학위 소지자는 단 1명뿐이었으며, 미술교과교육을 강의하는 교수진이 실기를 전공한 대학의 경우도 있는 것으로 지적하고 있다. 이런 사정은 교육대학교의 미술교육과 역시 유사하다(이규선, 1995b, 149-161). 노부자(1994, 13)의 연구에서도 '미술과 교육론'을 담당하는 교수 중에서 실기를 전공한 경우가 전체 15명 중 60%인 9명이고, 미술이론을 전공한 경우가 3명이었으며, 미술교육을 전공하고 강의하고 있는 경우는 3명에 불과했다. 이들은 대부분 미술과교육 논의 강의가 절대적으로 필요하고 중요하다는 것을 인정하면서도 전공자가 강의를 하지 않는 모순을 보여주고 있는 것이다.

이러한 조사결과를 종합해 볼 때, 교사 양성기관의 미술교육과가 미술교사를 기르는 곳인지, 미술가를 기르는 곳인지 정체성에 의문이 제기될 수밖에 없는 교수진과 교육과정, 그리고 교육내용을 보여주고 있다. 대부분의 미술교육과에서 미술교육을 전공하지 않은 교수진이 미술교육을 강의하고 있고 대학과 대학원의 교육과정에서 상당한 부분이 미술교육과 직접 관련이 없는 내용들로 이루어지고 있다(김창식, 2000, 16). 이런 현상은 미술교육과만의 문제라기보다는 사범대학 전체의 문제이기도 하다. 그래서 교과교육학자가 담당할 강좌가 없어 교과교육전문가가 양성되지 않고, 또 교과교육전문가가 부족하여 교과교육에 대한 연구가 미흡했던 것이다(박승재, 1997, 33).

미국이나 일본, 독일 등의 미술교사 양성기관의 교육과정이 각 실기영역에 대해 고르게 배울 수 있도록 할 뿐만 아니라 미술교과교육과 관련한 이수과목이 다양하게 개설되어 있다. 예를 들어 독일의 KASSEL 대학의 미술교사를 양성하는 과의 교육과정을 살펴보면, 8학기 전 과정에 걸쳐 미술교과교육 과목을 배우고 있다. 학기별 미술교과교육과 관련한 과목은 다음(김필선, 1995, 162)과 같다.

1학기: 미술과 시각 현상에 대한 소개와 실습을 위한 교수법 연구
2학기: 조형활동을 위한 교수법 연구
3학기: 미술교육의 역사에 대한 강의 및 세미나
4학기: 교수법에 대한 세미나
5학기: 아동 및 학생 작품과 그들의 문화에 대한 세미나
6학기: 미적 경험의 지도방법에 관한 세미나
7학기: 건축, 도시계획, 디자인 지도방법에 관한 세미나
8학기: 매체, 행위예술, 조형놀이, 무대 장치 등에 대한 지도방법에

대한 세미나

미술교육학이 학문으로서 위상을 넓히고, 연구 영역을 확보하기 위해서는 우선적으로 교사 양성기관인 미술교육과에서 많은 논의와 연구, 미술교육학으로 무장된 좋은 미술교사를 양성해낼 때 가능한 일이다. 그러기 위해서는 미술교육과에서 미술교육학을 전공한 교수진의 확보와 미술교과교육을 강화하고 실질적으로 교육하는 체제가 시급하다고 할 수 있다.

어린이의 미술을 가르치는 교사가, 그리고 미술교사가 되기 위해 준비하고 있는 예비교사가 사회에서 인정받고 전문가로서의 위치를 확고하게 하기 위해서는 다른 방법이 없다. 유일한 방법은 어린이 미술에 대한 전문가가 되는 것이다. 어린이 미술에 대한 전문가가 된다는 것은 그렇게 간단한 문제가 아니다. 우선 어린이에 대한 전문가가 되어야 하고 교육에 대한 전문가가 되어야 하며 한편으로 미술에 대한 전문가가 되어야 한다. 그래서 이 셋을 연결시켜 어린이 미술교육에 대한 나름대로의 식견과 안목을 갖추어야 가능한 일이다. 미술교육에 대한 문제를 남에게 미루어서는 안 된다. 어린이 미술교육에 어떤 문제가 있다면 그것은 미술을 가르치고 있는 학교든 학원이든 지금의 교사들이 해결을 시도해야 할 문제이다. 결국 우리 미술교육의 미래는 미술교육에 종사하는 모든 사람들의 준비 여하에 달려 있기 때문이다.

제14장 한국 미술교육학의 정립

1. 논의의 요약

이 책은 그 동안 교과의 개념과 교과교육학의 학문적 체계는 무엇이고, 교과교육학과 관련된 논쟁점들은 무엇인지를 살펴본 다음, 그것을 구체적으로 미술교육학에 적용하여 미술교육학의 학문적 체계를 모색하는 데 그 목적을 두었다. 지금까지 살펴본 연구내용을 요약하면 다음과 같다.

1) 교과의 개념

그동안 교과교육이나 교육과정 이론이 '교과'와 '경험'을 대립시켜 그 문제에 집착함으로써 교과연구에 소홀해 왔다고 할 수 있다. 그러나 엄격히 말해 교과와 경험은 반드시 대립되는 개념이 아니다. 말하자면 양자의 대립은 어떤 논리적 필연이 아니다. 우리는 역사 이래 수천 년 동안 학생들에게 교과를 가르쳐 왔고 또 학생들은 학교에서 교과를 통하여 자신의 삶에 유익한 경험을 쌓아왔다고 할 수 있기 때문이다. 이때까지의 교과 대 경험의 대립도 '교과'와 '교과가 아닌 어떤 것'의 대립이 아니라 교과를 보는 방식의 차이로 해석될 수 있으며, 또 이러한 교과관의 차이는 교과와 지식, 교과와 생활, 교과와 학생의 관계를 어떻게 설정하느냐에 따라 다양하게 전개된다고 말할 수 있다. 이처럼 교과와 경험은 엄격히 서로 분리되는 개념이 아니라 많은 부분 서로 중첩되고, 밀접한 관련을 가진 상호 연관된 개념이다.

이처럼 그동안 교과에 대한 개념은 경험과 대립되는 용어로 받아들여 소모적인 논의가 많았으며, 교과를 가르치는 입장을 주로 고려하였고, 교과지식의 객관성이나 절대성에 기초하여 논의를 전개해왔다. 교과에 대해 경험과 상보적 개념으로, 가르치는 입장뿐만 아니라 배우는 입장을 고려한 개념으로, 지식의 상대성 개념과 변화 가능성을 포괄한 개념으로의 이해가 필요하다.

교과는 기나긴 인류의 역사를 통하여 누적시켜 온 경험 또는 문화의 유산들 중 다음 세대의 성장 발달을 위하여 그들에게 꼭 전수할 가치가 있는 내용들을 선택, 조직하는 것이다. 즉 교과는 인간의 삶과 관련하여 여러 가지 문화내용 중 다음 세대에 전수할 가치가 있고 또 전수하기 쉽게 조직된 지식·기술·가치와 그 탐구과정이라고 말할 수 있다. 이러한 교과는 왜, 무엇을, 어떻게, 언제, 어떤 방향으로 가르칠 것인가의 문제와 연결된다. 그리고 그러한 교과의 개념은 역사적 배경과 사회적 환경 등에 의해 변화를 겪게 된다.

2) 교과교육학의 개념

교과교육학에 대한 논의 중에서 많이 거론되면서도 심각한 문제는 교과와 교육, 또는 내용과 방법을 분리시켜 논의하는 것이다. 교과교육의 전체 맥락 안에서 교과와 교육은 상대적인 자율성을 지니며 상호 대등한 입장에서 영향을 주고받는 가운데 교과교육을 성립시키는 것이다.

교육을 중시하는 입장에서 교과는 교육을 위한 도구이자 수단이다. 교과의 가치를 앞세우는 것이 아니라 교육의 가치를 앞세워 교육의 가치 실현에 적합한 교과의 기능과 구성은 어떤 것인지를 밝히는 것이다. 반면 교과를 중시하는 입장에서 교과의 중요성을 위해 교육의 힘을 어떻게 사용하느냐 하는 것이 논의의 주된 목적이 된다. 이 경우에 교육의 생리와 속성을 잘 이해하여 그 기능을 잘 활용하는 것이 필요하다. 이러한 관점에서 교과를 중시하느냐, 교육을 중시하느냐는 모두 교육과 교과에 대한 기본적인 이해의 바탕 위에 성립하는 것이며 다만 그 가운데 어떤 것을 본위로 삼느냐의 차이일 뿐이다. 이 두 입장은 교과교육을 서로 다른 측면에서 조명해 줌으로써 교과교육의 전체 맥락을 보다 풍부하게 해준다고 할 수 있다. 이는 양자가 그 나름의 자율적 경계를 유지하기 위한 상호 배타적인 관심에 기초하여 특유의 문제의식을 날카롭게 할 때에만 가능하다. 그리고 그러한 논의는 결국 교과교육의 실제 안에서 하나의 전체가 되어야 한다.

교과를 가르치는 문제를 체계적으로 연구하는 교과교육학은 '왜'라는 질문과 '무엇을'이란 질문, '어떻게'라는 질문, '언제'라는 질문, '어떤 방향으로'에 대한 대답을 추구한다. 그래서 교과교육학은 왜, 무엇을, 언제, 어떻게 가르칠 것이며, 어떤 방향을 추구할 것인가를 체계적으로 설명하는 학문이라고 할 수 있다. 여기서 "왜"는 교육목적을 말하며, "무엇"은 교과의 지식, 또는 내용을 말하고, "어떻게"는 가르치는 방법을 말하며, '언제'는 가르칠 시기를, '어느 방향으로'는 교과교육의 평가와 방향 설정을 말한다. 이처럼 교과교육학은 교과의 지식을 잘 가르칠 수 있도록 하는 지식 체계이다. 이렇게 볼 때 교과교육학은 교사교육에서 핵심적인 학문일 뿐만 아니라 학교교육의 핵심이라고 할 수 있다. 더불어서 교과교육학에 대한 논의는 교과의 역사, 교과서의 문제, 교과와 관련한 다양한 교재의 문제, 교과와 관련한 정책이나 행정적인 문제 등이 포함되어야 한다.

3) 교과교육학의 체계

교과교육학이 학문으로서 체계를 잡기 위해서는 교과교육학을 정의했던 것과 관련하여 최소한 다섯 가지의 조건이 충족되어야 한다. 그 다섯 가지란 '왜, 무엇을, 언제, 어떻게, 어떤 방향으로'에 대해 대답을 시도하는 것을 말한다.

첫째, 교과교육학은 '왜'란 질문에 대해 답을 시도하는 학문이다. 즉 그 교과의 정당성, 필요성, 목적에 대해 이론적으로 체계화하고 합리적인 답을 제시하는 것이다.

둘째, 교과교육학은 '무엇을 가르칠 것인가'에 대한 답변을 시도하는 학문이다. 그 교과의 교육내용을 선정하고 조직하며 결정하는 것에 대해 체계적이고 과학적이며 합리적으로 연구하고자 하는 학문이다. 학문의 내용 중에서 교과교육에서 필요한 것들을 선택하고, 조직하는 일을 말한다.

셋째, 교과교육학은 '어떻게 가르칠 것인가'에 대해 체계적이고 과학적으로 연구하는 학문이다. 그 교과교육의 목적에 맞는 내용을 선정하고 조직한 것을 어떻게 가르칠 것인가에 대해 연구하는 것이다.

넷째, 교과교육학은 '언제 가르칠 것인가'에 대해 체계적이고 과학적으로 연구하는 학문이다. 교과교육학은 학문과는 달리 학습자에 따라 많은 것들이 달라지게 된다. 학습자의 나이와 수준에 따라 교육하는 목적, 교육하는 내용, 교육하는 방법이 모두 약간씩 달라지는 것이다. 기본적이고 본질적인 측면까지 달라지는 것은 아니지만 학습자의 수준에 따라 목적과 내용, 방법이 영향을 받게 된다.

다섯째, 교과교육학은 '어떤 방향으로 할 것인가'에 대한 체계적이고 과학적인 답변을 시도하는 학문이다. 이것은 교과교육학이 어떤 방향성을 지향해야 하는가에 대해 연구하고, 그 방향성은 앞의 네 가지에 대한 평가를 바탕으로 한다.

4) 미술교육학의 체계

미술교육학은 교과교육학의 다섯 가지 체계에 따라 목적론, 내용론, 방법론, 학습자의 발달, 방향론으로 나누어 살펴볼 수 있다.

첫째, 미술교육은 학생들에게 자기표현의 기회를 부여하고, 인간에게 80% 이상의 정보를 제공하는 시지각을 발달시키며, 좌우뇌를 균형 있게 계발시키고, 개성과 창의성을 육성하는 좋은 교과이며, 문화시대에 필요한 아름다움과 즐거움을 향수할 수 있게 하기 때문에 필요하다. 이러한 미술교육은 학생들의 미적 안목을 육성하고, 조형 능력을 신장시키며, 창의성을 계발하고, 감성을 함양하는 데 그 목적이 있다.

둘째, 미술교육은 그 내용을 미술의 이해와 표현, 감상의 세 영역으로 구분하고, 표현은 학생들의 요구에 부합하고 현대미술의 흐름에 맞으며 기본적인 구분인 평면표현, 입체표현, 조형탐색으로 구분하여 제시하는 것이 바람직하다.

셋째, 미술교육의 방법으로 적절한 수업은 그 수업의 상황에 맞게 교수-학습 활동을 하는 것이며, 이해와 표현, 감상을 통합적으로 지도하고, 열린 체제로 수업하는 것이다.

넷째, 학생들의 미술 능력은 일정한 발달과정이 있으며, 미술교육은 그 발달과정에 맞추어 적기교육이 이루어져야 한다.

다섯째, 미술교육은 문화시대에 맞게 미술을 삶 속에서 이해하고 감상하며 향수할 수 있는 미술 소비자를 기르는 교육이어야 하며, 미술 소비자에게는 미적 안목이 중요하다. 미술교육에서 목적으로 하는 미적 안목과 조형 능력, 창의성, 감성을 함양하기 위해서는 생각하게 하는 미술교육이 필요하다.

2. 한국 미술교육학의 정립

본 연구는 교과의 개념, 교과교육학의 개념과 체계, 교과교육학과 관련한 논쟁점 분석, 교과교육학으로서 미술교육학의 개념과 체계를 살펴보면서 내린 결론은 다음과 같다.

첫째는 교과교육학은 신생학문으로서 연구하는 데 많은 난점을 가지고 있지만, 그것은 교과교육학이 체계화되고 심화되기 위해 거쳐야 하는 과정이라는 점이다. 교과교육학은 학문과 학문 사이에서 새롭게 생성된 개척의 학문 분야이기 때문에 기존 학문이 새롭게 탄생될 때 이상의 진통과 시련을 겪어야 할 것은 물론이다. 그래서 교과교육학이 발전하기 위한 선행 조건이 구비되어야 할 것이고, 앞으로의 발전에도 많은 개척자적인 노력이 필요하다. 교과교육학은 성격상으로만 본다면, 교과교육학 연구는 분명 어렵고 험난한 과정임에 틀림이 없다. 그러나 교과교육학이야말로 주입식, 주먹구구식, 교과서식 교육을 개선하여 현재 학습자에게 맞는 우리 식의 최적의 교육으로 해보자는 교육의 과학화 내지는 현대화의 시도로서 당연히 연구해야 할 분야인 것이다. 교과교육학이 교육이론과 내용, 방법에 대한 연구를 심화해야 한다는 점에서 이중, 삼중의 부담은 있으나, 이는 교육의 목표를 제대로 달성하기 위해서는 피해서는 안 되는 부담이며 과정이다. 또한 문제는 교과교육학이 교과내용으로부터 어느 날 갑자기 형성된 학문이 아니라 기존의 기초과학들과 일반교육학들의 학문적인 성과를 기초로 발전해 나가야 하기 때문에 오히려 기존 학문들과의 끊임없는 교류과정이 필요하다.

둘째는 교과교육학은 교과와 교육의 분리, 내용과 방법의 분리, 교과와 경험의 분리를 넘어서서 하나의 통합된 유기체로서 독자적인 학문으로 바라보고 연구하는 것이 필요하다는 점이다. 지금까지 교과교육학에 대한 논쟁의 핵심은 교과와 교육을 분리하여 논의하는 데 있었다. 이것을 분리하여 논의함으로써 교과의 본질에 다가서지 못하거나 교육과정이나 교과교육학에 대한 심도 있는 논의나 연구를 소홀히 하는 결과를 가져왔다고 볼 수 있다. 우리가 여기서 분명히 해야 할 점은 교과와 교육이 사실적인 맥락에서 별개의 실체로 분리될 수 있는 것이 아니라는 점이다. 교과와 교육은 항시 교과교육 안에서 결합된 형태로 존재한다. 교과라는 말 자체는 교육의 맥락 안에서 다루어지는 경험이라는 뜻이고 또한 어떤 형태로든 교육은 항상 어떤 교과내용을 전제로 하고 있다. 때문에 교과와 교육은 개념적인 구분에 의하여 그 고유성을 파악할 수 있을 뿐 원래부터 따로 존재하는 것을 모아놓은 것이 아니라는 의미이다. 이것은 교과교육이 교과와 교육의 만남이라는 말이 의미상 교과교육 상황으로부터 거꾸로 교과와 교육을 각각 개념적으로 구분해 낸 다음, 그 둘을 다시 개념적으로 결합시킨 상태를 표현한 것으로 보아야 한다.

이런 교과와 교육의 두 입장은 교과교육을 서로 다른 측면에서 조명해 줌으로써 교과교육의 전체 맥락을 보다 풍부하게 해준다고 할 수 있다. 이는 양자가 그 나름의 자율적 경계를 유지하기 위한 상호 배타적인 관심에 기초하여 특유의 문제의식을 날카롭게 할 때에만 가능하다. 그리고 그러한 논의는 결국 교과교육의 실제 안에서 하나의 전체가 되어야 한다.

지금까지 살펴본 교과교육학의 개념과 성격, 교과교육학과 관련한 논쟁점들에 대한 분석에서 먼저 시사 받아야 할 점은 교과교육을 그 자체로, 실제로 일어나고 있는 현상 자체로 바라보아야 한다는 점이다. 교과교육과 관련된 개념들이나 현상들을 분리시켜 논하게 되면, 더더구나 거기에 연구자가 처한 현실적 이해관계가 개입되면 전혀 비본질적인 논의가 되어버리게 된다. 즉 교과와 경험을 분리하고, 교과에 대한 객관적 진리와 상대적 진리를 분리하고, 교과의 각각의 기능을 분리하고, 교과의 내재적 가치와 외재적 가치를 분리하고, 교과들을 횡적으로 차등화 시켜 분리하는 것은 교과교육학을 정립하는 데 도움이 되지 않는다. 물론 교과교육학에 대한 논의를 풍부하게 하고 명료화하게 하기 위해 개념들을 구분하여 분석하고 의미를 조명하는 것은 필요한 일이다. 그러나 분리와 구분은 다른 것이다. 분리는 물에서 수소와 산소를 분리해내는 것처럼 완전히 나누는 것이다. 구분은 실제적으로 나누어지지 않는 것을 머릿속에서 관념적으로 나누어보는 것을 의미한다.

교과교육학은 교과나 내용만을 중시해서도, 교육이나 방법만을 중시해서도 발전할 수 없다. 그것은 교과와 교육, 내용과 방법이 융합하여 하나의 전체로 이루어 새로운 체계로 정립될 때 발전할 수 있다. 또한 학문의 실용성에 관계없이 순수 학문만을 중시하고 실천적인 학문을 경시하는 풍조라든가, 현장이나 실천을 중시하지 않고 오직 이론만 추구하는 학문적 태도는 교육학의 발달을 저해하고 특히, 실천적인 과학으로서 교과교육학의 발전을 저해한다.

셋째는 교과교육학이 학문적으로 그 체계가 확고하게 정립되고, 지속적인 발전을 통해 실질적으로 교육현장에 도움을 주려면 다음과 같은 과제가 선결되어야 한다는 점이다.

무엇보다도 먼저 교과교육학에 대한 깊이 있고, 체계적이며, 학술적인 연구가 많이 이루어져야 한다. 학교교육의 대부분이 교과교육이라면 교과전문가, 교사, 교육학자들 사이에 교과교육학에 대한 폭넓은 연구가 실행되어야 한다.

둘째, 교과교육학의 전문가가 양성되는 체제가 마련되어야 한다. 교과교육학의 연구는 결국 훌륭한 연구자의 존재 여부에 의하여 발달 정도가 결정될 수밖에 없다. 대학이나 대학원에서 교과교육 전문가를 양성할 수 있는 교육체제와 지원이 이루어져야 한다.

셋째, 실제로 교육현장에서 교사들이 활용할 수 있는 연구들이 수행되어야 할 것이다. 일본이나 미국의 경우 각 교과별로 여러 종류의 전문지들이 발행되고 있으며, 이러한 전문지에는 교사들이 교과지도에 직접 활용할 수 있는 내용들이 많이 있다. 학문적이고 이론적인 연구와 더불어 구체적이고 실제적인 연구가 장려될 필요가 있다.

넷째, 교과교육의 연구와 교육의 가치를 인정하고 중요시하는 풍토가 조정되는 것이 필요하다. 학자들 사이에 교과교육에 대한 연구를 연구로 인정하지 않거나 실천적인 연구에 대해 경시하는 풍토가 있는 한 교과교육학에 대한 연구는 활성화되기 어렵다.

다섯째, 일반교육학자와 교과교육학자, 교과내용학자, 실천하고 있는 교사들 사이의 골을 줄일 수 있는 협조체계와 공동 연구체계가 마련되어 교과교육학이라는 공동의 이름 아래 통합하는 노력이 필요하다. 각자의 현실적인 입장에서만 교과교육학을 바라보아 그것을 오히려 왜곡시키지 않고, 본질적이고 학문적으로 연구할 수 있는 기회와 체계가 꼭 필요하다.

넷째는 미술교육학의 바탕을 튼튼히 하고 학문적 체계를 잡아가기 위해서는 미술교육 현장에 만연해 있는 교수방법론에 대한 집착, 다양한 표현방법에 대한 집착에서 벗어나 본질적이고 기본적인 연구에 충실해야 한다는 점이다. 교과교육을 정상화시키기 위해서는 교과나 교육의 어느 하나를 강조하거나 단순한 결합으로 보는 피상적 관점을 떠나서 각 교과교육의 본질 자체를 찾는 노력이 절실하다. 미술교육학 역시 '미술'과 '교육'이 각자 자기만을 주장하면서 대립하고 있는 것이 아니라 서로 융합하면서 존재한다. 미술학이나 미술사 등이 무한정으로 미술교육에 들어오지 않는다. 미술교육에서 보아 필요한 것들이 선택적으로 들어오며 들어온 내용들은 미술교육이라는 관점에서 계열화된다. 또 교육이론이 무작정 수용되는 것이 아니라 미술이라고 하는 내용의 규율을 받는다. 즉 미학, 미술사, 미술비평, 미술학 등이 방법으로서의 교육학과 어울려 각각의 독자적인 체계들을 버리고 서로 융합되게 된다.

미술교육학은 교과교육학으로서 미술학이나 교육학과 유기적 관련성을 맺으면서도 독자적으로 정립되는 것이 시급하다. 그러기 위해서는 왜 미술교육이 필요하고, 무엇을 위해 가르칠 것이며, 어떤 내용을 어떻게 가르칠 것인가에 대한 심도 있는 연구가 필요하다. 미술교육에 학이 붙는다는 것은 어떤 조건의 문제라기보다는 그 당위성의 문제이며 그 이름에 적합한 진지성과 체계성의 문제이다. 즉 미술교육학이 성립되기 위해서 어떤 조건이 필요하느냐의 문제가 중요한 것이 아니라, 미술교육학이 발전하기 위해서 미술교육에 대해 학문의 성격을 부여하고 진지하고 체계적으로 그에 대해 연구하는 것이 훨씬 중요하다. 그동안 교과교육학 중에서도 연구가 미진했다고 볼 수 있는 미술교육학은 개별적인 교수방법과 다양한 표현방법에 대한 지나친 관심에서 조금 벗어나 미술교육학을 이루는 본질적인 문제에 대한 연구에도 초점을 둠으로써 미술교육학을 하나의 교과교육학으로 확실한 위상을 정립해야 하는 것이다.

다섯째, 한국의 미술교육학은 다른 나라의 미술교육학과는 달리 한국 실정과 한국 학생들에 맞게 한국 미술교육학으로 체계화되어야 한다는 점이다. 미술교육학을 교과교육학으로서 정립시키기 위해 우리에게 필요한 것은 외국의 미술교육 사조를 받아들이고, 외국 미술교육의 잣대로 우리 미술교육 현장을 재단하여 우리 미술교육의 후진성이나 낙후성을 지적하고 비판하는 것이 결코 아니다. 그것은 외국의 미술교육에 대한 사상과 이론을 명확하고 신속하게 파악하되, 그것의 장점과 단점을 정확하게 분석하고 우리의 수용 가능성을 연구한 것에 바탕을 두면서, 장점은 살리고 단점은 보완하여 한국의 실정에 맞는, 그리고 한국의 학생들에게 맞는 '한국미술교육학'을 정립하는 일이라고 할 수 있다.

참고문헌

강신웅(1987). 지식이론과 교육과정의 통합성. 홍익대학교 교육연구소. **교육연구논총**, 3, 81-91.

———(1990). J. S. Bruner의 교수이론에 대한 비판적 고찰. 홍익대학교. **홍익대학교 논문집 교육연구편**, 6, 4-62.

———(1991). J. S. Bruner의 교수이론에 대한 재음미. 온원정재철박사화갑기념논문발간위원회. **온원정재철박사화갑기념논문집**, 701-720.

———(1993). 교과교육 발전을 위한 기본 방향 재조명. 한국교원교육학회. **한국교사교육**, 10, 3-15.

———(1996). **현대 교육과정**. 서울: 정민사.

———(1998). 교과교육학의 학문적 성격에 관한 연구. 홍익대학교 교육연구소. **교육연구논총**, 15, 5-22.

강신웅·전성수(1998). 교과교육학 논쟁에 관한 분석적 고찰. 홍익대학교. **홍익대학교 인문과학 논문집**, 6, 267-288.

강신웅 외(1996). **한국 교육과정의 새로운 좌표 탐색**. 서울: 교육과학사.

강은엽 역, Edwards, B.(1986). **오른쪽 두뇌로 그림 그리기**. 서울: 미완.

강현석 외(1994). **교과통합의 연구**. 서울: 교육과학사.

곽병선(1987). 교과에 대한 한 설명적 모형의 탐색. 한국교육개발원. **한국교육**, 14(2), 159-174.

———(1988). 교육과정 이해를 위한 한 시각. 한국교육개발원. **한국교육**, 15(2), 71-79.

———(1989). **교육과정**. 서울: 배영사.

———(1992). 교과의 논리와 가치에 대한 한 성찰. 이화여자대학교 교육대학원. **교과교육연구**, 1, 1-21.

곽병선 외(1991). **교과교육원리**. 서울: 갑을출판사.

권덕주 외 역(1993). **중국예술정신**. 서울: 동문선.

길양숙(1996). 교과교육학의 성격과 교사양성과정의 구성원리. 한국교육과정연구회. **교육과정연구, 14(1)**, 126-141.

김경린(1981). 교과의 내용구조와 학습자의 인지구조. 경북대 사범대학. **교육연구지**, 23, 13-30.

김대현·김석우(1996). **교육과정 및 교육평가.** 서울: 학지사.

김동연 외(1987). **유아의 특수교육.** 전주: 진아출판사.

김동영(1993). 국민학교 미술수업의 지도방안에 관한 연구. 서울교육대학교 미술교육연구회. **사향미술논총,** 1, 31-49.

김병성 외(1994). 교과교육학의 학문적 성격과 체제에 관한 연구. 한국교원대학교 부설 교과교육공동연구소. **교과교육 관련 연구**, 3-41.

김병종(1991). **중고생을 위한 미술강의.** 서울: 통나무.

김삼랑(1992). **미술교육개론.** 서울: 미진사.

김상준(1996). 미술교육학의 정당화와 학문화의 노력. 한국초등미술교육학회. **초등학교 교원양성대학의 미술과교육학 정립을 위한 학술세미나**, 65-67.

김성권(1983). **교육과정과 평가.** 서울: 형설출판사.

김수천(1986). 교과관의 변천과 교육과정이론. 강원대학교. **강원대학교 논문집 인문학연구**, 24, 72-91.

———(1993). 서양의 교육과정사 연구: 삶과 교의의 관계를 중심으로. 강원대학교 교육문제연구소. **교육연구, 3**, 69-109.

———(1999). **교육과정과 교과**. 서울: 교육과학사.

———(2003). **교육과정과 교과 개정판**. 서울: 교육과학사.

김순애(1997). **교과교육의 이론과 실제**. 서울: 조선대학교 출판국.

김신일(1983). 교육사회학의 학문적 동향. 한국교육문제연구회. **한국교육문제연구,** 1, 35-53.

———(1985). **교육사회학.** 서울: 교육과학사.

김안중(1997). 사범대학 교직과목의 성격과 운영 방안. **전국대학 교육학과 및 교직과 학과장 협의회 학술대회 자료집.**

김용숙(1986). 교원의 전문성 향상을 위한 교과교육학의 발전에 관한 연구. **서울교대 논문집**, **19**, 615-638.

김용식(1994). 초등교과교육학의 탐색. 인천교대 초등교육연구소. **초등교과교육학의 본질과 성격 규명**. 1-7.

김윤옥 역(1996). 일본예술교육연구소 편저. **0－3세 아의 그림지도**. 서울: 도서출판 어린이뜰.

김원희(1986). 교과와 교육적 가치의 문제. 부산대학교. **부산대학교 사범대학 논문집**, **12**, 1-18.

김정미(1995). **교과교육과 교육대학원 기능에 관한 연구**. 연세대학교대학원. 박사학위논문.

김정선(1997). 미술과 교육내용 비교 고찰. 한국초등미술교육학회. **사향미술교육논총**, 5, 67-74.

김종건・김병기・이상혁(1993). 외국의 교과교육연구 실태조사 연구. 한국교원대 부설 교과교육 공동 연구소. **교과교육 실태조사 연구**.

김종건・한승록・이종원(1999). 교과목 변천의 역사적 경향성 연구. 한국교원대 부설 교과교육 공동 연구소. **교과교육 관련 자유 연구**. 1215-1294.

김주후(1995). 유아교육 방법론 Ⅱ. **미래 유아교육의 본질과 방향**. 서울: 양서원.

김창식(2000). 새 천년을 여는 한국미술교육의 방향. 한국미술교육학회. **미술교육논총**, **9**, 1-18.

김춘일(1995). 교과교육의 발전동향에 관한 고찰. 대구대학교. **대구대학교 논문집 인문과학 연구**, **14**, 371-398.

김춘일 외 9인(2005). 예술영재교육. 서울: 미진사.

김필선(1995). 미술교사 양성기관의 교과교육학 정립을 위한 연구. 한국미술교육학회. **미술교육논총**, **5**, 151-172.

김혜숙(2000). 한국 전통 미의식을 바탕으로 한 21세기 미술교육의 철학적 모색. 한국미술교육학회. **미술교육논총**, **9**, 41-61.

김황기(1992). **오른쪽 뇌를 활용한 드로잉 능력 신장**. 한국교원대학교 대학원. 석사학위논문.

노부자(1989). 미술교육에서의 입체개념 형성을 위한 기초 연구. 한양대학교. **한양대학교 논문집**, **6**, 145-170.

———(1994). 교과목 「미술과 교육론」의 구조적 고찰. 한국미술교육학회. **미술교육논총**, 4, 5-18.

———(1999). 미술과 교육과정 내용체제에 대한 연구. 한국조형교육학회. **조형교육**, 15, 197-222.

노부자·박은덕·김혜숙(1997). 국내 미술교과교육 연구 실태조사 연구: 1977-1995. 한국미술교육학회. **미술교육논총**, 6, 85-107.

노부자 외(1997). '교과교육론'의 내용과 교수방법의 질적 개선을 위한 종합적 연구. 한국교육과정연구회. **교육과정연구**, 15(2), 199-232.

단대 출판부(1986). **당위성과 가능성－우리 사회의 논리와 구조**. 서울: 단대출판부.

목경수(1998). 정보화와 문화의 시대가 요구하는 중등학교 미술교육. 경남대학교 교육문제연구소. **교육이론과 실천**, 8(2). 47-49.

목영해(1998). **현대 상대주의 철학과 교육**. 서울: 교육과학사.

민광기(1992). **미술 이해의 성격 및 방향 탐색**. 한국교원대학교대학원. 석사학위논문.

박금순·이은순(1995). **아이는 그림으로 말한다**. 서울: 여성사.

박병기(1990). 교육학의 콤비네이션 방식의 체계에 관한 연구. 강원대학교. **강원대학교 논문집. 인문학연구**, 28. 215-233.

박병호(1988). 우리나라 교과교육의 현황과 과제. 한국교원대학교 교육연구원. **교과교육 방향 정립을 위한 심포지움**.

박은덕(2000). 초등학교 미술과 교육과정 및 교과서 구성 체제 비교 연구－한국, 미국, 일본. 한국미술교육학회. **미술교육논총**, 9, 63-82.

박승재(1997). 교과교육의 연구와 교사양성. 영남대학교 학교교육연구소. **학교교육연구**, 1(1), 19-42.

박재문(1998). **지식의 구조와 구조주의**. 서울: 교육과학사.

박형규(1995). 교과교육의 내용과 방법. 전주교육대학교. **전주교육대학교 논문집**, 32, 147-180.

박형규·송재홍(1996). 교육과정 결정의 분권화에 대한 재음미. 전주교대 초등교육연구소. **초등교과의 효율적인 교수·학습 방안**, 137- 172.

박혜원(1980). **J. S. Bruner의 교육과정 이론 고찰**. 이화여자대학교 대학원. 석사학위논문.

백석윤(1994). 수학교육학의 학문적 성격과 체제. 한국교원대학교 부설 교과교육공동연구소. **교과교육학의 학문적 성격과 체제**.

서석례(1995). 미술교육과정의 변천과 발전과제. 교육부. **교육월보**. 1995. 3.

서울교육대학교 미술교육연구회 역(1995). 아이스너. **새로운 눈으로 보는 미술교육**. 서울: 예경.

서울교육대학교 미술교육연구회 역(1993). 로웬펠드와 브리테인. **인간을 위한 미술교육**. 서울: 미진사.

서울대교육연구소(1981). **교육학 용어 사전**. 서울: 교육과학사.

성완경(2000). 한국 미술교육의 반성과 패러다임 전환. 한국미술교육학회. **미술교육논총, 9**, 19-40.

손병노 외(1994). **초등학교 사회과 교육학의 학문적 체계와 교원양성 대학의 교수요목 개발 연구**. 한국교원대학교 부설 교과교육공동연구소.

신동효(1998). 정보화와 문화의 시대가 요구하는 중등학교 미술교육. 경남대학교 교육문제연구소. **교육이론과 실천**, 8(2). 31-40.

신명희(1995). **지각의 심리**. 서울: 학지사.

안영진(1995). **유아발달심리학**. 서울: 문음사.

양경희(1994). 2, 3세 아동의 조형놀이에 관한 연구. 한국조형교육학회 **조형교육, 10**, 109-127.

양미경(1997). 교과 통합지도의 의의 및 방법적 원리 탐색. 한국교육학회. **교육학연구**, 35(4), 111-132.

엄주정(1988), **각과지도를 위한 교과교육론**. 서울: 재동출판사.

오경종(1995). 교육의 전문성과 교사의 전문적 지식. 제주대학교. **제주교육대학교 논문집**, **24**, 7-31.

———(1996). 교과교육학의 내용구성: 무엇이 문제인가? 제주대학교. **제주교육대학교 논문집**, **25**, 11-48.

———(1999). 교과교육론 서설(Ⅰ). 제주대학교. **제주교육대학교 논문**

집, 28, 7-41.

오병문·이지헌(1987). 내재적 교육목적론 비판. 한국교육학회. **교육학 연구, 25(1)**, 1-13.

오세곤 외 28인(2004). 예술교육이 미래를 연다. 한국문화예술진흥원.

유한구 외(1997). 초등교과교육학의 성격과 내용구조 연구. 한국초등교육 연구회. **초등교육연구, 11**, 135-160.

윤팔중 외(1987). **교육과정이론의 쟁점**. 서울: 교육과학사.

이군현·김언주·박정옥(1997). **EQ·IQ·창의력**. 서울: 여성사.

이귀윤(1986). 교육학의 학문적 성격에서 본 교육연구의 과제. 이화여자 대학교 한국문화연구원. **이화여자대학교 한국문화연구원논총: 교육학 편**, 177-198.

———(1996). **교육과정 연구**. 서울: 교육과학사.

이규선(1995a). 미술교육학의 구조와 내용에 관한 분석. 한국초등미술교 육학회. **사향미술교육논총, 3**, 1-10.

———(1995b). 교육대학교 미술교육과 교육과정에 관한 소고. 한국초등 미술교육학회. **사향미술교육논총, 3**, 91-164.

———(1997). 정보화시대를 선도하는 미술교육의 연구 방향. 한국초등미 술교육학회. **사향미술교육논총**, 5, 1-16.

이규선·김동영·전성수(1994). **미술교육학개론**. 서울: 교육과학사.

이규선 외(2000). **미술교육학**. 서울: 교육과학사.

이규호(1967). 교육학의 학문적 성격. 한국교육학회. **교육학 연구, 6(1)**, 9-14.

이대원(1991). 대학미술교육에 관한 고찰. 대한민국예술원. **예술논문, 30**, 48-80.

이돈희(1991). 교육학의 종속성과 구획성. 한국교육학회. **한국교육학회 소식, 27(2)**, 2-5.

———(1998). 교과학의 성격과 교사의 전문성, 충북대학교 교육·생활연 구소. **교육·생활과학논총 창간호**, 91-100.

이돈희·박순경·박소영(1997). **미술교과학 연구**. 서울: 한국교육개발원.

이돈희 외(1994). **교과교육학 탐구**. 서울: 교육과학사.

이성규(1994). 동양의 학문 체계와 그 이념. 현대의 학문 체계. 서울: 민음사.

이성도(1999). 미술과 수업에서 교육 매체 활용의 방향. 한국교원대학교. **교원교육**, 15, 228-240.

이수경(1997). 아동의 감성지능 계발을 위한 교육의 미술적 접근. 한국조형교육학회. **조형교육**, 13, 143-154.

이영석·권대도·최민수(1989). **유아교육학개론**. 서울: 양서원.

이종각(1994). **교육학 논쟁**. 서울: 도서출판 하우.

이학주(1994). 교육학 연구방법과 교과교육 이론. 인천교대 초등교육연구소. **초등교과교육학의 본질과 성격 규명**, 9-15.

이홍수(1990). **음악교육의 현대적 접근**. 서울: 세광음악출판사.

이홍우(1977). **교육과정 탐구**. 서울: 박영사.

———(1980). **지식의 구조와 교과**. 서울: 교육과학사.

———(1983). 교육학의 학문적 성격. **교육학개론**. 서울: 교육과학사.

———(1986). **교육의 목적과 난점**. 서울: 교육과학사.

———(1993). **증보 교육과정 탐구**. 서울: 박영사.

———(1994). 교과와 생활의 관련: 센스와 넌센스. 서울대학교 교육학연구회. **교육이론**, 7·8(1), 1-19.

———(1996). 전인교육론. **한국교육과정의 새로운 좌표 탐색**, 서울: 교육과학사.

———(1998). **교육의 개념**. 서울: 문음사.

이홍우 외(1975). **교과교육의 원리**. 서울: 능력개발.

이홍우 역(1987). **민주주의와 교육**. 서울: 교육과학사.

이홍우 역(1981). **윤리학과 교육**. 서울: 교육과학사.

임선하(1993). **창의성에의 초대**. 서울: 교보문고.

장상호(1983). 교육과학에 비추어 본 한국교육학. 이돈희 편. **한국교육학의 성장과 과제**.

장상호(1986). 교육학의 비본질성. 서울대학교 교육학연구회. **교육이론**, 1(1), 5-54.

장성모·이환기(1996). 초등교과교육 수업 모형 개발을 위한 기초 연구.

춘천교육대학교 초등교육연구소. **교육연구**, 14, 39-94.

장성모 · 이영문(1999). 초등학교 교과교육 방법 및 수업 모형 개발 연구. 춘천교육대학교 초등교육연구소. **교육연구**, 16, 3-62.

전성수(1991). **어린이 찰흙작품의 분석과 지도방법 개선 연구**. 서울대학교대학원. 석사학위논문.

———(1992). 듀이 예술론이 미술교육에 미친 영향에 대한 비판적 연구. 한국미술교육학회. **미술교육논총**, 1, 21-35.

———(1993a). 미술교육의 필요성과 목적에 대한 탐색. 서울교육대학교 미술교육연구회. **사향미술교육논총**, 1, 101-118.

———(1993b). 미술 이해지도의 내용에 관한 연구. 한국미술교육학회. **미술교육논총**, 2, 5-20.

———(1995a). 미술과에서 「조형탐색」 영역 설정의 필요성과 지도방안. 한국미술교육학회. **미술교육논총**, 4, 123-139.

———(1995b). 바람직한 미술과 교수 방안에 관한 연구. 한국초등미술교육학회. **사향미술교육논총**, 3, 211-230.

———(1996a). 미술과 교육과정의 체계적 구성. 한국초등미술교육학회. **사향미술교육논총**, 4, 51-69.

———(1996b). 열린 미술교육에 대한 방안 연구. 한국미술교육학회. **미술교육**, 5, 119-142.

———(1996c). 현대 미술교육의 배경과 정당화에 대한 탐색. 한국미술교육학회. **미술교육**, 6, 20-42.

———(1997a). 0세－2세 어린이의 미술표현 특성과 지도에 대한 연구. 한국초등미술교육학회. **사향미술교육논총**, 5, 25-44.

———(1997b). DBAE가 한국미술교육에 주는 시사점 연구. 한국미술교육학회. **미술교육논총**, 6, 57-74.

———(1998a). 3－4세 어린이의 미술표현 특성과 지도에 대한 연구. 한국미술교육학회. **미술교육**, 5, 25-44.

———(1998b). 표현 가능성 탐색을 통한 조형 능력의 향상에 대한 연구. 한국미술교과교육학회. **사향미술교육논총**, 8, 117-130.

———(1999a). 감성지능 계발을 위한 미술교육 방안. 서울교육대학교

초등교육연구소. **한국초등교육, 10(1)**, 261-281.
———(1999b). 문화시대와 미술교육의 방향. **미술학의 지평에 서서**. 서울: 학고재, 212- 240.
———(1999c). **미술로 생각을 열자**. 서울: 미술나라.
———(2000). 미술교육학의 학문적 체계에 대한 탐색적 연구. 홍익대학교 박사학위논문.
전성수 · 최윤재 · 김정선(1998). **야! 미술이 보인다**. 서울: 예경.
전성수 외(1997a). **초등미술과교육학**. 서울: 교육과학사.
——— 외(1997b). **유아미술교육학**. 서울: 학문사.
——— 외(2001). **친구와 함께 하는 조형탐색놀이**. 서울: 예경.
——— 외(2003a). **미술교육 이론의 탐색**. 서울: 예경.
——— 외(2003b). **함께 배우는 우리미술**. 서울: 예경.
——— 외(2003c). **미술교육의 동향과 전망**. 서울: 학지사.
——— 외(2004). **재미있는 미술감상 수업**. 서울: 예경.
——— 외(2005). **미술과 교수학습 방법과 실천**. 서울: 학지사.
정대현 외(1996). **감성의 철학**. 서울: 민음사.
정범모(1968). **교육과 교육학**. 서울: 배영사.
———(1982). **교과교육학**. 서울: 배영사.
정숙(1987). 아동화 구도에 따른 동존화 현상의 특징 연구. 한국조형교육학회. **조형교육, 3**, 59-70.
정정숙(1995). 허버트 리드와 아이스너의 미술교육 정당화 비교. 한국미술교육학회. **미술교육논총 4**, 1-16.
정태범(1985). 교과교육학의 개념적 모형. 한국교원대학교. **교원교육, 1(1)**, 3-15.
정화 역(1995). 수잔 스트리커. **창조적 사고를 하는 아이로 키우는 법**. 서울: 서림문화사.
조동일(1993). **우리 학문의 길**. 서울: 지식산업사.
———(2000). **이 땅에서 학문하기**. 서울: 지식산업사.
지금수 외(1993). 교원 양성 대학의 교과교육학 교육 실태조사 연구. 한국교원대학교 부설 교과교육공동연구소. **교과교육 실태조사연**

구, 300-354.

최성욱(1995). 교육과정 재개념화의 대안적 접근. 한국교육학회. **교육학연구**, 33(5), 193-216.

———(1996). 교과교육학 논의의 반성적 이해와 대안적 접근. 서울대학교 교육학연구회. **교육이론, 10(1)**, 115-145.

최윤재(1995). 미술교육학의 학문적 성격 탐색. 한국초등미술교육학회. **사향미술교육논총, 3**, 27-34.

———(1999). 초등학교 미술과교육과정에서 미술비평의 지도방안. 한국미술교육학회. **미술교육논총, 7**, 215-228.

최정실(1998). 교육내용의 상호 주관적 구성. 한국교육학회. **교육학연구, 36(1)**, 37-51.

한글학회(1995). **우리말 큰 사전**. 서울: (주)어문각.

한명희(1979). 도덕적 요인으로서의 정서의 역할과 교육. 한국교육학회. **교육학연구, 17(2)**, 115-136.

한방교·윤길근(2000). **교육의 이해**. 서울: 동문사.

함수곤(1996). 교육개혁과 교과교육. 전주교대 초등교육연구소. **초등교과의 효율적인 교수·학습 방안**, 195-204.

허숙(1994). 초등교과교육학의 내용구성 모형 탐색. 인천교대 초등교육연구소. **초등교과교육학의 내용구성 연구**, 9-18.

——(1995). 교육과정의 재개념화를 위한 이론적 탐색. 한국교육학회. **교육학연구**, 33(5), 217-242.

현광덕(1993). 초등 저학년의 미술교육론. 한국미술교육학회. **미술교육논총**, 2, 73-99.

———(1995). 초등 중학년의 미술교육론. 한국미술교육학회. **미술교육논총**, 4, 75-105.

홍성윤·김유미(1998). 중다지능이론과 교수-학습 방법. 중앙대학교 한국교육문제연구소. **한국교육문제 연구소 논문집**, 13, 189-212.

홍성윤·김유미 역(1993). **효과적인 교수-학습의 기본**. 서울: 교육과학사.

홍성윤·김유미·김복영 역(1994). **학교 및 사회, 산업기관의 교육과정**

개발론. 서울: 교육과학사.

홍웅선(1983). 교과교육학의 측면: 한국교육학 이론 체계의 모색. 한국교육학회. **교육학연구**, 21(1).

홍웅선(1988). 교육의 내실화를 위한 교과교육학의 정립. 한국교원대학교 교육연구원. **교과교육 방향 정립을 위한 심포지움**.

홍은숙(1991). 교과의 내재적 가치 인식에 관한 고찰. 한국교육학회. **교육학연구**, **29(3)**, 43-55.

———(1994). 교과의 성격: 모자이크식 교육관과 통합된 교육관. 한국교육학회. **교육학연구**, **32(1)**, 169-185.

황규호(1997). 교과 교육과정의 교육내용 진술 방식 개선 과제. 한국초등교육연구회. **초등교육연구**,**11**, 161-184.

황의명 · 박찬옥(1997). **유아를 위한 감성교육 프로그램**. 서울: 양서원.

황정규(1991). 교육학의 성격과 '교육학 교육'. 한국교육학회. **교육학 연구**, **29(3)**, 1-10.

Alberty, H. B., & Alberty, E. J.(1962). Reorganizing the high school curriculum. N. Y.: The Macmillan.

Apple, M. W.(1979). *Ideology and curriculum.* London: Routledge & Kegan Paul.

Bantock, G. H.(1980). *Studies in the history of educational theory. 1. 2.* London: Gerorge Allen and Unwin.

Barnes, D.(1982). *Practical curriculum study.* Lomdon: Routledge & Kegal Paul.

Beauchamp, G. A.(1975). *Curriculum theory.* Wilmette, Illinois: The Kagg Press.

Bell, D., Ritchie, R.(1999). *Towards effective subject leadership in the primary school.* Philadelphia: Open Press.

Bernstein, R. J.(1983). *Beyond objectivism and relativism.* Pennsylvania: University of Pennsylvania Press.

Bigge, J. L. et al.(1999). *Crriculum, assessment, and instruction for students with disabilities.* Belmont: Wadsworth Publishing.

Bloom, B. et al.(1956). *Taxonomy of educational objectives. Handbook I : Cognitive domain.* N. Y.: LongmansGreen.

Bobbitt, F.(1918). *The curriculum.* Boston: Houghton Mifflin.

Brophy, J. ed.(1991). *Teachers' knowledge of subject matter as relates to their teaching practice.* Greenwich, Conn.: JAI Press.

Broudy, H. S.(1977). How basic is aesthetic education? or Is 'Rt' the fourth R? *Language Arts*, 54(6), 631-637.

Broudy, H. S., Smith, B. O. & Burnett, J. R.(1964). *Democracy and excellence in Amercan secondary education.* Chicago: Rand McNally.

Bruner, J. S.(1960). *The process of education. N. Y.*: Vintage.

———(1966). *Toward a theory of instruction.* Cambridge: Harbard Univ. Press.

Cherryhomes, C. H.(1988). *Power and criticism: Poststructural investigations.* N. Y.: Teachers College Press.

Dewey, J.(1902). *The child and the curriculum.* Chicago: University of Chicago.

———(1916). *Democracy and education.* New York: Macmillan.

———(1929). *The sources of a science of education, N. Y.*: Horace Liveright.

———(1933). *How to think.* Chicago: Henry Regnery.

———(1938). *Experience and education.* New York: Colier Books.

Edwards, B.(1986). *Drawing on the artist within.* New York: Simon and Schuster.

Eisner, E. W.(1972). *Educating Artistic Vision. N. Y.*:

Macmillan Publishing.

———(1979). *The educational imagination: On the design and evaluation of school programs.* N. Y.: Macmillan.

———(1982). The Relationship of They and Practice in the Art Education. *Art Education*.

Eisner, E. W. & Vallance, E.(1974). *Conflicting conceptions of curriculum.* California: McCutchan Publishing.

Eisner, E. W. ed.(1971), *Confronting curriculum reform.* Boston: Little, Brown and Company.

Feldamn, E. B.(1970). *Becoming human through art: Aesthetic experience in the school.* Englewood Cliffs., New Jersey: Prentice-Hall.

———(1992). *Varieties of visual experience.* New York: Harry N. Abrams.

Gaitskell, C. D., Hurwitz, A., & Day, M.(1982). *Children and their art.* New York: Harcourt Brace Jovanovich.

Giroux, H. A., Penna A. N. & Pinar. W. F.(1981). *Curriculum and instruction.* Berkeley, CA: McCutchan.

Goleman, D.(1995). *Emotional intelligence. N. Y.*: Bantam.

Goodlad, J. I.(1966). *School, curriculum and the individual.* Waltham, MA: Blaisdell.

Goodson, I.(1987). *School subjects and curriculum change.* London: The Falmer Press.

Goodson, I., Marsh, C. J.(1996). *Subjects knowledge: reading for the study of school subjects.* London: The Falmer Press.

Goodson, I. ed.(1988). *International perspective in curriculum history.* London: Routledge.

Guilford, J. P.(1967). *The nature of intelligence.* New York: McGraw-Hill.

Harmin, M., Kischenbaum, H., Simon, S. B.(1973). *Clarifying value through subject matter: applications for the classroom.* Minneapolis: Winston Press.

Henderson, K. V.(1961), "Uses of subject matter", B. O. Smith and R. H. Ennis, *Language and concepts in education*, Chicago: Rand McNally.

Hirst, P. H(1974). *Knowledge and the curriculum*, London: RKP.

Hirst, P. H., et. al.(1973). *Readings in the philosophy of curriculum.* Seoul: Department of Education Seoul National University.

Huebner, D.(1975). Curricular and classroom meaning. *Curriculum theorizing: The reconceptualists*, ed. by W. F. Pinar. Berkeley, CA: McCutchan.

Kelly, A. V.(1999). *The curriculum theory and practice.* London: Paul Chapman Publishing.

Kliebard, H. M.(1975). Reappraisal: the tylerrationals. *curriculum theorizing: The reconceptualists*, ed. by W. F. Pinar. Berkeley, CA: McCutchan.

Kneller, G. F.(1971) ed., *Foundations of education*, 3rd ed. New York: Wiley.

Kuhn, T. S.(1970). The structure of scientific revolutions. Chicago: The University of Chicago Press.

Lowenfeld, V.(1957). *Creative and mental growth.* New York: Macmillan Publishing.

Lowenfeld, V. & Brittain, W. L.(1964). *Creative and mental growth.* New York: Macmillan Publishing.

Lund, G. L.(1986). A call for reasonableness in art education, Art Education. March 1986.

Maclntyre, A.(1984). *After Vitue*, the revised 2nd ed., Notre

Dame: University of Notre Dame Press.

Moyles, J. & Hargreaves, L. ed.(1998), *The primary curriculum: Learning from international perspectives.* London: Routledge.

Munro, T.(1956). *Art education: Its philosophy and psychology,* N. Y: The Liberal Arts Press.

Murphy, P. ed.(1995). *Subject learning in the primary curriculum.* London: Routledge.

Murphy, P. et. al.(1995). *Subject learning in the primary curriculum.* London: Routledge.

Peters, R. S.(1966), *Ethics and Education,* London: George Allan and Unwin.

———(1970), *Ethics and education,* London: Routledge and Kegan Paul.

Phenix, P.(1964). *Realms of meaning.* New York: McGraw Hill Book.

Pinar, W. F.(1975). *Curriculum theorizing: The reconceptualists.* Berkeley: McCutchan.

Radnor, H. A.(1994). *Across the curriculum.* London: Cassell.

Reid, W. A.(1978). *Thinking about the curriculum.* London: Routledge & Kegan Paul.

Ryle, G.(1949). *The concept of mind.* New York: Barnes & Noble.

Schubert, T. E.(1986). Art in education: Five rationales. *Art Education.* January 1986.

Schubert, W. H.(1986). *Curriculum: perspective, paradigm and possibility.* N. Y.: Macmillam.

Schwab, J. J.(1969). The practical: A language for curriculum. *School Review,* 78, 1-23.

Siskin, L. S., Little, J. W. ed.(1995). *The subjects in question:*

departmental organization and the high school. New York: Teacher College, Columbia University.

Stodolsky, S. S.(1988). *The subject matters: classroom activity in math and social studies.* The Chicago: The University of Chicago Press.

Ribbins, P.(1992). *Delivering the national curriculum: subjects for secondary schooling.* Birmingham: Longman.

Tanner, D. & Tanner L. N.(1980). *Curriculum development theory into practice.* New York: Macmillan.

Tyler, R. W.(1949). *Basic principles of curriculum and instruction.* Chicago: Univ. of Chicago Press.

Whitehead, A. N.(1929). The aims of education. New York: Macmillan.

Young, M. F. D.(1998). The curriculum of the future. London: The Falmer Press.

• 저자 •

전성수
全聲洙

• 약 력 •

서울교육대학교 졸업(교육학 학사)
서울대학교 대학원 졸업(교육학 석사)
한국교원대학교 대학원 졸업(교육학 석사)
홍익대학교 대학원 졸업(교육학 박사)

한국미술협회 회원
서울마천 · 답십리 초등학교 교사
제6차 교육과정 즐거운 생활 교과서 및 교사용 지도서 집필위원
제6차 교육과정 미술교과서 및 교사용 지도서 집필위원
「월간유아」 편집위원
아동 미술교육 전문지 「21세기 미술교육」 편집장
서울교대, 청주교대, 한국교원대, 홍익대, 단국대, 국민대, 성신여대 등 강사
홍익대 대학원, 명지대 대학원, 한국교원대 대학원, 경인교대 대학원 강사
한국안전관리공단 자문위원
한국학교교육연구원 학술위원장
한국미술교육학회 부회장 및 편집위원장
부천대학 유아교육과 교수

• 주요논저 •

「어린이 찰흙작품의 분석과 지도방법 개선 연구」
「한국 현대도예 태동의 배경과 대표작가－권순형, 원대정, 황종구를 중심으로」
「미술교육학의 학문적 체계에 대한 탐색적 연구」
「듀이 예술론이 미술교육에 미친 영향에 관한 비판적 연구」
「미술교육의 필요성과 목적에 대한 탐색」
「미술 이해지도의 내용에 대한 연구」
「학문에 기초한 미술교육(DBAE)의 성격」
「미술과에서 「조형탐색」 영역 설정의 필요성과 지도방안」
「바람직한 미술과 교수방안 연구」
「열린 미술교육의 방안 연구」
「현대 미술교육의 배경과 정당화에 대한 탐색」
「DBAE가 한국미술교육에 주는 시사점 연구」
「캐릭터 디자인의 중요성에 대한 연구」
「문화시대와 미술교육의 방향」
「표현 · 감상과 통합된 이해지도의 관점과 실제」
「ICT를 활용한 온라인 미술교육에 대한 연구」
「다중지능이론이 미술교육에 주는 시사점 연구」
「미술교육학에서 '미술'과 '교육'의 관계에 대한 대안적 접근」
「디자인 프로세스에 기초한 디자인 수업모형 탐색」 등 총 50여 편

『미술로 생각을 열자』 전 20권
『야! 성경이 보인다』 전 12권
『그림으로 생각을 열자』
『생각을 키우는 미술』 전 12권
『생각하면서 만들기』 전 20권
『인간을 위한 미술교육』(공역)
『새로운 눈으로 보는 미술교육』(공역)
『어린이와 어린이미술』(공역)
『야! 미술이 보인다』(공저)
『미술교육학 개론』(공저)
『미술교육학』(공저)
『친구들과 함께 하는 조형탐색놀이』(공저)
『함께 배우는 우리미술』(공저)
『재미있는 미술감상 수업』(공저) 등 총 80여 권

교과교육학 & 미술교육학

• 초판 인쇄 2006년 5월 1일
• 초판 발행 2006년 5월 5일

• 지 은 이 전성수
• 펴 낸 이 채종준
• 펴 낸 곳 한국학술정보㈜
경기도 파주시 교하읍 문발리 526-2
파주출판문화정보산업단지
전화 031) 908-3181(대표) · 팩스 031) 908-3189
홈페이지 http://www.kstudy.com
e-mail(e-Book사업부) ebook@kstudy.com
• 등 록 제일산-115호(2000. 6. 19)
• 가 격 32,000원

ISBN 89-534-5066-7 93370 (Paper Book)
89-534-5067-5 98370 (e-Book)